"十三五"国家重点图书出版规划项目

列国志

GUIDE TO
THE WORLD
NATIONS 新版

张健雄

编著

THE NETHERLANDS

荷 兰

社会科学文献出版社
SOCIAL SCIENCES ACADEMIC PRESS (CHINA)

荷兰国旗

荷兰国徽

阿姆斯特丹王宫（张健雄 摄）

海牙骑士宫——荷兰国会所在地（张健雄 摄）

海牙国际法庭和平宫（张健雄 摄）

海牙莫瑞泰斯皇家美术馆（张健雄 摄）

莱顿大学亚洲图书馆（张健雄 摄）

鹿特丹著名建筑电信大厦（左）与鹿特丹大厦（张健雄 摄）

阿姆斯特丹战争纪念碑（张健雄　摄）

海牙威廉·奥兰治广场（张健雄　摄）

马斯特里赫特圣母院教堂（张健雄　摄）

马斯特里赫特古城墙公园（张健雄　摄）

莱顿百年老屋（张健雄　摄）

东斯海尔德水闸——三角洲工程最大的项目
（张健雄　摄）

艾瑟尔湖拦海大坝（张健雄　摄）

弗莱福兰省省会莱利斯塔德的火车站
（张健雄　摄）

鹿特丹伊拉斯谟大桥（张健雄 摄）

马斯河黄金水道（张健雄 摄）

阿姆斯特丹游船码头（张健雄 摄）

库肯霍夫郁金香公园（张健雄　摄）

莱顿公园（张健雄　摄）

出版说明

　　《列国志》编撰出版工作自 1999 年正式启动，截至目前，已出版 144 卷，涵盖世界五大洲 163 个国家和国际组织，成为中国出版史上第一套百科全书式的大型国际知识参考书。该套丛书自出版以来，受到社会各界的广泛好评，被誉为"21 世纪的《海国图志》"，中国人了解外部世界的全景式"窗口"。

　　这项凝聚着近千学人、出版人心血与期盼的工程，前后历时十多年，作为此项工作的组织实施者，我们为这皇皇 144 卷《列国志》的出版深感欣慰。与此同时，我们也深刻认识到当今国际形势风云变幻，国家发展日新月异，人们了解世界各国最新动态的需要也更为迫切。鉴于此，为使《列国志》丛书能够不断补充最新资料，更好地服务于社会各界，我们决定启动新版《列国志》编撰出版工作。

　　与已出版的 144 卷《列国志》相比，新版《列国志》无论是形式还是内容都有新的调整。国际组织卷次将单独作为一个系列编撰出版，原来合并出版的国家将独立成书，而之前尚未出版的国家都将增补齐全。新版《列国志》的封面设计、版面设计更加新颖，力求带给读者更好的阅读享受。内容上的调整主要体现在数据的更新、最新情况的增补以及章节设置的变化等方面，目的在于进一步加强该套丛书将基础研究和应用对策研究相结合，将基础研究成果应用于实践的特色。例如，增加了各国有关资源开发、环境治理的内容；特设"社会"一章，介绍各国的国民生活情况、社会管理经验以及存在的社会问题，等等；增设"大事纪年"，方便读者在短时间内熟悉各国的发展线索；增设"索引"，便于读者根据人名、地名、关键词查找所需相关信息。

顺应时代发展的要求，新版《列国志》将以纸质书为基础，全面整合国别国际问题研究资源，构建列国志数据库。这是《列国志》在新时期发展的一个重大突破，由此形成的国别国际问题研究与知识服务平台，必将更好地服务于中央和地方政府部门应对日益繁杂的国际事务的决策需要，促进国别国际问题研究领域的学术交流，拓宽中国民众的国际视野。

新版《列国志》的编撰出版工作得到了各方的支持：国家主管部门高度重视，将其列入"'十二五'国家重点图书出版规划项目"；中国社会科学院将其列为创新工程学术出版资助项目，王伟光院长亲自担任编辑委员会主任，指导相关工作的开展；国内各高校和研究机构鼎力相助，国别国际问题研究领域的知名学者相继加入编辑委员会，提供优质的学术指导。相信在各方的通力合作之下，新版《列国志》必将更上一层楼，以崭新的面貌呈现给读者，在中国改革开放的新征程中更好地发挥其作为"知识向导"、"资政参考"和"文化桥梁"的作用！

新版《列国志》编辑委员会
2013 年 9 月

前　　言

　　自 1840 年前后中国被迫开关、步入世界以来，对外国舆地政情的了解即应时而起。还在第一次鸦片战争期间，受林则徐之托，1842 年魏源编辑刊刻了近代中国首部介绍当时世界主要国家舆地政情的大型志书《海国图志》。林、魏之目的是为长期生活在闭关锁国之中、对外部世界知之甚少的国人"睁眼看世界"，提供一部基本的参考资料，尤其是让当时中国的各级统治者知道"天朝上国"之外的天地，学习西方的科学技术，"师夷之长技以制夷"。这部著作，在当时乃至其后相当长一段时间内，产生过巨大影响，对国人了解外部世界起到了积极的作用。

　　自那时起中国认识世界、融入世界的步伐就再也没有停止过。中华人民共和国成立以后，尤其是 1978 年改革开放以来，中国更以主动的自信自强的积极姿态，加速融入世界的步伐。与之相适应，不同时期先后出版过相当数量的不同层次的有关国际问题、列国政情、异域风俗等方面的著作，数量之多，可谓汗牛充栋。它们对时人了解外部世界起到了积极的作用。

　　当今世界，资本与现代科技正以前所未有的速度与广度在国际流动和传播，"全球化"浪潮席卷世界各地，极大地影响着世界历史进程，对中国的发展也产生极其深刻的影响。面临不同以往的"大变局"，中国已经并将继续以更开放的姿态、更快的步伐全面步入世界，迎接时代的挑战。不同的是，我们所面临的已不是林则徐、魏源时代要不要"睁眼看世界"、要不要"开放"的问题，而是在新的历史条件下，在新的世界发展大势下，如何更好地步入世界，如何在融入世界的进程中更好地维护民族国家的主权与独立，积极参与国际事务，为维护世界和平，促进世界与人类共同发展做出贡献。这就要求我们对外部世界有比以往更深切、全面的了解，我们只有更全面、更深入地了解世界，才能在更高的层次上融入世界，也才能在融入世界的进程中不迷失方向，保持自我。

与此时代要求相比，已有的种种有关介绍、论述各国史地政情的著述，无论就规模还是内容来看，已远远不能适应我们了解外部世界的要求。人们期盼有更新、更系统、更权威的著作问世。

中国社会科学院作为国家哲学社会科学的最高研究机构和国际问题综合研究中心，有11个专门研究国际问题和外国问题的研究所，学科门类齐全，研究力量雄厚，有能力也有责任担当这一重任。早在20世纪90年代初，中国社会科学院的领导和中国社会科学出版社就提出编撰"简明国际百科全书"的设想。1993年3月11日，时任中国社会科学院院长的胡绳先生在科研局的一份报告上批示："我想，国际片各所可考虑出一套列国志，体例类似几年前出的《简明中国百科全书》，以一国（美、日、英、法等）或几个国家（北欧各国、印支各国）为一册，请考虑可行否。"

中国社会科学院科研局根据胡绳院长的批示，在调查研究的基础上，于1994年2月28日发出《关于编纂〈简明国际百科全书〉和〈列国志〉立项的通报》。《列国志》和《简明国际百科全书》一起被列为中国社会科学院重点项目。按照当时的计划，首先编写《简明国际百科全书》，待这一项目完成后，再着手编写《列国志》。

1998 年，率先完成《简明国际百科全书》有关卷编写任务的研究所开始了《列国志》的编写工作。随后，其他研究所也陆续启动这一项目。为了保证《列国志》这套大型丛书的高质量，科研局和社会科学文献出版社于 1999 年 1 月 27 日召开国际学科片各研究所及世界历史研究所负责人会议，讨论了这套大型丛书的编写大纲及基本要求。根据会议精神，科研局随后印发了《关于〈列国志〉编写工作有关事项的通知》，陆续为启动项目拨付研究经费。

为了加强对《列国志》项目编撰出版工作的组织协调，根据时任中国社会科学院院长的李铁映同志的提议，2002 年 8 月，成立了由分管国际学科片的陈佳贵副院长为主任的《列国志》编辑委员会。编委会成员包括国际片各研究所、科研局、研究生院及社会科学文献出版社等部门的主要领导及有关同志。科研局和社会科学文献出版社组成《列国志》项目工作组，社会科学文献出版社成立了《列国志》工作室。同年，《列国志》项目被批准为中国社会科学院重大课题，新闻出版总署将《列国志》项目列入国家重点图书出版计划。

在《列国志》编辑委员会的领导下，《列国志》各承担单位尤其是各位学者加快了编撰进度。作为一项大型研究项目和大型丛书，编委会对《列国志》提出的基本要求是：资料翔实、准确、最新，文笔流畅，学术性和可读性兼备。《列国志》之所以强调学术性，是因为这套丛书不是一般的"手册""概览"，而是在尽可能吸收前人成果的基础上，体现专家学者们的研究所得和个人见解。正因为如此，《列国志》在强调基本要求的同时，本着文责自负的原则，没有对各卷的具体内容及学术观点强行统一。应当指出，参加这一浩繁工程的，除了中国社会科学院的专业科研人员以外，还有院外的一些在该领域颇有研究的专家学者。

现在凝聚着数百位专家学者心血，共计 141 卷，涵盖了当今世界 151 个国家和地区以及数十个主要国际组织的《列国志》丛书，将陆续出版与广大读者见面。我们希望这样一套大型丛书，能为各级干部了解、认识当代世界各国及主要国际组织的情况，了解世界发展趋势，把握时代发展脉络，提供有益的帮助；希望它能成为我国外交外事工作者、国际经贸企业及日渐增多的广大出国公民和旅游者走向世界的忠实"向导"，引领其步入更广阔的世界；希望它在帮助中国人民认识世界的同时，也能够架起世界各国人民认识中国的一座"桥梁"，一座中国走向世界、世界走向中国的"桥梁"。

《列国志》编辑委员会

2003 年 6 月

CONTENTS

目 录

CONTENTS

目 录

CONTENTS

目　录

CONTENTS

目 录

CONTENTS

目 录

CONTENTS

目 录

CONTENTS

目 录

CONTENTS

目 录

导　言

　　1997 年，我到荷兰马斯特里赫特大学做访问学者，出国前能搜寻到的有关荷兰的信息凤毛麟角。荷兰是一个万里之外的小国，中国与它的联系少之又少。在荷兰期间，我带着浓厚的兴趣零距离地观察这个国家的政治经济和人民，回国后根据我带回来的几公斤资料写成了《荷兰的社会政治与经济》一书。两年后这本书经过修改、补充、打磨、润饰，升华成列国志《荷兰》。谙熟中文的荷兰驻华大使贺飞烈先生仔细读了《荷兰的社会政治与经济》，他后来在列国志《荷兰》的首发仪式上高度认可这本书。我去荷兰做的是全球化的课题，回来后却出版了一部全面介绍荷兰的书，这算是种瓜得豆吧。

　　2017 年列国志《荷兰》要再版，为修订该书，我又一次到荷兰进行调研。这一次距上一次去荷兰整整过去了 20 年。与上次去荷兰不同的是，这一次我的手头没有别的项目分心，因此我可以专心地深入了解这个国家，不仅为我上一次的观察拾遗补阙，更重要的是观察这个国家在这 20 年中的变化。

　　在中国，以日新月异的节奏 20 年可以改变一切。一个城市在 20 年里人口和面积可以扩大 10 倍。当你回到一个 20 年不曾见的地方，你会惊讶地发现以低矮的院落构成的城市风景线被林立的高楼取代，如果没有最新版的地图，即便是回到自己的家乡，你也会迷路。而在海牙、阿姆斯特丹或者阿纳姆这样的荷兰城市，就像在伦敦、巴黎、罗马和马德里一样，别说是离开 20 年，就是离开 50 年甚至 100 年也不会有多少变化。这是因为在过去 20 年里，中国经历了一个基础建设的爆炸式发展期，我们的国家不仅要适应人口增长的需要，也要弥补过去对人民住房条件的欠账，而荷兰、英国、法国、意大利、西班牙的工业化已过度成熟，它们弥补住房短板的建设潮早在 20 世纪 60 年代就已完成。当然，更重要的原因是那里的人们珍惜祖先留下的一砖一瓦和一草一木，以保持国家的历史风貌亘古不变为己任。

但是，荷兰也有一个例外的地方，那就是鹿特丹。鹿特丹本来也是一座遍布中世纪城堡、风车和教堂的城市，但在第二次世界大战中它遭遇了两次毁灭性的摧残。一次是 1939 年 5 月纳粹德国空军的狂轰滥炸，另一次是 1944 年 6 月美国空军更大规模的轰炸。这座城市 80% 的街区被夷为平地。这座古老的城市被迫在浴火中重生。战后鹿特丹的重建没有走德国柏林、科隆和波恩的依旧复旧的路线。那些德国重建的城市，无论是市政厅、宅邸、钟楼、市场还是教堂，看起来与两百年前毫无二致，但它们身上的每一块砖、每一片瓦都是新烧制的。荷兰人把战前的旧照片扔到一边，完全按照新思维和新时尚绘制鹿特丹重建的每一张图纸，因此在这里可见高耸云端的摩天楼、横跨江河的钢桥和构思奇特的建筑物。这里成为世界最新流派建筑家们展示才艺的场所，故鹿特丹又享有"世界建筑之都"的称号。

如果说 20 年里荷兰的风貌和景观发生了一些变化的话，这些变化最集中地体现在这座城市最新颖的建筑上。其中，最醒目的是 2014 年竣工的鹿特丹大厦。这座大厦高 150 米，坐落在白天鹅桥南端威尔敏娜港口旁。高楼上的三座塔楼"端坐"在 6 层高的楼群上。最奇特的是，这三座塔楼的层高各不相同，因此三座高度相同的塔楼楼层也不一样。东楼 42 层，中楼 40 层，西楼 44 层。更为奇特的是，这三座塔楼在 85 米的高处与其下的楼群错位分布，产生了美学上的奇特效应，使整座建筑看起来更像是雕塑或者积木。这座大厦是荷兰著名建筑师雷姆·库哈斯（Rem Koolhaas）的手笔，北京东三环上的中央电视台大厦也是他的作品。鹿特丹的另一座风格特异的建筑是市场大厅。这是一座长 120 米、宽 70 米、高 40 米的拱形建筑，从截面看，这个拱形像一块马蹄铁。马蹄铁的中空部分是一个巨大的市内市场，而马蹄铁部分由 2 层办公室和 10 层住宅组成。

这 20 年来荷兰最大的变化不是景观而是人。这 20 年里，中国和荷兰的交流更加频繁。20 年前，在荷兰的中国留学生不超过 500 名，而今天已经多达 9000 人。20 年前在我所居住的马斯特里赫特，整个城市的中国留学生和学者不超过 15 人。而今天，在与马斯特里赫特人口相当的莱顿小城里，中国留学生多达 458 人，成为当地最大的外国留学生群体。20 年前，中国商品在荷兰寥若晨星，而今天中国服装充满那里最繁华的商场，华为手机和联想电脑也在那里的电器城里占尽风光。

　　荷兰的变化还表现在居民的人口结构上。20 年前，荷兰人口 1550 万人，而今已经接近 1700 万人。这多出的 100 多万人大多是外来的移民。12 年前一批东欧国家加入了欧盟，于是大批的新成员国的居民涌入这个老成员国寻求富裕的生活。他们主要是波兰人、罗马尼亚人和保加利亚人。引起荷兰政治生态变化的是后来移入的伊拉克人、叙利亚人、阿富汗人和伊朗人。荷兰人一向以仁慈、友好、包容著称，但外来人口的剧增加重了荷兰就业的压力，本地人与穆斯林移民之间的文化冲突乃至流血事件使一部分荷兰人失去了往日的好脾气，排外思潮在荷兰陡然兴起，政坛上随之产生了极右政党新自由党。新自由党不仅要求驱逐外来移民，甚至鼓吹退出欧盟。在我这次到达荷兰的一个月前，荷兰刚刚经历了一次惊心动魄的大选。大选前权威机构预测风头正盛的新自由党将在大选中夺魁。荷兰的主流政治家们战战兢兢地为即将到来的退欧风暴制定了灭火预案。幸好这个局面没有出现。新自由党欢呼自己的胜利，但是这次胜利来得还不够彻底，这个极右政党仅赢得了国会第二大党的地位，因此政府还操控在自民党手里，荷兰没有"变天"。

　　荷兰人聪明勤劳，他们几百年来一直不屈不挠地与水作斗争——拦海造地、筑堤防洪。我在第一版列国志《荷兰》中用了较多的篇幅介绍荷兰的艾瑟尔湖大坝工程和莱茵－马斯河三角洲工程。艾瑟尔湖大坝工程中的填海造陆使荷兰国土面积增长了 7%，而这新增的土地成为荷兰第 12 个行政省——弗莱福兰省。而莱茵－马斯河三角洲工程用 11 座大坝和水闸永久消除了两河的水患。我敬仰荷兰人战天斗地的精神。这一次访问荷兰，我终于得偿所愿，亲自踏上艾瑟尔湖大坝，并且与莱茵－马斯河三角洲工程最大的项目东斯海尔德水闸合影留念。

　　最后，我要感谢莱顿大学人文学院地区研究中心，感谢它为我提供了良好的工作空间和查阅资料的条件，感谢中心主任弗朗克·皮克（Frank

N. Pieke）教授，正是因为他的邀请，我才得以到中心做访问学者。我还要感谢中心主任秘书约瑟·卜丽坦（José Brittijn）女士，她热情地给予我许多贴心的关照。

张健雄

2017 年 10 月 27 日

第一章

概　　览

第一节　国土与人口

一　地理位置

荷兰位于欧洲大陆的西北部，西边和北边是北海，西与英国隔海相望，北与挪威相望，东部毗邻德国，南部与比利时接壤。荷兰国土南北最远端相距约 300 公里，东西最远端距离约 200 公里，总面积为 41543 平方公里。就国土面积论，除圣马力诺、列支敦士登、摩纳哥这样的袖珍国家外，荷兰可算是欧洲最小的国家之一，只比比利时稍大一点，是德国的1/9，仅是中国北京市面积的 2.5 倍。

荷兰位于东经 $3°21'31''$ 至 $7°13'14''$、北纬 $50°45'5''$ 至 $53°52'5''$，纬度与中国黑龙江省和新疆维吾尔自治区的北部相近。整个国家位于东一区，比伦敦早 1 个小时，比北京晚 7 个小时。荷兰实行夏时制，夏季比北京晚6 个小时。

荷兰有两个首都，一个是象征性的法定首都阿姆斯特丹，另一个是行政首都海牙。根据 2016 年的统计，阿姆斯特丹市内人口 85 万人，海牙市内人口 52 万人。阿姆斯特丹是王宫所在地，是宪法规定的首都，而政府、议会、最高法院以及大部分外国驻荷兰使馆设在海牙。海牙还是 150 多个国际组织的所在地，其中包括国际法院和国际刑事法庭。

荷兰由王室支配的三座宫殿中有两座位于海牙，分别是林宫（Huis Ten

Bosch）和诺尔登德堡宫（Paleis Noordeinde）。还有一座王宫位于阿姆斯特丹，即水坝广场对面的王宫。林宫以前是贝娅特丽克丝女王的居所，现在是亚历山大国王夫妇的居所。诺尔登德堡宫曾经是女王办公的地方，现在是国王的办公场所。

二　地形与气候

荷兰地势平坦，除了南部和东部有一些丘陵外，大部分地区地势很低。荷兰的国名"尼德兰"本意为"低地国家"。荷兰地势最高点在南部林堡省东南部的瓦尔斯山（Waals），离德国和比利时接壤处不远，海拔也仅321米。荷兰地势最低点在鹿特丹附近，为海平面以下6.7米。荷兰有部分国土是通过拦海筑坝，将水排干后从海里"浮"出来的土地。这样的土地在荷兰文中被称为"polder"，海外有人翻译成"新生地"，本书称为"浮地"。"浮地"约占总国土面积的20%。荷兰中西部还有一些土地本来是与海平面相当或比海平面还要低的湖泊或沼泽地，荷兰人将水排干后，将其改成农田或建起城市。因此，堤坝在荷兰人民的生活中起着异常重要的作用。根据荷兰国土的地势分析，如果没有几百年来特别是近代修建的堤坝，荷兰有40%的国土，尤其是人口与工业区密集的中西部国土每天要被海洋潮汐淹没两次。因此，把荷兰称为比海平面低的国家一点也不过分。

荷兰位于北纬50°～54°，属于温和的海洋性气候。受北大西洋暖流的影响，一年之中气温变化都不大。沿海地区夏季的平均气温为16℃，冬季平均气温为3℃。内陆地区夏季为17℃，冬季为2℃。可以说，冬季不冷，夏季不热。但是，某些年份也出现过反常的气温。荷兰历史上有记载的最低气温为-26.8℃，最高气温为38.6℃。年降水量约为760毫米，年降水分布比较均匀。1～6月月平均降水量为40～60毫米；7～12月月平均降水量为60～80毫米。平均每月日照时数12月最少，约为39小时；5月最多，约为220小时。平均年日照时数大约为1585小时（1911～1950年）。沿海地区风力较强，年平均风速为每小时22.5公里，东部地区年平均风速为每小时12.9公里。

地区之间的气候差别也不大。荷兰南北长 300 多公里，东部和西部与海洋的距离对温差产生一定的影响。一般来说，夏季高于 25℃ 的天数，北部的弗里斯兰省不足 5 天，南部的林堡省则大约是 25 天。

荷兰的气候虽然并不十分理想，但有许多特征是对农业有利的。海洋和海湾暖流使气候温和而潮湿，一年中大多数时候刮西南风，往往带来大量的云层。长时间的干旱天气极少出现，但不利的是降雨大多发生在收获季节，对粮食收获产生不利影响。地面霜冻少，对水果生产特别有利。但有时在 4 月最后一两周或 5 月初东部地区容易出现霜冻，造成农业损失。

从农业生产的角度看，荷兰 40% 的国土太干燥，而 19% 的国土又太潮湿。各地土质和气候的特点，形成了不同的生产区域。荷兰农业大致分为农作物生产区、畜牧区（主要是饲养乳牛和生产牛奶）、农牧混合经济区、园艺区。农作物生产区主要分布在荷兰西南部泽兰省、南荷兰省的三角洲一带，南荷兰省的东部、艾瑟尔湖（Ijsselmeer）南北两个浮地岛诺德欧斯特·泊尔德（Noordoost Polder）和弗莱福兰（Flevoland），以及格罗宁根省和德伦特省的东部。畜牧区主要分布在荷兰北部地区，包括弗里斯兰省绝大部分、格罗宁根省和德伦特省西部，以及荷兰西部的南荷兰省、北荷兰省东部和乌得勒支省的西部。农牧混合经济区分布在荷兰东部和南部地区的上艾瑟尔省、海尔德兰省、北布拉邦省以及林堡省。园艺区主要在北荷兰省北部、海尔德兰省中部以及林堡省东部及南部马斯特里赫特市周围的地区。

从所处的纬度来看，荷兰的最南端和最北端分别对应中国黑龙江省的黑河和漠河，然而荷兰正常年份的气温与中国云南接近，可以说是四季如春，十分适合居住生活。与云南不同的是，荷兰属于海洋性气候，阵雨比较频繁，特别是在夏季，有时一天会下好几场雨，但每次雨后又都会出太阳，因此荷兰人出门时像英国人一样常常带着伞。

荷兰的河流、运河、湖泊比较多，西欧三条大河莱茵河、马斯河和斯海尔德河（Scheldt）在此入海。马斯河和斯海尔德河都发源于法国，流经比利时，从南部进入荷兰。莱茵河则发源于瑞士，流经德国进入荷兰。

三条河流在荷兰东南部的三角洲地区汇合，流入北海。在暴雨或高山积雪融化的季节，河水猛涨，给荷兰带来水患。但这三条大河及其众多的支流带给荷兰更多的是财富和经济发展的机会。

莱茵河从东往西进入荷兰的海尔德兰省后分为两支。靠南的一支叫瓦尔河（Waal），它绵延向西，进入南荷兰省的多德雷赫特市（Dordrecht），与马斯河交汇。靠北的一支在海尔德兰省阿纳姆市（Arnhem）又分成两支，一支继续向西，另一支向北。向西的一支，上游河段称作下莱茵河（Neder Rijn），下游河段称作莱克河（Lek）。这条河顺着乌得勒支省南部边界进入南荷兰省，最后也流入三河三角洲。从阿纳姆市转向北去的支流称作艾瑟尔河（Ijssel）。这条河流穿过海尔德兰省与上艾瑟尔省流入艾瑟尔湖。

马斯河从南部进入荷兰最南端的林堡省，穿过著名的古城马斯特里赫特市。这条河有两段作为荷兰与比利时两国的界河，往北又有很长一段作为北布拉邦省与海尔德兰省的省界，然后从北布拉邦省进入南荷兰省的三角洲地区，最后流入北海。

荷兰的运河纵横交错，密如蛛网，其中多数是百年以前留下来的老运河。过去，运河的功能首先是排涝，然后才是航运。乌得勒支省西部以及南荷兰省、北荷兰省的运河大多是高于两岸地面的"悬河"。100多年前，荷兰人使用古老的风车将运河两岸低地的积水抽进运河，然后顺着河流排入大海。现在，这些老运河被充分利用来发展航运。许多吨位不等的货轮在运河中穿梭往来。横跨于运河之上的公路桥梁也大多是活动桥，船队经过时桥梁便高高升起，待船队通过后再放下。当然，高速公路跨越的都是腾空而起的立交桥，不会受到密如蛛网的运河的干扰。

20世纪，荷兰也修建了一些运河。这些运河发挥了重要的航运枢纽作用。最著名的一条是阿姆斯特丹－莱茵运河。这条运河始于瓦尔河上的蒂尔城，向西北穿过莱克河后进入乌得勒支省，经过乌得勒支市后拐向正北，然后向西北进入阿姆斯特丹港。这条运河将莱茵河与阿姆斯特丹港贯通，可将上游来自德国和瑞士的轮船引入阿姆斯特丹港，再将货物转运到世界各地，大大减轻了鹿特丹港的负担。

荷兰的运河及湖泊的水位都可以通过人工进行调节。历史上，风车发挥了调节水位的作用，而今大型现代抽水站可以调节运河和湖泊的水位。

三　行政区划

行政区划上，荷兰分为12个省（见表1－1）。荷兰的国土形状大致是一个南北向的长方形，西面和北面临海，东面与德国毗邻，南面与比利时接壤。从最西南角的泽兰省开始，呈顺时针排列。

表1－1　荷兰各省及省会城市

序号	省名	省会城市
1	泽兰（Zeeland）	米德尔堡（Middelburg）
2	南荷兰（Zuid－Holland）	海牙（Den Haag）
3	北荷兰（Noord－Holland）	哈勒姆（Haarlem）
4	弗里斯兰（Friesland）	吕伐登（Leeuwarden）
5	格罗宁根（Groningen）	格罗宁根（Groningen）
6	德伦特（Drenthe）	阿森（Assen）
7	上艾瑟尔（Overijssel）	兹沃勒（Zwolle）
8	海尔德兰（Gelderland）	阿纳姆（Arnhem）
9	林堡（Limburg）	马斯特里赫特（Maastricht）
10	北布拉邦（Noord－Brabant）	斯海尔托亨博斯（S-Hertogenbosch）
11	乌得勒支（Utrecht）	乌得勒支（Utrecht）
12	弗莱福兰（Flevoland）	莱利斯塔德（Lelystad）

泽兰省处于三河三角洲南部，"泽兰"的荷兰语是"Zeeland"，意为"海上的土地"。实际上，泽兰省由三角洲南岸毗邻比利时的一片土地和三角洲出海口的两个岛以及两个半岛组成。除西斯海尔德水道外，各岛及半岛之间均有属于三角洲工程的堤坝和公路相通。泽兰省是重要的海上通道，斯海尔德河道从东南边界进入泽兰省的斯海尔德湾。溯河而上约20公里便是比利时第二大城市和重要港口安特卫普。从泽兰省正南越过边界约15公里可到达比利时另一重要城市根特。泽兰省省会米德尔堡，是一个港口城市和船舶修造中心。其他主要城镇有弗利辛恩、许尔斯特、泰尔

讷曾。

南荷兰省在泽兰省北面,是三角洲地区的北半部分,由三角洲中的一系列岛屿和北岸一大片土地组成。各岛之间也有堤坝和公路相通。南荷兰省在历史上是荷兰经济最发达的省份之一,现在也是荷兰最重要的经济大省。世界最大港口城市鹿特丹就位于南荷兰省三角洲地区。荷兰政府及联合国国际法院所在地海牙也在南荷兰省。另外还有工业城市多德雷赫特和豪达,分别在南荷兰省的东部和东北部。古瓷都代尔夫特在海牙南边 10 公里处。海牙东北 15 公里便是大学城莱顿。世界著名的郁金香公园位于南荷兰省北部的小镇利瑟附近。南荷兰省 80% 以上土地的海拔低于海平面。

北荷兰省在南荷兰省北面,也是荷兰历史上经济最发达的省份之一。北荷兰省原是一个半岛,夹在北海和须德海之间。东北部与弗里斯兰省遥遥相望。20 世纪初,北荷兰省北端到弗里斯兰省之间的阿夫鲁戴克(Afsluitdjik)拦海大坝建成后,须德海变成艾瑟尔湖。湖中再次修筑堤坝,坝内的水经抽取排出,水位下降,形成几块浮地,使荷兰国土总面积增长了 7%。在历史上的不同时期,北荷兰省北部也先后修筑了大片这样的浮地。北荷兰省最重要的城市是阿姆斯特丹,位于北荷兰省东南部。阿姆斯特丹以西 15 公里是哈勒姆市。哈勒姆以北大约 10 公里是阿姆斯特丹港的出海口艾穆伊登,与阿姆斯特丹之间有运河相连。北荷兰省中北部的城市有阿尔克马尔、皮尔默伦德、霍伦、恩克赫伊曾。北荷兰省还包括瓦登海一部分,荷兰海上最大的岛泰瑟尔岛(Texel Island)也位于北荷兰省。与南荷兰省一样,北荷兰省的绝大部分地区低于海平面。

弗里斯兰省在荷兰北部、艾瑟尔湖东北方。它是荷兰温度最低的省份,每年夏季 25℃ 以上的天数平均不足 5 天。弗里斯兰省的方言与标准荷兰语相去甚远,而与英语和斯堪的纳维亚语有许多相似之处,因此在民俗风情方面有别于荷兰其他省份。此外,弗里斯兰省沿海有许多渔村还保留着几百年前的风貌,是旅游者猎奇的好去处。弗里斯兰省省会是吕伐登,其他主要城镇有斯内克、德拉赫滕、哈灵根和博尔斯瓦德。弗里斯兰省还下辖瓦登海上西弗里西亚群岛中的 4 个大岛和若干小岛。这 4 个大岛分别是弗利兰岛、泰尔斯海灵岛、阿默兰岛以及斯希蒙尼克岛。岛上都有渔村和公路，甚至还有飞机场。

格罗宁根省是弗里斯兰省的东邻，东部与德国接壤。格罗宁根省的气候与弗里斯兰省相似，冬季较南部省份长，夏季较南部省份短。格罗宁根省的省会是格罗宁根市。荷兰著名大学格罗宁根大学就坐落于此。其他主要城镇有霍赫赞德、代尔夫宰尔、温斯霍滕、芬丹、斯塔茨卡纳尔。格罗宁根省也下辖瓦登海中的一系列小岛。

德伦特省位于格罗宁根省南部，也与德国接壤。省会是阿森。其他城镇有埃门、霍赫芬、库福尔登和罗登。

上艾瑟尔省北与德伦特省相连，东与德国接壤。省会是兹沃勒，其他主要城镇有恩斯赫德、亨厄洛、阿尔默洛和特温特。

海尔德兰省北与上艾瑟尔省相连，东与德国接壤，省会是阿纳姆，其他主要城市有阿珀尔多伦、聚特芬、杜廷赫姆、奈梅亨、泽弗纳尔和蒂尔。

林堡省位于荷兰东南部，呈长条状，北与海尔德兰省相连，西北与北布拉邦省相邻，西南及南部与比利时相邻，东与德国接壤，省会是马斯特里赫特。自从1991年底欧共体首脑会议在这里签署了著名的《欧洲联盟条约》后，这个过去默默无闻的小城一夜之间闻名世界。其他主要城市有鲁尔蒙德、韦尔特、芬洛、芬拉伊、亨讷普、锡塔德和海尔伦。

北布拉邦省位于林堡省西部，南与比利时相邻，西与泽兰省相连，北面分别是南荷兰省和海尔德兰省。北布拉邦省省会是斯海尔托亨博斯。其他主要城市有埃因霍温、蒂尔堡、布雷达、罗森达尔以及海尔蒙德。值得一提的是，北布拉邦省蒂尔堡市以南距离比利时边境5公里的地方还有比利时的一块"飞地"巴勒拿骚（Baarle Nassau）。

乌得勒支省是荷兰的地理中心，四周被南荷兰省、北荷兰省、海尔德兰省以及弗莱福兰省包围。省会是乌得勒支，其他主要城市有阿默斯福特、德比尔特、尼沃海恩、武尔登、费嫩达尔以及马尔森。

弗莱福兰省由20世纪初须德海经大坝拦海变成艾瑟尔湖，经抽降水位后浮现出来的两块浮地组成。其中，一块浮地是弗莱福兰岛；另一块是东北浮地，位于弗莱福兰岛北部，与上艾瑟尔省相邻。两块浮地与周边省份之间都有高速公路相通，岛上道路纵横交错，但人口密度较低，主要是农牧区。省会城市是莱利斯塔德，其他主要城镇有阿尔默勒、埃默洛尔德。

四 人口、民族、语言

荷兰的人口出生率虽然很低，但由于外来移民增加，人口仍呈上升态势。1994 年的普查显示，荷兰人口约为 1550 万人，约为 20 世纪初的 3 倍，比 1957 年增长了 40%。到 2015 年 9 月，总人口达到 1697.6 万人。其中，荷兰族裔占 78.6%，其他欧洲族裔占 5.9%，土耳其血统居民占 2.4%，印尼血统居民占 2.2%，摩洛哥血统居民占 2.2%，来自加勒比地区的居民占 0.9%，其余为来自世界其他地区的居民。

70% 的荷兰人居住在人口在 2 万人以上的城镇里。荷兰的三大河系加上密如蛛网的运河和湖泊，使内陆水面总面积达 7000 平方公里，占全国国土面积的将近 1/6。因此，如果扣除内陆水面的不可居住面积，荷兰的平均人口密度达到每平方公里 456 人，是欧洲人口密度最高的国家，也是世界平均人口密度最高的国家之一。荷兰的老龄化程度比其邻国德国稍低一些，20~65 岁人口占 63%，20 岁以下人口占 24%，65 岁以上人口占 13%。

荷兰的通行语言是荷兰语。荷兰语不仅是荷兰的官方语言，也是比利时的官方语言之一。荷兰语是比利时北部佛兰德地区弗拉芒居民的通用语言。比利时弗拉芒地区面积虽然不大，但所操的弗拉芒语方言极其复杂，因此比利时不同地区的弗拉芒语居民相互交流时必须以标准荷兰语作为他们的"普通话"。荷兰与比利时两国使用荷兰语的人口共有 2100 万人。荷兰语也是欧盟 23 种官方语言之一。按作为第一语言的人口数排序，荷兰语是世界第 30 大语言。除荷兰和比利时外，法国北部还有 6 万人使用一种属于荷兰语的方言。荷兰各地也存在多种不同的方言。荷兰语标准语音比较接近于阿姆斯特丹以西不远的哈勒姆的口音。荷兰南部林堡省的方言被认为是荷兰语中比较难懂的一种。荷兰北部的弗里斯兰省有 40 万居民说的方言弗里斯兰语，无论从发音还是词源来说，都与标准荷兰语相差较大，而与英语和斯堪的纳维亚语有许多共同之处。在荷兰书店里甚至可以看到用荷兰文解释的弗里斯兰语字典。从语言和历史来考证，弗里斯兰人又被看作荷兰的一个少数民族。

南美洲的荷属安的列斯和阿鲁巴现在还是荷兰王国的一部分，并以荷兰语为官方语言。荷兰前殖民地苏里南仍然以荷兰语作为官方语言和学校教育的主要语言。荷兰语对南非语的形成也有很大的影响，现代南非语就是荷兰语与英语的混合物。

1980 年，荷兰与比利时弗拉芒地区联合成立了"荷兰语言联盟"。这是一个跨政府的组织，专门规范荷兰语的拼写和语法规则，制定政府的荷兰语政策的指导方针，同时致力于推动荷兰语在世界的传播，提高荷兰语的国际地位。目前，在比利时的法语区、法国北部和德国西部的中小学，荷兰语被许多学生作为选修的语言课程。据统计，全世界有 250 所大学开设有荷兰语课程。

五　国旗、国徽、国歌

荷兰的国旗是横排的红白蓝三色旗，长与宽之比为 3∶2。1568 年荷兰国父威廉·奥兰治亲王发动起义时，采用其家族族徽的三种颜色橙、白、蓝作为自己旗帜的颜色，那时候叫作"亲王旗"。荷兰共和国成立后，采用"亲王旗"作为国旗。1648 年《威斯特伐利亚和约》签订后，荷兰共和国正式得到欧洲各国包括西班牙的承认。为了淡化家族色彩，荷兰将国旗中的橙色改为红色，一直延续到今天。

荷兰国旗上的红色象征国民勇气，白色象征人民对新教的坚定信仰以及期待上帝的护佑，蓝色象征人民对祖国的热爱和忠心。荷兰是欧洲第一个资产阶级国家，三色旗的样式后来被欧洲许多国家沿用。彼得大帝的俄罗斯帝国首先沿用了红白蓝三色旗，只是三种颜色的排序变成白蓝红。斯拉夫国家基本采用红白蓝三色作为国旗基色，只是排列顺序不同，图案有些变化。法国大革命后，法国也采用红白蓝三色旗，只是三种颜色改成竖排，对其含义的解释也有变化。

荷兰的国徽从欧洲中世纪家族的族徽演变而来。国徽图案中有一顶华盖，中间是两头翘着尾巴跨立的金狮，金狮口吐红舌，保护着一面蓝色的盾徽。盾徽顶部是一顶王冠，王冠下面又有一头带着王冠的金狮。金狮的右手挥舞着一支出鞘的利剑，左手握着七支金色的箭。

从中世纪开始，欧洲的王公贵族开始使用各种图案花哨的家徽来表明身份。因此，欧洲不少国家的国徽都是由王室族徽演变而来的。荷兰国徽的原型是奥兰治－拿骚家族的族徽，1815年荷兰王国成立时，第一任国王就是威廉·奥兰治的后裔，因此王室族徽变成荷兰王国国徽。传统的贵族家徽由盾牌、护盾兽和铭文组成，斗篷、王冠和勋章则是更高等级的标志，家徽图案越复杂，家族地位越显赫。

从纹章学来说，荷兰国徽属于"华盖型"，这种形状象征着高贵。国徽上两头金狮象征着"勇猛"和"尊严"，是王室的保护神。盾徽中狮子右手握着的利剑象征着王权，左手握着的七支箭象征1581年在荷兰国父威廉·奥兰治亲王带领下宣布独立的七个省。狮子脚下的蓝色绶带上用法语写着威廉·奥兰治的格言："我坚持不懈。"（Je Maintiendrai.）国徽上采用威廉亲王的族徽和格言，表明了荷兰人民对国父的尊敬。

荷兰的国歌名叫《威廉颂》。这首歌是1932年5月10日经过荷兰内阁投票确定的荷兰国歌。荷兰国歌的荷兰文名称简称 *Het Wilhelmus*，全称是 *Wilhelmus van Nassouwe*。《威廉颂》被认为是世界上历史最悠久的国歌。其歌词最早的文本据传出自16世纪尼德兰作家、政治家马尼克斯·范·圣阿尔德贡德（Marnix van St. Aldegonde）之手。圣阿尔德贡德于1570~1572年在一个名叫西索堡的小镇写下了这首歌的歌词。他没有找人替他谱曲，而是借用了一首法国军乐的曲调。那是1568年沙特尔城军民在抵抗孔代亲王的军队围攻时用以鼓舞士气的歌曲。圣阿尔德贡德创作的这首歌曲后来经荷兰作曲家阿德里安·瓦勒琉斯（Adriaen Valerius）改编后，在荷兰民间广为传唱，并在一些重要场合演奏。1932年，作曲家瓦尔德·波耶（Walther Boer）对这首歌再次进行修改，将歌名改为《威廉颂》，并被内阁确定为荷兰国歌。由于篇幅宏大，全曲完整唱完需要15分钟，因此在正式场合一般只吟唱最具代表性的第一节和第六节。

《威廉颂》是一首美丽的诗，全篇共15节，每节8行，由圣阿尔德贡德用第一人称的古荷兰语写成。1558 年，出生在尼德兰的查理一世将西班牙王位传给其儿子腓力二世。毫无尼德兰情结的腓力二世对尼德兰人民采取高压统治。尼德兰的贵族领袖威廉·奥兰治亲王发动起义，带领尼德兰人民反抗西班牙暴政。圣阿尔德贡德是起义的领导者之一，也是威廉·奥兰治的坚定支持者。他写下这首歌号召人民追随威廉·奥兰治亲王与西班牙统治者进行坚决斗争。这首歌的第一节和第六节歌词如下：

> 我是拿骚的威廉，身体里流着日耳曼民族的血液，我忠于我的祖国，坚守至死，我奥兰治亲王，热爱自由，毫无畏惧，对于西班牙国王，我表示尊敬。

> 哦，我的主我的上帝，您就是我的后盾和依赖，我对您一直信赖，您从不离我而去。我将保持虔诚，永远为您效力，去驱逐暴政，拔出我们的肉中刺。

歌词中称"身体里流着日耳曼民族的血液"，是因为尼德兰人是古代哥特人的一支。威廉·奥兰治是查理一世在位时的尼德兰贵族领袖，与前国王查理一世关系较好，歌词中"表示尊敬"的西班牙国王指的是前国王查理一世。这句歌词的含义是自己发动的起义并非叛乱，而只是反对腓力二世的暴政。

第二节　民俗与宗教

一　民俗

（一）喜爱庆典

荷兰人喜欢庆典。每个家庭每年都要举行多次家庭庆典。在荷兰人的家中，常常可以看到一张年历，上面记载着所有家庭成员的生日，甚至包括爷爷、奶奶、外祖父母、叔叔、伯伯、舅舅、婶婶、堂表兄弟姐妹们的生日。每逢生日，所有的亲戚朋友都要尽量请到，筹备生日会餐及礼品是少不了的事情。类似的庆典在工作单位的同事间以及从幼年起的各种同学和朋友之间举行。

在荷兰，婚礼要比在其他欧洲国家隆重。家境比较宽裕的人家在举行婚礼时，往往会租上一辆豪华的双驾马车，新郎和新娘坐着马车，在全家人、伴郎伴娘及亲戚朋友的簇拥下穿街过巷，到市政厅履行结婚手续。尽管荷兰是一个宗教传统十分严格的国家，但是市政厅的法律程序仍然是不可免的，教堂的仪式是以后的事情。婚礼结束后，新郎家里往往要举办盛大的婚宴。在宴席上，家庭成员和亲戚朋友一个接一个地说祝酒词，发表各种各样的喜庆演说。过去，这样的婚礼在比较殷实的荷兰家庭往往要持续一两天。以后每年的结婚纪念日以及铜婚、银婚和金婚纪念日都要举行庆典，父母、子女都要向举行庆典的夫妻赠送礼物。

在荷兰，庆典还远不限于生日和结婚纪念日，所有值得高兴的事情都可以成为举行庆典的理由。在机关、公司或学校，一个月常常可以碰到好几次庆典。某同事或喜得贵子，或升迁，或荣获嘉奖，或子女获得学位，或本人谋得更理想的职位，都会在工间休息时间举行一个适度规模的庆典。在会议室里摆上高脚酒杯、果盘、巧克力、蛋糕，就着葡萄酒和饮料相互交谈，并轮流向喜庆者祝贺。其实，这是荷兰人在家庭之外打破社会隔阂、融洽关系、联络感情、增进友谊的极好方式。这种风俗早已超出祝贺本身的意义。它为一个单位的成员提供了一个交流思想的场所。在这种场合，轻松的气氛极其有利于同事之间增进了解，化解误会和分歧。

（二）热爱花卉

荷兰是花卉王国。欧洲人喜爱花是出了名的，无论你到哪一个欧洲城市，都会看到广场、庭院、阳台上栽种着五颜六色的鲜花。然而，荷兰人对花的喜爱要超过所有其他欧洲国家的人民。在荷兰每个城市的街道、广场上，只要有一点空地，就会修建花坛。在小城镇及大城市的空间比较充裕的地方，住宅的大门前都会有一个小小的十几平方米的花园，里面浓缩式地栽种着各种花卉。花卉颜色的搭配讲究广谱性，典型的颜色是红色、黄色和紫色。乡村的住宅更讲究，由于房屋周围院子面积大，花园里五彩斑斓，使人目不暇接。

　　目前，荷兰从事农业生产的人口只占全国总就业人口的 3%，而乡村地区居民仍占全国人口的 10% 以上。当离土人口逐渐从乡村转移到城市时，许多城里人特别是中产阶级又从城市搬到乡村，原因就是乡村为他们提供了修建大花园的空间。他们买下原来的农民的宅地，改建房屋和花园。所以，现在居住在乡村的居民 70% 都不是农民。

　　由于缺乏土地以及城市化的发展，荷兰人形成了在室内栽种花木的传统。过去三个世纪里，荷兰人使用木头花盆种花甚至种树。现在，木头花盆已被陶瓷和塑料花盆替代，但栽种树木的大木桶还在继续使用，用来栽种橘子树和柠檬树，人们在居室之内也能享受果园飘香的乐趣。使用花盆和树桶不仅克服了城市空间不足的困难，而且满足了在寒冷冬季里欣赏鲜花的需求。当春天到来的时候，荷兰人就把他们的花木搬到室外，供大家观赏，并交流栽培技术，就好像中国南方一些城市举办的春季花会。花店也是荷兰城市的一大景观。荷兰每一个超级市场里都有花店，城市街头的花店、花亭、花摊比报亭还多。花亭、花摊不仅方便了居民购花，其本身丰富的色彩也大大美化了城市。

　　荷兰传统的花园现在在一些老宅子还可以见到。那样的花园往往是用铁栅栏围起来的，栅栏和铁门上装饰着各种铁制的艺术图案。荷兰的民间传说认为花园里常常居住着一种小精灵。这种小精灵的形象常常被装饰在花园铁门上。中国古代的园艺也很有名。与中国传统园林封闭式的围墙相比，荷兰花园栅栏式的藩篱表现出不同的文化观念。两种花园的外墙都起着保障居家安全的作用，但荷兰的老式花园栅栏表明花园的主人喜欢让别人从外面欣赏自己园中的美景。此外，还有一个重要原因，那就是希望在园中也能保持自己开阔的视野。传统的荷兰式花园的特点是园内的小径旁用一种紫杉属的灌木栽成矮篱，并修剪得整整齐齐。他们特别喜爱将这种灌木篱设计成迷宫式的曲径。有时候，这种灌木还被修剪成各种立体形象。

　　（三）节日多

　　荷兰人的节日比较多，仅政府规定的全国性公休节日就有 7 个，分别是新年、复活节、女王节、解放日、基督升天日、显圣节和圣诞节。其中大部分是基督教的宗教节日，也是欧洲国家共同的节日。

复活节一般在每年春分月圆之后的第一个星期日。基督教认为这一天是耶稣基督被钉在十字架后的第三天，基督在这一天复活。按照荷兰的风俗，在复活节这天，人们特别是新教徒都要听演奏巴赫作品的音乐会。各地的剧院、乐队和独唱演员都要表演17世纪版本的圣经故事——基督受难记。普通老百姓要在这一天饱餐一顿。这一天，餐馆、酒店和小摊上到处摆设着鸡蛋、童子鸡和鲜花。复活节相当于欧洲的春节，象征着一年之中春季的开始，也象征着新生活的开始。复活节一般持续4天，星期日是高潮，每家早餐的餐桌上摆满了彩蛋和形状奇特的各式面包。

上艾瑟尔省特温特地区的复活节与众不同，人们在晚上要点燃复活节篝火。篝火增添了节日的欢乐和喜庆气氛，巨大的篝火将夜空映照得如同白昼。赶到恩斯海德郊区观看复活节篝火的人多达上万人。特温特地区的篝火活动可以追溯到基督教的影响到达该地区以前。早在日耳曼部落时代，这里的牧民就有点燃篝火驱寒的习惯。

基督升天日是在复活节后第40天。基督教认为，基督在这一天升天。复活节后第七个星期日是显圣节，基督在这一天显灵。除了圣诞节外，荷兰最隆重的宗教节日要算复活节和基督升天日。在这些节日里，全国所有的学校、机关、银行、商店都要放假。复活节前的星期五，银行和商店都要提前下班。这两个节日人们一般是在街上度过的，酒店和饭店不仅不关门，还要加班加点地营业，以满足人们欢庆的需要。由于是宗教节日，教堂里也要举行宗教仪式。

荷兰的世俗节日中最重要的是女王节，这个节日可以看作荷兰的国庆节。这一天，全国彩旗飞扬，乐队在街上演奏欢快的乐曲，街头布满鲜花，人们喜气洋洋。很多城市在这一天开放街头市场，允许人们在广场上免税出售自家的物品。阿姆斯特丹在这一天格外热闹，整个城市都变成联欢会场和街头市场，到处是盛装的人群。通常女王在这一天要在乡间的王宫里接见祝贺者。但贝娅特丽克丝女王即位后改变了这一传统，她走出王宫，和人们一起度过节日。她通常要视察村庄和城镇，与街头欢度节日的普通百姓交谈，看望老人或残疾人。国家电视台在这一天现场直播女王的活动。女王节就是朱丽安娜女王的生日。女王贝娅特丽克丝的生日是 1 月 30 日，这一天荷兰的气温还很低，不利于进行户外活动，因此贝娅特丽克丝女王从即位始就宣布，在她在位期间，仍以她母亲朱丽安娜的生日作为荷兰的女王节。由于人们在这一天狂喝滥饮，因此这一天也是警察最忙碌的日子。1997 年的女王节过后，据媒体报道，这一年的女王节平安度过，虽然有 70 万人参加了阿姆斯特丹街头的欢庆活动，但无一事故发生。只是鹿特丹在这一天发生了酒后斗殴事件，警察拘留了 33 人。

除了女王节，荷兰还有一些重要的世俗节日。5 月 4 日是荷兰的悼念日，悼念在历次战争期间殉难的人，特别是在二战中牺牲的"抵抗运动"的战士和死于纳粹集中营的犹太人。1997 年的悼念日正好是星期天，星期六当天，教堂里举行了特别的追忆仪式。星期日晚上，官方在阿姆斯特丹的大坝广场（Dam Square）战争纪念碑前举行纪念仪式。晚上 8 点，全国同时为战争殉难者们默哀两分钟，女王和其他国家政要于晚上 8 点在国家纪念碑下参加默哀仪式。5 月 5 日是荷兰的解放日。1945 年 5 月 5 日，加拿大军队解放了最后一块被纳粹德国占据的荷兰领土。这一天成为荷兰的解放日。由于经历过两次大战的人已越来越少，有人开始主张废除这个节日。而另一些人建议赋予节日新的意义，将关注的事情从过去转移到现实问题，在每年的这一天提出一个具有现实意义的主题，如反种族主义、反对排外主义等。1995 年，在纪念战胜纳粹德国 50 周年之际，这一变革被正式确定下来。这一年解放日的主题是"睦邻"。全国各地的社团组织了各种活动，从不同的侧面来体现这一主题，如提倡社区的团结、促进不同种族的融合、帮助周围的人等。这一改革使这个具有历史意义的节日焕发了新的生命力。

荷兰还有一个很有意思的节日，即 5 月 10 日的全国骑车日。这一天本来是荷兰的风车节，全国骑车日定在这一天，暗含有将全民健身运动与弘扬爱国主义精神结合起来的意思。每年的这一天，国家旅游机构都会规划出 200 多条自行车行车路线，每条路线长度 30 公里到 35 公里不等，而且这些路线都尽可能地经过一些风车。荷兰人本来就喜爱自行车运动，每

15

到周末，荷兰的男女老少换上五颜六色的紧身自行车运动装，戴上防护帽，骑上自行车，在城外公路上骑行几十公里。在全国骑车日这天，全国成千上万的人，包括那些平时不大骑车的人，都蹬上自行车，与家人或朋友一起出门远游，享受大自然的风光，让全身心彻底放松一下。

二 宗教

宗教在荷兰人民的社会生活和政治生活中发挥着举足轻重的作用。16世纪，加尔文的新教传到尼德兰北部，马上受到欢迎，并拥有大量的信众。当时荷兰处于西班牙的统治下。西班牙国王查理一世在位时对北尼德兰的新教运动采取宽容的态度，但腓力二世继承王位后，对新教徒进行残酷镇压。腓力二世的高压政策引发了当地人民的强烈反抗，这成为"八十年战争"的导火线之一。"八十年战争"在某种程度上也是一场宗教战争。独立后的荷兰以加尔文教为国教。"八十年战争"的后果之一是宗教群体在全国分布不均衡。天主教徒在南部的北布拉邦省和林堡省占据主导地位，在其他各省则是天主教徒与新教不同教派教徒混居。在这些省份，荷兰新教改革派占主导地位，但天主教会仍然拥有相当的势力，在乡村地区还存在一些纯天主教村。总的说来，荷兰有一半的天主教徒集中在南部两省，其余一半分散在北部 10 个省内。

荷兰的天主教会是一个十分团结的教会，而新教的情况却不一样。从17 世纪起，新教内部就不断地分裂，形成了许多教派，分裂的原因主要是对教理的理解产生歧义。第一次分裂发生在 1618 年，新教中的自由派从正统派中分裂出来。自由派信众人数虽少，但大多数是具有一定知识和技能的人。他们与正统派分裂的原因是他们试图结合"科学"思想的成果理解《圣经》，而正统派反对这种离经叛道的行为。1834 年，新教正统派再次出现分裂。这一次分裂的原因是以亨德里克·科克（Hendrik Cock）为首的信众强烈反对将教会事务与国家事务交织在一起。导致这次分裂的还有另外一个因素，即对科学研究的成果与《圣经》故事冲突的解释。反对政教分离是原来加尔文教派的主张，因此少数派的亨德里克·科克自认为是正统派，而与其意见相左的多数派则成为主流派。1886

年，阿姆斯特丹地区的新教也出现一次分裂，虽然直接原因不同，但根本原因还是对政教关系处理意见的不同。1892 年，正统派（1834 年与 1886 年分裂出来的）合并，建立了再改革派教会。

19 世纪末 20 世纪初，教派内部又发生冲突和分裂。其中最重要的一次是 1926 年的赫尔克肯事件（Geelkerken Case）。赫尔克肯认为《圣经》第一章"创世记"中关于伊甸园的故事有误。他认为，从科学的角度看，蛇是不可能开口说话的，因此他认为在阅读这一章时不必逐字理解。而教会中的主流派坚持认为，既然《圣经》中记载蛇说了话，那蛇就必然说了话。他们认为蛇对亚当和夏娃的诱惑是"创世记"中最具警世意义的部分，绝对不可被忽视。教会认为赫尔克肯的言论亵渎了《圣经》，决定开除赫尔克肯教籍。赫尔克肯被开除教籍后，率领自己的信众组织了新的教派。

1944 年，荷兰新教又发生一次分裂。这次分裂的原因是对儿童洗礼的解释出现新的分歧。教会对洗礼的传统解释是，从洗礼那天开始，上帝已经将这个孩子接纳为他的子民。但是，如果这个孩子长大后成为教会不能容忍的罪人的话，教会认为这个人从来不是上帝的子民。因此，一部分教士认为，这种解释自相矛盾。他们认为，应该将对洗礼的解释修改为洗礼那天并不意味着上帝已经接纳了这个孩子，这个孩子是不是上帝的子民应该看他长大后的表现。但这种新的解释也有缺陷，因为一个人只要活着就永远有蜕化变质的可能，只有死后才能盖棺定论，因此成为上帝的子民便成了遥遥无期的事情。两种意见相持不下，导致教派内部再次分裂。要求修改洗礼解释方法的教士被开除出教会，一部分信众跟随他们成立了新的教派，自称"解放改革派教会"①。

"解放改革派教会"人数不多，但思想相当解放。其中一部分人对科学成就相当敏感，并热衷于在科学新成就的基础上重新解释基督教教义。"解放改革派教会"于 20 世纪 60 年代末再次分裂，分裂出来的人组成一个新教派，自称"荷兰改良教会"。有些小教派的教士甚至主张承认同性

---

① 见 P. K. Keizer, *Church History*, Groningen, 1975。

恋婚姻，并为其主持婚礼。

在 20 世纪最后十年里，荷兰新教两大派别荷兰改革教会与荷兰再改革教会之间出现合流的呼声。两大教派的部分领袖积极致力于推动合并，并计划将合并后的教会更名为荷兰新教联合教会。合并原计划于 1997 年进行，但两教派合并牵涉许多具体问题，至今还未能实现。

荷兰曾是一个新教势力很强大的国家，加尔文教派长时间在人民的宗教生活中占据主导地位。但荷兰新教内部数度分裂，导致新教在政治上的势力不断被削弱。荷兰的改革教派经过 19 世纪两次重大的分裂后，加尔文正统教派从改革派教会中分裂出来，组成"再改革教会"。新教改革派、罗马天主教以及新教再改革派形成三足鼎立的局面。1879 年的全国普查显示，荷兰改革派教会信徒占人口的 54.5%，天主教会信徒占 35.9%，刚刚建立的新教再改革派信徒只占 3.5%，大约 1% 的人口表示没有宗教信仰。

新教再改革派和天主教派人口比例在此后的一百年里有一些变化。1971 年的普查显示，天主教徒增长了 5% 左右，占人口比重达到 40.4%，主要是因为天主教反对节制生育，天主教教徒人口出生率比较高。以后，天主教徒人口比例有所下降，最低时为 30%。至于新教再改革派人数，1889 年的人口普查显示，其比例在 8% ~ 10%，到 20 世纪 80 年代一直没有发生变化；90 年代初的调查再次显示，新教再改革派人口比例降至 7%。与此相反，新教改革派信徒人口比例变化却比较明显。在 1889 年的人口普查中，改革派信徒人数比例降至 50% 以下，10 年里降低了将近 5 个百分点。进入 20 世纪后，改革教派信徒人数呈下降趋势，在每 10 年进行一次的全国人口普查中，其人数每次都要下降 3% ~ 5%，到 1971 年，其信徒人数比例已降至 23.5%。

以上数字表明，在将近 100 年的时间里，荷兰出现了非宗教化倾向。1971 年的人口普查显示，无宗教信仰人口占全国人口比重达到 23.6%，首次超过新教改革派信徒人口比例（23.5%）。

21 世纪以来，这一趋势更加明显。曾经作为基督教堡垒的荷兰的宗教色彩迅速淡化。无神论者或不信教者比例越来越高。虽然直到 20 世纪末在荷兰基督教（包括新教各派和天主教）仍然占主导地位，但民众对宗教的热情在不断消退。

根据奈梅亨大学和阿姆斯特丹自由大学所做的独立的深度调查，2006 年荷兰人口中，基督教徒占 34%；到 2015 年，信仰某一基督教派的信徒比例降至 24.5%，其中天主教信徒占 11.7%，新教改革派信徒占 8.6%，其他基督教小教派信徒占 4.2%；穆斯林比例为 5%；印度教徒或佛教徒比例为 2%。调查显示，不信教人口占总人口的比例 1966 年为 33%，1979 年为 43%，1996 年为 53%，2006 年为 61%，2015 年上升至 67.8%。荷兰社会与文化计划署估计，到 2020 年不信教人口比例将达到 72%。

一个有意思的现象是，教会统计的信徒人数与社会民间机构的调查结果相差很大。譬如，荷兰天主教会声称，荷兰总人口中有 1/4 是天主教信徒。官方统计机构往往也采用教会的数据。然而，民间调查机构的调查结果显示，自己承认自己是天主教徒的人数不到教会公布人数的一半。这种误差往往源于教会的信徒人数是根据在本教堂登记者的家庭成员人数进行统计的，即教徒人数包括在教堂进行登记的信徒夫妇和他们的孩子及孙子。实际上，有些某个宗教教派家庭出身的年轻人，可能参加过洗礼，幼年时偶尔参加过教堂的礼拜，但成年后在问卷调查中宣称自己仍然是一个不信教者。法律规定公民有信仰宗教的自由，当然也有改变信仰的自由。有神论者通过思想的蝶化，成为无神论者。

近几十年来，荷兰出现了一种思潮，认为宗教不应该在政治和教育中发挥决定性作用，认为宗教是社会黏合剂的人也越来越少。这种思潮认为，宗教信仰是公民个人的私事，不应该进行公开宣扬。这可能是荷兰非宗教化趋势发展迅速的原因之一。

三 "柱化"社会的影响

（一）荷兰社会的"柱化"现象

"柱化"是荷兰社会特有的社会现象。"柱化"现象如果要用一句话进行定义的话，那就是社会生活被宗教和政治的分野划分成四个相互隔离的亚文化圈。具体来说，就是荷兰社会被天主教徒、新教徒、社会党人和自由党人纵向分割为四个小社会，每个人从出生到死亡都在自己的小社会中活动，各小社会中的人老死不相往来。

"柱化"的全部含义只能由实例来说明。例如，一个天主教孕妇分娩时，她必然要到"圣伊丽莎白医院"或其他天主教医院生产。如果这个孕妇是新教徒的话，她一定会去新教的"迪亚康内斯医院"分娩。如果这个产妇是自由党人或社会党人，那么她一般会选择医学院作为分娩的医院。如果某个天主教产妇实在来不及上医院，哪怕孩子生在家里也不会去"迪亚康内斯医院"。这时，她的家人会打电话找天主教会"白黄十字会"的护士到家里接生。如果产妇是新教徒，请到家里接生的将是新教"桔绿十字会"的护士。而属于自由党人或社会党人的产妇则会求助于世俗的"绿十字会"。

家庭妇女的活动也有规矩。如果她们要参加合唱队，天主教徒必然参加"圣西西丽亚合唱队"，新教徒必然参加"坎塔迪奥合唱队"，社会党人的妻子们则参加"人民之声合唱队"。天主教徒的子女只能进天主教学校，如"圣伯纳特学校""圣约瑟夫学校"等，而新教徒的子女则只能上新教学校，如"圣经学校"等。有时，新教学校还有更细致的教派划分。各教派还有自己的童子军、夏令营。甚至连少年足球队也有门户之见，天主教学校的孩子决不与新教学校的孩子在一起踢球。即便是成年人的业余足球队，也分属两个足球联赛。为了避免"撞车"，新教徒的足球联赛总是在星期六进行，而天主教徒的足球联赛则在星期天进行。这种宗派分野意识渗透进社会生活的各个方面。不仅医院、学校、合唱队按派别分，工会、农协、雇主协会、零售商协会等也都泾渭分明，不容混淆。

"柱化"在政治和文化上的分野突出表现在社会传媒上。天主教的报纸是《人民报》，新教的报纸则是《忠诚报》，社会党人的报纸是《誓言报》，自由党人的报纸是《新鹿特丹报》。各个"柱派"还有自己的地方性报纸。此外，荷兰的广播协会中有一些是超派别的，另一些则是属于"柱派"的。例如，KRO是天主教的广播协会，NCRV是新教的广播协会，VARA是社会党的广播协会，AVRO是自由党的广播协会。在"柱化"最严重的时代，天主教徒只订阅《人民报》而不看《忠诚报》或其他报纸，只收听收看 KRO 的广播和电视节目；新教徒则只读《忠诚报》，只收听收看 NCRV 的节目。

"柱化"也表现在婚姻上。在这种氛围下，天主教徒只与天主教徒结婚，新教徒只与新教徒结婚。在荷兰，婚姻自由虽然是受法律保护的，但是跨宗教的婚姻要承受极大的社会压力，而且婚后生活面临各种矛盾，因此极少有人敢迈出这一步。天主教徒死后只葬在天主教墓地里，新教徒则葬在新教墓地里。"柱化"社会使人们从产房到坟墓都在一个同质的亚文化圈中度过（见表1-2）。

表1-2 荷兰的"柱化"结构

	天主教	新教		社会党	自由党
政党	KVP	CHU	ARP	PvdA	VVD
工会	CNV	NKV		FNV	一些白领工会
雇主协会	KRO				VNO
广播协会	KRO	NCRV		VARA	AVRO
卫生组织	白黄十字会	桔绿十字会		绿十字会	
中小学	天主教学校	圣经学校		国立学校系统	
大学	奈梅亨大学蒂尔堡大学	自由大学阿姆斯特丹大学		国立大学和市立大学	
报纸	《人民报》	《忠诚报》		《誓言报》《自由人民报》	《新鹿特丹报》《商报》

注：KVP，天主教人民党；CHU，基督教历史党；ARP，反对革命党；PvdA，工党；VVD，自由党。CNV、NKV 和 FNV 是荷兰各派工会的荷兰文缩写；KRO、NCRV、VARA、AVRO 是荷兰各派广播协会的荷兰文名缩写。

资料来源：Rudy B. Andeweg and Galen A. Irwin, *Dutch Government and Politics*, p. 30。

（二）"柱化"社会产生的原因

"柱化"产生的原因可以追溯到 16 世纪。荷兰的独立战争从某种角度看是一场新教与天主教之间的宗教战争。在这场战争中天主教会是失败的一方。共和国时期，政府禁止天主教的一切宗教活动，天主教徒不能担任公职，中央政府将以天主教为主的北布拉邦省和林堡省作为征服地来统治。天主教徒处于被压制、被排斥的二等公民的地位长达一二百年之久。天主教的宗教活动被禁止，天主教徒被排斥于公职人员队伍之外。"八十年战争"之前，面对天主教会的压迫，加尔文教派从来没有屈服；而在共和国时期，面对加尔文教派的压制，天主教派也没有屈服。正好相反，这种政治压力锻造了荷兰天主教会的团结和组织的严密性。天主教会把自己的活动转到地下进行。

面对加尔文教派的高压态势，天主教会抓紧了对信徒的监控和防范。天主教教士对自己的教民进行家访时，会偷偷检查收音机调频指针所在位置，以判断这家人对教会是否忠诚，并对那些收听非天主教节目的教民及时给予规劝和教诲。教会监控着教徒的一举一动，为了防止本教会的教徒与非本教会的教徒接触，教会建立了自己的幼儿园、小学、中学、大学、医院。学校建立自己专有的球队、合唱队、俱乐部。荷兰的天主教徒所有的活动都在本教会的圈子里进行。除了防止身体的空间接触外，思想与外界的接触也是被禁止的，于是天主教会创办了自己的报纸和出版社。

天主教会加强凝聚力的举动传染了加尔文教派的新教教会。新教教会也"比葫芦画瓢"，建立起属于本教会的小社会。荷兰最早的几个政党都是宗教政党，如反对革命党、天主教人民党和基督教历史党。它们很早就融入前两个柱派，并且通过"柱化"拥有稳定的支持者。因此，自由党和社会党出现时就处于没有柱派支持的劣势地位。为了改变自己的劣势地位，它们选择了建立自己的"柱派"，通过"柱化"来团结和稳定自己的支持者。

需要说明的是，虽然荷兰社会的柱化结构表现为四根"柱子"，即"天主教柱""新教柱""自由党柱""社会党柱"，但这四根柱子的"柱化"程度并不一样。一般说来，天主教派的"柱化"倾向最强，新教次之，自由党和社会党的"柱化"倾向最弱。天主教派之所以"柱化"得如此彻底，是因为天主教会的组织最严密，教会神职人员对教民的控制也最严。

新教的情况大不一样，与天主教相比，其队伍要涣散得多。新教不像天主教会那样有一个统一的领导机构和等级森严的组织系统以协调教会内部各种分支组织。各地区教会各自为政，相互间缺乏联系和沟通。而且，新教内部各派别的社会隔离意识一般比天主教弱。

世俗社会的两个"柱派"——自由党人和社会党人，在伦理和文化上没有多大的差异，他们"柱派"的形成很大程度上因为政治观念的差异，其次是对两个宗教集团"柱化"的反应。既然，两大教会在工会、球队、医疗、文化、体育和政治领域中把自己圈起来，将自己隔离于世俗社会之外，这两大世俗集团也只好建立自己的社会生活系统。实际上，世俗社会两个"柱派"之间的界限也比较模糊。这两个社会集团并没有建立自己派别的卫生和教育系统，它们的分野主要表现在政治和宣传系统上。

（三）"柱化"社会的瓦解和遗留影响

"柱化"现象是荷兰政治中一个不稳定的因素。这种现象妨碍社会的团结、稳定并阻碍社会进步。因此，长期以来，荷兰的有识之士都致力于消除这种倾向。荷兰"柱化"倾向的发展有一个过程。它产生于 19 世纪，在 20 世纪 20 年代达到第一个高峰。在纳粹德国占领期间，"地下抵抗"运动使世代宿敌结为盟友，"柱化"程度一度降到最低。二战结束后，荷兰的部分政治精英曾想借大战胜利的东风彻底消除"柱化"。但是，教会的领袖们抢在他们前面重新恢复了他们的"柱派"。

应该说明的是，荷兰"柱化"的程度不仅在各个"柱派"中表现不一样，在社会生活的各个领域中其实也是不一样的。现代社会是一个竞争的社会，竞争的后果之一是促进社会的融合和同质化。因此，即使在"柱化"最严重的年代，荷兰也存在一些没有受到"柱化"倾向影响的领域，一些领域虽然存在"柱化"倾向，但抵制"柱化"的力量也十分强大。理工科院校、高科技研究院所、法律界和医学界的协会都是非"柱化"的。高科技公司是非"柱化"的最明显的例子之一，高科技公司尤其是跨国公司招聘雇员时只重视能力而从来不看招聘对象的宗教和意识形态背景。传媒领域也有一些组织从来没有派别背景，全国销量最大的《电讯报》（*De Telegraaf*）就是一份超越"柱派"的报纸。

20世纪50年代，"柱化"一度再次达到高峰，但在60年代后期出现转机，社会"柱化"倾向逐渐减弱。社会学家将这一现象称为"反柱化"（Depillarisation）。60年代后期开始的"反柱化"运动主要表现在以下三个方面。

首先，教会对本教派教徒投票方向的控制力减弱，派别领袖也不再进行"柱化"鼓动。宗教色彩最浓的《人民报》将其副报题"荷兰天主教报"悄悄地删掉，转为中左日报。各议会党团也逐渐放弃了原来从本派各组织中选拔议员的习惯做法。其次，非"柱化"组织的数量大大增加，规模进一步扩大。这一时期荷兰政坛上涌现出一大批小党，这些政党都没有"柱派"背景，由此政坛上"柱化"的界限被打破。最后，在广播领域，"反柱化"倾向特别明显。有"柱化"倾向的广播协会影响力越来越小，而没有任何派别倾向的电视电台广播基金会（TROS）和"维罗妮卡"（Veronica）发展为荷兰广播界最大的两巨头。最后，荷兰社会的派别隔离也在逐渐消失，个人的派别归属感基本不存在。从组织层面说，原来归属于不同"柱派"的组织开始依行业进行合并。例如，原来卫生界的三大"十字会"已在许多社区合并为一个"跨派十字会"（inter-cross）；原来的社会党工会与天主教工会合并为一个工会"FNV"。

20世纪60年代和70年代"反柱化"倾向之所以出现，是因为原来产生"柱化"的动因已经消失。天主教会原来是荷兰"柱化"倾向形成的最主要的推动者，因为天主教徒原来是荷兰最受压制和排斥的亚文化群，最需要通过社会隔离来保护自己免受其他亚文化群的渗透和侵蚀。而20世纪60年代后期以后，天主教徒在人数上已经远远超过其世敌新教，因此它又成为"反柱化"运动的先锋。

荷兰"柱化"社会瓦解的更本质的原因是从70年代起由科技进步、商业竞争及全球化运动产生的社会同质化的趋势。全球范围的商业竞争的压力要求每个国家、每个商业集团、每个企业、每家工厂都尽可能充分集合资源来扩大自己的竞争力，这其中人力资源至关重要。可以这么说，能否罗致到最优秀的熟练工人与最优秀的科技和管理人才是企业生死攸关的问题。"柱化"阻碍了人才的流动，阻碍了人员在社会经济最基本的"细胞"之间的优化配置，或者说阻碍了企业竞争力的提高，因此必须打破

"柱化"，这是社会发展的客观要求。高科技部门和跨国公司从一开始就是"柱化"倾向无法影响的领域。现在，这一领域已经扩大到全社会。这一趋势，任何宗教或世俗的精英无论愿意与否，都阻挡不了。

1980 年，天主教"柱派"的最高政治代表天主教人民党与新教"柱派"的最高政治代表基督教历史党和反对革命党宣布合并为基督教民主联盟（简称"基民盟"）。这一事件标志着荷兰"柱化"社会的结束。荷兰的"柱化"社会瓦解后，社会隔离虽然被消除，但宗教教派对民众的影响和操控以及对政治和媒体的影响依然或多或少地存在，不同宗教信仰的人群通婚的比例还是比较少，各个宗教政党依然是荷兰政坛的主要力量。

第三节　著名城市

一　文化与经济之都阿姆斯特丹

阿姆斯特丹最早可以追溯到 13 世纪时的一个渔村。当时人们在阿姆斯特尔河上建了一个水坝，阿姆斯特丹由此得名（阿姆斯特丹意即"阿姆斯特尔河上的水坝"）。那个水坝就在现在的水坝广场。14 世纪，这个村镇逐渐扩展为城市，并逐渐发展为一个繁荣的商港。16 世纪，荷兰的加尔文教派教徒发动起义，赶走了西班牙军队，控制了这个城市并建立了尼德兰七省联合共和国（又称"荷兰共和国"）。荷兰共和国奉行较为自由宽松的宗教和文化政策，由此欧洲各地遭受天主教司法裁判所迫害的人群纷纷到这里避难。他们中有西班牙的犹太人、法国的胡格诺教派信徒、佛兰德斯的富商和印刷工。欧洲各国的经济与宗教难民在阿姆斯特丹找到安全的栖身之所。他们之中有思想家、学者、工匠、商人。他们的到来促进了阿姆斯特丹经济的发展。弗兰德尔印刷工人的涌入以及对各种思想的包容使阿姆斯特丹成为欧洲的自由出版中心。

17 世纪是阿姆斯特丹的黄金年代。从这里出发的荷兰商船开往波罗的海、北美洲和非洲，以及今天的印度尼西亚、印度、斯里兰卡和巴西，由此构建了世界贸易网络的基础。荷兰商人以集股的方式建立东印度公司与西印度公司。这两个公司夺得的海外属地后来演变为荷兰的殖民地。阿姆斯特丹也在此时成为欧洲航运和世界融资的中心。荷兰东印度公司在阿姆斯特丹开始进行股票交易，并成立了世界上第一家证券交易所。直到今天，阿姆斯特丹仍然是荷兰金融商贸之都。它成为欧洲乃至世界上最知名的国际贸易都市之一。荷兰的许多著名企业和银行都把它们的总部设在这里，包括荷兰银行（ABN AMRO）、阿克苏·诺贝尔公司（Akzonobel）、荷兰集团（ING Group）、皇家阿霍德公司（Ahold）和喜力集团。飞利浦和毕马威等知名跨国企业的全球总部也设在这里。

这座城市有三个金融区。第一个位于斯洛特迪克火车站附近。《电讯报》等几家报业公司、大众运输公司与荷兰电报公司位于此地。第二个金融区位于阿姆斯特丹球场周边。第三个金融区位于阿姆斯特尔河车站附近。阿姆斯特丹最高的建筑是飞利浦总部所在的伦勃朗大厦。阿姆斯特丹证券交易所是世界上最古老的证券交易所，而且是欧洲最大的交易所之一，坐落在市中心水坝广场旁边。

阿姆斯特丹是宪法规定的荷兰首都，但是荷兰的政府机构都不在这里。这里只有王室三座王宫中的一座。这座王宫就在水坝广场上。水坝广场上的王宫建于17世纪黄金时期，精美而富丽堂皇。最初建造时是作为阿姆斯特丹的市政厅。拿破仑占领荷兰后，派他的弟弟路易来做荷兰王国的国王，这座建筑被改为路易的王宫。法国人撤离后归还市政厅。1935年划归荷兰王室。现在王室成员虽然很少到这里居住，但作为王室的迎宾馆，用于招待王室的客人。

水坝广场上王宫的对面有一座建于1956年的白色纪念碑，也称战争纪念碑，以纪念二战中的牺牲者。旁边是大教堂，为荷兰历代君王举行加冕登基大典的地方。广场周围地区是阿姆斯特丹繁华商业区。

阿姆斯特丹是一个由运河组成的水城。打开城市地图可以看到，5条放射形的大道和12条小巷以新市场和旧教堂为起点，向东、南、西三面延伸，将一环套一环的5条环形运河连接起来，编织成一个半圆形的蜘蛛网。运河里一艘艘玻璃罩游船和马路上敞篷的城市旅游大巴载着来自世界各地的游客在城里穿梭。这座城市的音乐厅、博物馆、美术馆以及丰富的建筑遗产是游客们经常光顾的地方。

这里的运河水网建成于 17 世纪，共有 160 条河道，总长 75 公里，密如蛛网的运河中停泊着 2500 艘船屋。运河河岸上大多是建于 17 世纪中期的老房子，大多为红砖建筑，梯形尖顶，外形精致优雅。运河两岸酒吧、餐馆、礼品店鳞次栉比。工艺品店里摆满了木屐和风车。有的店门面也以风车做装饰。

阿姆斯特丹也是荷兰的文化首都。城里有两所大学：阿姆斯特丹大学和阿姆斯特丹自由大学。这里还有 60 多家美术馆和博物馆。其中较具代表性的都集中在城市的博物馆广场，包括收藏伦勃朗及维米尔等其他 17 世纪荷兰名画家作品的国立博物馆，以及以收藏梵高作品居世界第一位的国立梵高美术馆，还有收藏高更、毕加索及其他印象派名画家作品的市立博物馆。博物馆广场坐落有享有古典音乐殿堂之称的国家音乐厅。这里也是阿姆斯特丹国家管弦乐团所在地。音乐厅屋顶上有一个金色竖琴雕塑。音乐厅内音响效果名列世界第三。

阿姆斯特丹是荷兰珠宝加工行业中心。虽然现在这个城市的珠宝行业依然繁荣，但已远不如二战前，这是因为从事这一行业的犹太人大多死于战争期间灭绝人性的屠杀，为数不多的幸存者又迁到以色列。城市的近郊有多种轻工业工厂，从电气工程、制糖、可可、烟草到酿酒和皮革加工。重工业主要集中在艾河以北。

阿姆斯特丹港最早的港区在 1925 年建成。1931 年，西港（West Haven）开始动土挖凿，以满足日益增长的木材运输需求。1945 ~ 1950 年港口设施得到重建。1950 ~ 1964 年，阿姆斯特丹港经过各种建设计划向西延伸。沿着北海运河南岸修建了许多新的码头，并立起了许多新型塔吊，安装了现代化的木材、石油和谷物装卸设施。20 世纪 60 年代后期又建起了集装箱滚装码头。现在阿姆斯特丹港是仅次于鹿特丹的荷兰第二大港。

阿姆斯特丹的国际机场是史基浦机场，距离阿姆斯特丹市中心 15 公里，是世界上距离市中心第二近的大型国际机场。机场候机大厦地下便是史基浦火车站，进出甚是方便。阿姆斯特丹国际机场是欧洲重要的航空枢纽，每年都有大批旅客以该机场作为进入欧陆地区的入口。2015 年，史基浦机场旅客吞吐量居欧洲第 3 位、世界第 14 位，在欧洲仅次于伦敦希思罗机场、巴黎戴高乐机场。史基浦机场不仅是荷兰皇家航空公司总部所在地，还为世界 91 家航空公司提供起降服务。这些航空公司共经营 300 多条从这里到达世界各地的直飞航线。

二　国际都市海牙

海牙位于荷兰的南荷兰省，同时也是该省省会，是继阿姆斯特丹和鹿特丹之后的荷兰第三大城市，面积约 100 平方公里，人口 47 万人。

海牙于 1248 年由当时的荷兰伯爵威廉二世所建。他在荷兰海岸旁的树丛中建造了一座城堡，以便举行加冕典礼。城堡还未建成他便在战争中阵亡。那座城堡便是今天的骑士厅。海牙的荷兰语为 "Des Graven Hage"，意思是 "伯爵的庭院"。骑士厅后来被用于举行政治活动。之后，荷兰的贵族就以海牙作为他们的行政中心。当时荷兰一些有影响力的城市，如莱顿、代尔夫特及多德雷赫特，认为当时的海牙规模太小，无影响力，因而否决了以海牙作为行政中心的方案。这一看法从未改变。1850 年，海牙成为王国中央政府所在地，这使其迅速发展起来，规模超过周边的许多城市。

自 13 世纪以来，海牙一直是荷兰的政治中心。荷兰王国的政府、议会、最高法院都设在这里。王室成员的官邸和办公室也都设在这里。外国驻荷兰的使馆也设在这里。因此，海牙是荷兰的行政首都。

城市中心就是伯爵的城堡。这座城堡的荷兰文 "Het Binnenhof" 原意是 "内庭院"，所以骑士厅又称 "内庭"。这座荷兰伯爵准备用来举行加冕礼的城堡是在他阵亡之后才建成的。今天的城堡是一个由高高的城墙围成的长方形庭院。庭院中央是一座威严的中世纪哥特式宫殿。这座宫殿便是今天荷兰的国会所在地——骑士厅。骑士厅内装饰着各省旗帜和描绘荷兰城市的彩色玻璃窗。骑士厅左右两侧的建筑物曾经是总督的住所，现在则是国会的上院和下院。自 1904 年起，每年 9 月第三个星期二女王都会在这里发表年度演说。国会开幕、官方接待以及国会内部会议都在这里召开。城堡有三个入口和四座大门。荷兰历史上最重要的事件都以此为背景。

从伯爵城堡的后门出来走几步便到了莫瑞泰斯皇家美术馆。从美术馆再往外走几步便是一个方形的广场。广场的中央矗立着一座威严的全身雕像，即荷兰的国父威廉·奥兰治。他是荷兰现任国王的第 14 代先祖。荷兰人民尊敬他，因为 400 多年前他发动了反抗西班牙暴政的起义，最终使荷兰获得独立。

城堡外紧邻着一个长方形湖泊。湖泊中城堡的倒影与周边的林木相映成趣。这个湖泊的荷兰语名字为 "Hofvijver"，意为 "庭院的池塘"，故被译作 "庭池"。海牙传统的商业区便沿着城堡和庭池展开。这里有不同风味的餐馆和酒吧，有繁华的商场和酒店。市内的老城区通常有又长又宽的街道。街道两旁的房屋往往只有两三层。房屋不高，但都十分雅致。这里的街道比荷兰其他城市要宽阔。海牙曾经也是运河密布，但大多数运河在 200 年前就已干涸。

海牙的富人区集中在城市的西北部，如特·福赫尔韦克、斯塔滕夸尔蒂尔、贝尔希斯帕尔克和本诺尔登豪特等街区；穷人区集中在城市的南部和东部，如特兰斯法尔、穆尔韦克、特·希尔德尔斯韦克等街区。他们说话的口音也不一样。中产阶级的口音抑扬顿挫，而穷人区的口音则比较平淡枯燥。

印度尼西亚曾经是荷兰最大的一块殖民地，独立前被称为东印度群岛。印度尼西亚独立后，曾经为殖民当局服务的印度尼西亚人纷纷迁徙到荷兰。现在海牙城内还有一个 "Indish" 社区，即印度尼西亚人与荷兰人混血儿居住区。海牙街道上也可以看到殖民帝国的痕迹——许多街道名字的前半部分都采用了荷属东印度的地名。

在海牙的西北方，穿过一片树林便是席凡宁根（Scheeningen）海滨沙滩。这里是深受当地年轻人和游客欢迎的景点。在此可饱览碧波万顷的北海。席凡宁根是荷、比、卢三国最受欢迎的海滨城镇，每年吸引 1000 万游客。席凡宁根海边有一个雕塑展览馆，名叫贝尔登博物馆。它主要围绕一座 1826 年的旧亭台建成。雕塑以人为主题，大小不一，有些是铜塑，有些石塑，许多雕塑都流露出人类不同的感情。这里还设计有一组荷兰皇室的铜像，吸引了不少游人在此驻足观赏。

海牙有不少高质量的文化设施，其中包括博物馆、美术馆、艺术学校、音乐学校、交响乐团、剧团和芭蕾舞团等。公园、绿地、运动场众多。郊区辟有欧洲最大的野营公园。著名建筑有诺尔登德宫、毛里修斯宫（均为 17 世纪建）等。

海牙市郊有一座著名的建筑——和平宫，它是联合国国际法庭、国际法图书馆和国际法学院所在地。和平宫建造于 1907~1913 年。最早的捐款者是美国"钢铁大王"安德鲁·卡内基。和平宫里陈列着世界各国捐赠的礼品。这些礼品象征着各国共同致力于和平事业。中国赠送的是 4 个红木底座的景泰蓝大花瓶，在走廊里格外显眼。

三 欧洲门户鹿特丹

鹿特丹是荷兰第二大城市，位于荷兰的南荷兰省新马斯河畔。其东北部的卫星城亚历山大斯塔德附近低于海平面 6.7 米，为荷兰最低点。鹿特丹冬季温和，夏季凉爽，1 月最冷，平均气温 1℃；7 月最热，平均气温 17℃。年降水量 700 毫米。市区面积 200 多平方公里，港区面积 100 多平方公里。市区人口 57 万人，加上周围卫星城的人口，共有102.4 万人。

鹿特丹最早是一个渔村。鹿特河是马斯河的一条支流。13 世纪时，当地人在此修建堤坝，用闸门将鹿特河与马斯河隔开，鹿特丹因此得名。1340 年，荷兰伯爵威廉四世治理鹿特丹时，挖掘运河使之与代尔夫特和莱顿相通，鹿特丹由此成为荷兰南部的重要商埠。16 世纪末，数万新教徒为躲避宗教迫害从弗拉芒地区逃到尼德兰北部，其中一些商人和工匠在鹿特丹定居，为鹿特丹的经济发展提供了资金和技术。

鹿特丹城市建设逐步发展，在泥沼地上建成许多港口。到 18 世纪和19 世纪，鹿特丹成为对外贸易的门户港口，来往于法国和英国甚至远航到印度尼西亚和美国的商船都在这里进出。1871 年德国的统一促进了鹿特丹的发展。德国西部通往世界的货物都必须通过鹿特丹港，德国西部鲁尔地区的工业化使鹿特丹进出港货物迅猛增加。20 世纪，鹿特丹成为连接欧、美、亚、非、大洋洲五大洲的重要港口，素有"欧洲门户"之称，一度是世界第一大海港。港区面积约 100 平方公里，码头总长 42 公里，吃水最深处达 22 米，可停泊 54.5 万吨的特大油轮。鹿特丹港有 400 条海上航线通往世界各地，每年约有 3.1 万艘海轮和 18 万 ~20 万艘内河船舶进出，年货物吞吐量高达 3 亿吨，装卸 400 多万只标准箱。港口设备先进，拥有机械化装卸码头、大型仓库和冷藏库，是世界最大集装箱港口之一。港内可停泊 30 万 ~50 万吨巨型油轮。进口和过境的大宗货物有石油、石油制品、矿石、煤炭、粮食、化肥等。商品过境国家包括德国、英国、法国、意大利、美国、中国等。

　　鹿特丹并不靠海，但有一条 36 公里的新水道将鹿特丹港与北海相连。港区水域深广，内河航船可通行无阻，外港深水码头可停泊巨型货轮和超级油轮。鹿特丹是荷兰重要的工业中心，工业门类齐全，拥有欧洲最大的炼油厂，造船业很发达，石油化工、家用电器、电子仪器在国际上享有盛誉。此外，还有汽车装配、工程机械、铁路设备等重工业，轻工业有造纸、服装加工，食品工业有乳品加工、人造黄油、咖啡、茶、可可、香烟、啤酒生产。

　　第二次世界大战初期，鹿特丹遭到德国空军的轰炸，二战后期又遭到美国空军的轰炸。整个市中心和东部广大地区完全被破坏，包括建于 15 世纪的圣劳伦斯大教堂在内的许多公共建筑物变为一片瓦砾。只有市政府、邮政总局、股票交易所、博伊曼斯博物馆等建筑幸免于难。现在的鹿特丹大部分是战后重建的。这使这个城市成为荷兰建筑风貌最为现代化的城市。鹿特丹除古老的市政厅和部分老城区还保留着百年前的风貌外，其他城区的建筑都是现代风格的。城市中心摩天高楼林立，到处是风格流派各异的现代建筑，整座城市俨然是一座现代建筑博物馆。登上高 185 米的"欧洲桅杆"，可鸟瞰全市。

　　近年来，几座建筑风格特立独行的大厦拔地而起。其中之一便是鹿特丹大厦。2013 年，白天鹅桥南端马斯河畔的威廉敏娜港口出现了一座 150

米高的三座塔楼。这三座塔楼坐立在6层高的裙楼上。三座塔楼间距7米。由于功能不同，三座塔楼的层高不同，东楼有42层，钟楼40层，西楼为公寓楼，共44层。更为奇特的是，在85米的高处，三座塔楼错位移动，划分出底层和高层两部分。这一错位在外立面清晰地突出了建筑功能的进一步划分，同时产生美学上的奇特效应，使建筑更富于雕塑感。由于提供办公、住宅、零售、咖啡馆、酒吧、餐厅、酒店、停车库以及休闲娱乐等设施，功能多样，大厦在一天内都充满活力，由此获得威廉敏娜港口的垂直城市的别称。

整个大厦占地5000平方米，建筑体建在1100根基柱上，所有的基柱长度相加达23公里。施工所用的混凝土全部是现场浇灌的。由于建筑总重量达23万吨，在建造的过程中建筑体下沉了20厘米。这些底柱通过千斤顶提升和增加垫片，保持建筑体各部分压强一致。在整个施工的过程中调整了若干次高度。

四 "狂欢之城"马斯特里赫特

荷兰的地图就像一片树叶，树叶的下端挂着一滴水珠，那滴水珠就是林堡省。马斯特里赫特是林堡省省会，也是荷兰最古老的城市之一。在拉丁语里，"stricht"是"最狭窄处"的意思，也可解释为"渡口"，因此马斯特里赫特（Masstricht）意为"马斯河渡口"。今天的荷兰林堡省正处于罗马帝国最北边的疆界内。在马斯特里赫的郊区还能看到罗马大道的遗迹。当罗马人来到这里安营扎寨时，荷兰的其他地方还处于野蛮部落时期。

马斯特里赫特是一个美丽的城市。整个城市绿树成荫，马斯河自南向北从城中蜿蜒穿过。一座古老的石桥与中世纪留下的城墙相互辉映。古老的圣母院教堂在过去500年里经过多次修缮，墙壁上是不同颜色和规格的砖石。在已有300年历史的小巷里，每座房屋的大门上都镌刻着它们修建的年份。市场广场上，一座300年前建造的天主教教堂与一座新教教堂比邻而居。市郊还矗立着一座荷兰历史最悠久的风车。这些都是在荷兰其他城市里见不到的。

荷兰南部的林堡省是传统的天主教占主导地位的地区。林堡省还有一些自己特殊的宗教节日，最著名的是每年 2 月的马斯特里赫特狂欢节。

说起狂欢节，人们马上会想起巴西圣保罗和意大利威尼斯的狂欢节。圣保罗和威尼斯的狂欢节是世界上最著名的规模最大的狂欢节。但欧洲还有一些天主教城市也有狂欢节，只是规模相对要小一些。荷兰马斯特里赫特和德国科隆的狂欢节也是欧洲比较有名的狂欢节。世界各地的狂欢节的时间大致一样，都是在每年 2 月，但各地的狂欢节都有不同的风俗特点。圣保罗的狂欢节以其极具热带风情的舞蹈著称，威尼斯的狂欢节最吸引人之处是从桥上跳入运河的表演比赛，而马斯特里赫特狂欢节的特征是音乐。

马斯特里赫特是一个极富音乐传统的城市。作为一个只有 12 万人口的城市，其业余管乐队竟多达四五十个，还有数量差不多的合唱队。平时，马路边的啤酒店里一播放奔放欢快的音乐，店里店外的老人就会和着乐曲的旋律，或低声吟唱，或翩翩起舞。狂欢节更是为马斯特里赫特的音乐爱好者提供了一个展示自我的好机会。早在狂欢节正式开始的前一个星期，各乐队就开始在各商场进行热身表演，街上也开始出现化了妆的青年男女，一些儿童也在自己脸上涂上各种色彩，提醒人们狂欢即将到来。

马斯特里赫特狂欢节的正式活动为三天，第一天往往是彩车及化妆队伍游行，第二天是家庭及儿童游行，第三天为音乐比赛。游行从马斯河东岸的火车站开始，向西路经崴克桥大街，穿越圣塞瓦提斯大桥，进入西岸的商业区，再经过福赖特霍夫（Vrijthof）广场到达市场广场。游行队伍里乐队演奏着各种乐曲，震耳欲聋，彩车上有各种造型表演。游行队伍里和马路边观看游行的人们都化了装，这恐怕也是马斯特里赫特狂欢节的一大特点。早在狂欢节前几个星期，人们就开始化装，设计和制作自己的节日服装。节日服装和化装造型千奇百怪，大致可以分为几大类：历史人物造型，如几世纪前的王公贵族、商人、军人、古罗马武士、古希腊武士、海盗、唐·吉诃德等；故事人物造型，如白雪公主、小矮人、巫婆、妖怪、唐老鸭、米老鼠、恐龙、尼斯怪兽等；近现代人物造型，如里根、勃列日涅夫、撒切尔夫人、主教、修女、苏联军人等；各民族人物造型，如美国西部牛仔、土耳其人、希腊人等。最受欢迎的造型是花脸小丑，大概这种造型最简单易行吧。还有一些造型只有一定年龄或一定圈子里的人才能理解，譬如一个装扮很俏丽的女孩背着一小块用包装泡沫材料做成的墙，上面别着一朵玫瑰花。原来，在荷兰的大学里，那些在舞会上无人邀请的女孩被称为"墙上的花"。这位漂亮的女孩选择这种造型大概有从反面突出自己容貌的用意。

狂欢节的第二天是家庭及儿童游行，这是孩子们最兴奋的日子，因为这一天他们是主角。孩子们打扮成各种人物，或是随着学校的队伍，或是跟随父母，或是随着街区的队伍参加游行。游行队伍里还有许多推着童车的年轻母亲。游行结束后，孩子们还要长久地在街上逗留，消费大量冰淇淋和饮料。第三天是音乐比赛，各路乐队和合唱队排着队依次进入福赖特霍夫广场进行表演。主持人和评判员都化装成各种人物，如巫师、主教、红发小丑等。主持人通过扩音器邀请乐队进场，并对每个乐队发表即兴欢迎词，各乐队的队长也要发表一番演说。乐队演奏完毕后，评判员亮出写有评判意见的题板。最精彩的是，无论是主持人的即兴欢迎词还是各乐队队长的演说，抑或是评判员的意见，全都是妙语连珠的插科打诨，没有一句正经话，因此引来满广场观众一阵阵欢笑。

狂欢节期间，白天是官方组织的节目，一切都按预先安排的时间进行，而晚上才是真正的狂欢，通宵达旦地狂饮、狂歌、狂舞。各啤酒馆在这几天里的进项相当于平时几个月。每年在狂欢节开始前，媒体就开始呼吁人们在节日中要爱惜酒瓶和酒杯，注意保持环境卫生。狂欢节的几天里，啤酒店人满为患，人们买了啤酒只能在马路上喝。每天上午，用过的酒杯还能好好地放在马路边，让店里的招待收回。由于一整天里来来回回地喝，酒杯就不记得是哪个店家的了。从这家买来的啤酒喝完后杯子可能还到那家去了，那家的酒杯可能又还到这家了。到了晚间，在狂欢与酒酣之后，酒杯再也无法完好地保存，大部分用毕后被使劲砸到地上，玻璃碴子四处飞溅。尽管酒杯的损耗很大，酒店在这几天还是大赚了一笔，因此酒杯的损失可忽略不计。这就是狂欢节。

马斯特里赫特另一个天主教节日是 7 年一度的朝圣节。这个节日是为了纪念荷兰第一位罗马天主教主教圣塞瓦提斯。圣塞瓦提斯于 11 世纪在马斯特里赫特建立了罗马天主教会。他死后他的遗骸留在他工作过的教堂。这座教堂后来以他的名字命名。在 7 年一次的朝圣节期间，来自荷兰以及邻近国家的天主教徒到这里来瞻仰圣塞瓦提斯的遗骨。朝圣节时间长达 10 天，除了举行宗教游行外，其中包括抬着圣塞瓦提斯的金像和棺椁游行，还会举行多场广场音乐会和演出广场大型歌舞剧。

五 "世界花都"阿尔斯梅尔

阿尔斯梅尔（Aalsmeer）地处莱顿与哈勒姆之间的荷兰花卉大田生产区的中心地带。在鲜花上市的季节，花农们每天半夜两点开始在大田里剪集鲜花，在 5~6 点将剪花运送到花卉市场。而盆栽花木或花园树苗则在拍卖的前一天运来。剪花和苗木进入市场后都要经过质量检查，其批号和质量情况都要输入计算机，以便进行拍卖。

花卉不仅是荷兰人喜爱之物，也是荷兰人经济收入的来源之一。荷兰是世界最著名的花卉生产和出口国。荷兰每年出口花卉的收入达 50 亿荷兰盾，折合 27 亿美元。对于花卉这样一种十分娇嫩的商品，从采购、拍卖、装运到最后送到消费者手中，容不得半点延误，因此要求整个流程的各个环节衔接紧凑。阿尔斯梅尔联合花卉拍卖中心（Verenigde Bloemenveilingen Aalsmeer，VBA）是荷兰最大的花卉交易市场，每年完成的交易额占荷兰全国花卉交易市场的 43%。这个拍卖中心的操作过程体现了现代花卉市场高效的组织能力。

阿尔斯梅尔联合花卉拍卖中心是由两个建于 1912 年的花卉拍卖公司于 1968 年合并而成。现在中心的建筑物完工于 1972 年，建筑面积808 万平方米。由于在这里拍卖的花卉苗木不断增加，这座巨大的建筑物已经数次扩建，目前建筑面积已达 71.5 万平方米，相当于 120 个足球场，成为世界上最大的花卉拍卖市场，也是世界最大的商业大厦之一。这个花卉拍卖中心属于荷兰花卉生产者所有，属于生产合作社，有社员 5000 余人。社员的义务是他们所有的花木产品都只能通过中心售出。社员必须将他们利润的 1% 交给中心，用以维持中心的运转，支付工作人员的工资及修缮维护中心。这个比例每年在社员大会上确定下来，在 5% ~ 6%。

拍卖中心的客户是来自国内和世界 80 多个国家的花卉批发商。他们必须预先到市场办公室办理登记手续，以便拍卖中心将他们的情况输入电脑。花卉拍卖中心的社员与客户构成这个市场的供方和需方，供需双方的数量关系是花木拍卖价格形成的基础。拍卖中心大厦分为两个部分：拍卖厅和客户租用区。拍卖厅是大厦内处理花卉产品的大厅，装有空调以保持低温，使花卉能够保鲜。花卉从大田运来进入拍卖厅以及拍卖完毕进行分发都在这里进行。在客户租用区，批发商购买的花卉在这里进行包装和发运。这个大厦与史基浦国际机场咫尺之隔，成交的花卉当天就可以装机运往世界各地。

拍卖中心大厦是一个长 800 米、宽 600 米的长方形建筑，形状和布局很像一个"厂房"。整个"厂房"的地面部分是商品处理区，地面有错综复杂的花卉展示车轨道，花卉在"厂房"中的处理都是通过轨道车进行的。两条长长的走廊横贯整个"厂房"。参观者可以从空中走廊看到花卉处理的全过程。拍卖中心有 5 个拍卖大厅。这 5 个拍卖大厅排列在长长的"厂房"里，夹在两条空中走廊之间。参观者可以透过空中走廊的玻璃窗从高处俯瞰拍卖大厅里交易的过程。5 个拍卖大厅中，1 个专门拍卖苗木，其余 4 个拍卖各种花卉。大厅呈阶梯状，大厅前方高高的墙壁上装有一个由电脑控制的交易钟。交易钟上显示的文字和数据代表各种信息，包括正在展示的花卉的品种、名称以及生产商的名字、批号、花卉质量、单位、每单位数量、卖主代码、规定的最低成交量、成交量、货币单位、竞价等。大钟周围一圈被分成一百等分，代表价格、不断转动的亮标用来表示竞价的变化。

拍卖苗木的大厅装有 4 个大钟，其余 4 个大厅分别装有 2 ~ 3 个大钟。5 个大厅的钟表数一共是 13 个。装有 2 个大钟的大厅可容纳 300 名客户，装有 3 个大钟的大厅可容纳 500 名客户，装有 4 个大钟的大厅可容纳 600

名客户。为了适应花卉保鲜的需要，拍卖活动每天早上 6 点半开始。批发商即买主坐在阶梯上的桌子后面，凭手中的交易身份磁卡可以打开桌子上的电子开关盒。拍卖活动最大的特点是交易必须分秒必争，力争在最短的时间里完成。现代化的电子设备满足了这一要求。

拍卖开始时，花卉样品被轨道车拉进拍卖大厅。拍卖主持人用麦克风介绍花卉的质量和特点。与其他商品拍卖不同，竞价不直接用货币表示，而是用一百等分表示，价位也不是从低到高，而是从高到低。大钟上的亮标开始从一百等分向下转动。当价位降到某个买主愿意接受的水平时，他就按下桌面控制板上的按钮，并通过麦克风报出购买的数量。这笔交易马上显示在大钟上，同时输入计算机。与计算机连接的打印机打印出发货票和货签。大厅外的工作人员马上将成交的花卉分发到这位买主的包装区。整个交易还未结束时，已成交的花卉就已经开始发运。这批花卉余下的部分继续进行拍卖。每个大钟每小时可完成 1500 宗交易。

拍卖中心每天卖出 1400 万支剪花、150 万株苗木。拍卖中心有雇员 1800 人，加上批发商们带来的采购、包装、发运的工作人员，每天在这个大厦里工作的人员多达 1 万人。为了使买主付款安全方便，拍卖中心中部设有各大银行的营业所和邮局。拍卖中心还设有游客接待区，包括旅游纪念品商店和餐厅，每年接待到这里来参观的国内外游客 22 万人次。

第二章

历　史

第一节　从国家的形成到西班牙统治

一　民族的形成及早期的政治经济生活

现在历史书中所提到的尼德兰或低地国家，实际上包括荷兰、比利时和卢森堡三个国家。尼德兰最早的居民是从欧洲东部和南部来此猎取麋鹿和捕鱼的原始部落，后来出现农牧部落。公元前100年以后，尼德兰出现了4次大的移民潮。其中有3次是由来自北方的民族引起的，1次是由从东南方来的凯尔特人引起的。当时文明程度最高的希腊人对凯尔特人只有一个很模糊的概念，后来凯撒远征时才第一次接触这里的居民，将人类文明带到这里。正是因为罗马人的征服，尼德兰才进入有文字记载的历史时期。① 凯撒和他的继承者曾远征莱茵河一带。现在荷兰南部林堡省的省会马斯特里赫特便是罗马人最早的落脚点。马斯特里赫特城坐落在马斯河最狭窄处，由于便于渡河，罗马人便把城市建在这里。

莱茵河和马斯河为罗马人提供了天然的屏障。奥古斯都②的大军曾经渡过两河把弗里斯兰地区纳入罗马帝国的版图。但是，罗马人实际上从未

---

① 古罗马历史学家塔西佗（Cornelers Tacitus）和1世纪罗马学者普林尼（Gaius Plinius Secunaus）是最早提到尼德兰的学者。塔西佗在其代表作《日耳曼尼亚志》（*De Germania*）中首次提到“巴达维亚人”（Batavian），即今天的荷兰人。

② Augustus，古罗马第一任皇帝，公元前27年到公元14年在位。

真正统治过北方地区。北方的日耳曼部落经常袭击罗马人，使罗马人在北方很难立足。在日耳曼部落的打击下以及慑于几次重大的海潮袭击，罗马人后来终于从这个地区撤退。罗马人在尼德兰留下的最重要的痕迹，是一条起自现在德国的科隆，经过亚琛、比利时的通厄伦（Tongeren）、法国北部的博韦（Beauvais、Bavay）一直到海边的大路。这是迄今发现的位置最靠北的"罗马大道"。

后来，从西南方来的法兰克人逐渐控制了这个地区，将日耳曼部落又赶回了北方。查理曼的法兰克帝国遂将尼德兰很大的一部分纳入其版图。法兰克人为低地国家带来了基督教。尼德兰南部和西部沼泽地区的人民不接受封建领主制，封建主义实际上从未在这些地区站稳脚跟。在后来成为荷兰省、泽兰省和乌得勒支省的地区也未产生封建贵族。尼德兰仍然是以小土地所有者和自由农民为主的地区。这个地区的自由农民享有好几个世纪的民主的农民共和制。

尼德兰自身有文字记载的历史始于中世纪。中世纪早期的尼德兰社会除了有利于小庄园制度的发育外，还有利于城市的发展。尼德兰地势低，西部大部分地区低于海平面 0～2.5 米。为保证居民生活的安全，几百年来当地的居民修筑了拦海和拦河堤坝，另外又修建起无数的运河或沟渠以排除地下渗水和雨水。密如蛛网的河道除发挥排水作用外，还大大方便了运输，商人在这里经商如鱼得水，集市、城镇、内河港口和船舶修造厂如雨后春笋般涌现。尼德兰缺乏资源，却因特殊的地理条件发展起商业和商船队。商人最初远涉重洋将本地的皮革、毛纺织品、陶瓷出口到海外，从海外换回棉花、粮食等产品。此后，商船队游弋四海，从事多边贸易，赚取商业利润，还采购本国所需的消费品运回。这种社会经济模式大大促进了航海技术和造船业的发展。

中世纪前期，尼德兰出现过一次农业垦殖高潮，但许多土地开垦出来后因水土条件不适宜而未能实现预期的增产目的，很快就被撂荒。黑死病、天花、各种时疫以及饥馑夺走了许多人的生命。人口增长缓慢，对粮食的需求减少。许多农民卖掉土地到城里谋生，或到手工业作坊做工，或进入商船队打下手。直到中世纪后期，水土改良技术和耕作技术得到长足的进步，以及人口增长大大扩大了对粮食的需求后，尼德兰才重新出现垦殖高潮。

历史上，荷兰是宗教改革的一个重要基地，欧洲各地受天主教会迫害的加尔文教派的信徒纷纷逃到这里避难。宗教改革培育了荷兰特有的宽容传统，使它能够容纳由于各种原因到这里避难的人。宗教和政治上的宽容促成了文化科技上的兼容并蓄。这种宽容精神在这片土地上转化为物质利益。从欧洲各地来的宗教难民带来了各种宝贵的技能。从德国南部和莱茵州来的人带来了印刷术和雕刻术。他们在阿姆斯特丹、海牙开办了印刷作坊。这些印刷作坊印制出大量地图和航海图，对后来荷兰的商业扩张和拓展海外帝国发挥了不可或缺的作用。从安特卫普来的难民把钻石切割技术带到了阿姆斯特丹，使这个城市的钻石加工业蜚声世界。而弗拉芒人、瓦隆人和胡格诺派教徒带来了纺织技术，造就了众多像海牙、莱顿、斯海文宁亨、恩斯海德、阿梅罗、内德和亨格罗这样的纺织城。西班牙和葡萄牙的犹太人逃到这里，把他们与地中海国家极有价值的贸易关系带到这里，据说荷兰著名瓷都代尔夫特的瓷器技术就得益于荷兰与地中海地区的贸易关系。

自中世纪起，荷兰的陶瓷工业就很发达。陶瓷不是荷兰人的发明，但荷兰是世界上第一个大规模生产和使用陶瓷卫生洁具的国家。西班牙人从阿拉伯人那里学会了烧釉技术，并把这种技术带到荷兰。荷兰人从中国的瓷瓶中得到启发，对西班牙人带来的釉瓦技术进行了改良，烧制出一种更精细的蓝色和白色的釉面陶瓷。这种彩色釉陶后又传到法国、德国和英国。荷兰彩釉陶瓷风靡于中世纪的宫廷。中世纪，荷兰出现了许多陶瓷厂和陶瓷生产城市，位于海牙以南10公里左右的代尔夫特就是当时有名的瓷都。法国罗亚尔河畔古老的博勒加德城堡（Château de Beauregard）的地板就是用代尔夫特的艺术彩釉地砖铺就的。釉砖上绘有中世纪军队操练的场面。

路易十四最小的儿子图卢兹伯爵，曾用荷兰的彩釉装饰朗布依埃城堡（Château de Rambouillet）的一个房间。威廉三世和荷兰移民将荷兰的彩釉建筑装饰技术带到英国。如今在英国的建筑陶瓷中还可以发现中世纪荷兰陶瓷的风格。

二 西班牙对尼德兰的残酷统治

中世纪的尼德兰包括今天的比利时、荷兰和卢森堡。中世纪,这一地区最初形成的国家叫作勃艮第公国。勃艮第公国是法王路易九世于1356年封给他的侄子"大胆者腓力"(Philip the Bold)的采邑。当初的采邑只是今天法国北部的一小片地方,后来经过他的儿子"无畏者约翰"(John the Fearless)、他的孙子"好人腓力"(Philip the Good)以及重孙"勇敢者查理"(Charles the Bold)四代人的征战、联姻和合并不断扩大,逐渐把北尼德兰囊括进自己的版图。

中世纪以来,在尼德兰(今天荷兰、比利时、卢森堡和法国北部的少部分地区)形成了一种地方议会制度。勃艮第公国时代,地方省议会得以保留,并享有相当大的自治权。各省之间又建立了联合议会制度。尼德兰的历史本来很可能会沿着另一个方向发展,但一些偶然的事件改变了尼德兰的历史发展轨迹。这些偶然的事件就是欧洲中世纪后期的两次王室联姻。

经过四代公爵100多年的经营,勃艮第成为一个富饶的国家。法国国王觊觎这片土地。勃艮第第四代公爵"勇敢的查理"在南特与瑞士征战时阵亡,这为法国吞并勃艮第创造了良机。但这时查理的女儿玛丽女大公(Mary of Burgundy)及时与哈布斯堡亲王马克西米利安一世(Maximilian I)联姻,凭借哈布斯堡强大的势力保住了勃艮第最富饶的北方17个省。法国国王只拿走了勃艮第公国的其他部分。然而,事情并没有就此结束。马克西米利安一世与玛丽所生的儿子腓力一世长大后娶了西班牙王国的公主胡安娜为妻。胡安娜是著名的费迪南德国王和伊莎贝拉女王的独生女儿。腓力一世与胡安娜结婚后生了两个儿子:查理和费迪南。查理后来从他的外祖父母费迪南德和伊莎贝拉那里继承西班牙王位,称查理一世,并从他父亲那里继承西西里、拿波里(那不勒斯)以及他祖母带来的嫁妆尼德兰北方十七省。就这样,尼德兰经过两次联姻与西班牙联系在一起,最后成为西班牙王国专制统治的牺牲品。

1519年,查理一世被选为神圣罗马帝国皇帝,称查理五世。在位40年间,查理五世将四分五裂的帝国统一起来,挫败了法国人对西班牙在意大利属地的侵犯和土耳其人占领欧洲的企图，但他从青年时代起的恢复被新教革命破坏的天主教世界的梦想却一直未能实现。由于感到失望和空虚，他于 1556 年即他 56 岁时便宣布退位，到一座寺院隐居。查理五世退位后，经选举，他的弟弟费迪南德一世继承了神圣罗马帝国帝位，他的儿子继承了西班牙王国，包括拿波里、尼德兰和海外领地，称腓力二世。

查理一世的出生地是现在的比利时根特，并在那里由其姑母玛格丽特抚养成人，所以除法语外他还熟悉荷兰语和尼德兰的风俗文化。西班牙语是他在当上西班牙国王后才学会的。在其统治后期，他在 1549 年正式将尼德兰并入西班牙王国，事实上是西班牙的殖民地。他善于将铁腕政策与怀柔政策结合起来，重视笼络尼德兰的上层人物，并给予新教占优势的尼德兰北方各省一定程度的自治权。为了扶持他的儿子，在 1555 年 10 月退位前，他在布鲁塞尔召集了尼德兰各省的主教和政要，向他们介绍了他的儿子腓力二世，并宣布将北方七省各种贵族头衔传给他的儿子。这些头衔包括布拉邦公爵、海尔德兰公爵、弗兰德尔伯爵、荷兰省伯爵和弗里斯兰伯爵等。

腓力二世是在西班牙帝国最辉煌的时期登上王位的。与他父亲不同，他生性专横、傲慢和残暴。他从未在尼德兰生活过，不熟悉尼德兰的民情，也蔑视尼德兰的政治要求。他特别不能容忍尼德兰北方各省的宗教改革，决心在他统治期间铲除加尔文教派的影响。他甚至扬言如果他的儿子信奉新教，他也会对他处以火刑。因此，他即位后便开始了对尼德兰人民的残酷镇压。

查理一世在位时，将尼德兰的中央政府设在布鲁塞尔。为了强化西班牙王国对尼德兰的统治，从查理一世开始，布鲁塞尔的尼德兰中央政府便对各省的议会进行种种限制。腓力二世继位后，对尼德兰的地方自治制度开始了公开的攻击，这激化了西班牙王室与尼德兰地方贵族的矛盾。

三　尼德兰人民反抗经济掠夺的斗争

尼德兰经济发展的主要障碍是西班牙殖民统治的压迫和束缚。西班牙国库收入的一半来自尼德兰。腓力二世通过拒绝偿付国债、提高西班牙羊毛出口税、限制尼德兰商人进入西班牙港口、禁止他们同其他西属殖民地的贸易来扼制尼德兰资本主义经济的发展，这导致尼德兰手工工场倒闭、工人失业。

腓力二世还通过重税对尼德兰人民进行掠夺。腓力二世的横征暴敛引起了尼德兰人民的巨大愤怒。腓力二世与尼德兰人民的第一次冲突是由扩大征税引起的。腓力二世最大的弱点之一是他不懂荷兰语，与他擅长多种语言包括荷兰语的父亲不同，因此他在尼德兰实施的各种政令，以及与当地政要的交流都必须由他手下的一位重臣格兰维尔公爵（Antoine Perrenot, Lord of Granvelle, 1518 – 1568）充当翻译。腓力二世即位时西班牙正处于鼎盛时期，但是此时帝国在经济上开始显露出衰落之势。这也表现为帝国的财政日益困难。腓力二世即位伊始便提出向属地征收一系列新的税种，扩大税收的政策立即遭到各省行政官员的强烈反对，其中反对最强烈的是布拉邦省、弗兰德尔地区各省和荷兰省。各省与腓力二世就征税问题进行了无休止的讨价还价的谈判。这些省的行政会议认为，国家重要的政治决策，如继承权、财政政策、法律和外交政策，都应该先与他们商量并征得他们的同意，要求西班牙统治者尊重各省传统的自治权。

在腓力二世即位以前，各省的议会以及由各省行政长官组成的联合议会就具有很大的权力。没有这些议会的支持，新的税收政策就无法实施。这种议会最初是由勃艮第公爵于 15 世纪创造的讨论各省共同事务时形成的一种制度。尼德兰各省的行政长官沿用了这种制度，作为他们向西班牙政府表达政治意愿的工具。但这种议会的效率非常低，因为参加联合议会的代表并不是各省的最高长官，联合议会的各种意见必须先由代表派信使转达到各省省会，然后再由信使将各省最高长官的决定传达到会议地点，这种模式的谈判极易陷入僵局。因此，腓力二世很难行使他作为君主的权力。实际上，各省的贵族有意利用各省联合会议建立议会式的政府，以作为对西班牙王国的制衡力量。扩大征税的谈判虽然最后达成协议，但腓力二世终于看出，联合议会是对西班牙王权的抗衡和威胁，因此当他于1559 年离开尼德兰时，宣布禁止联合议会的活动。但尼德兰各省联合议会的活动一直没有停止，并成为尼德兰人民起义的指挥部。

腓力二世离开尼德兰时，任命查理五世的私生女，也就是他同父异母的姐姐——帕尔马的玛格丽特①担任尼德兰总督。教皇关于基督教组织的整顿敕令促成了贵族们与格兰维尔公爵之间的分裂。女总督上任后，格兰维尔公爵成为政府的高级决策人。尼德兰政坛的显贵，如埃格蒙伯爵拉莫拉尔、威廉·奥兰治等贵族认为，格兰维尔公爵不仅是西班牙王室的忠实走卒，也是他们政治上的主要劲敌。在当时，埃格蒙伯爵是军队中一位威望很高的指挥官，在腓力二世的军队中，其地位仅次于阿尔瓦公爵。威廉·奥兰治亲王是德国路德兰高贵家族的长子，于1544年继承奥兰治的领地以及分布于荷兰各省的大量富裕的庄园，是尼德兰最富有的贵族之一。他年轻时在布鲁塞尔受过良好的教育，风度翩翩，很受查理五世的宠爱。这些贵族具有很强烈的政治抱负，但自腓力二世登基以来他们的抱负屡次受挫。

四 尼德兰人民争取宗教和政治自由的斗争

当地的贵族在反抗西班牙统治者的经济压迫上取得了暂时的胜利，但腓力二世仍然不接受这些贵族的政治要求。在所有矛盾中，最关键的是对新教徒的迫害仍然没有结束。查理一世在尼德兰设立宗教裁判所，颁布"血腥诏令"，残酷迫害新教徒。腓力二世加强教会的权力，命令尼德兰总督一切重大事务听从天主教会首领格兰维尔的意见。

面对西班牙的专制统治和宗教迫害，以宗教斗争为先导的尼德兰民众的反封建斗争逐步高涨。加尔文教派在尼德兰的教徒迅速增多，不时发生加尔文教徒同当局和天主教会的武装冲突。在群众革命运动不断高涨的压力下，腓力二世召回格兰维尔，答应撤走西班牙军队，但在1565年又秘密制订了残酷镇压尼德兰革命势力的计划。1566年，以奥兰治亲王威廉为代表的尼德兰贵族向西班牙国王请愿，表示忠于国王，要求废除宗教裁判所，取消镇压异端的政策，召开三级会议解决迫切问题，但毫无所获。

---

① 帕尔马的玛格丽特（Margaret of Parma, 1522 – 1586），1559～1567 年任尼德兰总督。

同年夏天，激进的加尔文教会要求贵族们"继续前进"。至此，贵族中的激进派加入加尔文教会和革命群众的行列。

腓力二世主张的对新教异教徒的镇压在尼德兰遭到强烈的抵抗。尼德兰新教徒人数越来越多，而且出现了一个人数众多的"中间集团"。这些人虽然不是新教徒，但他们仍然出于法律、政治和人道的原因反对国王对新教徒的残酷迫害。在很多城镇，上上下下的人都认为宗教法庭越来越活跃是对他们自治和特权的一种威胁。而且，对异教徒的残酷迫害被认为严重损害了公共秩序和市民的团结。尼德兰的许多城市也出于经济方面的理由反对宗教审判，因为它的活动危及与来自非罗马天主教地区的外国商人的商业关系。城市地方官员和贵族圈子里有许多人对宗教法庭随意判处死刑感到恐惧。人们信仰的基督教教义与正统天主教教义不一致成为许多死刑的原因。

尼德兰人民以他们的宗教虔诚精神著称，但他们也对罗马天主教会的奢华和专制感到愤怒。15世纪，尼德兰学者伊拉斯谟（Desiderius Erasmus）和他的追随者就揭露过教会的丑恶。由于有伊拉斯谟这样的思想家的引领，加尔文主义在荷兰受到高度欢迎。尽管受到腓力二世的残酷镇压，但新教在尼德兰尤其是北尼德兰地区发展迅速。早在1552年，查理五世就通过扩大宗教法庭的权力镇压了一次浸礼教派的起义。由于宗教法庭的权力得到扩大，对异教徒的迫害完全可以不经过正常的法律程序。这样，宗教迫害与政治镇压交织在一起，争取宗教自由的斗争又与保卫传统的政治权利的斗争结合起来。幸存的起义者与约翰·加尔文取得了联系，加尔文教派很快成为尼德兰宗教改革的主流派别。

1559年，罗马教皇发布敕令，命令对尼德兰天主教会组织进行彻底改组。教皇认为尼德兰天主教会组织过于涣散，对北方的新教改革运动没有采取有效的压制。教皇的敕令还授予腓力二世任命主教的权力。按照尼德兰的惯例，主教具有省一级行政首长的权力，因此这个敕令大大强化了腓力二世控制各省教会和世俗行政的权力。教皇的敕令引起了尼德兰各省的强烈反对，因为在此之前教皇根本没有与尼德兰枢密院的贵族们商量。尼德兰人民强烈要求西班牙政府放松对思想和宗教信仰的控制，但这样的愿望彻底落空。腓力二世坚持实施严格的罗马天主教教义，他表示决不接受尼德兰人民的请求。

尼德兰人民与西班牙统治者之间冲突的另一个焦点是要求保留本民族传统的"特权"。尼德兰的传统"特权"其实就是地方传统的政治权利。它由多方面内容组成，除了各省的自治权外，还包括城市、行会、行业、教士和皇亲贵族、封臣、公爵、伯爵等各个阶层在政治及经济方面沿袭下来的政治和经济权利，以及执政者对民众负有的责任和义务。这些特权曾体现在尼德兰以往的法律中。这些法律还包含了不服从权利的条款。条款规定，如果王公违反了特权法，民众有权不服从他，拒绝为他服务直到他纠正错误。这样，1477年特权法要求司法行政的非集权化，以加强各省对中央政府的监督，保证中央政府尊重所有的特权和加强各省联合议会的地位。各省还有自己的特权法。例如，在14世纪和15世纪，布拉邦和弗兰德尔地区特别要求建立一种政治体制，在这种体制下，各城市将成为自治的城市共和国，进而削弱了中央政府的权力。

腓力二世登基后采取高压手段加强对尼德兰的统治，不断地强化中央政府的权力，削弱地方政府的权力，他对尼德兰传统的特权持蔑视的态度。他离开尼德兰时宣布取缔各省联合议会就是一例。以后他委任的几任总督都对当地持有不同政见的贵族采取压制手段，甚至对反对派政治家大开杀戒，拷打并屠杀了几千名起义者。西班牙统治者的恐怖统治激起了尼德兰人民的强烈反抗。虽然经历了无数次的失败，但尼德兰人民的武装斗争仍坚持了80年。这就是荷兰历史上著名的"八十年战争"。

第二节　"八十年战争"的开始

一　威廉·奥兰治的两次起义

1558年，尼德兰新教运动蓬勃发展，宗教活动逐步公开化。1562年复活节，弗兰德尔地区的新教徒公开进行布道活动。当年7月，新教徒在弗拉芒地区村庄的教堂前举行武装群众大会。国王军队大规模逮捕、处死新教激进分子。镇压引起了大规模的示威和暴乱。1564 年，示威群众打开监狱放出被捕的人，由此尼德兰各地的抗议示威演变成武装斗争。

1566 年春天，新教徒举行了更大规模的布道活动。同年 8 月，弗拉芒西部地区出现了捣毁天主教圣像的活动。这个活动很快蔓延至整个尼德兰。新教改革运动达到高潮。女总督在捣毁圣像运动的压力下一度做出某些让步以求得和解，但后来又撤回这些让步。1566 年秋季，新教运动领袖在安特卫普召开会议，决定用军事手段来保卫自己的宗教，作为对女总督撤回让步的回应。和解的机会失去，一度在坚持要求宽松政策派和支持女总督的恢复公共秩序派之间摇摆不定的贵族们现在不得不进行最后表态。最后他们分裂成两派，埃格蒙伯爵、霍恩伯爵等贵族倒向了政府，坚持改革的贵族威廉·奥兰治被迫走上了流亡的道路。1568 年，新教徒发动城市起义，打响独立战争第一枪。缺乏训练的起义军很快就被西班牙军队打败。被围困的城市向政府军投降，阿尔瓦公爵受腓力二世派遣率领西班牙军队恢复秩序，新教改革运动和要求宗教宽容的请愿运动都受到沉重打击。许多人像威廉·奥兰治一样被迫流亡他乡。起义虽然受到挫折，但并没有被放弃。反抗西班牙暴政的斗争一直在坚持。这场战争从 1568 年的起义算起，直到 1648 年结束，前后坚持了 80 年，被称为荷兰人民争取独立的"八十年战争"。

16 世纪 60 年代和 70 年代，尼德兰的政治形势对于起义者来说十分严峻，而且不断恶化。国王委派阿尔瓦为尼德兰的新总督，以替代玛格丽特。阿尔瓦是西班牙人，在他之前还没有一个西班牙人被任命为尼德兰总督。他素以残暴著称，被称为"铁血公爵"。他上任后率领多达万人的西班牙军队讨伐起义者，并组成了新法庭，以最快的审判速度铲除了剩余的反对派。在短短的时间内，这个法庭便处决了 1000 多人，因此被人们称为"血腥法庭"。被处决的人中包括尼德兰著名的政治家、已向政府表示妥协的埃格蒙伯爵和霍恩伯爵。由于未能唤起大众对他的支持，加之严重缺乏资金，而且阿尔瓦在军事上占据绝对优势，因此威廉·奥兰治领导的起义再次遭到失败。他被迫率领他的军队撤出尼德兰。在再度流亡中，他卧薪尝胆，不断聚集力量，以便发动更大规模的反攻。由于缺乏资金和物资，他积极争取外部援助。一方面，他加强了与法国胡格诺教派领袖的联系；另一方面，他又求助于德国的贵族。他于 1570 年 10 月 26 日给斯佩耶（Speyer）的神圣罗马帝国皇帝马克西米利安二世发出一份请求书，请求他对尼德兰反对西班牙王朝暴政的斗争给予支持。

　　1572 年，荷兰省和泽兰省成为起义者的根据地。尼德兰沿海活动着一支类似海盗的"海丐"队伍。这是一支以西班牙或忠于西班牙的商船为主要袭击目标的自发的海上武装船队。威廉·奥兰治很快便将他们团结到起义军的阵营里，使其成为忠于自己的"海军"。1572 年 4 月 1 日，"海丐"占领了荷兰省的布吕尔（Brühl）。很快，奥兰治在胡格诺教派领袖和法国王室支持下第二次向南进军。但胡格诺教派领袖们在圣巴托罗缪①节前夕遭到大屠杀，奥兰治失去了法国盟友的支持，阿尔瓦再次取得了军事上的主动权。奥兰治再次败回荷兰省，以为这次将彻底葬身战场。但不料这一次西班牙军队也捉襟见肘。由于缺乏粮饷，不断发生兵变，阿尔瓦的军事攻势受到削弱。而且，由于残暴、在占领城市的为非作歹，西班牙军队遭到哈勒姆、阿尔克马尔和莱顿市民的坚决反抗，这使阿尔瓦难以取得彻底胜利。

　　1573 年，西班牙占领军对荷兰起义军控制的城市发起进攻。海牙附近的小城莱顿被西班牙人围困 130 多天，城内弹尽粮绝，老鼠和猫都被守城的军民吃得精光。西班牙使者前来劝降时，发现形容枯槁的莱顿人依然傲骨铮铮地屹立在城墙上，拒绝投降。威廉·奥兰治闻讯带领起义军前来救援，但他的人马势单力薄，难以与西班牙军队抗衡，于是他决定采取巧攻，将莱顿附近的海堤扒开，海水汹涌而至，淹没了西班牙军队的营地。西班牙军队在没膝的海水中挣扎了几天后，终于于 10 月 3 日狼狈退走，莱顿城军民绝境逢生。从此，每年 10 月 3 日莱顿市民都要喝着啤酒、吃着夹着鲱鱼的面包狂欢到深夜，以纪念祖先们的英勇功绩。这个风俗一直延续至今。在威廉·奥兰治的建议下，荷兰联省共和国议会决定在莱顿建立一所大学，以表彰该城市民的抗敌功绩。这所大学就是今天的莱顿

―――――――――――

　　①　圣巴托罗缪（St. Bartholomew）为耶稣十二门徒之一，圣巴托罗缪节为每年 8 月 24 日。

大学。

阿尔瓦于 1573 年奉调返回西班牙。1580 年,他帮助腓力二世完成对葡萄牙的吞并。阿尔瓦离开尼德兰后,腓力二世任命唐·路易斯·德·勒奎森(Don Luis de Requesens y Zúñiga)接任尼德兰总督。

为了调整荷兰省和泽兰省的关系及聚集资金建立共同防务,两省建立一种议会式的制度,威廉·奥兰治不屈不挠的精神鼓舞了这个革命联合过程。1572 年,他再次被革命群众推选为两省"最高执政官"。威廉·奥兰治于 1559 年被腓力二世任命为西班牙管辖下的荷兰省执政官,后来他因从事反对西班牙统治的起义运动而于 1567 年被腓力二世解除职务。这一次他受起义阵营的群众推选第二次担任执政官,而且是两省的联合执政官。在他的领导下,这两个省逐渐走向政治独立。1575 年秋,荷兰省议会开始讨论断绝与腓力二世的关系,建立自己的国家。

二 起义阵营中的宗教分歧

1576 年 3 月,继任总督仅 3 年的勒奎森突然死亡,尼德兰的政治形势发生巨大变化。腓力二世命令由枢密院负责尼德兰各省政府。弗兰德尔、埃诺(Hainaut)以及布拉邦等省的议会利用总督死后造成的权力真空要求得到与荷兰省及泽兰省同等的自治地位。这几个省计划要求外国人从尼德兰撤出,恢复旧的行政体制,突出省议会的地位,以及对新教做出一些让步。其目的是结束西班牙军官和西班牙军队对荷兰人民的压迫和蹂躏,恢复荷兰的自治权。

1576 年 11 月 8 日,团结会议在根特召开,尼德兰各省派代表出席了会议。会议的目的是在与会各方之间建立"坚定的牢不可破的友谊和和平"。各省保证在"协商、行动、物资和鲜血"上相互援助,以及首先要赶走"西班牙军队和其他的外国人及外来人"。一旦外国人被赶走,各省联合议会将一道解决所有遗留问题,包括宗教问题。团结会议宣布中止西班牙国王以往发布的各种诏书,其中包括迫害异教徒的敕令,同时宣布对罗马天主教的宗教活动不予干涉。

这次会议标志着由奥兰治领导的起义对尼德兰全境产生了巨大影响,

尼德兰各省开始团结到起义的大旗下来。但是，这次会议并未能从根本上解决各省之间的联合问题。各省之间仍然存在巨大的分歧。大多数紧迫的问题并未取得一致意见，如对待国王和宗教问题的态度等，不同的派别继续推行他们相互冲突的纲领，特别是在南方省份。其中有两大派别比较具有代表性。

一个派别是以阿尔斯霍特公爵菲利普①为首的上层贵族和各省联合议会中的省督所组成的集团，持折中的立场。他们希望限制威廉·奥兰治的权力，同时要求尽可能保持与腓力二世的联系。这个集团只希望恢复查理五世时代的政治体制，即尼德兰的传统特权得以恢复，各省的议会在国家的政府中发挥突出作用。根据他们的观点，腓力二世将仍旧是荷兰的君主，只是应该限制他拥有绝对的权力。在宗教问题上，这个集团希望荷兰仍旧尽可能保留罗马天主教。

另一个派别是以布拉邦省和弗兰德尔省的革命委员会为代表的激进派。威廉·奥兰治提倡的"民主政策"产生了巨大号召力，布拉邦省和弗兰德尔省组成了革命委员会。革命委员会开始在布鲁塞尔、安特卫普和根特主持城市政务。这些革命委员会都是威廉·奥兰治坚定的支持者，其中有些还是新教改革的激进派。特别是在根特市，兴起了一场真正的革命运动，即计划建立改革派共和国，即"弗兰德尔的日内瓦"，其纲领要求恢复这个城市中世纪光荣的历史和将弗兰德尔从西班牙的暴政和天主教的压迫下解放出来。

尽管根特会议没有完全实现团结和联合的目标，但它标志着奥兰治的起义对尼德兰各省产生了巨大的政治影响，沉重打击了西班牙帝国在尼德兰的统治。

在总督职位空缺 8 个月后，1576 年 11 月腓力二世任命他同父异母的弟弟，即查理五世的另一个私生子奥地利的唐·璜（Don Juan of Austria,

---

① 菲利普（Philip de Croÿ, Duke of Aerschot, 1526 - 1595），南方贵族领袖，支持根特团结会议作为政治解决尼德兰问题的途径。他也是 1579 年科隆和平谈判的荷兰代表团主要成员，倾向于与腓力二世和解。

1547－1578）为尼德兰总督。但唐·璜上任两年后便去世。腓力二世遂任命帕尔马伯爵亚历山大·法尔内塞①为总督。法尔内塞是尼德兰前女总督玛格丽特的儿子，即腓力二世的外甥。他不仅是一个能干的军事统帅，而且是一位十分狡诈的政治家。他利用各省联合议会中的分歧对奥兰治的团结运动发动了政治和军事攻势。当时南方"阿拉斯同盟"（The Union of Arras）中的两个省份阿图瓦（Artois）和埃诺的天主教势力很强，它们的政治主张是"和平、国王和教会"，因此它们的改革态度比较温和。而北方各省要求改革的态度十分激进。法尔内塞抓住这个机会，极力挑拨这两个省与北方各省的关系。

威廉·奥兰治非常了解南北方各省在宗教问题上的分歧对起义可能产生的危害，因此十分强调宗教宽容原则，力图使各省克服宗教上的分歧，加强团结。要消除南北方的宗教分歧十分困难，而克服政治目标的不一致更为困难。法尔内塞的离间阴谋使他的纲领受到挫折。而且，就是在北方，奥兰治的团结政策也未能得到完全的实施。奥兰治有一个战略设想，即在北方各省之间建立一个紧密的联盟。他的兄弟约翰·拿骚积极支持他的这个设想。荷兰省及乌得勒支省一些城市的执政官也拥护这个计划。南部的天主教联盟阿拉斯同盟的建立刺激了北方的新教省份，加速了他们计划的实现。在阿拉斯同盟成立后不到一个月，这个拟议中的新教联盟宣布成立。1579年1月23日，联盟在乌得勒支成立，称为"乌得勒支同盟"。

这个联盟主要是由荷兰、泽兰、乌得勒支、海尔德兰和格罗宁根等省份的少数先驱组织起来的，在当时它的政治意义还很有限。奥兰治当时正忙于加强各省之间的团结，因此他本人并未参加联盟的组织工作。奥兰治的努力最终失败。南方的阿拉斯同盟和北方的乌得勒支同盟未能消除彼此的分歧。1579年5月，在德国皇帝的支持下，各省代表在德国科隆进行了最后的努力，以协调意见实现团结。但这次努力最终还是失败了。德国

---

① 亚历山大·法尔内塞（Alexander Farnese, Prince of Parma, 1545－1592）于1579～1585年攻克尼德兰的几个城市，使尼德兰分裂为北方共和国和南方西班牙荷兰。1585年以后，他的计划被迫让位于筹建"无敌舰队"（Spanish Armada）。在以后的战争中，他不断被莫里斯·奥兰治打败。

皇帝派出的特使担任各方协调人，他提出的条件引起了激烈的争论。他建议荷兰恢复旧的政府结构，腓力二世必须尊重荷兰的特权和自由，以及接受根特团结会议的结果，而各省议会应该适当承认腓力二世的权威并服从这种权威。至于宗教问题，德国特使建议对新教做出某些让步，在荷兰省和泽兰省为他们提供家园，但在倡议中强调维持罗马天主教的地位。北方代表对德国特使的倡议持强烈反对态度，他们否定了与腓力二世妥协的可能性，认为王公贵族特别是西班牙国王残暴不仁，不可信任。腓力二世唯一的目标是剥夺尼德兰人民的自由，永久地奴役他们。因此，他们决不接受承认腓力二世的权威的条件。

三　法英两国的干预及失败

科隆和平谈判宣告完全失败。在谈判之前，各省议会宣布，如果谈判失败，他们将废黜腓力二世，另指定一名亲王接替他。出于策略上的原因，他们的第一位人选是法国国王的弟弟、亨利二世的第四个儿子安茹公爵弗朗索瓦·德·瓦卢瓦（Duke Anjou, Francois de Valois, 1556 - 1584）。1580 年 8 月，各省议会委派以马尔尼克思·圣阿尔德贡德为首的使团出发前往法国请求安茹公爵出任荷兰执政官。谈判开始时进行得很不顺利。安茹公爵要求拥有君主地位，但来自荷兰的代表团告诉他在荷兰语中没有这个词，只能授予他"最高领主"的头衔。谈判中其他的难题还有荷兰人要求保留自由召集各省联合议会的权力和保留不服从"领主"的条款，根据传统应该有这样的条款。经过讨价还价，双方最后于 9 月 19 日签署了条约。条约重新确认了联合各省已经成立的议会形式的政府。省联合议会保留其有力的地位。各省议会确认选举安茹公爵为荷兰的领主，但保留在发现他不忠诚时废黜他的权力。这一条约于 1581 年 7 月 26 日正式生效。作为这一条约的结果，各省议会通过"断绝法案"（Act of Abjuration），宣布废黜腓力二世。

安茹公爵的尼德兰之行最后以失败告终。他出任荷兰执政官在政治上是极有争议的，在军事上他所做出的努力又毫无结果。原因之一是作为一名军事统帅，安茹公爵远不是法尔内塞的对手。更主要的原因是各省议会未能配合安茹公爵的军事行动。安茹公爵本人不善理财，后勤工作一塌糊涂。由于冬季的严寒和缺乏粮食，他的军队士气十分低落。1583 年，安茹公爵决定孤注一掷，发动代号为"法国怒火"的战役，攻打安特卫普。但是，"法国怒火"战役彻底失败，法国军队遭到毁灭性打击，他本人落荒而逃。

法国人的政策既没有增强起义者阵营的军事地位，也没有加强尼德兰各省的政治团结。他们的介入促进了进一步的分裂。威廉·奥兰治于1584 年 7 月 10 日在代尔夫特遇害。他临死前的最后一句话是"我主宽恕我的灵魂和他可怜的臣民"。这句话反映了当时尼德兰人民遭受的苦难。这一苦难是西班牙军事统帅法尔内塞带来的。他在 1582 ~ 1585 年在镇压尼德兰的起义军的战争中取得了重大的胜利。弗兰德尔和布拉邦几乎完全被他攻克。布鲁日和根特于 1584 年被攻陷，安特卫普于 1585 年陷落。法尔内塞的胜利最直接的结果是从南到北的难民大迁徙。根特大约一半的人口及安特卫普 1/3 的人口逃到北方的荷兰省。

西班牙人的胜利为英国女王伊丽莎白一世敲响了警钟。虽然西班牙对尼德兰的统治丝毫未触及英国君主的利益，同时她也谢绝过尼德兰要求她统治的邀请，但这一回她决定直接干预，支持尼德兰起义。在安特卫普陷落后的第三天，英国便与尼德兰签订了《农苏琪条约》（*The Treaty of Nonesuch*）。根据这个条约，英国将对尼德兰提供军事援助，对荷兰若干城市实行英军的军事管制。尼德兰各省联合议会任命英国女王伊丽莎白一世的亲信莱塞斯特伯爵罗伯特·达德利（Robert Dudley, Earl of Leicester, 1533 – 1588）为"总督兼上将"。各省联合议会宣布他在军事上拥有"完全和绝对"的权力，并拥有"充分和绝对的权力制定政策和处理司法事务"。由此可见，开始时荷兰的权贵们是绝对支持他的。当达德利开始以绝对统治者身份出现的时候，便与尼德兰人发生冲突。威廉·奥兰治被刺身亡后，荷兰省选出奥尔登巴内费尔特（Johan van Oldenbarnevelt, 1547 – 1619）作为领袖。奥兰治的儿子莫里斯·奥兰治①被任命为两省联合执政

---

① 莫里斯·奥兰治（Maurice van Oranje, 1567 – 1625），又称"拿骚的莫里斯"，荷兰历史上著名的政治家和军事家。

官。达德利与奥尔登巴内费尔特之间发生了激烈的权力斗争。最后达德利被迫退出尼德兰的政治舞台，于 1587 年返回英国。

第三节　荷兰共和国的建立

一　荷兰共和国的民主原则

达德利的政治试验失败后，尼德兰人控制了他们的政府。省议会自己掌握了主权，各省联合议会变成促进联邦式合作的中心。联合省闯出自己的路子，增强了信心，在强有力的政治领袖奥尔登巴内费尔特和军事天才莫里斯的领导下于 1588 年宣布成立荷兰共和国。荷兰共和国包括尼德兰北方的 7 个新教省，这 7 个省中除了原来起义的核心荷兰省和泽兰省外，还包括乌得勒支省、海尔德兰省、上艾瑟尔省、格罗宁根省和弗里斯兰省，因此这个新成立的共和国又称作尼德兰七省联合共和国。

荷兰共和国建立在共同的思想基础上，在一些关键的政治概念上取得了一致的看法。这些概念包括自由、特权、议会和公众支持的主权等。自由被看作"荷兰的女儿"，拥有至高无上的地位，是繁荣和正义的源泉；国家的自由与个人的自由之间有着紧密的内在联系，居民的福利应得到保障。荷兰人认为，起义本质上是保卫自由的行为，而自由受到腓力二世及西班牙官僚的贪欲和暴虐的威胁。共和国政治秩序的建立目的是保卫自由。共和国的政治体制要通过宪法框架达到这个目标。这个宪法框架包含基本法律、特权、宪章和各省的习俗，以及若干重要的机构，如议会。荷兰共和国的组织规则体现了荷兰中世纪早期以来形成的民主原则。最高权力机构仍然是各省联合议会。共和国建立了自己统一的财政，财政支出由七省共同分摊。财政预算支出及各省负担的比例须经过联合议会的讨论和取得一致意见。这个比例根据各省的经济和地理优势来确定，在大多数情况下，商业最发达的荷兰省（即今天的南荷兰省、北荷兰省）负担约58%，弗里斯兰省负担 12%，泽兰省负担 9% 多一点，其余 4 个省负担的份额 3% 到 6% 不等。七省联合议会设在海牙，每个省派代表参加。代表们充分发表意见后进行表决，每个省拥有一票。大多数决议采取一致通过的原则，每个省无论大小及对共和国财政贡献的多寡，在表决中都有否决权。这充分体现了共和国体制的民主精神。共和国的财政主要用于与西班牙军队作战的陆军、海军的开支。

二 共和国建立初期的经济和军事形势

16 世纪最后 10 年，西班牙的军事实力开始衰落。"无敌舰队"的覆没使它元气大伤，共和国已经不再为其生存担忧。帕尔马公爵统率的西班牙军队被困在了尼德兰南方，并卷入了法国的内战。荷兰共和国的军事统帅是莫里斯。他统率的荷兰军队日益壮大。奥尔登巴内费尔特负责共和国的财政和各省之间的协调。

荷兰历史学家认为，16 世纪最后 10 年是共和国经济发展最快的 10 年。在这 10 年里，荷兰的经济飞速发展，进入了世界最强国家行列。荷兰商人不仅进入欧洲各大小城市，还远渡重洋，到达俄罗斯西部和地中海沿岸、西非、西印度群岛和亚洲，经营的商品有香料、糖、鱼子酱和纺织品。由于拥有发达的商业和航运业，荷兰从海外运回大量发展工业所需的原材料，并将其加工成半成品或成品。荷兰自身也出口大量的乳制品。由于商业的需要，荷兰出现了早期的金融业。发达的经济产生巨大的吸引力，尼德兰南部和德国大量人口移民到共和国的泽兰省和荷兰两省。1550 年，北方 7 省人口大约只有 120 万人，到 1600 年增加到 150 万人，1650 年进一步增加到 190 万人。

西班牙虽然在军事上已经失去原来的压倒性优势，但与年轻的共和国仍然处于敌对状态，不仅经常从陆上与荷兰共和国发生局部战争，而且在海上保持对峙状态。西、荷海军相互封锁对方的航道，切断对方的商业命脉。除西班牙海军的封锁外，荷兰的商船队还经常面临敦刻尔克海匪的劫掠。1580 年以后，葡萄牙也加入荷兰的敌对阵营，不仅袭击荷兰共和国的边界，葡萄牙海军还在北海海域、英吉利海峡、地中海以及欧洲以外的海域袭击荷兰的商船。

进入 17 世纪后，荷兰共和国内部也出现教派冲突和政治危机。共和国的两位主要领袖莫里斯和奥尔登巴内费尔特之间开始出现分歧。奥尔登巴内费尔特是一位杰出的政治家，为荷兰共和国的创立做出了不可磨灭的贡献，但在晚年卷入了荷兰神学家阿米纽斯及其与反谏言派之间的争端。1617 年，他被过去的战友莫里斯下令逮捕并被处死。奥尔登巴内费尔特死后，莫里斯成为荷兰政坛主要人物，直到 1625 年去世。

三 《威斯特伐利亚和约》

16 世纪后期，英国的武装民船不断骚扰西班牙的商船，损害了西班牙的商业利益。腓力二世企图在英国恢复罗马天主教的计划又告失败。新仇旧恨使腓力二世决定对英国进行一场决战。1588 年，他派遣一支庞大的舰队"无敌舰队"进攻伊丽莎白一世的海军。英国人先进的海战技术和致命的风暴使西班牙 132 艘战舰中的大部分沉没于海峡。"无敌舰队"的覆没大大削弱了西班牙帝国的实力。

在此后的二三十年里，莫里斯率领起义军不断地打击西班牙军队，并重新攻占了格罗宁根、上艾瑟尔省和海尔德兰省的城镇。1590 年 3 月，他挥师南下，占领了布拉邦省和弗拉芒省的城镇，其中包括布拉邦省重镇布雷达。这样就在泽兰省和南方之间建立一个缓冲区，确保了荷兰共和国的安全。西班牙的势力经过一段时间的喘息，逐渐在南方重新站稳脚跟，宗教改革的反对派也重新巩固了天主教的地位，所以当莫里斯再次攻打尼德兰的南方省份时，受到当地天主教居民的顽强抵抗。

荷兰共和国是尼德兰北方 7 个省的联合共和国，原尼德兰 17 个省中还有 10 个省继续处于西班牙王国统治之下。荷兰共和国成立后，仍然与南部西班牙王国的军队对峙了多年，直到《威斯特伐利亚和约》签署西班牙才正式承认荷兰共和国的独立。

《威斯特伐利亚和约》的签署主要是"三十年战争"的结果。"三十年战争"的直接原因是神圣罗马帝国皇帝马蒂亚斯（Kaiser Matthias, 1557 - 1619）为了巩固他在波希米亚的势力，企图在波希米亚安插一位他派去的国王。1618 年波希米亚王位空缺，他抓住这个机会，将他的一位亲戚施蒂利亚的费迪南德公爵派去担任国王。这一决定引起捷克上层贵族强烈不满。虽然一个世纪以来波希米亚一直是哈布斯堡王朝的属地，但捷克人有着强烈的民族意识和新教传统。他们占领了教皇在当地的驻节地，宣布波希米亚独立，并选出自己的加尔文教派的国王。哈布斯堡王朝很快便将波希米亚的起义镇压下去，但激起了北欧的新教君王丹麦的克里斯蒂安四世和瑞典的古斯塔夫·阿道夫的愤怒。他们为了波希米亚的新教兄弟，同时也为了扩张他们自己的领土，联合日耳曼的诸侯对奥地利进行讨伐。1630 年，法国也开始参战。这场因宗教原因发起的战争变成波旁王朝与哈布斯堡王朝争夺欧洲大陆霸权的战争。战争的结果是瑞典国王古斯塔夫·阿道夫战死，法国由一度受挫转为胜利，最后迫使哈布斯堡王朝签订城下之盟。"三十年战争"结束的标志是《威斯特伐利亚和约》。这个和约由一系列条约组成，史学家认为它包括 1635 年的《布拉格和约》和 1659 年的《比利牛斯和约》。签约方是统治西班牙、神圣罗马帝国的奥地利哈布斯堡王朝和法国、瑞典以及神圣罗马帝国内部的勃兰登堡公国、萨克森公国、巴伐利亚公国等诸侯邦国。1648 年 10 月 24 日签订的《西荷和约》，正式确认了《威斯特伐利亚和约》，宣告"三十年战争"结束。

根据《威斯特伐利亚和约》，法国对阿尔萨斯和其他一些较小的领土的所有权得到确认，瑞典取得的德意志波罗的海沿岸的领土，荷兰和瑞士的独立得到正式承认。

尼德兰南北方的政治边界在《威斯特伐利亚和约》中被划定，这条边界同时也是一条宗教边界。边界以北是以新教为主的荷兰七省共和国，边界以南的以罗马天主教为主的 10 个省仍然维持哈布斯堡王朝的统治。西班牙承认荷兰独立，持续了 80 年的独立战争正式结束。

15 世纪，尼德兰十七省作为勃艮第公国的一部分形成了自己地方议会式的民主传统。16 世纪中叶，经过两次王室联姻后，尼德兰转到了西班牙国王查理一世手中。腓力二世继位后企图在尼德兰实行专制主义统治，取消尼德兰的地方议会制度，因而引起尼德兰人民的反抗。荷兰反抗西班牙统治的独立战争从 1568 年延续到 1648 年，整整进行了 80 年。这场战争的起因是多方面的，既有经济、政治方面的原因，也有宗教和文化方面的原因。

尼德兰 17 个省都参加了最初反对腓力二世专制主义的斗争，但 1566 年后南北方贵族之间产生了分歧。分歧的原因既有宗教方面的，也有目标方面的。南方贵族的斗争目标是恢复查理时代的政治制度，只要求西班牙政府尊重尼德兰的政治传统。而北方各省不仅要求政治自由，还强烈要求宗教自由。由于西班牙政府的宗教迫害政策，北方各省最后决定以武装斗争来推翻西班牙的统治。南、北方抵抗运动立场的分歧很大程度上取决于南、北方宗教的分野。南、北方贵族的分歧使南、北联合阵线始终难以建立，最后南、北方贵族只能分道扬镳。北方走上了独立战争的道路，南方的反抗运动逐渐销声匿迹。在"八十年战争"中，北方海军对安特卫普进行了长期的封锁，使南方经济受到很大的打击。南方各省站在布鲁塞尔的中央政府一边，参加了西班牙军对北方 7 省的讨伐，使尼德兰南、北方在宗教、政治和军事上处于对立。这一段历史导致尼德兰人民在近代的思想和感情上的分裂，成为 19 世纪再次统一后又再度分裂的原因。

荷兰共和国的建立不仅是宗教改革的胜利，也是尼德兰人民反对外国专制主义斗争的胜利。共和国保卫议会式民主制度，在 17 世纪欧洲专制主义盛行的时代也保持了民主的传统。除 19 世纪一个很短的时期以外，荷兰历史上没有存在过专制主义。这一传统对当代荷兰的民主和政治产生了深远的影响。

第四节 海上霸权的争夺

一 海军的产生和组织

荷兰是一个发展比较晚的欧洲国家，但由于特殊的地理和自然条件，荷兰自中世纪起就成为世界上一个重要的商业大国。为了发展商业，荷兰建立起规模巨大的商业船队和海军。甚至在荷兰共和国还未取得完全的独立时，荷兰的舰队就已经在美洲、亚洲与其他列强争夺海上霸权。17 世纪，荷兰一度成为强大的海上帝国，长期与西班牙、葡萄牙、英国、法国争夺海上霸权。

荷兰海军产生于共和国诞生前不久。当时由于战事变化不定，还没有一个统一的组织。当时起义军设有3个分散的海军司令部，1个在鹿特丹，1个在阿姆斯特丹，1个在弗里斯兰省。

1588年共和国成立后，海军的活动更多地集中在海上，各省感觉到建立统一的海军的必要性。1597年，通过七省联合议会的协调，荷兰做出了建立统一海军的决定。统一的海军设有5个司令部，1个在泽兰省、1个在弗里斯兰省、3个在荷兰省。荷兰省的3个司令部中，1个在鹿特丹。这是一个比较重要的司令部，专为出征的舰队提供旗舰。但荷兰省最重要的司令部设在阿姆斯特丹。荷兰省的第3个海军司令部是荷兰省北部司令部，轮流设在霍伦和恩克霍伊曾，每季度轮换一次。泽兰省的司令部设在省会米德尔堡。弗里斯兰省的司令部最初设在多克姆（Dokkum），1645年后由于多克姆的水道淤塞而迁到哈灵根。这种将海军指挥系统分权化的做法，是各省的地方利益难以协调的结果。

荷兰共和国海军司令部的职责比较广泛，包括管理海军和商船的航行、裁决战利品分配的纠纷以及征税工作等。这些职责从荷兰共和国成立到18世纪末一直未改变。海军的经费基本上通过自筹解决，主要来自对进出港货物征收的货物税，以及对车、船等运输工具征收的车船税。荷兰共和国按5个海军司令部分成5个税务区，各司令部负责本税区的征税工作。例如，弗里斯兰省的海军司令部负责本省、格罗宁根省、瓦登群岛的征税工作；阿姆斯特丹司令部负责本港、特塞尔群岛、弗利兰岛、内陆的乌得勒支省和海尔德兰省的征税工作；等等。作为对纳税人的回报，海军承担为商船护航的任务。在和平时期，海军的快艇为一些主要的航线护航。这些快艇的建造、装备和维护费用由海军司令部的财政支付。但是，战争期间海军舰队的出征经费属于特别开支，不由税收负担，需要联合议会经过表决后给予特别拨款。

从16世纪80年代初建时期到1648年《威斯特伐利亚和约》签署，这一时期荷兰海军被称为"旧海军"。"旧海军"的特点有三：①海军处于初创和发展期，力量比较有限；②主要任务是护航，保护商船和渔船的活动，以及执行对尼德兰南部西班牙控制区的封锁；③开始走出国门，在北海、波罗的海和地中海争夺航海通道，在西印度群岛和亚洲与葡萄牙进行争夺殖民地的海战。

荷兰海军在发展过程中不仅承担自卫性的护航，也对它传统的敌国西班牙、葡萄牙及其领地主动发起多次进攻。当时，英国和法国是荷兰反西班牙的盟国。荷兰海军与英国、法国舰队并肩对伊比利亚半岛进行多次袭击。1596 年，荷兰的一支分遣舰队加入集结在普利茅斯的一支由 96 艘英国战舰组成的舰队，对加的斯港发起突然袭击，在占领这个西班牙港口一夜后带着掳掠的财物返航。第二年，英荷联合舰队再次袭击西班牙海岸和西属亚速尔群岛。1599 年，一支由 73 艘战舰、8000 名水手组成的荷兰舰队出征西非，再次攻击亚速尔群岛。其中一部分战舰驶往几内亚湾占领了葡属圣多美。但热带的疟疾使许多水手病倒，迫使舰队于 1600 年提前返回荷兰。这次出征得不偿失，所掳掠的战利品还不够偿付其开销，但这次出征是荷兰海军的一个里程碑，它标志着荷兰海军第一次独立远征。一支由 6 艘战舰组成的荷兰舰队于 1603 年远征巴西，并在那里建起一个要塞，专门袭击航行在南大西洋的西班牙商船。

二　荷英战争

《威斯特伐利亚和约》的签订，使荷兰从"八十年战争"中解脱出来。原来来自西班牙和弗拉芒的海上威胁消失，荷兰缩减海军规模以节省财政开支。海军统帅马顿·特龙普（Maarten Tromp）的旗舰"艾米利亚"号也被拍卖。但是，荷兰商船队不仅仍面临着北非和欧洲各路海盗的威胁，而且出现了新的敌人。荷兰共和国重新建立了海军，开始了"新海军"时期。

1648 年，英国发生了资产阶级革命。奥利弗·克伦威尔领导的圆颅党（Round Head）推翻了国王查理一世。克伦威尔十分重视海军建设。1649 年新政府成立伊始，便制订了扩大和改造海军的计划。到 1651 年底，20 艘新战舰下水，另有 25 艘新购进及缴获的战舰也被编入海军。战舰上的火器也大大增加。一艘战舰往往装备 40~60 门火炮。在英国海军与荷兰海军第一次交锋前，英国海军已装备了 86 艘战舰。这些战舰中，至少有 14 艘装备的火炮等于或多于荷兰旗舰"布雷德罗德"（Brederode）号。

新改组的海军威慑力最直接地指向了英国传统的敌对国葡萄牙和法国。荷兰也逐渐受到英国海军的威胁。1651年英国颁布的《航海法》对荷兰的商业发展是一个打击。最使荷兰感到难以接受的是英国提出海上主权，即坚持拥有在海上拦截和搜查外国商船并没收它认为是属于敌对国家的商品的权利。英国海军强迫在海上与它们的舰只相遇的荷兰军舰和商船降旗向它们致敬。两国之间的战争终于在1652年打响。

　　在这次海战中，天时、地利均与荷兰海军无缘。战争一开始，就不断地刮西风，英国海军舰队长驱直入，而荷兰舰队是逆风作战，极为被动。荷兰海军一大部分被护航任务牵制，这削弱了其在海战中的战斗力。荷兰海军统帅想主动出击，却力不从心。这场战争中荷兰海军败多胜少，从整个战争看，荷兰是失利的一方。荷兰被英国俘虏的战舰和商船总数在1000～1500艘。大多数战斗异常惨烈，海军死伤不计其数。荷兰海军统帅特龙普本人也于1653年8月10日在特尔海德（Terheide）附近海面战死。英国在这次战争中也受到挫折。1653年3月13日，一支英国战舰中队试图从意大利的莱格霍恩港突围时被荷兰海军将领约翰·范·哈伦指挥的舰队全部歼灭。荷兰的领袖和海军将领们从这次失败中吸取了教训。在战争还未结束前的1652年和1653年，荷兰联合议会分别做出两个增造军舰的决定。荷兰与英国签订了《威斯敏斯特和约》之后的20年是荷兰海军发展最快的时期。

　　1653年，在荷兰历史上发挥了重要影响的政治家德·威特（Cornelis De Witt）出任荷兰省省长，他与荷兰省的3个海军司令部建立了密切关系。由于他的威望，荷兰海军接受他的统一领导。荷兰海军经过扩大，规模和战斗力达到前所未有的水平。1664～1667年，新下水60多艘新型炮舰，每一艘的火力和吨位都大于前一批战舰。最后从阿姆斯特丹造船厂下水的战舰"道尔芬"号（Dolfijn）长48米，配备有80多门火炮。这艘战舰成为荷兰海军的新旗舰，外国海军后来都仿照这艘战舰设计它们的旗舰。

　　1660年英国斯图亚特王朝复辟，查理二世被国会选为新君主，英国海军重新出现在欧洲各个海域，英荷关系再度紧张。英国人占领了荷兰移民在北美的垦殖地新尼德兰，并且把新阿姆斯特丹改名为纽约。英国的大批武装民船受命向西印度群岛进发。荷兰一支从地中海返回的船队在直布罗陀附近遭到英国舰队的攻击。这些事件都使荷兰人对英国的愤怒发展到极点。在经过充分准备后，荷兰于 1665 年 3 月正式向英国宣战。

德·威特领导的荷兰海军虽然为第二次荷英战争做了充分的准备，但第一次海上交火就惨遭失利。6 月 13 日，在英国海军统帅约克公爵的指挥下，荷兰海军精心组建的强大舰队在洛斯托夫特（Lowestoft）附近被打得落花流水。但英国人犯了一个战略性错误，没有抓住时机乘胜追击。因此，荷兰海军获得喘息和恢复的机会。8 月，英国舰队拦截了一支从东印度洋返回的荷兰船队，但这支荷兰船队立即躲进中立港口卑尔根（Bergen），避免了损失。

第二年，荷兰海军经过充分准备，与英国海军进行了一场恶战。这场海战从 6 月 11 日一直打到 14 日，因此被称为"四日战争"。在这次战争中，荷兰海军取得胜利。这次海战发生在道恩斯和敦刻尔克之间的海域。战斗一直打到第四天，英国舰队在数量上一直占据优势。经过 4 天的对阵、相互炮击、登船厮杀，胜负终于见分晓。英国损失了 3 艘主力舰、5 艘炮舰，还有 6 艘战舰被荷兰俘获，其中 4 艘被凿沉，另外 3 艘小型战舰被烧毁。在这次海战中，数千名水手战死，还有许多被俘虏。这是世界海军史上最残酷的一次海战。7 个星期后，也就是在 8 月 4 日和 5 日，英、荷海军之间又爆发了一次"两日战争"。英国人终于找到了一次雪恨的机会，英国海军上将蒙克打败了德·威特。一天后，另一支由霍尔姆斯率领的英国舰队袭击了停泊在泰尔斯海灵（Terschelling）的大批荷兰商船。

总的说来，第二次英荷战争双方打成平手。在整个战争期间，英国俘获了不到 500 艘荷兰商船和渔船。荷兰俘获英国商船 400 多艘，其中有 75 艘满载白糖和烟草。这些掳掠物最后在阿姆斯特丹和泽兰省被拍卖，获得 400 万荷兰盾，全部落入海军充作军费。

1666 年，由于财政上的困难，英国海军转为战略防守。德·威特抓住了这个时机实施了他蓄谋已久的计划：对靠近伦敦的英国海岸进行一次突然袭击。1667 年 7 月，海军统帅德·威特乘旗舰"七省"号指挥了这次对梅德韦（Medway）的行动。荷兰舰队的一部分登陆并占领希尔内斯（Sheerness）的弹药库和给养仓库。第二天，另一部分舰只驶入梅德韦，破坏了横跨河上的栅栏网，直逼查塔姆（Chatham）。英国6艘毫无防备的主力舰被烧毁。更使英国人耻辱的是，蒙克公爵的旗舰"皇家查理"号也被作为战利品拖回荷兰港口。一支荷兰的分舰队从英国人手中夺走了南美领土苏里南。

1667年，荷、英签署《布雷达和约》，停止敌对行动。英国正式将苏里南给了荷兰。荷兰允许英国占有纽约，作为对英国的安抚。与英国的和平并没有维持多久，1671年，英王查理二世与英国的宿敌法王路易十四结盟，准备联合进攻荷兰。德·威特做了最后的外交努力，但和解最后还是失败了。

1672年，战争爆发，荷兰同时受到三面进攻：英国、法国海军从海上进攻；法国陆军从南边陆路进攻；科隆公国和明斯特公国从东面进攻。荷兰南部和东部的部分领土被占领，但荷兰省的海岸线仍控制在自己军队的手里。荷兰最后的希望是保住海上门户。英、法海军组织了4次海上进攻，但都未能打败德·威特的舰队。1672年6月6日，荷兰海军对英法联合舰队组织了一次偷袭，给予其重创，迫使英国放弃了突破荷兰海岸防线的计划。

战争一直打到1673年，荷兰已完全转入守势。在数量和装备完全处于优势的敌人面前，荷兰海军再也没有主动出击的能力。但是，德·威特利用有限的军事力量，并借助从东印度洋安全返回的一支舰队巧妙地与敌军周旋，抓住有利时机给予敌军几次重创，最终迫使英国海军退回英国海岸。这次以少胜多的战争显示了荷兰海军将领的军事天才。荷兰方面动用了60艘主力舰、15艘快舰、4233门火炮、17368名水手和2092名士兵。英法联军在各方面都至少多出荷兰1/3。

1673年，正当欧洲战场上荷兰被英法联军围困时，两支荷兰分遣舰队在北美和加勒比海海域会合，将北美的新尼德兰和纽约重新从英国人手中夺回，并横扫西印度洋上的英法军舰、武装民船、商船和渔船，总共掳掠英法船只650艘。这些船只拍卖后获得500多万荷兰盾。

这次战争中英国与荷兰两败俱伤，最后双方不得不再次坐下来进行谈判，并于1674年2月签署了第二个《威斯敏斯特和约》。根据这一和约，查理二世放弃与法国的联盟，荷兰将北美的纽约和新尼德兰重新归还英国。第二个《威斯敏斯特和约》签署后，荷兰与英国的敌对状态宣告结束。

英国和荷兰在海上霸权的争夺中时分时合、时敌时友，导致北美殖民地几度易手，最后形成了今天的政治地理格局。这个过程还必须单独叙述一下。

1609，荷兰探险家亨利·哈德逊（Henry Hudson）受荷兰执政官莫里斯·奥兰治的委派，带领一支船队往西航行，为东印度公司寻找去往印度的捷径。他将在北美发现的一条河命名为莫里斯河（Maurice River），以纪念他的赞助者莫里斯·奥兰治亲王。他没有找到去往印度的航路，但是带回一条宝贵的信息，即莫里斯河中有大量的河狸。河狸皮可以制作防水的皮帽，从河狸身上提取的海狸香是制药和制作香水的原料。这些东西在欧洲非常抢手。这个消息引来了大批欧洲人。荷兰人将那片土地命名为新尼德兰，并且在那里建立了一个定居点拿骚堡。拿骚堡几度更名，最后发展为今天的奥尔巴尼市。莫里斯河后来改名为哈德逊河。荷兰人在哈德逊河出海口建立了一个定居点，并将这个地方命名为新阿姆斯特丹。

1664 年 8 月 27 日，一支英国舰队突然占领新阿姆斯特丹港，迫使荷兰将这片叫作"新荷兰"的土地割让给英国。英国将新阿姆斯特丹更名为"新约克"，即"纽约"。约克是当时英国国王查理二世的弟弟约克公爵，后来成为英国国王，史称詹姆斯二世。如前所述，两国在 1667 年签署了《布雷达和约》。荷兰人在这个和约中放弃了北美的新尼德兰，作为交换条件，他们获得马鲁古群岛（Maluku Islands）中一个盛产肉豆蔻的小岛"兰岛"（The Island of Run），同时英国确认了荷兰对苏里南的拥有权。荷兰人在后来与英国的交战中再次占领纽约城，并且将它更名为新奥兰治。1674 年 11 月英荷签署了第二个《威斯敏斯特和约》后，这座城市被重新交还给英国人，并恢复了纽约的名字；苏里南正式归荷兰所有。

三　荷法战争

1674 年以后，荷兰所处的国际环境再次发生根本性变化。第二个《威斯敏斯特和约》的签署结束了英荷战争，但荷兰与法国的战争仍在继续。威廉三世在位期间领导了 40 年的对法战争。威廉三世面对的是法国历史上最精明的国王路易十四。路易十四非常重视海军建设，支持武装民船对敌方的骚扰活动，同时充分利用敦刻尔克的地理优势，在欧洲除波罗的海以外的所有海域对荷兰商船队造成了严重的威胁。荷兰方面也利用了法国传统的敌人西班牙从南边牵制法国。荷、西两国海军对法国采取了数次联合军事行动，西班牙海军对荷兰海军和商船进行了多次接应和援助。

荷法战争期间，荷兰海军组织了几次对法国海岸的袭击和对西印度群岛领地马提尼克的远征，但胜绩不多。1675 年，西西里岛爆发反西班牙的起义，法国抓住了这个削弱西班牙的机会派兵支持这次起义。荷兰派遣一支分舰队与西班牙海军会合，开赴西西里镇压这次起义，已经 69 岁高龄的德·威特也亲自挂帅出征。1676 年 4 月 29 日他在组织舰队第二次进攻时，在埃特纳火山（The Volcano Etna）附近海面身负重伤，一个星期后死去。几个月后，荷西联合舰队受到重挫，放弃了进攻，转为防守。17世纪 70 年代的荷法战争对荷兰经济造成了很大的打击。法国对荷兰海上商业航线的封锁，在尼德兰南部地区作战的高昂费用，在地中海作战的失败，敦刻尔克海匪对荷兰商船队的袭击，都给荷兰造成了无法计量的损失。战争时期，各参战国政府都鼓励本国武装民船袭击对方国家的海军和商船。敦刻尔克的海盗又重新活跃起来，成为荷兰商船和捕鱼船队的煞星。荷兰海军常常选择西印度群岛的法国领地作为打击目标。1676 年，荷兰一支由雅各布·宾克斯（Jacob Binckes）将军率领的 7 艘小型战舰攻打法属瓜德罗普，并一度占领了多巴哥。波罗的海也成为荷法战争间接的战场。在荷法战争中，瑞典站在法国一边。1675 年，荷兰与哈布斯堡帝国、勃兰登堡公国和丹麦结成反法联盟。荷兰每年派出由 10～15 艘战舰组成的分遣舰队到丹麦协助驻守松德海峡。

荷兰的海军战线拉得太长，使海军的主力舰队四分五裂，缺乏战斗力。加上军费吃紧，几年来的战争使政府财政枯竭，除了荷兰省外，其他各省已经难以维持给各海军司令部的财政津贴。为了保证海军在地中海清剿北非海盗的行动，也为了维护国家海上商业航行的权利，荷兰选择谋求与法国和解。

1678 年，荷兰与法国在荷兰奈梅亨签署了和约，荷兰与法国之间的战争暂告结束。

在荷兰寻求与法国和解的过程中，荷兰与英国的关系又发生了戏剧性的变化。这一变化对荷兰海军的发展有着不同寻常的影响。面对法国在欧洲的霸权，威廉三世采取了睦英政策。1677 年 11 月，威廉三世与英王查理二世的侄女玛丽公主结婚。这一联姻对荷英结盟发挥了决定性作用，昔日的敌人一夜之间成为盟友。婚礼刚刚结束，荷兰海军将领科内利斯·伊维特森（Cornelis Evertsen）便作为威廉三世的密使来到伦敦，与英国商谈建立联合舰队的事宜，但由于双方在联合舰队的军费分摊问题上未能取得一致意见，谈判暂时搁置。1688 年英国发生"光荣革命"，英国国会推翻了信奉天主教的国王詹姆斯二世，并邀请詹姆斯二世的女儿玛丽公主和她的荷兰丈夫威廉三世作为英国君主。这就为英荷联合舰队的建立进一步铺平道路。

1688 年 11 月，威廉三世带领庞大的荷兰舰队浩浩荡荡地开进英国。这支荷兰舰队总共动员了 400 艘舰船和 25 万人，总支出折合 663732 英镑。威廉三世以英国国王的身份将这次荷兰海军力量大展示的账单交给英国政府。英国国会最后同意由英国财政报销其中的大部分。这次由威廉三世和荷兰海军将领亚瑟·赫伯特策划的海军力量大展示促成了英荷联合舰队的建立。经过 4 个月的谈判，双方达成建立联合舰队的协议。联合舰队中英、荷双方参加的军舰之比为 5:3，由英国海军统帅指挥。英荷联合陆军中英、荷军队人数之比正好与海军相反，为 3:5，由威廉三世亲自指挥。

英荷联合舰队维持了 20 多年，在与法国海军进行争夺海上霸权的斗争中发挥了一定的作用。两国海军的联合虽然取得了一定的优势，但在与法国海军的交锋中也有失败的时候。联合舰队在建立的第二年即 1690 年便在与法国海军的交战中遭到惨败。7 月 10 日，法国海军上将图维尔（Anne Hilarion de Tourville）率领庞大的法国舰队攻打爱尔兰和英格兰。法国海军战术灵活多变，出奇制胜，打得英荷联合舰队晕头转向。联合舰队的战舰被冲散后，海风突然停止，战舰失去控制。在潮水的推动下，舰队朝着法国海岸漂去。荷军统帅及时下令令所有军舰抛锚，才避免了全军被俘的后果。由于这次失败,英荷联合舰队两方统帅均被解职。

1692 年 5 月 29 日,由英国海军将领爱德华·鲁塞尔(Edward Russell)统率的英荷联合舰队与法国舰队在巴夫勒尔(Barfleur)附近交火。联合舰队有舰船 88 艘,两倍于图维尔率领的法国舰队,法方战舰损失过半。第二年,法国海军统帅图维尔运用海军战术,出奇制胜,在西班牙海岸附近设计伏击了一支大型荷兰护航船队,俘获荷兰舰船 92 艘。法国政府财政日益捉襟见肘,不得不削减海军军费。威廉三世抓住这个机会,在地中海开辟了针对法国的第二战场。在 1696 年和 1700 年,荷兰海军两次扩大舰队规模。第一次扩大舰队规模增加了 61 艘主力舰、33 艘快舰、21 艘小型战舰,这些新增的战舰共装备有 5026 门大炮和 24369 名水手。第二次扩大舰队规模时又增加了一些主力舰和快舰,使荷兰海军总舰只数目达到 150 艘,即 100 艘主力舰和 50 艘快舰,其中 15 艘是配备 95 门火炮的超大型战舰。扩大后的荷兰舰队战斗力有所提高,但荷兰的财政濒临枯竭。1697 年 9 月,荷、法在荷兰的赖斯韦克(Rijswijk)签署了《荷兰条约》。这个条约虽然并没有带来长久的和平,但毕竟使双方获得了一个缓和和喘息的机会。

1702 年,路易十四强行使他的孙子登上西班牙王位,西班牙王位继承战争爆发,这为英荷反法联盟的战争增添了新的驱动力和内容。1700 年,西班牙国王查理二世去世,这位没有直系后代的国王留下遗嘱把王位传给他的旁系后代法国国王路易十四的孙子。这一意外的收获使四面受敌的路易十四喜出望外。他得意忘形地狂呼"比利牛斯山将不再存在"。而欧洲列强都不愿看到欧洲各国之间的均衡被法国与西班牙的合并破坏。于是,奥地利、英国、荷兰和普鲁士建立了一个反对由路易十四的孙子继承西班牙王位的新联盟。在这次战争中,双方阵营又发生了变化,1675 年还与荷兰并肩反对法国的西班牙站在了法国一边,成为英国、荷兰、奥地利、勃艮第联盟的敌人。1702 年 10 月 23 日,英荷联合舰队在维哥湾(Vigo Bay)伏击并全歼了一支西班牙船队和法国分遣舰队。这支西班牙船队是从墨西哥返回的运载珍宝的船队。1704 年 8 月 4 日,英荷联合舰队攻克直布罗陀;8 月 24 日,法国舰队企图夺回这个至关重要的要塞。

双方力量相当，各有 50 艘主力舰，在马拉加（Malaga）相遇。这场海战打得很激烈，但任何一方都没有取得明显优势。

1713 年，西班牙王位继承战争结束，交战双方签订了《乌得勒支条约》。条约允许法国王孙继承西班牙王位，条件是法国、西班牙两国永远不得合并；法国的新斯科舍及纽芬兰，以及西班牙的直布罗陀转让给英国，南尼德兰（现比利时地区）、那不勒斯和米兰则割给奥地利的哈布斯堡王朝。

四　海上帝国的衰落

西班牙王位继承战争战使荷兰和法国都彻底精疲力竭，1713 年的《乌得勒支条约》结束了法国与荷兰的敌对状态。但荷兰负债累累，战后外国提供的大量贷款也不足以偿还国债。1713 年以后，荷兰失去了欧洲大国的地位，荷兰海军也逐渐衰落，16 世纪以来荷兰作为海上帝国的历史就此终结。

荷兰以商业立国，从 14 世纪起全世界都可见荷兰商船队的踪迹。中世纪后期，在缺乏国际安全体系的情况下，商船往往成为各种海盗劫掠的目标。荷兰的商船队受到过敦刻尔克海匪、北非海盗以及英格兰、苏格兰海盗的袭击，蒙受了巨大的损失。因此，荷兰建立起强大的海军有其历史必然性。荷兰海军在维护海上运输、保障经济发展方面发挥了重大的、积极的作用。16 世纪，荷兰之所以能够成为欧洲最强大、最富裕的国家之一，与海军对海上航运的保护是分不开的。除了护航，荷兰海军在争取独立、保卫国家的斗争中也发挥了重要作用。荷兰共和国成立后，曾多次面临敌国的镇压、干涉和进攻。例如，《威斯特伐利亚和约》签订前，荷兰海军就封锁了弗拉芒港口安特卫普，并打退了西班牙和弗拉芒军队从海上的进攻。1671 年英、法和两个德意志公国联合进攻荷兰时，荷兰海军面对强敌，顽强地守住了海防线。

16 世纪及 17 世纪的海军活动缺乏国际法律的规范，海上自卫往往与海上劫掠同时存在。海战结束后，往往要以俘虏和拍卖敌方舰只与财物所得来弥补自己在战斗中的损失。后来，这种行为发展和延伸为主动袭击敌对国家的商船队和敌对国家的海外殖民地，然后拍卖劫掠的财物，作为对海军军费的补充和海军官兵的犒赏。这种以劫掠为目的的行动，也具有破坏敌对国家经济的战略作用，但使用过滥便改变了海军行为的正当性，甚至模糊了海军与海盗的区别。荷兰海军也扮演了这样的角色。

荷兰海军在其强盛时期也参加过争夺殖民地的战争，争夺海上霸权和控制海上交通要冲。17世纪，荷兰海军和东印度公司占领了印度尼西亚。荷兰海军常常将攻占的海外殖民地交给东印度公司或西印度公司，由它们建立殖民统治。1602年，东印度公司在印度尼西亚建立了殖民统治。1624年，西非海岸的一些要塞也由荷兰海军交给西印度公司管理。荷兰海军还于17世纪占领中国的台湾，与葡萄牙争夺澳门和西印度群岛的领地，参加西班牙王位继承战争，与其他列强争夺欧洲霸权。最后，荷兰海军以及荷兰共和国因在霸权的争夺中消耗了自己的力量而衰落。这也反映了历史的必然性。

第五节　荷兰王国的建立

一　拿破仑与荷兰

1789年的法国革命为拿破仑的崛起创造了条件和机会。旧政权任命的官吏大量逃亡使1792年刚刚诞生的法兰西共和国的军官严重不足，由此拿破仑年仅24岁就当上了炮兵上校。这一年他率兵将英国人逐出土伦，并因此晋升少将。1795年，他镇压了反动派在巴黎的暴动，保卫了曾起草共和国第一部宪法的国民大会。1796年和1797年底，他又率兵征战意大利，打败了奥地利占领军。在此后两年里，他马不停蹄地转战埃及，与英国军队作战，取得了令人瞩目的胜利。这一连串的成功，使他成为国民心目中的民族英雄。而正当他远征埃及时，法国军队在欧洲战场上在与英国、奥地利和俄国组成的联盟的战争中却遭到失败，重新被赶出意大利。这样，他又被国人当作救星从埃及盼回国内。他战功卓著，踌躇满志，刚从埃及凯旋就取代了督政府，成为法国第一执政。在国内，拿破仑运用政治手腕和才能扭转了混乱局面，抑制了腐败，赢得了民众的信任，巩固了自己的独裁政权。

1802 年，拿破仑再次在战场上打败了法国的宿敌奥地利，并接管了哈布斯堡王朝下属的尼德兰南部地区，也就是后来的比利时。拿破仑相继运用军事、政治、外交手段，使法国在欧洲的势力超过了历史上任何时期。他打败了普鲁士，使意大利保持中立，使俄国退出了反法联盟。他几乎控制了俄国以西的全部欧洲大陆。他充分运用他的口才和人们对法国革命的向往赢得了欧洲许多人的拥戴。除了军事手段外，他还把他的亲戚和朋友安排到欧洲其他国家的王位上，以加强自己在欧洲的权势和影响。他的兄弟约瑟夫被派到那不勒斯当国王，另一个兄弟热罗姆被派到威斯特伐利亚当国王，他还任命他的三弟路易为荷兰王国国王。在 19 世纪最初的几年里，荷兰一度几乎成为法国的一部分，原奥属尼德兰也被法国统治了十几年。

拿破仑帝国只辉煌了十多年。从 1808 年起，它便连连遭到失败，其中最主要的是在西班牙、俄国和莱比锡的三次失利。他在西班牙遭到顽强的抵抗，入侵俄国使他损失了 30 万人，在莱比锡遭遇的"联军大战"使他遭到毁灭性打击。他在西班牙的失败始于他以欺诈的手段使西班牙国王和王储放弃了王位。他安排他的兄弟、已成为那不勒斯国王的约瑟夫为西班牙国王。这引起了西班牙人民极大的不满。而他在俄国的失败起因于他的旨在孤立英国的"大陆封锁体系"。沙皇亚历山大不顾拿破仑的禁令，放任本国商人与英国人进行贸易。拿破仑不能容忍沙皇对他的藐视，因而调集 60 万大军进攻俄国。拿破仑的失败改变了整个欧洲包括荷兰和比利时的命运。1814 年 3 月 31 日，联军进入巴黎，4 月 13 日拿破仑被迫在《枫丹白露和约》上签字。荷兰从此摆脱了法国的控制。1815 年，当拿破仑从厄尔巴岛逃出，聚集旧部重新挥师北上与联军作战时，荷兰也加入联军行列，并参加了打败拿破仑的滑铁卢战役。

二　《维也纳和约》与荷兰地位的变化

1780 年的第四次英荷战争使荷兰共和国元气大伤，荷兰不仅损失了大量的军舰，失去了一部分殖民地，而且商业和经济也大大衰落。军事和经济上的挫折引起了人民的不满。此前，法国的启蒙思想已经传入荷兰。启蒙运动提倡的民主思想和个人理性自由与荷兰共和国执政官的意志相悖。新兴资本主义大商业和工业资产阶级与世袭的奥兰治家族之间的矛盾也日益激化。荷兰出现了要求政治和社会改革的爱国者运动。爱国者要求公民有参政的权利和思想自由，有监督政府官员的权利。这些要求没有得到执政官的满足。1785 年，改革运动发展为武装斗争并控制了海牙的局势，执政官威廉五世带领家室逃离荷兰。后来，在普鲁士国王的军事干预下，威廉五世重返荷兰，恢复了共和国的秩序。改革运动被镇压下去，运动的部分领导人流亡法国。

1789 年，法国发生反对专制统治的大革命。1793 年，法国对英国和荷兰宣战。流亡法国的荷兰改革运动领导人受到法国革命的熏陶，组织了巴达维亚军团，于 1795 年协同法国军队打回荷兰。威廉五世逃亡英国，并将荷兰的海外殖民地委托英国政府代管。改革派宣布成立"巴达维亚共和国"，取代荷兰共和国。改革派获得了国家权力，并试图将法国革命的自由、平等、博爱的思想传入荷兰。荷兰进行了一些改革，包括将各省的自治转变为中央集权，实现了宗教解放和平等，第一次允许非新教徒参加政治生活，并于 1804 年应拿破仑的要求选出了具有个人权威的执政官。

巴达维亚共和国实际上只是拿破仑的傀儡。1806 年，拿破仑一纸命令废黜了荷兰的民选执政官，将巴达维亚共和国改名为荷兰王国①，并派他的三弟路易·波拿巴担任荷兰王国国王。1807 年，拿破仑将普鲁士的东弗里西亚和耶拿并入荷兰王国。路易·波拿巴为了自己的统治利益，采取了一些维护荷兰人民利益的措施。他的举措激怒了拿破仑，拿破仑于 1810 年废黜了路易·波拿巴，把荷兰并入法国。荷兰人民开始由崇尚法国转为反对法国。

1813 年，拿破仑的军队在莱比锡遭到致命的惨败，荷兰人民举行起

---

① 这个"荷兰王国"的英文名为"The Kingdom of Holland"，有别于后来的荷兰王国"The Kingdom of Netherlands"。

义，宣布尼德兰独立并成立临时政府。应尼德兰临时政府的邀请，前荷兰共和国执政官威廉五世的儿子威廉·弗雷德里克·奥兰治从国外返回荷兰，接管了国家权力，并起草了宪法，将各省的权力集中于尼德兰君主国。

　　1814 年 9 月 18 日到 1815 年 6 月 9 日，欧洲各国的外交大臣、王公以及六位君主聚会维也纳，重新规划被拿破仑搅乱了的欧洲秩序。奥地利首相梅特涅（Klemens Wenzel Von Metternich）是这次会议的发起者和主持者。这次会议的主要做了以下几件事。一是废黜各国由拿破仑扶持的傀儡政权，恢复了 1789 年法国大革命前的王朝。路易十八被扶上法国王位，波旁王朝在西班牙和西西里的统治也得到恢复。拿破仑建立的波兰王国被取消，波兰重新被俄国、奥地利和普鲁士分割。二是由英国、奥地利、普鲁士、俄国建立"四国同盟"，后来又加上法国，称为"五国同盟"，以维持《维也纳和约》划定的疆界以及维持欧洲的秩序，随时准备以武力干预和镇压可能改变欧洲现存秩序的革命。三是重新分配属土及划定欧洲的疆界。由于荷兰在战争中一度站在拿破仑一边，因此英国对从荷兰手里夺走的领土的占有权被正式确认。这些领土包括南非、北美的圭亚那的一部分以及锡兰岛。由于荷兰最后在打败拿破仑的战役中做出了贡献，为了安抚荷兰，又把原奥属尼德兰（比利时）划给荷兰。奥地利失去南尼德兰的损失，由哈布斯堡王室在意大利取得的土地作为补偿。这些地区包括威尼斯共和国、米兰公国。哈布斯堡王室的成员还获得了托斯卡纳、帕尔马和莫德纳公国的王位。俄国被准许保留它于 1809 年从瑞典手中夺得的芬兰。为了弥补瑞典失去芬兰的损失，又将丹麦属下的挪威划给瑞典。维也纳会议最后签订了《维也纳和约》。

　　《维也纳和约》具有以下几个特点。一是它是大国间重新划分势力范围的会议，尽量维护大国的利益，不惜以牺牲小国的主权和利益为代价，强国主宰小国命运，所有领土划分、王朝的废黜和建立一概没有考虑有关小国人民的利益和意愿。二是大国在属土的分割中以邻为壑，尽量在相互之间建立缓冲国，让小国充作大国之间冲突的战场。三是带有明显的维护旧秩序和专制主义的色彩，这次和会建立的"五国同盟"在后来鼓励和支持了西西里国王和西班牙国王镇压本国革命。

《维也纳和约》对荷兰的地位产生了极大的影响。荷兰的地位被拔高了，各大国承认了荷兰王国的地位，威廉·弗雷德里克·奥兰治被扶为荷兰国王，称威廉一世，南部尼德兰各省划归荷兰王国，卢森堡设一位大公。荷兰的疆域扩大到法国边界，从某种意义上说，这是以其海外的大片属土换来的。荷兰被承认为王国在某种程度上也是维也纳会议鼓励专制主义的结果，将原奥属尼德兰划归荷兰并未征求当地人民的意见。

三　比利时独立

虽然尼德兰南北17省曾经属于一个国家，在文化上有着许多相同或相似之处，但在《维也纳和约》签署后只过了14年，南方省份便发动了要求脱离荷兰的起义。南方要求脱离荷兰的原因有四。一是宗教方面的原因。威廉一世急于建立一个中央集权的国家，在南方强制推行他的计划。南方天主教势力认为他无视南方的宗教利益，害怕他将政令凌驾于宗教利益之上，在南方推行新教。二是政治方面的原因。南方的自由党人虽然支持威廉一世抑制宗教势力的措施，但反对他的专制主义、对新闻自由的限制、大量任命荷兰人担任弗拉芒地区的官员。新国王建立了两院制国会，上院议员由国王任命，下院议员由选举产生。由于南方人口远多于北方，而南北方有选举权的代表人数相等，南方人民认为这是政治不平等的表现。三是经济方面的原因。荷兰的经济主要依靠商业和农业，而南方比利时地区的经济支柱是工业。新国王的政策是维护北方商业和农业的经济利益，忽视南方工业的经济利益，此外王国政府规定北方留下的债务由南北双方共同负担，因此引起南方的不满。四是语言方面的原因。威廉一世规定荷兰语为弗拉芒地区的官方语言。虽然弗拉芒地区的语言与荷兰语同源，但经过拿破仑十几年的统治，弗拉芒地区的上层社会已经习惯以法语作为官方语言。虽然一百多年以后比利时的弗拉芒地区又重新掀起维护弗拉芒语言的运动，但在威廉一世时代，弗拉芒的上层社会对法语的极度崇尚使他们不愿意接受以荷兰语作为王国官方语言的规定。

南方的天主教势力与自由党人之间尽管有种种分歧，但还是结成了反对派联盟。1830 年，比利时的反对派召开了"国民大会"，宣布比利时独立，反对奥兰治家族继承王位。经过短短 15 年的统一，荷兰和比利时再次分裂。欧洲列强根据本国的利益对尼德兰南北方的冲突调整了自己对荷兰王国的立场。法国支持比利时的起义，因为在法国和荷兰之间建立一个纯天主教的国家作为缓冲地带符合法国的利益。英国也支持比利时与荷兰分治，因为比利时脱离威廉一世的统治更能保证英国与比利时之间的贸易自由。英、法两国对比利时的支持，排除了欧洲其他国家帮助荷兰镇压南方起义的可能性。1731 年，他们在伦敦签订协议，承认比利时为独立的君主立宪制国家。在僵持了几年时间后，威廉一世终于在 1739 年接受分治条件，承认比利时独立。

15 世纪，尼德兰还是一个统一的国家，有着共同的语言、共同的文化，以及共同的政治传统，南、北方共同反对过腓力二世的专制统治，因此《维也纳和约》把奥属尼德兰划归荷兰并不是没有根据的。但也应该看到，两地的宗教分野是十分鲜明的。首先，南方是罗马天主教一统天下，北方则是新教占统治地位，北方虽然从来没有禁止过天主教，但在不同的时期对天主教进行过限制，天主教徒实际上处于二等公民的地位。弗拉芒地区的天主教会对威廉二世可能以行政手段在南方推行新教的担心是很自然的。其次，16 世纪设在布鲁塞尔的中央政府参加了西班牙对荷兰共和国的镇压，荷兰海军也长期封锁安特卫普港，致使弗拉芒地区经济凋敝，人民生活受到严重影响，两地人民之间已经形成很深的成见。最后，在南尼德兰，说荷兰语的弗拉芒地区无论是政治还是文化地位，抑或者是内部的团结，都远不如说法语的瓦隆地区，因此南方产生脱离荷兰的离心倾向是很自然的。如果当初威廉一世对待南方能够宽容一些，尽量缓和南北方之间的分歧和矛盾，也许两地的宗教差异和历史成见会随着时间的流逝逐渐消失。

1830 年 8 月，布鲁塞尔爆发起义。威廉一世国王向布鲁塞尔派出军队镇压。经过 5 天巷战，荷兰军队被起义军打败。10 月，起义军宣布建立临时政府并宣布比利时独立。荷兰军队再次挥师南下，并一度在军事上占据上风。但由于欧洲列强和法国军队的干涉，荷兰军队不得不停止进攻。1839 年，英国召集欧洲主要大国在伦敦召开会议，并在会议上起草了的《伦敦条约》，即《二十四条款条约》（*Treaty of the XXIV Articles*）。该条约宣布承认比利时王国的独立并确保比利时的中立地位。荷兰最后被迫在条约上签字，承认比利时独立，卢森堡也借此机会脱离了荷兰王国获得独立。

比利时独立时，弗拉芒的部分地区划归荷兰。如布拉邦省和林堡省都分别分成两部分，北布拉邦省划归荷兰；荷兰和比利时各有一个林堡省。此外，由于荷兰省分成北荷兰省和南荷兰省，20 世纪初须德海经筑坝抽水后露出的土地称为弗莱福兰省，荷兰便由原来共和国时代的 7 省变成现在的 12 省。尼德兰南北方之间最后形成了三条边界：政治边界、语言边界和宗教边界。三条边界都通过莱茵河河口。但三条边界中没有一条与另一条重合。南方的比利时是一种宗教、两种语言，而北方的荷兰是两种宗教、一种语言。两个国家都存在语言和宗教的交叉。

第六节　20 世纪的两次世界大战及战后形势

一　第一次世界大战中的中立政策

比利时的独立使荷兰的外交路线发生根本性改变。荷兰对自己在国际舞台上的地位进行了反思，深深感受到从一个历史上的欧洲强国沦为一个不能主宰自己命运的小国的悲哀。从此，不介入主义成为荷兰外交政策的一个基调。不介入主义是荷兰为了自己的利益尽量规避卷入大国间的纷争。

不介入主义的体现之一就是在周边爆发战争时奉行中立主义政策。荷兰在此前的历史上也多次实行中立政策，但时间都很短，因为在很多场合下荷兰还是会卷入其他国家间的纷争。荷兰实施时间最长的一次中立从 1839 年签署《二十四条款条约》一直延续到第二次世界大战被纳粹德国占领。

要想在一次大战中保持中立地位是件不容易的事。在第一次世界大战初期，美国和比利时都宣布中立，但后来都被动或主动地卷入战争，能够将自己的中立地位保持到战争结束的只有阿根廷、智利、丹麦、荷兰、挪威、西班牙、委内瑞拉、瑞典和瑞士等 10 个国家。

第一次世界大战使荷兰的中立政策受到严峻的考验。荷兰没有被卷入第一次世界大战具有很大的偶然性。比利时也是一个中立国家，而且它的中立地位受到 1839 年的《二十四条款条约》的保护。该条约宣布承认比利时脱离荷兰王国独立，各个签字国保障比利时王国的独立地位。但是，在第一次世界大战中，作为《二十四条款条约》的签字国之一的德国为了绕过正面战场，迂回地进攻法国，违背了它在《二十四条款条约》中的承诺，入侵了比利时。

德国为自己违背《二十四条款条约》中的承诺，为悍然入侵比利时找了一个借口。1914 年 8 月 2 日晚上 8 点，德国驻比利时公使向比利时外交部递交了一份照会。照会称德国获得的"可靠情报"表明，法军正计划借道比利时的那慕尔（Namur）进攻德国，所以德国军队将进入比利时，"先发制人地阻止法国的这种敌对性的进攻"。如果比利时能够保持"善意的中立"，允许德军进入其国境，德国则将保证"一俟和约缔结当即撤出其领土"，保证赔偿德军所造成的一切损失，并"在和约缔结时保证王国的主权和独立"。照会警告说，如果比利时拒绝德国通过其领土，则将被视作敌国，今后与它的关系则将听由"枪炮决定"。照会要求比利时 12 小时之内做出"明确无误的答复"。这个照会实际上是最后通牒。

《二十四条款条约》签订后的 75 年里，比利时一直沉浸在中立国的和平幻想中，从未认为有强军卫国的必要。当时比利时军队只有 6 个步兵师和 1 个骑兵师，兵员总数不过 17.5 万人，而且装备落后，缺乏训练。而即将侵入的德国军队拥有 34 个装备精良、训练有素的机械化陆军师。比利时王国政府仍然勇敢地拒绝了德国的照会。尽管比利时与德国的军力对比悬殊，但比利时军队还是做了顽强的抵抗。在 120 万德军的进攻下，只有 17 万人的比利时军队节节败退。

荷兰谨慎地置身大战之外。大战期间它所做的事情仅仅是收容从比利时逃出的难民以及溃散的比利时军人。荷兰政府匆忙建立了一大批难民营收容这些难民。从 1914 年 8 月德军侵入比利时到该年年底，大批比利时难民越过边界涌入荷兰。他们中大多数是携家带口的平民，也有一些脱下军装的士兵。

根据国际公约，奉行中立的荷兰政府必须尽可能确保流入其境内的外国难民不再卷入战争，禁止难民中的比利时青壮年既不被敌国军队招募，明确地说是不能被法国或英国招募，也不能经过荷兰国土转赴敌国加入比利时流亡政府的军队或者正在参战的敌国军队。荷兰政府还应该确保其领土上的难民不卷入任何向德国占领区走私可用于对付德国的物资，尤其是粮食。

荷兰政府还建立了一批军人收容营，专门收容流落到荷兰境内的前比利时军人。这些军人在收容中的活动是受限制的。这意味着某些军人收容营的周围可能安装有电网。但是，军人毕竟不是战俘，他们的基本权利还是能够得到尊重的。他们稳定下来后，他们的妻子便可以带着子女前来收容营与他们团聚，在被电网包围的军人收容营中生活到战争结束。

战争开始后，德军从东部进攻比利时，遭到比利时军队的抵抗。由于力量对比悬殊，战线迅速向西推进。比利时军队退入西北港口城市安特卫普，并在那里进行顽强抵抗。他们从 9 月 28 日到 10 月 10 日在安特卫普坚守了 13 天。在这期间，英国派了一支海军陆战队前去增援。这次增援可以看作英国作为签字国履行《二十四条款条约》保障比利时中立地位的承诺。在进入 10 月的第二周，在德军凌厉的攻势下，英、比军队再次溃退。这支英国海军陆战队中的部分人员退入荷兰境内。荷兰政府根据国际法为这些军人提供了庇护，但前提是解除他们的武装，并且将他们拘押在军人收容营里，禁止他们重返战场。他们在荷兰的格罗宁根收容营里待到战争结束。荷兰的军人收容营也收容了一些误入荷兰边境的法国军人、德国军人以及德国占领下替德国作战的比利时军人。

据统计，荷兰在大战初期收容的难民最多时达到 100 万人。后来随着战事向南推进，大部分难民都陆续返回自己的家园，只有大约 10 万难民在荷兰的难民营里待到战争结束。

中立国的地位为荷兰创造了发财的机会。由于毗邻德国，荷兰在战争期间与德国的贸易迅速扩大。战争期间德国需要大量的硫黄用以制造火药，荷兰利用自己的中立地位从美国进口了大量硫黄，并转卖给德国，从中牟利。战争结束后，荷兰为被同盟国宣布为战犯的德国皇帝威廉二世提供庇护。这受到一些国家的抨击，但作为中立国这也无可厚非。荷兰在第一次世界大战期间对德国示好，但并未得到德国的善报。第二次世界大战爆发后，德国依旧不顾荷兰奉行的中立政策侵入荷兰。

二 第二次世界大战

1933 年纳粹在德国掌权后，国际形势日趋紧张。荷兰吸取了邻国比利时在第一次世界大战中的教训，虽然继续坚持中立政策，但将国防预算扩大了一倍。虽然如此，但也仅占政府预算的 4%，与纳粹德国的 25% 相比还是微不足道的。荷兰政府寄希望于自己的中立政策，希望自己的中立国地位能够得到各国的尊重。当周边国家扩军备战时，荷兰政府则忙于自己的拦海造田计划，在阿姆斯特丹以东地区实施"荷兰新海岸"计划，加高沿海的堤坝，保护地势低的多德雷赫特、乌得勒支、哈勒姆和阿姆斯特丹不受海潮的侵袭。荷兰的土地开垦工作得到大发展，须德海的筑坝造地工程取得重大进展。

1939 年下半年，第二次世界大战爆发。德国外交部向荷兰发出照会，表示尊重荷兰的中立国地位。由于有第一次世界大战的教训，荷兰也做了两手准备，开始进行战备动员，征兵工作在 1940 年 4 月达到高潮。荷兰政府的估计没有错，德国没有履行自己的诺言。1940 年 5 月 10 日清晨，德国对荷兰不宣而战，德军从几个方向越过边界进入荷兰。同一天，德军侵入比利时和卢森堡。德军入侵荷、比、卢三国的意图有三：一是将英军和法军从奥尔登扎尔（Oldenzaal）引开，诱使他们进入比利时腹地；二是抢占先机，避免荷兰被英军当作进攻德国的桥头堡；三是利用荷兰沿海的机场作为德国空军轰炸英国的前沿基地。

荷兰军队规模虽然有所扩大，但装备仍然处于劣势。荷兰军队的武器不仅老化，而且数量也不足，大部分装备尤其是重型武器自第一次世界大战以来就没有更换。荷兰空军仅有 140 架飞机，而且大多是过时的双翼机。陆军仅装备有少量装甲车和坦克，在开战的第一天就有 65 辆坦克被德军摧毁。

德军在荷兰领土上迅速推进，但荷军的抵抗也很顽强。在战争打响的第一天，德军的伞兵突击队空降荷兰腹地，任务是劫持荷兰内阁成员和占领奥肯堡机场与育本堡机场，为后续的空降兵夺取落脚点。德军的伞兵突击队遭到荷军阻击、伤亡重大。然而，在第一天的战斗中德军就渡过了荷兰境内的马斯河，到达比利时的埃本－埃马尔要塞（Eben-Emael Fort）侧翼，迫使比利时军队从边界后退。在荷兰东部地区，德军逼退了格雷柏海堤的荷军，但他们在通过须德海跨海大坝时放慢了脚步。跨海长堤太窄，大坝上的荷军抵抗顽强。

德军在开战的第一天用水上飞机将突击部队空降到马斯河上，迅速地控制了马斯河上的几座桥梁。德军对鹿特丹围而不攻，对守军发出最后通牒，要求荷军投降，否则就进行轰炸。最后通牒上说给荷兰人考虑的时间是 12 小时。荷军指挥官接到最后通牒后采取拖延战术，以这份通牒上没有德军指挥官的签字为由将通牒退还给德军。不知是因为德国空军没有与陆军指挥官沟通好，还是德军指挥官根本不理会荷军要求签字的借口，在通牒发出后第 12 个小时德国轰炸机开始执行"鹿特丹闪电"计划，对鹿特丹进行轰炸。在这次空袭中有 800～900 名荷兰平民死亡，2500 幢房屋被摧毁。德国飞机专门选择轰炸居民区，因为平民的生命和鲜血最容易摧毁守军的意志。鹿特丹市政官员对荷兰军方施加了巨大的压力，要求军方在无法保证平民的安全的情况下不要再进行无谓的抵抗，以免造成更多平民伤亡。

与此同时，乌得勒支市也收到类似的最后通牒。荷军最高指挥官亨利·温克尔曼（Henri Winkelman）召集其他军队将领开会商量对策。军事会议认为，荷军给养不足、装备落后，与德军作战没有任何胜算，当时内阁与女王已撤退到英国，盟军正在向敦刻尔克败退，因此将领们认为继续抵抗是毫无意义的。5 月 14 日下午，温克尔曼将军签署命令，下令荷军放下武器向德军投降。投降书于 5 月 15 日签署。荷兰皇家海军的舰只没有执行温克尔曼将军的命令，纷纷拔锚驶往英国海港。荷兰王国的海外属地也没有受国内投降的影响，继续与盟军并肩战斗。

荷兰军队只抵抗了四天，在这四天中击毙德军 2200 人，击伤 7000 多人，俘虏 1300 人。荷军阵亡人数为 2300 人，受伤人数为 7000 多人，另有 3000 名荷兰平民被炸死。德军俘虏被及时转运到英国的集中营。

威廉敏娜女王及家人和政府官员在荷军投降前撤离荷兰，在海外组成了流亡政府。荷兰沦陷后，荷兰流亡政府接到德军发来的信件，"邀请"他们返回荷兰继续执政。此时法国的贝当（Henri Philippe Pétain）元帅已经同意与德国人合作，准备在维希建立傀儡政府。荷兰流亡政府首相迪克·扬·德·基尔①（Dirk Jan de Geer）主张接受德国人的诱降，但遭到女王拒绝。女王解除了基尔的职务，任命彼得·格布兰迪（Pieter Gerbrandy）为新首相。

德国派自己的文职官员任荷兰总督，处理荷兰民事事务。这与德国在法国、丹麦和比利时占领区的治理模式不一样。在德国占领下的法国和丹麦，由本国人组成的傀儡政府管理民事事务，而比利时在德军占领时期由奥地利纳粹分子阿瑟·赛斯－因夸特领导的文职政府管理。

20 世纪 30 年代初，荷兰右翼狂热分子仿照德国成立了国社党（NSB）。1933 年希特勒上台后，国社党得到纳粹德国的支持。1940 年德军入侵荷兰的第一天，荷兰政府便立即宣布国社党非法，并逮捕了一万多名国社党党员。荷军投降后，德军释放了全部被拘押的国社党分子。1941 年德国占领当局取缔了除国社党外的所有荷兰政党。国社党积极与占领军合作，并将党员发展到 10 万人。荷兰境内各地的市长都被占领当局换成了国社党党员。

德国占领军在荷兰站稳脚跟后，便开始了对犹太人的迫害，计划将所有荷兰犹太人送往德国集中营。这个计划实施得很隐蔽。德国人建立了一个由犹太社会名流组成的"犹太人委员会"，让这个委员会甄别犹太身

---

① 迪克·扬·德·基尔，1939～1940 年任荷兰首相，被女王解除首相职务后被派往东印度履新，但他途中滞留葡萄牙，后经德国占领当局同意后返回荷兰。他写了一本关于如何与德国人合作的小册子，并不顾女王警告在荷兰出版。荷兰光复后他被以叛国罪起诉，并被判处一年监禁，缓刑三年。

份。德国人伪称"犹太人委员会"的职能是为"犹太人提供更好的帮助"。当犹太人的登记工作完成后，占领军便开始拘押犹太人。1942 年 5 月，德国人命令所有的犹太人必须佩戴六角形的大卫星。荷兰天主教会以公开信的方式谴责占领当局。占领当局将社会党人关进监狱后，又把包括提图斯·布兰德斯玛（Titus Brandsma）主教在内的天主教神父也送进集中营。被送到德国去的荷兰犹太人大部分都死在集中营。战争期间，西欧国家中荷兰犹太人的死亡率是最高的。10.7 万犹太人被送进集中营，只有 5000 人幸存，幸存率不足 5%。战前荷兰有 14 万犹太人，战后只剩下 3 万人。战后发现的《安妮日记》记录了那段恐怖时期的真实历史。

荷兰的地理位置对德军具有极大的战略意义。它是德国空军袭击英国的前沿基地。战争期间，德军在荷兰修建 10 个机场。最大的空军机场设在迪伦，那里有一个大型的空军油库，为占领荷兰和比利时的德国空军供应航空汽油。那里现在还保留着 12 座德国建筑，作为二战纪念馆。二战期间，进驻荷兰的德国空军官兵多达 30000 人。德国空军夜袭部队从荷兰的机场起飞轰炸伦敦。盟国空军对德军进行报复时，荷兰成为第一个目标。荷兰的领空成为双方的空战战场。5 年间，有 6000 架飞机在荷兰上空被击落，双方损失的飞行员多达 20000 人，平均每天损失 3 架飞机。

德国占领军在荷兰推行强迫劳动制，年龄在 18～45 岁的荷兰男子必须在工厂中为德国人工作。许多人躲藏起来拒绝为德国人工作。占领区实行粮食配给制，拒绝工作将得不到粮食。荷兰"地下抵抗"组织不时地袭击食物配给办公室，夺取食物配给卡分给那些躲藏的人。

德国人沿法国到丹麦和挪威欧洲大陆的海岸修筑了一条军事防线，称为"大西洋防卫墙"。荷兰海岸也在防线之内。这条防线通过的地带的房屋被拆除，居民被疏散。仅海牙一地就有 3200 座房屋破破坏，2594 栋房屋被拆除，20000 栋房屋被清空，65000 名居民被迁走。许多荷兰人被迫为这个工程工作。

荷兰也有一些投附者自愿为德国占领军服务。有一个由荷兰人组成的"亨涅克纵队"积极参加追捕犹太人的行动，以博得奖赏和出人头地的机会。战争期间，"亨涅克纵队"共抓捕了 8000～9000 名犹太人。在德军

的扶持下，附逆者组建了一支 20000～25000 人的军队。其中最精锐的是
"荷兰第四冲锋队志愿装甲掷弹旅"，这个旅被派往东部战线作战。另一
支名为"荷兰党卫军志愿手榴弹陆地风暴旅"，在比利时和荷兰本土作
战。1941 年，国社党发展到顶峰，大约 3% 的荷兰成年男子加入了这个法
西斯组织。

　　战争期间，一些荷兰人参加了"抵抗运动"。荷兰国土狭小，人口密
集，缺少旷野和山地，抵抗者不易隐蔽，一旦失手也缺少逃离路径。荷兰
的抵抗运动采取小规模、分散化的形式，各个组织独立行动。最早的抵抗
活动是由荷兰共产党（CPN）发起的。最大的两个抵抗组织是"全国力
量团"（LKP）和全国组织（LO）。它们与伦敦的荷兰流亡政府取得联系。
抵抗组织从事伪造配给卡、制造假钞、搜集情报、印刷地下报纸、破坏电
话线和铁路、绘制地图、分发粮食和商品的活动，袭击纳粹占领军和伪政
府的官员。抵抗运动成员一旦落到德军手里就会被立即处死。

　　1943 年 2 月，"抵抗运动"的基层组织在海牙暗杀了荷兰党卫军中将亨德
里克·赛发德（Hendrik Seyffardt）。德国占领军疯狂地进行报复，杀害了 50
名荷兰人。1944 年 10 月 1～2 日，荷兰抵抗者在普顿附近的村庄袭击了德军。
这次袭击引致德军的一系列暴行。德军烧毁了这个村庄的一些房屋，枪杀了 7
名村民，将剩下的 552 名男性村民全部抓走。其中，大多数被送进劳动营，只
有 48 人活到战后。1945 年 3 月 6 日，荷兰抵抗者袭击了占领军官员劳特
（Hans-Albin Rauter）的汽车。作为报复，劳特在沃斯特霍夫抓走了 116 人，
并把他们就地枪杀在灌木林里，并且处死了盖世太保监狱关押的 147 人。

　　盟军在法国登陆后，荷兰的各个抵抗组织合并改编为军队，由伯恩哈
德亲王指挥，参加了解放荷兰的战斗。

　　荷兰本土沦陷后，荷兰在东印度群岛的军事力量依然在战斗。1941
年 12 月 8 日，也就是珍珠港事件爆发的第二天，作为盟国一员的荷兰流
亡政府向日本宣战。泊守东印度群岛的荷兰军舰与美国、英国和澳大利亚
的海军建立了一支联合舰队，由荷兰海军少将卡莱尔·多尔曼（Karel
Doorman）任联合舰队司令。1942 年 2 月 28 日，联合舰队与日本海军舰
队在爪哇海相遇，联合舰队主动向日舰发起攻击。在这次海战中，联合舰

队遭受重大损失，荷兰"爪哇"号巡洋舰和"德鲁特"号巡洋舰被击沉，"科特纳尔"号驱逐舰受到重创；澳大利亚的"珀斯"号、英国的"埃克塞特"号和美国的"休斯敦"号试图脱离战斗，但在之后几天里相继被击沉。

原来驻泊爪哇的荷军潜水艇撤到澳大利亚的海军基地弗里曼特尔（Fremantle），与盟军并肩战斗，袭击太平洋上的日本的油轮、军需船和运兵船。它们战果卓著，使荷兰获得太平洋战区"第四盟国"的称号。

原来驻守东印度群岛的荷兰陆军和海军航空兵撤到澳大利亚，组成澳大利亚皇家空军第18和第120中队，驾驶美国提供的B－25轰炸机和P－40战斗机与日本空军作战。这两个空军中队的任务是协助保卫澳大利亚免遭日军侵袭，并从澳大利亚出发轰炸东印度群岛的日本占领军。两个空军中队后来都参加了大反攻战役。

1942年，日本军队在爪哇岛登陆。驻守爪哇的荷兰陆军于1942年3月1日投降，42000名荷兰官兵成为战俘，10万荷兰侨民被拘禁在收容所里，其中一些被送至日本工厂做工，或者送去中南半岛修建泰缅铁路。400万～1000万印度尼西亚人被迫为日本的侵略战争工作，有27万人被押送到东南亚其他地方服劳役，战后只有52000人返回家园。大批东印度群岛的妇女被强征到军队做慰安妇，其中包括200～300名欧洲妇女。

欧洲战场的形势在1944年发生逆转。6月，盟军在诺曼底登陆后迅速向荷兰边界推进。盟军发动"市场花园行动"攻势，解放了荷兰南部的奈梅亨、埃因霍温和北布拉邦省的大部分地区。11月，加拿大和英国的三个旅在瓦赫伦岛（Walcheren）遭到德军顽强抵抗。盟军采取了极端措施，决定对德军进行水攻。盟军炸毁了韦斯特卡佩勒（Westkapelle）、弗利辛恩和威尔（Veere）河段的大堤，河水淹没了德军阵地，103公里河岸上的德军无一人幸存。盟军事先向该地区空投了荷兰文传单，要求当地居民撤离，但还是有180名居民被淹死。

1945年5月6日，德国投降，荷兰获得解放，荷兰国社党被宣布为非法组织，并被清算。国社党党魁安东·穆塞特（Anton Adriaan Mussert）及其他首恶分子被逮捕，穆塞特于次年被判处死刑。

三　印度尼西亚独立

荷兰人于 1596 年取代葡萄牙占领了东印度群岛。荷兰人最初通过东印度公司对这里实行殖民统治。1698 年，荷兰政府建立了管理机构，替代了东印度公司的统治。第一任荷兰总督于 1708 年上任，荷属东印度群岛殖民政府正式建立。19 世纪 30 年代到 70 年代，荷兰殖民当局在印度尼西亚实行土地垄断。在"国家"垄断经营的土地上种植甘蔗、咖啡、靛青、奎宁，所得收入全部上交荷兰国库。1922 年颁布的荷兰王国宪法中摈弃了"殖民地"一词，代之以荷兰王国直辖的"海外领土"。

殖民政府在印度尼西亚采用荷兰语进行教学，但教育普及率极低，文盲仍占总人口的 95%。直到一战结束后，印度尼西亚才出现第一所大学。印度尼西亚居民中只有少数权贵子弟能够进入中学和大学。

1912 年，伊斯兰商业联盟成立。这个商业联盟原来的宗旨是组织穆斯林与华人进行商业竞争。后来这个组织转变为以"反对压迫和剥削人民的政府官员"为宗旨的政治组织。在东印度社会民主协会的成员和俄国十月革命的影响下，伊斯兰商业联盟的目标转变为争取民族独立。激进派于 1920 年成立了印度尼西亚共产党。印度尼西亚共产党中的少数人采取了极"左"路线，企图通过武装斗争夺取政权并建立"印度尼西亚苏维埃共和国"。1926 年，部分印度尼西亚共产党组织发动武装起义，攻打巴塔维亚（即雅加达）的监狱和电话局。这次起义失败，13000 人被捕入狱。印度尼西亚共产党被迫转入地下，印度尼西亚民族解放运动暂时进入低潮。

不久，印度尼西亚国民党（PNI）成立，青年工程师苏加诺担任党主席。该党的宗旨是团结全体印度尼西亚人民，争取政治和经济的独立。荷兰殖民当局逮捕了苏加诺，解散了国民党。印度尼西亚国民党改头换面，成立了印度尼西亚文化联盟。哈塔（Hatta）和夏赫利尔（Sjahrir）担任新国民党的领袖。荷兰殖民当局又逮捕了哈塔和夏赫利尔，将他们放逐到外地。1939 年 5 月 8 日，各派印度尼西亚民族主义组织召开会议，成立印度尼西亚政党联合会（GAPI），其宗旨是争取印度尼西亚人民的自决权。

太平洋战争爆发后，日军侵入东印度群岛，并于 1942 年 2 月 14 日攻占苏门答腊，3 月又占领了爪哇。荷兰殖民军几乎未做任何抵抗便向日军投降。印度尼西亚人民对日本的占领并不欢迎，但他们为结束荷兰 3 个世纪的殖民统治感到高兴。由于太平洋战争吃紧，日本首先要对印度尼西亚实行亲善政策，以便征集石油、橡胶、粮食和人力等，满足日军在太平洋战争中的需求。日本人的掠夺激起了印度尼西亚人民的抵抗和起义。

为了巩固在印度尼西亚的统治，日本占领军释放了被荷兰殖民当局关押的印度尼西亚民族运动领袖苏加诺、哈塔等人。1943 年，日本占领当局建立了一支由印度尼西亚人组成的名为"佩塔"（Peta）的军队（即印度尼西亚伪军），并把它交由苏加诺领导。日本占领当局意图利用这支军队为其侵略战争服务，苏加诺则希望利用这支军队实现印度尼西亚的独立。在日本占领当局的允许下，苏加诺、哈塔等人成立了"人民力量中心"，印度尼西亚文简称"普特拉"（Putera）。1944 年，日本占领当局下令解散了这个组织，但军队"佩塔"依旧牢牢地控制在苏加诺手里。

苏加诺一直向日本要求印度尼西亚独立。随着在战争中的失利，日本在印度尼西亚独立的问题上开始松动。1945 年 6 月 1 日，苏加诺宣布了 5 项政治原则，22 日又颁布了《雅加达宪章》（*Jakarta Charter*），宣布印度尼西亚战后将脱离荷兰的统治，走上独立的道路。日本驻西贡的南洋司令部批准苏加诺成立"印度尼西亚独立筹备委员会"，8 月 11 日又同意印度尼西亚于 8 月 24 日宣布独立。但由于日本于 8 月 15 日宣布投降，在印度尼西亚共产党等抵抗力量的敦促下，苏加诺于 8 月 17 日提前宣布独立，成立印度尼西亚共和国，苏加诺任共和国政府总统，哈塔任总理。苏加诺控制的武装组织"佩塔"在 6 个星期内控制了除主要城镇外的爪哇全岛。日军按照盟军的命令，驻扎原地维持社会秩序。

根据《波茨坦协定》，印度尼西亚属于英国的战略区，印度尼西亚的日本占领军由蒙巴顿勋爵解除武装。英军于 1945 年 9 月 16 日在印度尼西亚登陆，并宣布在荷兰的东印度群岛殖民政府恢复职权以前负责维持印度尼西亚的秩序。荷军迅速返回印度尼西亚，占领了沿海要地，释放并重新武装了被关押在集中营里的原荷兰殖民军。荷军开始与共和国军队发生冲突。泗水居民发动暴动，与英军和协助英军的日军对峙了 10 天。荷兰军队在英军的协助下返回爪哇岛的主要城市雅加达、茂物、万隆、三宝垄。农村地区仍掌握在印度尼西亚共和国军队手中。

荷兰政府不愿意接受印度尼西亚独立的现实。印度尼西亚的自然资源是荷兰经济的重要支柱，荷兰经受不起失去印度尼西亚带来的打击，但直接恢复过去的殖民体制也已不可能。荷兰政府的策略是：同意与印度尼西亚共和国政府谈判，提出在印度尼西亚建立由荷兰王室统治的联邦，将印度尼西亚共和国纳入这个联邦并赋予其"邦"的地位，通过尽可能增加"邦"的数量来弱化印尼共和国的地位。

谈判双方于 1946 年 11 月 16 日达成如下协议：荷兰承认印度尼西亚共和国是爪哇岛和苏门答腊岛事实上的政府；东印度群岛将建立由印度尼西亚共和国、婆罗洲邦和东印度尼西亚邦组成的印度尼西亚合众国；荷兰与印度尼西亚合众国将组成荷兰王室统治下的荷印联盟；荷兰军队将逐步撤出共和国控制区，共和国控制区的欧洲人将恢复他们的权利和财产。

印度尼西亚共和国有保留地接受了这个协议，但是荷兰谈判代表签署的这个协议被荷兰内阁否决。荷属东印度副总督范·穆克中将于 1947 年 5 月 27 日向印度尼西亚共和国政府提出一份备忘录。这份备忘录不仅推翻了原来的协议，而且事实上是对印度尼西亚共和国政府发出的最后通牒。印度尼西亚共和国政府拒绝接受范·穆克的备忘录。7 月 21 日，荷兰军队对共和国控制区发动大规模进攻，两周内便占领了东爪哇、西爪哇的所有港口和主要城镇，以及苏门答腊岛东海岸的港口、油井和种植园。印度尼西亚共和军主动撤退，避免与荷军正面交火。这就是荷兰殖民军发动的第一次"警察行动"。趁联合国安理会辩论不休之际，荷军趁机加紧行动扩大地盘，并根据新占领的地区宣布了"范·穆克线"。

在美国倡议下，组成了一个"三人委员会"。委员会的三名委员分别来自美国、比利时、澳大利亚。在"三人委员会"的调停下，荷兰和印度尼西亚共和国政府代表于 1947 年 12 月 8 日在停泊在泗水港口的美国"雷维尔"号（Renville）商船上举行谈判。在谈判中，荷兰代表拒绝了

"三人委员会"提出的给予印度尼西亚人民以自决权的方案，而提出了自己的 12 条原则，而且威胁说如果这 12 条原则得不到认可，就再次动武。为了说服共和国政府代表接受荷兰的 12 条原则，"三人委员会"又增加了 6 条附加原则，形成 18 条原则。双方于 1948 年 1 月 19 日签署协定，确认了"范·穆克线"和 18 条原则。"雷维尔协议"使荷兰得到印度尼西亚群岛最富饶的地区。3 月 9 日，荷兰当局策划成立了"联邦政府"。

1948 年夏，荷兰国内政局发生变化，右翼势力上台，强硬派占据上风。新政府要求解散印度尼西亚共和国，建立由 15～20 个"邦"组成的印度尼西亚合众国，然后由荷兰王国、西太平洋的美国属地以及印度尼西亚合众国组成一个联盟，由荷兰王国负责这个联盟的国防、外交和司法。印度尼西亚共和国拒绝全盘接受荷兰方面的方案。12 月 19 日凌晨五点半，经过一轮空袭后，荷兰伞兵突袭日惹，逮捕了苏加诺、哈塔和夏赫利尔，并立刻把他们押送到外地。这就是荷兰殖民当局发动的第二次"警察行动"。

荷兰军队对印度尼西亚共和国的突然袭击引起了国际社会强烈反响，锡兰、印度和巴基斯坦政府禁止荷兰飞机在它们的领土着陆。1949 年 1 月 22 日在新德里召开的东亚及太平洋国家会议对荷兰的行动提出谴责，并呼吁安理会进行干预。在美国的默许下，荷兰继续对共和派进行军事镇压。4 月 12 日，联合国大会表决达成共识：鉴于安理会无力打破印度尼西亚僵局，决定将印度尼西亚问题移交联合国大会处理并于 5 月 1 日进行辩论。

荷兰政府在不利的形势下被迫释放印度尼西亚共和国领袖，停止军事行动，并召开有共和国政府和各"邦"代表参加的圆桌会议。印度尼西亚的联邦派与共和派于 7 月在"全国筹备委员会"上达成谅解：共和派接受联邦政府原则，他们将在众议院中得到 1/3 的席位，在参议院中得到两个席位，在各"邦"议会中的席位比例也一样；他们的军队将与各"邦"的军队合并，建立联邦军。

8 月 23 日，圆桌会议在海牙举行。会议达成以下原则：荷兰政府最迟在 1949 年 12 月 30 日以前无条件地完全将前东印度群岛的全部主权（除西新几内亚外）移交给印度尼西亚合众国；建立荷印联盟；荷兰和印度尼西亚合众国在平等基础上在外交、国防、财政、经济和文化事务方面进行合作；荷兰女王任联盟领袖。印度尼西亚联邦参众两院举行联席会议，选举苏加诺为印度尼西亚合众国联邦政府首脑。然而，这个联邦结构只存在了几个月。1950 年初，各邦纷纷要求与印度尼西亚共和国合并。1956 年 8 月 17 日，原来的印度尼西亚合众国变成单一的国家印度尼西亚共和国。

印度尼西亚共和国获得完全独立后，西伊里安（即新几内亚）问题仍悬而未决。荷兰拒绝将西伊里安移交给印度尼西亚共和国，理由是西伊里安居民在种族和宗教上都与印度尼西亚本土居民完全不同。新几内亚人口稀少，但资源丰富，荷兰把它作为从印度尼西亚撤出的 20 万欧亚混血儿的安置点。1963 年，联合国接管了新几内亚并就其归属主持全民公决，公决结果是西伊里安并入印度尼西亚共和国。至此，荷兰对印度尼西亚 300 多年的殖民统治彻底结束。

第七节　当代简史

一　对德国的战争索赔

二战结束后，在盟国赔偿委员会结算德国战争赔款时，荷兰提出了 250 亿荷兰盾（约合 94 亿美元）的赔偿要求，同时提出了一个颇为大胆的割占德国大片领土的计划，即"巴克尔－舒特计划"（Bakker-Schut Plan）。这个计划是由厄尔科·范·克勒芬斯（Eelco van Kleffens）提出来的。二战期间，克勒芬斯担任荷兰流亡政府的外交大臣。他为荷兰遭受德国的侵略列出一个账单，并且发誓战后要求德国用 10 倍的代价偿还。这 10 倍的代价以当时的币值计算，相当于 250 亿荷兰盾；以当时的汇率计算，相当于 94 亿美元。而波茨坦会议确定的二战后德国对所有国家的赔款总额仅为 200 亿美元。他认识到 10 倍的赔款不现实，二战后的德国一贫如洗，他担心德国赔不起，拖到最后不了了之，因此最好的办法是割占德国的土地。

克勒芬斯提出一个方案，要求分割德国西部最富庶的工业区来确保战后荷兰经济的复苏。他的设想是将这个地区的德国人驱逐出去，然后将荷兰西部过多的人口迁徙到这里，这既缓解了荷兰的人口压力，又获得了德国的工业资源。荷兰国会收到他的提案后，专门委派荷兰战争赔款委员会主任弗里茨·巴克尔－舒特研究这个方案的细节。这个方案由此也称为"巴克尔－舒特计划"。

荷兰最初的领土变更计划是吞并整个鲁尔区。"巴克尔－舒特计划"的总体思路是吞并德国普鲁士邦的汉诺威、奥尔登堡、威斯特伐利亚等省的西部领土，从而使荷兰本土面积扩大 30%～50%。考虑到这个吞并计划实行起来会遭到其他国家的阻拦，因此"巴克尔－舒特计划"前后提出 3 个方案。野心最大的 A 方案计划吞并德国 10800 平方公里的土地，包括东弗里西亚群岛、威廉港、埃姆登、奥尔登堡、奥斯纳布吕克、明斯特、门兴格拉德巴赫、科隆、亚琛等重要城市，将荷兰的边界推进至威悉河。荷兰人甚至为这片土地上的城市想好了荷兰文名字，如科隆为"库伦"（Keulen），奥斯纳布吕克为"奥斯纳布鲁格"（Osnabrugge），明斯特为"蒙斯特"（Munster），亚琛为"阿肯"（Aken）。

B 方案相对保守，未把南部以科隆为中心的城市包括在内，但仍包括拥有众多工厂、农产品丰富，以及蕴藏着丰富的硬煤、褐煤、泥煤和其他燃料资源的地区。这些地区不仅为荷兰提供丰富的资源，还可以在下一次同德国的战争中为荷兰赢得战略缓冲空间。以目前荷兰的中心城市距离德国边界只有半小时的车程，战争期间只有放水淹没道路才能阻挡德军前进。

荷兰计划吞并的这片土地上居住着 900 万德国人。为了避免他们将来成为像苏台德日耳曼人那样的"第五纵队"，这些人将来都要驱逐到德国其他地区，同时为荷兰移民腾出地方。驱逐行动将先从人口超过 2500 人的城镇开始，第一批被驱逐的对象包括参加过纳粹党、党卫军和其他纳粹官方组织的人以及他们的家属。国防军官兵和军属、纳粹民政机构官员以及 1933 年以后迁入这些城市的德国人也在首批被驱逐之列。如果当地居民想留在原地，就必须接受归化，成为荷兰公民，归化的条件是：必须能够以荷兰语作为日常生活语言，或者证明自己是在德国没有亲戚可投靠的老人。

　　"巴克尔－舒特计划"在未提交盟国前在本国引起了激烈的争论。支持这个计划的有天主教人民党、反对革命党，以及荷兰两大基督教会加尔文教会和天主教会。社会事务大臣威廉·范·马特则强烈反对这样一个充斥沙文主义和复仇主义的计划。国会中的工党、共产党等左翼政党反对"巴克尔－舒特计划"。天主教和新教虽然支持吞并计划，但都反对强制驱逐德国居民，他们认为德国人民不应该为二战中纳粹的罪行承担责任。荷兰军队、船主和资本家，以及在战争中牺牲惨重的荷兰海员同盟支持"巴克尔－舒特计划"。威廉敏娜女王也强烈地支持吞并，并向对此不感兴趣的舍默尔霍恩（Willem Schermerhorn）首相施压，敦促外交部与盟国就此展开谈判。

　　荷兰政府于 1946 年初批准了"巴克尔－舒特计划"中的 C 方案，要求盟国占领当局将最靠近荷兰的 4980 平方公里德国土地割让给荷兰。C 方案所提出的条件大大降低，其要求的土地面积仅为 A 方案的一半，主要是靠近荷兰边境的农田、林地、城镇和村庄。这片土地上的德国人约有 55 万人。

　　盟国占领当局中说话最有分量的美国拒绝了荷兰的要求，原因是战争结束以来，已有大批德国难民被从东普鲁士（波兰西部和北部领土）驱赶出来，另外还有大量难民被从东德逃往西德，总数已达到 1400 万人。如果荷兰再驱逐 55 万难民，将给盟国占领当局带来极大的财政和后勤负担。另外，美国认为一个强大的保持完整工业的西德在未来与苏联的对抗中将会对西方有帮助。最后，美国、英国与法国、荷兰、比利时和卢森堡达成一个协议，任何一方对德国提出的领土要求都要由其他四个德国的西部邻国共同评议和协商。

　　1947 年 1 月 17 日至 2 月 25 日，英、法、荷、比、卢外长在巴黎举行会议，商讨对德和约问题。荷兰代表科恩斯坦提出了一个相对温和的方案，或者称为大大简化的 C 方案。其涉及的领土面积为 1840 平方公里，包括德国西北部的东弗里西亚群岛、亚琛附近的一个煤矿、下本特海姆附近的一个油矿，以及埃姆登、梅彭、林登、克莱沃、盖尔森基兴等小城市。这些土地上的居民有 16 万人。科恩斯坦方案在荷兰本国遭到左右两翼的反对：天主教人民党认为这个方案退让太多，荷兰共产党则仍然反对任何领土扩张。由于联合国善后救济总署（United Nations Relief and Rehabilitation Administration，UNRRA）以及美国和加拿大向荷兰提供了大量援助，通过领土兼并获取经济利益的欲望不再像当初那样强烈。而且，反映德国城市在盟国轰炸下遭受严重破坏的照片刊登在荷兰报纸上，也使荷兰人对德国复仇的敌意逐渐减少。许多人也担心吞并被炸成废墟的德国的领土会给自己带来负担。

1949 年 4 月 23 日，盟国在伦敦公布了德国西部边界问题的最后决议：二战中曾被德国收回的欧本 - 马尔梅迪地区归还比利时；法、荷、卢三国同德国之间的边界保持不变；英、美和这四国一道对鲁尔区进行国际管制，以获得该地区出产的煤炭和钢铁。这一决定使荷兰相当懊恼。当天中午 12 点，荷兰紧急出兵强行占领了德国边界上的一些地区。这些地区一共只有 69 平方公里。1 个月后，美、英、法占领区合并成立联邦德国。荷兰利用既成事实夺得了一些土地。这比起它最初的领土要求来说简直微不足道，但总算使自己复仇的心理得到一点慰藉。

荷兰强占的这片土地由北到南有 14 个村镇，其中最大的居民点是埃尔滕和图德尔恩两座小镇，总共只有 1 万多居民。然而这 1 万多居民也使荷兰政府为难。荷兰占领这片土地是在联邦德国成立之前，当时荷兰与德国的战争尚未结束，因此勉强可以看作荷兰的战利品。但是，德国并没有与荷兰签订任何土地割让协定，因此这片土地上的居民应该适用哪国的法律、持有哪国护照引起了争论。最后，荷兰外交部和社会事务部达成一致，这些人将持有荷兰护照，被视为荷兰公民，但是不允许组织地方自治机构。后来，当地的居民大多返回德国。到 1963 年，生活在这里的德国人只剩下 3000 人。

联邦德国建立后，一直想收回被占领土。从 1953 年开始，联邦德国同荷兰展开了一系列秘密谈判。1963 年 8 月 1 日，荷兰在收到联邦德国 2.8 亿马克的赔款后归还了占领地，只有一处除外。在占领期间，荷兰修建了穿越图德尔恩地区的 N274 号公路，图德尔恩镇归还联邦德国之后，这条公路有一小段要穿越德国的领土。出于便利交通的目的（当时穿越荷兰与联邦德国边境需要查验护照和接受海关检查），N274 号公路在德国境内的路段保留在荷兰人手中。这个路段于 2002 年 2 月 25 日才归还德国，最终结束了"荷兰占领德国领土"的历史。

二　王室的传袭

比利时于 1839 年独立后，荷兰王国国王威廉一世因心力交瘁于次年 10 月 7 日宣布退位，王储威廉·腓特烈·乔治·路德维克（Willem Frederik George Lodewijk）继承王位，史称威廉二世。威廉二世青年时代在英军中服役，后晋升中将，参加过滑铁卢战役。他与英国摄政王乔治四世的女儿夏洛蒂订婚，但由于女方母亲反对，婚约被解除。之后，威廉二世与俄罗斯沙皇亚历山大一世的妹妹安娜·帕夫洛芙娜结婚。在比利时起义期间，威廉代表父亲前往布鲁塞尔谈判。1831 年，威廉受父亲之命率军镇压比利时的起义，但因法国派出军队进行干预而失败。在欧洲列强的调停下，1839 年荷兰王国被迫承认比利时独立。比利时选择萨克森-科堡的贵族利奥波德做他们的国王。这位利奥波德便是与威廉二世解除婚约的英王乔治四世的女儿夏洛蒂的丈夫。

威廉二世继位后兼任卢森堡大公和林堡大公。1848 年，欧洲各国都爆发了资产阶级革命，法国波旁-奥尔良王朝倒台。此前，国内便有人提出宪政改革的呼声。威廉二世意识到宪政改革势不可挡，于是请回了改革派政治家约翰·鲁道夫·托尔贝克主持改革。托尔贝克主持制定了新宪法。新宪法规定，上院议员由国王任命改为由各省议会间接选举产生，下院议员由各省议会选举产生改为由缴纳一定税赋的公民直接选举产生。改革后，荷兰的政体由君主专制改为君主立宪制。1848 年宪法经过几次修改，一直沿用到现在。1849 年，威廉二世根据新宪法组建了内阁，几个月后去世。

威廉二世的儿子威廉·亚历山大·保罗·腓特烈·路德维克（Willem Alexander Paul Frederik Lodewijk）继承荷兰王国王位、卢森堡大公和林堡大公，史称威廉三世。威廉三世对君主专制时代非常怀念，对父亲实施的宪政改革不满。当时，卢森堡由拿骚家族的一支远房亲戚治理，荷兰国王兼任卢森堡大公。威廉三世于 1856 年单方面修改了卢森堡的宪法，使卢森堡脱离荷兰王国，归其个人统治。1867 年，法国提出购买卢森堡。这件事遭到普鲁士的强烈反对。普、法两国险些为此开战。最后，当事国在伦敦签订了《伦敦第二条约》，规定卢森堡为完全独立的国家，这才化解了这场危机。

1877 年，威廉三世的妻子索菲亚去世。1879 年，威廉三世与比他年轻 41 岁的德国贵族小姐艾玛结婚。艾玛的好脾气影响了他，使他与政府的关系大大改善。婚后第二年他们的女儿威廉敏娜出生。威廉敏娜出生时在王位继承序列上排第三位。排在她前面的有威廉三世与前妻的儿子亚历山大和国王的叔叔腓特烈。腓特烈和亚历山大分别在 1881 年和 1884 年去世，威廉敏娜被确立为王储。1890 年，身患肾炎和精神失常的威廉三世辞世。威廉敏娜王储此时年仅 10 岁，其母艾玛摄政。

威廉敏娜女王的全名为威廉敏娜·海伦娜·葆琳·玛利亚，1898 年即她 18 岁时加冕成为女王。1901 年，威廉敏娜女王与梅克伦堡－施韦林的亨利公爵结婚。在第一次世界大战中，作为中立国，荷兰没有受到战火的侵扰，但盟军也封锁了荷兰的港口和商船，避免德国的货物通过荷兰进出。一战结束后，威廉敏娜女王为她的德国亲戚威廉二世皇帝提供避难所。她还安排了她的女儿朱丽安娜公主与德国人伯纳德·冯·里普·别斯特菲尔德的婚姻。这件事在荷兰颇受争议。

第二次世界大战爆发后，纳粹德国无视其中立国地位入侵荷兰。德军入侵荷兰的当天，威廉敏娜女王向全国人民发表讲话，谴责德军不宣而战，号召人民抵抗德军侵略。起初，她打算留在荷兰领导荷兰军队进行抵抗。但由于德军攻势猛烈，她只能随流亡政府前往英国避难。威廉敏娜女王是荷兰流亡政府中抵抗意志最坚决的人，她坚决拒绝德国人的招降，果断地与流亡政府中的妥协派做斗争。女王经常通过电台发表讲话，鼓舞荷兰人民的抵抗斗志。温斯顿·丘吉尔称她是"流亡政府中唯一的真正男人"。1944 年，她被授予代表英国最高荣誉的嘉德勋章。由于健康原因，她于 1948 年宣布退位，她的女儿朱丽安娜继承荷兰王位。威廉敏娜女王于 1962 年辞世，享年 82 岁。

朱丽安娜公主是威廉敏娜女王唯一成活的孩子。1936 年，朱丽安娜公主在巴伐利亚冬奥会上邂逅德国的贝恩哈德亲王里普 - 别斯特菲尔德。他的身材相貌符合公主的要求，而他的血统和宗教信仰又能使女王满意。他们于1937年1月7日结婚。翌年1月31日，他们的长女贝娅特丽克丝公主出生。

二战期间，威廉敏娜女王携荷兰政府迁往英国。伯纳德亲王跟随威廉敏娜女王来到英国。他组建了一支飞行部队，并亲自驾驶飞机，参与轰炸德军的战斗。朱丽安娜携两个女儿来到加拿大的渥太华。在渥太华，公主生下了第三个女儿玛格丽特。渥太华总督下令将产房临时改为非加拿大法律管辖区，以确保玛格丽特只有荷兰国籍。加拿大总督的这一举措是为了避免玛格丽特因双重国籍而失去王位继承权。朱丽安娜很感激加拿大政府对她的关照，后来她返回荷兰后每年都要给渥太华寄去数万颗郁金香球茎作为礼物。因为引进了这些郁金香，渥太华也成为郁金香之城。战后渥太华市每年都要举办郁金香节，以纪念这座城市与荷兰的特殊友谊。

朱丽安娜女王经常深入民众之中，要求民众称呼她"夫人"而不是"陛下"，这使她享有与威廉敏娜女王一样的声誉，这帮助她多次渡过危机。

朱丽安娜女王面临的第一次危机是东印度群岛和苏里南的独立，然后是1953年的大水灾，再接着是"霍夫曼事件"。

荷兰王室更严重的危机是两位公主的婚姻。1963年，朱丽安娜女王的二女儿伊莲娜公主秘密皈依罗马天主教。1964年，她在未经政府允许的情况下与西班牙的卡洛斯·雨果亲王结婚。卡洛斯是西班牙帕尔马公爵和王位继承人之一。荷兰的公主居然背叛荷兰的国教，而且要嫁给荷兰的世仇西班牙的王公贵戚。民众对女王教女无方极度不满。舆论发出要求女王退位的呼声。这还不算完。1965年，女王的大女儿荷兰王储贝娅特丽克丝公主与40岁的德国外交官克劳斯·冯·阿姆斯伯格订婚。克劳斯二战前曾参加过希特勒的纳粹青年团，荷兰人民对纳粹德国的占领记忆犹新。舆论要求女王不能把王位转给王储。克劳斯与贝娅特丽克丝公主的婚姻成为事实。荷兰的民众最终还是接受了现实。女王的亲民态度再次帮助她度过了这次危机。朱丽安娜女王于1980年退位，于2004年去世，享年95岁，是欧洲最长寿的君主。

贝娅特丽克丝全名为贝娅特丽克丝·威廉敏娜·阿姆加德，于1980

年加冕成为荷兰女王。贝娅特丽克丝女王继承了母亲的勤奋。作为国家元首，每周星期一她都要与首相会晤，并与国会两院党团领袖、大臣、国务秘书、国务委员会副主席保持经常性的接触。此外，她还要会见各省省长、市长、驻外大使。她的办公室设在海牙的诺登德王宫。她每周到那里工作两三天，阅读和签署文件，接见外国到任和离任大使。在位期间，女王先后与五位首相共事，并与他们保持了良好关系。

从青年时代起，贝娅特丽克丝便十分关心残疾人的福利和治疗，18岁即成为预防小儿麻痹基金会的赞助人。以后这个基金会改名为贝娅特丽克丝公主基金会，并将援助对象扩大到其他先天性肌肉萎缩疾病患者。女王结婚时得到政府一笔特别款项作为礼物。女王夫妇将这笔钱的一部分捐给了四个残疾儿童家长协会，另一部分捐给一艘名为"亨利·杜南"的红十字会医疗船添置医疗设备。女王夫妇还捐助一笔钱救助苏里南和安的列斯群岛的残疾儿童。女王的丈夫克劳斯亲王也身兼多职，如荷兰政府对外发展与合作的特别顾问、发展与合作总视察员、荷兰银行董事会董事、威廉一世基金会名誉主席、全国保护历史建筑协调委员会名誉主席等。女王本人平易近人，几十年如一日地从事慈善事业，对推动全国关心残疾人起到了巨大的推动作用。荷兰所有的政党都对王室持拥戴的态度。除了某些人对女王夫君的历史颇有微词外，社会舆论对王室的评价整体来说是积极的。

荷兰王国宪法规定国家元首为国王。由于王室缺少男性子嗣，荷兰已经由三代女王统治了一个多世纪。荷兰由女性君主统治的历史终于在贝娅特丽克丝女王时期结束。贝娅特丽克丝女王与克劳斯亲王膝下男丁兴旺，他们一共生了3个儿子。荷兰王室家教甚严，三位王子均已成家，也从未有过丑闻。长子威廉－亚历山大·克劳斯·乔治·费迪南德于1980年4月30日即贝娅特丽克丝女王即位那天被正式立为王储。2013年4月30日，女王将王位传给了威廉－亚历山大，荷兰迎来了120年来第一位男性君主。但是，男性君主在荷兰政坛上很可能只是昙花一现，因为威廉－亚历山大国王自1999年与他的阿根廷妻子马克西玛·索雷吉耶塔结婚以来一连生了三位小公主。如果这三位小公主迎不来一个弟弟，荷兰王国的王位将重新回到女性君主手中。

亚历山大国王毕业于荷兰莱顿大学历史系，热衷于体育运动和研究水资源的保持与管理。他在接过国王的权杖前便积极介入国际公共事务，曾担任国际奥委会委员和 21 世纪世界水资源管理委员会委员。威廉－亚历山大国王接待了到访荷兰的中国国家主席习近平。2015 年 10 月，荷兰国王威廉－亚历山大应邀首次对中国进行了国事访问。在访问中国期间，他除了访问了北京、上海、杭州，还访问了习近平主席曾经插队的延安。

三　移民政策的演变

荷兰非本土血统居民迅速增加，截至 2015 年，荷兰本土居民中非本土血统居民占居民总数的 21.4%。荷兰是欧洲人口密度最高的国家之一，战后荷兰政府本来有一个向外移民的计划，但多年以来荷兰的人口不但没有减少，反而在不断增加，究其原因，是外来移民人数大大超过向外移民人数。

战后荷兰出现五次外来移民潮。第一个移民潮是印度尼西亚的独立带来了大批移民。这些移民大多是殖民时期为殖民当局服务的本土居民，如为荷兰殖民当局服务的军队、警察、政府中的东印度群岛人。他们害怕独立后遭到本国民众的报复，所以纷纷跟随荷兰人撤到荷兰。现在，海牙还有一个印度尼西亚人社区，他们中有许多人是"后殖民移民"（post-colonial immigration）。第二次移民潮发生在 20 世纪 60 年代经济高涨时，由于缺乏劳动力，荷兰政府从土耳其、摩洛哥等国家招募从事繁重工作的廉价劳动力。这些劳工是临时性的合同工，定期轮换。但是，由于荷兰的经济状况和生活环境与自己的母国差距太大，这些劳工来到荷兰后便长期滞留。第三次移民潮由第一次和第二次移民潮引起。来自土耳其和摩洛哥的移民滞留下来后，就会将国内的家属接到荷兰来团聚，印度尼西亚单身移民往往会返回国内娶亲，然后将家属接到荷兰。这样，在荷兰的外国移民以及他们的第二代几乎会使外来移民人数翻一番。外来劳工的家属在来到荷兰之前基本上变卖了在母国的房屋和家产，这样就断绝了他们返回母国的可能性。

第四次移民潮开始于 20 世纪 90 年代《欧洲联盟条约》生效后，由于欧盟内部实现了人员、商品、劳务、资本的自由流通，不但荷兰的居民迁徙到欧盟其他成员国寻找工作机会，而且荷兰的欧盟伙伴国尤其是德国和比利时的居民纷纷前来荷兰寻找工作机会。此外，21世纪初欧盟新吸纳了十多个东欧国家为新成员。这些国家的居民为了寻找更好的生活和就业条件大量涌入西欧，荷兰也接纳了不少东欧国家的移民，其中波兰人12.3万人。与此同时，每年也有许多荷兰人向其他欧盟成员国移民。例如，2015年3月到2016年3月，荷兰向外（主要去往德国、比利时和英国）移民人数为14.6万人。

第五次移民潮开始于20世纪80年代，主要是因为中东地区的政治动荡产生了大批难民和政治避难者。由于叙利亚内战和叙利亚、伊拉克以及库尔德人与"伊斯兰国"极端主义分子的战斗，此次难民潮在21世纪前十年达到高潮，一直持续到现在。根据荷兰中央统计局的统计，2015年3月21日至2016年3月21日，入境荷兰的外来移民约有20.3万人，比2014年多出2万人。这还不包括这一年到达荷兰时间不足六个月、尚未纳入官方统计的5.7万名难民，其中40%的难民来自叙利亚。

这五次移民潮的结果是荷兰的移民人口增长迅速。截至2014年，荷兰本土居民中，外来移民占21.4%，其中西方国家移民占9%，以德国人、波兰人和比利时人居多。非西方国家移民占12%，其中土耳其移民最多，占2.4%，约为40.7万人；其次是摩洛哥人，占2.2%，约有37.3万人；印度尼西亚血统居民占2.2%，约为37.3万人。其余的外来移民来自荷属安的列斯与阿鲁巴、伊拉克、阿富汗、叙利亚、索马里、伊朗和印度。其中，来自土耳其、摩洛哥、印度尼西亚、伊拉克、阿富汗、叙利亚、索马里和伊朗的穆斯林约为100万人（见图2-1）。

来自西方国家的移民，包括来自中美洲的移民，基本上信奉基督教，教育程度较高，语言上与当地居民交流或相处也比较容易，因此融入当地社会问题不大。而将近100万穆斯林虽然已经永久定居荷兰，却很难融入当地社会，或得到主流社会的认同。土耳其裔、摩洛哥裔劳工主要来自乡村，教育、技能、语言等技能先天不足，大多从事脏乱、危险和不体面的工作，易受经济波动影响。因此，穆斯林失业率要比本地人高出2~3个

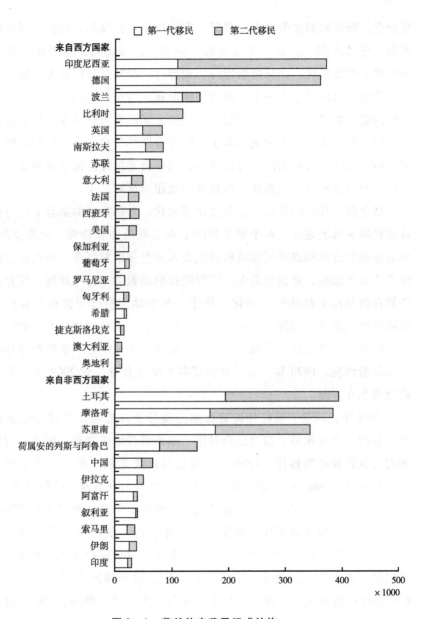

图 2 - 1　荷兰外来移民组成结构

资料来源：Statistics Netherlands（CBS），ed.，*Trends in the Netherlands 2016*，2016，p. 22。

百分点。穆斯林妇女劳动参与率低，高度依赖社会福利。在社会福利依赖者中，移民占47%，其中主要为穆斯林移民。移民大多定居在大城市中的少数族裔聚集区，如阿姆斯特丹、鹿特丹、海牙、乌得勒支。阿姆斯特丹人口中，穆斯林已占一半，是欧洲穆斯林人口比例最高的城市。荷兰的移民问题主要是穆斯林移民问题。荷兰本土居民和穆斯林在文化上难以相互认同，甚至常常发生冲突。本土居民对穆斯林父权主义、性别歧视、买卖婚姻、割礼、头巾面纱等习俗难以认同并公开批评。保守的穆斯林对荷兰社会的妇女解放、同性恋、性开放等也相当反对。

荷兰政府传统的政策是主张文化多元化，对穆斯林的宗教文化习俗采取宽容和尊重的态度。对于穆斯林的基本宗教信仰和功修，允许土耳其、摩洛哥等官方机构或跨国非政府组织介入荷兰穆斯林事务，如在荷兰提供伊斯兰宗教服务，修建清真寺、实行阿拉伯语教学。荷兰政府一度允许穆斯林在荷兰建立自己的"柱化"圈子，甚至动用资金帮助穆斯林建立各式各样的族群基础设施，如建立阿拉伯语学校，支持组建穆斯林的宗教组织。得益于政府的这一政策，清真寺、穆斯林文化中心、伊斯兰学校如雨后春笋般涌现。1970年，荷兰全国仅有8座清真寺，到2009年清真寺总数达到500多座。

1989年，荷兰导演拉什迪被极端主义分子残酷暗杀事件是欧洲穆斯林事务的一个分水岭。荷兰民众对这一暗杀事件反应强烈。舆论对穆斯林的态度从开放转为排斥。1991年，荷兰自民党党魁弗里茨·博尔克斯泰因（Frits Bolkestein）发表演说，指出伊斯兰价值观与西方价值观不相容，并且强烈批评文化多元主义。他的观点虽然很有争议，但对政府的决策产生了影响，政府修改了移民政策。1997年，荷兰议会通过了《新移民公民融入法案》，这表明政府的移民政策从多元主义向融入主义转变。《新移民公民融入法案》规定：来自非欧盟国家的新移民必须参加强制性的600小时"公民融入"课程，其中500小时为荷兰语学习，100小时为公民教育和劳动市场准备培训，所有费用均由政府支付。上述措施旨在督促新移民尽快熟悉荷兰的语言、文化和社会。2000年，荷兰颁布《外国人入境法案》。该法案生效后，有效地遏制了外来移民人数。2003年4月，新通过的《国籍法》生效。该法要求归化申请者参加荷兰语和荷兰国家知识考试。归化考试的实施使归化申请人数大幅下降，仅有不到半数的申请人通过考试。2011 年，荷兰宣布移民必须在三年内通过融入考试，否则取消其居留权。2005 年，荷兰推出"移民融入"强制性新政策，要求土耳其裔、摩洛哥裔穆斯林家庭移民和家庭团聚移民必须参加荷兰大使馆举办的荷兰语测试（TFN）和荷兰社会知识测试（KNS），倘若考试未通过，申请人将不得进入荷兰。申请者可无限制申请考试，但每次须支付350 欧元的考试费用，而且政府不提供任何辅导材料。荷兰通过变换方式不断更新公民融入条件，以此来遏制外来移民尤其是穆斯林移民进入，其移民融入政策已然成为移民控制的壁垒。

第八节 著名历史人物

一 古代名人

伊拉斯谟（1466~1536），16 世纪荷兰文艺复兴时期的人文主义者、天主教牧师、社会批评家、教师和神学家。他的著作包括圣杰罗姆选集和希腊文的圣经《新约》。他在法国、英格兰、意大利、瑞士和比利时学习和教书，花费毕生精力促进不同文化、不同语言的人与人之间的相互理解。他在学术研究中主张从中世纪传统的僵化和形式主义中解放出来，认为人类有选择的自由，认为对话者之间的和谐关系能够促进真理的发展。他主张宽容，反对死刑。他的论著为宗教宽容奠定了基础。他在英国工作了五年。在这段时间里，他对激发英国的人文主义产生了巨大的影响。他虽然不赞成马丁·路德的改革思想，但他的人文主义思想被认为是对宗教改革的支持。

威廉·奥兰治（1533~1584），16 世纪荷兰著名政治家。他出身德意志拿骚迪伦堡的一个贵族家庭，年轻时期任神圣罗马帝国皇帝查理五世的侍从官。在西班牙国王腓力二世统治尼德兰初期，他是国务会议成员。他反对西班牙的专制统治，主张减轻税收、撤走外国军队、禁止外国人担任尼德兰官员。他谴责西班牙统治者镇压新教徒。他于1559 年起任荷兰、泽兰、乌得勒支三省执政。1567 年，他带领荷兰起义军反抗西班牙对荷兰的殖民统治。1573 年莱顿起义民众被西班牙军队围困 130 天，他率军前来救援，并掘开海堤 16 处，放出海水淹没西班牙军营，迫使西班牙军队撤退。1579 年南北分裂后，他率领北方诸省加入乌得勒支同盟。1581 年，他就任荷兰共和国执政官。1584 年遇刺身亡。他被尊为荷兰国父，现今的荷兰国王威廉 - 亚历山大是他的旁系后裔。

科内利斯德·威特（1607～1676），荷兰政治家和军事家。他曾任荷兰省省长，后来被任命为荷兰海军司令。在他的领导下，荷兰海军进行了改组和扩大，规模和战斗力达到历史从未有的水平。他率领荷兰海军先后与英国、法国、西班牙海军作战。他就任荷兰海军统帅后，荷兰成为能与英国、法国、西班牙平起平坐的海上强国。1676 年 4 月29 日他在率领荷兰舰队在西西里作战时，在埃特纳火山附近海面负伤，一个星期后去世。

莫里斯·奥兰治，荷兰国父威廉·奥兰治的次子，荷兰共和国时期的政治家和杰出的军事家。1585 年父亲遇刺身亡时，他被荷兰省议会选为最高执政官，时年仅 18 岁。在荷兰起义军阵营中，他与约翰·范·奥尔登巴内费尔特和堂弟腓特烈·亨利组成强有力的三人执政团。莫里斯后来与奥尔登巴内费尔特发生矛盾，并于 1619 年 5 月处死了他，成为起义军唯一的统帅。他在 1590～1609 年多次打败西班牙军队，扩展了荷兰共和国的疆界。然而，他始终未能统一整个荷兰。莫里斯终身未婚，没有合法子女，在他死后，他的堂弟腓特烈·亨利继任执政官。

约翰·范·奥尔登巴内费尔特（1547～1619），荷兰共和国首相、大议长，杰出的政治家。他主导创立了荷兰东印度公司，积极促成了乌得勒支同盟的建立并获得了荷兰独立之父威廉·奥兰治的首肯。威廉被刺身亡后，他与莫里斯·奥兰治及莫里斯的堂弟腓特烈·亨利组成三人执政团，并主管荷兰共和国的外交工作。1596 年同英、法缔结全面的三国联盟以对抗西班牙是其最大的外交成就。后来他的政治主张与莫里斯相悖，在教派冲突中他也站在了莫里斯的对立面，最终于 1619 年被莫里斯处死，时年 72 岁。

威廉三世（1650～1702），荷兰执政威廉二世的儿子，荷兰国父威廉·奥兰治的曾孙。1672 年，他与神圣罗马帝国结盟，击退了法国军队对荷兰的进攻，获得"护国英雄"的称号，并因此被推举为荷兰执政官。1677 年 11 月，他与表妹——英国公主玛丽结婚。1688 年 11 月，英国发生光荣革命，英国议会邀请威廉三世率荷兰海军登陆英国。1689 年 1 月，英国议会宣布国王詹姆斯二世逊位，立詹姆斯之女玛丽二世和其夫威廉三世为英国共治国王。同年 10 月，议会通过《权利法案》，英国逐渐树立立宪君主制和议会高于王权的政治原则。1702 年，威廉三世病故。由于他与玛丽二世没有成活的孩子，在他死后，奥兰治亲王的爵位传给其旁系侄子约翰·威廉·弗利索。荷兰执政官职位后来由约翰的儿子威廉四世继承。

威廉五世（Willem Batavus，1748－1806），荷兰共和国最后一任执政官。在他执政的年代，荷兰出现了要求政治和社会改革的爱国者运动，威廉五世被迫将住所从海牙迁移到奈梅亨。1793 年，法国爆发大革命，威廉五世加入了反法国际联盟。1795 年，流亡法国的荷兰革命者组织巴塔维亚军团协同法国军队打回荷兰，威廉五世携家眷流亡英国。荷兰革命者将国家改名为"巴塔维亚共和国"。他将荷兰的海外殖民地委托英国代管。后来英国归还这些殖民地时"扣"下了南非和锡兰。1813 年，拿破仑的军队在莱比锡惨败，荷兰人民举行起义，邀请威廉五世的儿子威廉·弗雷德里克·奥兰治回国接管权力。弗雷德里克被短暂地称为执政官威廉六世。1815 年的《维也纳和约》确认荷兰为王国，执政官威廉六世被改封为荷兰王国第一任国王威廉一世。

约翰·鲁道夫·托尔贝克（1798～1872），荷兰历史上重要的政治家，三度担任荷兰首相（1849～1853、1862～1866、1871～1872）。1844 年他提出宪政改革的主张，遭到国王威廉二世的压制。1848 年欧洲爆发资产阶级革命，反对专制主义的声浪席卷整个欧洲大陆，威廉二世将托尔贝克请回担任制宪委员会主席。他主导起草的新宪法确立了公民权利和议会职权，规定直接选举众议院议员和各部部长，从而限制了国王的权力，使荷兰王国成为一个君主立宪制国家。他主张政教分离，并给予人民更多的宗教信仰自由。如今荷兰议会大楼中有一个大厅以他的名字命名。

二 近代人物

提图斯·布兰德斯玛（1881～1942），荷兰天主教神父和哲学教授。1940年5月纳粹德国入侵荷兰后，布兰德马立即投入了反对纳粹意识形态的斗争，要求德军占领当局确保教育和新闻自由。他强烈抗议占领当局对犹太人的迫害，并要求天主教报纸拒绝刊登纳粹的文稿。他由于屡屡违抗占领当局的命令而在1942年1月19日被纳粹逮捕，同年7月26日他在纳粹集中营被当作试验品注射毒药针剂而死。战后罗马天主教会授予提图斯·布兰德斯玛"殉道者"称号。1985年，教皇保罗二世为他举行了追忆弥撒。2005年，奈梅亨市市长授予他"最伟大的市民"称号，并为他建立了一座纪念教堂。

迪克·扬·德·基尔，荷兰政治家，第二次世界大战前先后任市长、财政大臣、内政大臣、农业大臣。二战期间他担任流亡政府首相。纳粹德国曾向流亡伦敦的荷兰政府发出劝降信。基尔主张与德国媾和，并宣扬"抵抗不会取得胜利"的悲观论调。威廉敏娜女王解除了他的首相职务，并派他到荷属东印度任职。他在途经葡萄牙时擅自折返荷兰。在纳粹德国占领荷兰时期，他撰写了一本呼吁民众与德国当局合作的小册子，并不顾流亡政府的警告发表。战后他被剥夺了一切荣誉称号，并被指控犯有叛国罪，被判处一年监禁，缓刑三年。

彼得·格布兰迪（1885～1961），荷兰政府流亡英国期间的政府阁员。他积极支持威廉敏娜女王的抗敌主张。1940年，女王委任他接替被解职的迪克·扬·德·基尔担任流亡政府首相。他同时还担任流亡政府的司法大臣。在他的倡议下，流亡政府在伦敦建立了抗敌广播电台，向被占领区的人民传播最新的战况。他亲自通过电台号召人民起来反抗纳粹占领军，并因此成为荷兰抗敌战线上的精神领袖。战后他被授予"英勇"勋章，并被女王授予"骑士"称号。

卡莱尔·多尔曼（1889～1942），荷兰海军少将，1936 年被派往荷属东印度服役。珍珠港事件爆发后，荷兰流亡政府向日本宣战。泊守东印度群岛的荷兰海军与美国、英国和澳大利亚海军组建了一支联合舰队，多尔曼少将受命担任联合舰队司令。他带领联合舰队参加了望加锡海战和巴塘海战。1942 年 2 月 28 日，盟军联合舰队与日军舰队在爪哇海遭遇，日军不仅在军舰数量上多于盟军，而且其军舰火炮的射程也优于盟军，盟军联合舰队劣势十分明显。海战持续了七个多小时。最后，多尔曼指挥的旗舰被鱼雷击中，他命令舰员弃舰逃生，而他作为指挥官则按照海军传统随船沉入海底。战后，他被荷兰政府追授"三级骑士勋章"。他在战斗中的那句名言"我要进攻，请跟我来"被刻在海牙的纪念碑上。

三　现当代人物

鲁道夫斯·弗兰西斯克斯·马里亚·吕贝尔斯（Rudolphus Franciscus Maria Lubbers, 1939 - ），1962 年毕业于鹿特丹经济学院，获硕士学位。他早年在他父亲创办的工厂任职，并担任荷兰基督教青年雇主联合会主席。他于 1973 年步入政坛，先任内阁经济大臣，后进入下院任议员，担任基民盟下院的党团主席。1982 年 11 月，吕贝尔斯受命组阁，成为荷兰历史上最年轻的首相，1987 年 3 月获得连任。1989 年 5 月，他因提出的全国环境计划遭到强烈反对而辞职。1989 年 7 月，他再次当选首相，1999 年 11 月当选世界自然保护基金会主席。2001 年 1 月，吕贝尔斯任联合国难民事务高级专员。

维姆·科克（Wim Kok, 1938 - ），荷兰政治家，出身于木匠家庭。1961 年大学毕业后便进入社会党工会工作，1973 年起担任社会党工会主席。1982 年社会党工会与天主教工会合并，他继续担任工会主席。1986 年，他离开工会进入政界，担任下院议员和工党领袖。1989 年大选后，他在吕贝尔斯政府中担任副首相和财政大臣。1994 年，工党与自民党及六六民主党组成执政联盟，荷兰出现自 1908 年以来第一次没有基民盟参加的政府，他担任新政府首相。1998 年 5 月，他再次当选首相职务。但他的第二个任期并不轻松，国家处于衰退中，政府负债累累。更严重的是，由于在波黑维和的荷兰军人未能制止斯雷布雷尼察大屠杀，他于 2002 年辞职。在他第二届任期，荷兰实现了同性婚姻和安乐死合法化。

巴尔克嫩德（Jan Peter Balkenende，1956 - ），荷兰历史上少有的连续组建四届内阁的首相，也是没有一届政府任满四年的首相。在 2002 年大选中，巴尔克嫩德领导的基民盟胜选，他受命组阁，执政伙伴是富图恩名单党和自民党。因富图恩名单党内部发生内讧导致新政府无法正常工作，内阁组成 87 天后便宣布辞职。2003 年巴尔克嫩德组建他的第二届内阁，并完成第一届任期。在 2006 年 7 月的大选中，巴尔克嫩德第三次连任。这一届政府，六六民主党因对政治联盟中的自民党移民大臣处理本党下院议员阿亚安·希尔西·阿里入籍问题方式不当不满而宣布退出执政联盟，使内阁成为议会少数派内阁。2006 年底基民盟再次胜选，巴尔克嫩德第四次出任首相。这一届政府的执政伙伴是工党和基督教联盟。这一届政府任期本应至 2011 年结束，但因巴尔克嫩德应美国要求将荷兰驻阿富汗部队再度延期，遭到执政伙伴工党强烈反对而宣布辞职，于 2010 年提前结束了这一届政府任期。

第三章

政　治

第一节　国体与政体

一　君主立宪制

荷兰是一个君主立宪制国家。议会为国家的立法机关，政府由君主与内阁共同组成，正式的国名为"荷兰王国"。

荷兰王国宪法规定，荷兰王国政府由国王、首相、大臣及各部国务秘书（又称为初级大臣）组成。每位大臣负责一个政府部门的工作。根据荷兰王国宪法的规定，大臣对国会负责，而不是对国王负责。[①] 国王拥有世袭的特权，但其决策权非常有限。

宪法规定，国王必须由在16世纪领导荷兰人民反对西班牙统治的别号为"沉默的威廉"的威廉·奥兰治的后裔继承。当现任国王去世或退位时，国王的后裔根据长幼顺序继承王位。如果国王的子女先于国王亡故，则由国王子女的子女按长幼顺序继承王位。如果国王本人没有子女，王位则由国王父母或祖父母的其他子女按血亲关系远近继承，但不得超过三代。国王的遗腹子也有继承权，但退位后的国王所生的子女及其后裔没有继承权。

宪法对国王的婚姻也有约束条款。国王的婚姻必须经国会审议后并以法令形式正式批准才算合法。批准国王婚姻的法令须由国会两院联席会议

---

① 见荷兰王国宪法第42条。

审议通过。国王如果未经国会批准而自行缔结婚约，则视为自动退位。处于王位继承人序列的人的婚姻也须经国会批准，否则将被剥夺王位继承权。剥夺继承权的法令须由两院联席会议以 2/3 多数通过。

国王的正式职责是发表各种敕令，包括任免首相、大臣和国务秘书的敕令；国会通过的法令也须由国王签署后才能生效。国王签署的各种敕令必须由首相或一名以上大臣或国务秘书副署。国王还负责主持首相、大臣和国务秘书就职的宣誓仪式。没有首相或大臣的副署，国王不能签署任何敕令，因此敕令实际上由副署的首相、大臣或国务秘书负实际责任。国王的签署只具有象征性意义。

欧洲的王室成员没有实际的政治权力。他们除了签署政府做出决定的文件外，主要职权有二：一是从事慈善和福利活动，利用自己的王室身份关心民间疾苦，增强国家的凝聚力，并为公众树立良好的人格榜样。二是作为国家的亲善代表出访外国。因为王室成员对政治和外交不负实际责任，因此出访不会涉及两国关系中棘手的具体问题，但又因拥有王室身份，能够引起对方国家元首和媒介的高度关注，对改善两国关系具有特殊的作用。

二　中央政府

荷兰中央政府的核心是大臣理事会，即内阁。大臣理事会由所有大臣组成，首相是召集人。荷兰中央政府各部负责各个领域方针政策的制定和实施。各部在自己负责的领域具有较大的自主性和独立性，一般来说，首相无权干预其他大臣所负责部门的工作。大臣理事会的职能就是决定中央政府整体的方针政策，协调各部门的工作，促进政府政策的统一。可以说，大臣理事会是荷兰行政部门的最高机关。

由于内阁实行集体决策制，首相名义上是内阁首长，领导各部的大臣构成荷兰中央政府的决策核心。原则上，一名大臣领导一个部。大臣人数在不同的历史时期不相同，中央政府部门数量在不同的历史时期也不相同。同一个部在不同的历史时期，其名称和管辖范围也不一样。大臣的设置，首先考虑政府功能的需要，其次是照顾执政联盟中各党派的利益。荷兰中央政府现有 14 位大臣，但不是每位大臣都有自己领导的部门。各部还设有 1~2 名国务秘书，作为各部的副大臣，分担各部的一部分领导工作。国务秘书也是内阁成员，在大臣的领导下工作，有权在与他负责的事务上附署国王的敕令，其任命程序与大臣一样，但国务秘书不是大臣理事会的成员，因此大臣理事会召开会议时，只邀请与会议内容有关的国务秘书到会。国务秘书与该部的大臣往往来自执政联盟中不同的政党，因此国务秘书在很大程度上是政党政治中的一个工具，是执政联盟各政党利益分配的一个筹码和相互制衡的工具。

荷兰中央政府设有以下部门：总务部、社会事务与就业部、外交部、内务及王国关系部、安全及司法事务部、教育文化与科学部、财政部、国防部、基础设施与环境部、经济事务部、卫生福利与体育部。由于历史原因、实际职能的需要以及各部的独立性，各个部的组织结构存在比较明显的差距。本节只介绍其中几个比较大的部，以此来剖析荷兰政府部门的特点和功能。

1. 总务部

总务部大臣由首相担任。首相本人也是一名大臣，顾名思义，"首相"是排名第一的大臣。首相领导的总务部是一个规模很小的部，只有350 名工作人员。总务部主要由三个机构组成，分别是新闻办公室、政府科学政策委员会和情报办公室。另外，还有一个由 10~12 人组成的首相顾问小组。为大臣理事会服务的内阁秘书处也划归总务部领导。总务部的工作人员是职业公务员，他们的去留与首相的更替无关。换句话说，即使现任首相卸任新首相上任，他们的职位也不会改变。新首相上任时只是偶尔带来一两位新助手。内阁秘书处有些例外。这个处的成员多半是一些精力充沛的年轻人。他们的流动性可能比较大，每一届内阁组成时，要重新组织内阁秘书处。从总务部的组织结构看，其主要功能是为首相行使作为政府首脑的职能及为大臣理事会服务。

2. 外交部

外交部规模虽然不大，但是一个重要的部门。外交部主要由两部分组成，一是设在海牙的总部，另一部分是分布在世界各地的驻外使节。外交部的组织结构比较简单，只有 5 个司：地区政策总司、政治事务总司、欧洲合作总司、国际合作总司和总务司。地区政策总司是将外交部所要面临的问题按地区划分为不同的组，然后分别研究相应的方针政策。这个司所制定的是相对静态的政策。政治事务总司主要是针对比较大的外交课题或突发事件制定对策。欧洲合作总司负责有关欧洲一体化的问题。国际合作总司是处理涉及较多个国家或者必须由多边国际组织来解决的国际事件的对策问题。总务司负责总务后勤方面的工作和顾问工作。外交部还设立了几名高级司长，分别领导这几个司的工作。

3. 经济事务部

荷兰经济事务部的任务是促进国家经济的发展，包括农业、工业、服务业和能源工业的发展。经济事务部致力于利用各种政策措施鼓励企业发展，使之拥有强大的国际竞争力，并且关注经济发展的持续性。其职责是营造良好的企业成长环境，包括鼓励研究机构与企业的合作，为企业开创良好的条件并给予企业家创新和成长的空间。其在促进经济发展的同时负责保护自然和国民生活环境。此外，它还鼓励研究机构与企业合作，以确保国家在农业、工业、服务业和能源领域的领先地位。

4. 财政部

财政部管理国库，为政府各部的运转提供资金，其职能是跨部门的。此外，荷兰财政政策的制定程序也十分复杂，大臣对财政政策的制定负有责任，大臣理事会参加协调和决策，重大财政决策还需要通过国会批准。因此，财政部的确是一个十分重要和特殊的部门。财政部制定三大领域的政策：一是财政政策，二是货币政策，三是税收政策。财政部下辖4个总司：国库与预算总司、税务与关税政策法规总司、金融事务司、出口信贷与投资担保司。财政大臣与国务秘书有明确分工。国库与预算总司下辖6个局，其中国有资产管理局主管40多家国有企业的事务，此外还管理着国家基础设施工程。国库与预算总司下属的财政署专门负责管理国家债务。其他3个总司负责不同领域的政策任务，也分别下辖不同的局。财政部工作人员共1250人，另有500人在地方财政机构工作。财政部系统中最大的一支队伍是全国各地的税务及关税局的公务员，总数达2.8万人。

5. 基础设施与环境部

基础设施与环境部是荷兰中央政府中最大的部门，有两大基本任务，一是确保水利设施的正常运行，免受洪涝灾害的侵害，从而使国家成为人民安全的居所；二是确保国家交通与通信系统正常畅通，满足全社会对国内和国际交通通信的需要。荷兰是一个低地国家，有40%的土地海拔在海平面以下。维持水利设施安全正常运行关系到国家一半以上人口的生命财产安全。基础设施与环境部下辖4个总司、若干个局和1个署。4个总司分别是公共工程与水管理总司、货运总司、客运总司和民用航空总司。主要的局有邮政电信局、战略与协调局、皇家荷兰气象局等。基础设施与环境部共有公务员1.4万人。

2012年，自民党与工党组成的执政联盟执政。这个执政联盟于2012年10月29日组成，首相由自民党的领袖马克·吕特担任。2017年3月15日，荷兰举行立法选举，自民党赢得大选胜利。经过组阁谈判，自民党、基督教民主联盟、六六民主党和基督教联盟组成的新政府于10月26日宣誓就职。马克·吕特第三度出任首相。2017年荷兰内阁成员见表3-1。

表3-1　2017年荷兰内阁阁员

序号	职务	姓名	所属政党	上任时间
1	首相兼总务大臣	马克·吕特 （Mark Rutte）	自民党 （VVD）	2010
2	副首相兼卫生、福利与体育大臣	雨果·德·荣格 （Hugo de Jonge）	基民盟 （CDA）	2017
3	副首相兼内务与王国关系大臣	卡依萨·奥隆格伦 （Kajsa Ollongren）	六六民主党 （D66）	2017
4	副首相兼农业、自然及食品质量大臣	卡罗·斯考腾 （Carola Schouten）	基督教联盟 （CU）	2017
5	外交大臣	哈尔伯·蔡尔斯特拉 （Halbe Zijlstra）	自民党 （VVD）	2017
6	外贸与发展合作大臣	西格利德·卡格 （Sigrid Kaag）	六六民主党 （D66）	2017
7	司法与安全大臣	费迪南·格拉浦豪斯 （Ferdinand Grapperhaus）	基民盟 （CDA）	2017
8	法律保护大臣	桑德·德克 （Sander Dekker）	自民党 （VVD）	2017

序号	职务	姓名	所属政党	上任时间
9	教育、文化与科学大臣	英格丽德·范·英格绍文（Ingrid van Engelshoven）	六六民主党（D66）	2017
10	中小学教育与媒体大臣	阿利·斯罗博（Arie Slob）	基督教联盟（CU）	2017
11	财政大臣	沃普克·霍克斯特拉（Wopke Hoekstra）	基民盟（CDA）	2017
12	国防大臣	昂克·拜耳列韦德（Ank Bijleveld）	基民盟（CDA）	2017
13	基础设施与水管理大臣	科拉·范·钮文赫伊曾（Cora van Nieuwenhuizen）	自民党（VVD）	2017
14	经济事务与气候政策大臣	埃里克·韦伯斯（Eric Wiebes）	自民党（VVD）	2017
15	社会事务与就业大臣	乌特·库尔梅（Wouter Koolmees）	六六民主党（D66）	2017
16	医疗保健大臣	布鲁诺·布鲁因斯（Bruno Bruins）	自民党（VVD）	2017
17	移民事务大臣	马克·哈尔伯思（Mark Harbers）	自民党（VVD）	2017
18	内务与王国关系国务秘书	雷蒙德·克诺普斯（Raymond Knops）	基民盟（CDA）	2017
19	财政国务秘书	门诺·斯奈尔（Menno Snel）	六六民主党（D66）	2017
20	国防国务秘书	芭芭拉·威瑟（Barbara Visser）	自民党（VVD）	2017
21	基础设施与水管理国务秘书	斯汀切·范·维尔德霍文（Stientje van Veldhoven）	自民党（VVD）	2017
22	经济事务与气候政策国务秘书	蒙娜·凯泽（Mona Keijzer）	基民盟（CDA）	2017
23	社会事务与就业国务秘书	塔马娜·范·阿尔克（Tamara van Ark）	自民党（VVD）	2017
24	卫生、福利与体育国务秘书	保罗·布洛克胡斯（Paul Blokhuis）	基督教联盟（CU）	2017

资料来源：荷兰政府官网，https：//www. government. nl/government/members – of – cabinet/paul – blokhuis/curriculum – vitae。

　　近年来，极右翼政党自由党的上升势头迅猛，使人们对 2017 年 3 月的大选产生了忧虑，害怕自由党得票超过自民党成为组阁党。对威尔德斯上台的忧虑不仅仅是担心荷兰出现美式"禁穆令"，更令人担心的是荷兰步英国的后尘，驶入"退欧"轨道。2017 年大选中自由党虽未像某些机构预测的那样一举夺魁，但由于工党在这次大选大败，只获得 20 个席位的自由党一跃成为国会第二大党。2017 年大选中进入荷兰国会的政党共有 13 个（见表 3 - 2）。自民党在下院所占的席位虽然也比上届减少，但仍是下院第一大党，马克·吕特继续领衔组建政府。自民党这一次舍弃了议会第二大党极右的自由党而选择基督教民主联盟、六六民主党和基督教联盟作为自己的执政伙伴。

表 3 - 2　荷兰主要政党在下院中的席位（2017 年大选结果）

政党名称	外文缩写	党首	所属国际组织或议会党团	在下院席位（席）
自民党（Volkspartij voor Vrijheid en Democratie）	VVD	马克·吕特（Mark Rutte）	自由民主联盟（ALDE）	33
自由党（Partij voor de Vrijheid）	PVV	基尔特·威尔德斯（Geert Wilders）	民族与自由欧洲（ENF）	20
基督教民主联盟（Christen-Democratisch Appèl）	CDA	西布兰德·范·哈尔斯马·布玛（Sybrand van Haersma Buma）	中间民主党国际/欧洲人民党国际（Centrist Democrat International, EPP）	19
六六民主党（Politieke Partij Democraten 66）	D66	亚历山大·佩奇托德（Alexander Pechtold）	自由党国际/自由民主联盟（Liberal International, ALDE）	19
社会党（Socialistische Partij）	SP	埃米尔·罗默（Emile Roemer）	欧洲联合左翼/北欧绿色左翼（UEL/NGL）	14
绿色左翼（GroenLinks）	GL	耶瑟·克拉伏（Jesse Klaver）	环球绿党/欧洲绿党（Global Greens, EGP）	14
工党（Partij van de Arbeid）	PvdA	迪德里克·散桑（Diederik Samsom）	社会党国际进步联盟（PES）	9
动物党（Partij voor de Dieren）	PvdD	玛丽安娜·梯默（Marianne Thieme）	欧洲绿色左翼/北欧绿色左翼（UEL/NGL）	5

政党名称	外文缩写	党首	所属国际组织或议会党团	在下院席位（席）
基督教联盟（Christen Unie）	CU	格尔特-扬·西格斯（Gert-Jan Segers）	欧洲基督教国际（ECPM，ECR）	5
五十加党（老人党，50PLUS）	50 +	扬·纳格尔（Jan Nagel）	无国际背景	4
政治改革党（Staatkundig Gereformeerde Partij）	SGP	吉斯·范·德·斯塔艾（Kees van der Staaij）	欧洲基督教国际（ECPM，ECR）	3
自由思想党（Free Thinking Party）	VZP	罗伯特·克莱恩（Robert Klein）	无国际背景	3
民主论坛党（Forum for Democracy）	PvD	蒂埃里·鲍德（Theirry Baudet）	无国际背景	2

资料来源：https：//en. wikipedia. org/wiki/List_ of_ political_ parties_ in_ the_ Netherlands,From Wikipedia, the free encyclopedia；人民网，http：//www. people. com. cn/。

极右的自由党获得 20 个席位，紧随其后的是基民盟和六六民主党，都是 19 个席位。自由党虽然成为国会第一大党，但也很难组建政府，因为它的退欧和排外立场，其他大党都宣布拒绝与其合作。

三 首相与大臣的关系

荷兰王国宪法规定，政府由国王和大臣负责，但在操作中只有大臣对政府的行为负责。各部大臣组成大臣理事会，大臣会议由首相任主席。首相名义上是政府首脑，但权力相当有限，因此荷兰的内阁被认为是一个经院式政府，而且是世界上仅次于瑞士内阁的经院式政府。[1] 这表明，荷兰内阁的决策方式的集体性，在决策过程中首相的发言权不比内阁其他成员多。大臣与首相的地位几乎是完全平等的，大臣与首相一起工作，而不是在首相的领导下工作。

首相没有对大臣的任免权，这是首相与大臣关系的关键性特点。它决

---

① Tudy B. Andeweg & Galen A. Irwin, *Dutch Government and Politics*, Palgrave Macmillan, 1993.

定了大臣的地位与首相是平等的①。首相不能任免和改组内阁是因为内阁大臣的职位是执政联盟中各政党之间的利益格局的体现。这种利益格局是在组阁过程中经过各执政党艰苦谈判后通过协议固定下来的，首相作为执政联盟中一党的代表，无权擅自改变这一格局。首相由于对大臣没有任免权，也就失去了对大臣的最富威胁性的制约能力，大臣也就具有相当大的自主性，也就没有必要听从首相的调遣。此外，首相虽然受托协调内阁政策，但他无权处理大臣之间的纠纷，除非有关大臣要求他出面进行仲裁。

荷兰内阁常由多党组成的特点决定了其组织和决策的特点。大选只决定各个政党在国会中占有多少席位，而不能直接影响由哪个政党参加组阁。参加组阁的政党由女王委派的组织员主持协商产生。参加内阁的人选由执政联盟的参加政党选派。大臣的职务由执政联盟各党派协商决定。各大臣对国会负责，而不是对首相负责。首相名义上是内阁首脑，但他无权对属于大臣权力范围内的各部门的工作发出指示。首相本身是一位大臣，也负责一个部门的工作，首相超出其他大臣的职责仅仅是制定工作日程，主持内阁会议和内阁委员会，协调内阁政策并在表决中投出最后一票，在出现政治危机时要求女王解散国会，但女王并不一定会采纳首相提出的解散国会的建议。

经院式政府的历史最早可以追溯到尼德兰七省联合共和国时期。那时七省完全是相互独立的，共和国的领导机制完全建立在集体决策的基础上。这一传统在1813年以后出现过20~30年的中断。威廉一世时代，国王是一国之君，大臣对国王负责，而不是对国会负责。以托尔贝克为首的改革倡导者要求实行君主立宪制，限制君主的权力，改大臣对国王负责为对国会负责。在1848年法国革命运动的威慑下，威廉二世放弃了继承威廉一世的专制主义的初衷，任命托尔贝克组织制宪委员会，在荷兰实行君

---

① 二战期间，荷兰在英国的流亡政府首相两次未与内阁协商便宣布解除一名大臣的职务。这一行为马上遭到批评。战后国会还专门调查过这件事情，调查委员会最后否定了这一解职行为的合法性。

主立宪制。从此，荷兰政府又回到经院式政府的轨道上。

经院式内阁实行集体领导，任何决议必须取得全体大臣的同意，如果不能就决议达成一致，便会导致"大臣危机"或"内阁危机"①。这种情况是应该避免的，避免的办法就是不断协商，寻求达成一致的办法。因此，会议格外多是经院式内阁的一大特点。荷兰内阁会议时间平均每月是20~30 小时。与之相比，法国和英国的内阁会议时间平均每月是 6~9 小时。如果按时间分为上午、下午或晚上计算，这个数字战后初期是每年75 次，20 世纪 70 年代是 125 次，1973~1977 年是创纪录的 163 次。如果按所耗费的时间算，每年共计 478 小时。过度民主的代价是低效率，这是一个普遍的规律。

"协和式民主"（Consociational Democracy，亦称"协商民主"）与经院式政府的原则和精神是一致的。1918 年以后，荷兰内阁的经院式特点进一步加强。内阁中实行的是多数人的民主，而不是单一的首相决策制，这一点是明确无误的。荷兰社会在相当长的一个历史时期存在"柱化"现象，即社会依照宗教和政治分歧分裂成四大亚文化圈。在社会"柱化"的时代，首相只是一个"柱派"的代表，他必须尊重其他"柱派"的利益。在"后柱化"时代的内阁中，诸执政党虽然达成协议，组织了联盟政府，但党派的利益仍然十分重要，因此首相与执政联盟中伙伴政党的大臣之间的相互制衡是出于协调各政党党派利益的需要。

近年来，首相在内阁中的协调活动有所增加，而且在新闻招待会和电视采访中露面的次数大大增加。特别是一年两度的欧盟首脑会议使首相的作用格外突出。如果说，在前两种场合首相作用增加偶尔还会招致充满妒意的利益集团抨击的话，首相在欧盟首脑会议上露脸却是无可非议的。既然是欧盟的首脑会议，就必须由各成员国政府或国家首脑出席。君主立宪制国家自然只能由首相出席，因为国王只是象征性的国家元首。

---

① 个别大臣与多数大臣的决议发生冲突而双方又不愿意让步的话，该大臣将会提出辞职，从而出现"大臣危机"。如果矛盾导致所有的大臣都辞职的话，便出现"内阁危机"。

四 地方政府

在荷兰，省一级政府负责全省的地方行政事务，主要是执行机构，决策的范围要小得多。省的独立决策主要在环保等领域。省政府的作用主要是作为中央政府和市政府的中介，其大部分工作是与市政府部门打交道，而不直接接触普通公民。公民也只是在受到市政府有关部门的不公正的对待时，才会向省政府申诉，要求省政府进行干预。在欧盟的地区发展政策中，有一种作为接受地区发展援助的地理行政单位，称为"欧发区"（Euregio）。荷兰是欧盟成员国中至今还没有设立欧发区的国家。荷兰有些省政府在布鲁塞尔设立了办事处，以便在欧盟总部为它们的地方发展进行游说。但荷兰的省都很小，不足以被列为欧发区，因此有人建议将现有的 3~4 个省合并为一个欧发区。

在荷兰，市政府的地位比省政府重要得多。荷兰原有 700 多个市镇，现在数目正在减少，因为中央政府计划将人口不足 1 万人的小镇在行政建制上合并成大镇。现在的市政府结构是 1848 年国会规定的。所有的城镇不分大小，结构都一样。市议会 4 年一届，由直接选举产生，规模依人口多少而定，有 7~45 人，并选举 2~6 名参事。参事与国王委任的市长一道负责主持市政府的日常行政工作。市政府的结构与省政府几乎一样，但省、市政府的组织方式与中央政府不同。市议会选举类似国会选举。市政府也由不同的政党组成执政联盟，所不同的是中央政府的大臣不能由议员兼任，而市一级的参事必须从市议员中选出，并保留市议员席位。

荷兰各城市的市长人选由中央政府提名，然后由国王发表敕令任命。市长的人选采取居住地回避制度，要从非本市的居民中挑选任命。所有的市长都有党派背景，在任命市长时必须考虑到各主要政党的比例关系，并且在一定程度上考虑地方政治环境。中央政府的官员偶尔也会被派到大城市任市长，但多数情况下市长由有地方行政经验的官员担任。市长也是一种特殊的职业，普通城市中才华出众的市长可能会调到大城市当市长。这种调动是一种晋升，因为大城市市长的薪金和声望都高于小城市的市长。

市长任期 6 年，届满可以连任。市议会可以罢免参事，但无权罢免市长。

关于市政府与中央政府的关系，有两个法律原则，一是地方政府的"自治性原则"，即凡是涉及地方的事务市政府都有权自行处理；二是"协同政府原则"，即地方政府有贯彻实施中央政府政策的责任。但行政学家认为，荷兰政治制度中的"协同政府原则"的有效性要超过"自治性原则"。首先，关于哪些事务属于地方事务，哪些事务不属于地方事务，最后的解释权在中央政府。其次，即使中央政府认为属于地方管辖范围的事务，如市的年度预算和计划，也还可能需要获得省政府的认可和最后审批。最后，市政府与中央政府之间还有一条"金带子"，即市政府在财政上依赖于中央政府。市政府只能筹集到财政收入中的 9%，主要是地产税。市政府财政收入的 25% 来自与中央政府的"税收分享"。中央政府从国税中拿出一部分直接拨给市政府，这部分税收经由一个复杂的公式得出，须考虑该城市的居民人数、房屋的数量以及市内运河的总长度等因素。这两部分资金约占市财政的 1/3，市政厅可以自由支配；其余 2/3 是中央政府给予的各种津贴和专项拨款。由于这条"金带子"，地方政府的"自治性"大打折扣。

五　执政党与执政联盟

荷兰政坛的一个特点是政党众多，而且政党的规模和影响都不大，因此没有一个政党能够在大选中获得半数以上的选票，所以往往由下院席位最多的政党牵头组成联合政府。参加联合政府的伙伴政党由牵头的政党选择，条件之一是其政治主张必须与牵头的政党接近，条件之二是伙伴政党在下院的席位与牵头的政党的席位相加必须超过 75 席。如果两个政党的席位加起来达不到 75 席，联合政府中就必须再增加一个在下院有席位的政党，直到席位超过下院半数。

荷兰执政联盟谈判难度大的原因在于，参加联盟的政党数量太多。战后历届政府大多由 3 个或 3 个以上的政党组成。参加谈判的政党越多，就越难达成一致意见。如果票数太分散，也只能由 3 个或 3 个以上的政党组成政治联盟才能获得执政所需的多数票，然而在许多情况下并不是这样。即便两个伙伴政党的得票已经取得执政所需的多数，主要党派仍然会把第三个伙伴拉进政府。这与政治学的传统理论是相悖的。大多数理论把联合政府的形成看作参与者的理性游戏，这种理性行为的结果是尽量减少合作政党的数量，以最大化地分享权力，同时降低决策的难度。如果少数政党的联合已经取得组阁所需的多数票，不必要的政党就会被排除出这个联盟。但荷兰的政坛在 20 世纪 70 年代以前都未遵循这一理论。战后以来，有 10 届联合政府的政党数量都超过了组阁的必要数（见表 3 - 3）。

表 3 - 3　1945 ~ 2017 年荷兰内阁组成

任职时间	首相	内阁组成政党	执政联盟在两院席位	执政党是否超过必要数
1945 年 6 月 24 日	威廉·舍默尔霍恩	PvdA/KVP/ARP/np		
1946 年 7 月 3 日	路易·贝尔（第一届）	PvdA/KVP/np	61/100	超过
1948 年 8 月 7 日	威廉·德里斯（第一届）	PvdA/KVP/CHU/VVD/np	89/100	超过
1951 年 3 月 15 日	威廉·德里斯（第二届）	PvdA/KVP/CHU/VVD/np	76/100	超过
1952 年 9 月 2 日	威廉·德里斯（第三届）	PvdA/KVP/ARP/CHU	81/100	超过
1956 年 10 月 13 日	威廉·德里斯（第四届）	PvdA/KVP/ARP/CHU	85/100	超过
1958 年 9 月 22 日	路易·贝尔（第二届）	KVP/ARP/CHU	77/150	未超过
1959 年 12 月 22 日	扬·德夸伊	KVP/ARP/CHU/VVD	74/150	未超过
1963 年 7 月 24 日	维克托·马里南	KVP/ARP/CHU/VVD	92/150	超过
1965 年 4 月 14 日	约瑟夫·卡尔斯	PvdA/KVP/ARP	106/150	超过
1966 年 11 月 22 日	耶勒·泽尔斯特拉	KVP/ARP	63/150	不足（看守）
1967 年 11 月 19 日	佩特·德容	KVP/ARP/CHU/VVD	86/150	未超过
1971 年 7 月 6 日	巴伦德·比舒维尔（第一届）	KVP/ARP/CHU/VVD/DS70	82/150	未超过
1972 年 7 月 20 日	巴伦德·比舒维尔（第二届）	KVP/ARP/CHU/VVD	74/150	不足（看守）
1973 年 5 月 11 日	约普·登厄伊尔	PPR/PvdA/D66/KVP/ARP	97/150	超过
1977 年 12 月 19 日	安德烈亚斯·范阿赫特（第一届）	CDA/VVD	77/150	未超过

续表

任职时间	首相	内阁组成政党	执政联盟在两院席位	执政党是否超过必要数
1981 年 9 月 11 日	安德烈亚斯·范阿赫特（第二届）	PvdA/D66/CDA	109/150	超过
1982 年 11 月 4 日	安德烈亚斯·范阿赫特（第三届）	D66/CDA	65/150	不足（看守）
1983 年 7 月 14 日	鲁道夫斯·吕贝尔斯（第一届）	CDA/VVD	81/150	未超过
1986 年 7 月 14 日	鲁道夫斯·吕贝尔斯（第二届）	CDA/VVD	81/150	未超过
1989 年 11 月 7 日	鲁道夫斯·吕贝尔斯（第三届）	PvdA/CDA	103/150	未超过
1994 年	维姆·科克（第一届）	PvdA/D66/VVD	92/150	未超过
1998 年 5 月 6 日	维姆·科克（第二届）	PvdA/VVD/D66	97/150	超过
2002 年 7 月	扬·彼得·巴尔克嫩德（第一届）	CDA/VVD/LPF	91/150	未超过
2003 年 1 月	扬·彼得·巴尔克嫩德（第二届）	CDA/VVD/D66	78/150	未超过
2006 年 5 月	扬·彼得·巴尔克嫩德（第三届）	CDA/VVD	72/150	未超过
2007 年 2 月	扬·彼得·巴尔克嫩德（第四届）	CDA/VVD/ PvdA	96/150	未超过
2010 年 10 月	马克·吕特（第一届）	VVD/CDA/PVV	75/150	未超过
2012 年 9 月 12 日	马克·吕特（第二届）	VVD/ PvdA	79/150	未超过
2017 年 10 月 26 日	马克·吕特（第三届）	VVD/CDA/D66/CU	76/150	未超过

资料来源：Tudy B. Andeweg & Galen A. Irwin, *Dutch Government and Politics*, p. 119, https://www. government. nl/government/contents/members – of – cabinet; https://en. wikipedia. org/wiki/Jan _ Peter_ Balkenende; https://en. wikipedia. org/wiki/Historic _ composition _ of _ the _ House _ of _ Representatives_ of_ the_ Netherlands。

对于执政联盟中伙伴政党数量超过执政必要数的现象，有多种解释，其中最主要的解释是平衡策略或者中间地位优势论。在考察战后荷兰政府的历史时应该注意到两个现象。第一个现象是自 1918 年以来，每届政府都有基民盟或其前身政党参加。每当执政联盟伙伴政党数量超过执政必要数时，基民盟及其前身在执政联盟中都是主要的牵头政党，即得票最多的政党。换句话说，其他的伙伴政党都是被这个牵头的政党邀请进执政联盟的。第二个现象是在这些政府中，其他两个伙伴党在社会－经济谱表上都处于这个牵头政党的两端。中间党邀请处于社会－经济谱表两端的两个政党作为它的执政伙伴，能使自己处于中间地位的优势。这一策略能使中间党在执政联盟中几乎永远不会被孤立，在任何问题上，它只要向右边靠一靠，就可以使左边的政党处于少数地位，而它只要向左边靠一靠，就可以孤立右边的政党。荷兰政治学者德·斯万把这种地位称为执政联盟中的"枢纽"地位。[①] 他认为，执政联盟中牵头的政党正是利用了这种"枢纽"地位，才取得在政府中的决策权。

基民盟寻找执政伙伴便是这种中间地位优势论的极好例证。1989 年的选举结果显示，基民盟得票最多，因而最有主动权。其他任何政党离开基民盟都难以组阁。基民盟宣布，其第一个组合方案是"基民盟＋自由党＋六六民主党"，第二个组合方案是"基民盟＋工党"，未包括六六民主党。因为六六民主党是一个中左党，定位在基民盟与工党之间，所以基民盟在与工党结盟时必须将其排除在外。但是，自由党的定位在基民盟右边，因此在第一个组合方案中，基民盟处于自由党和六六民主党之间。但在这次组阁过程中，六六民主党表示更喜欢"六六民主党＋基民盟＋工党"方案，因为在这一组合中，自己处于基民盟与工党之间的"枢纽"地位。第一方案对于基民盟来说也有一个不利之处，即基民盟面对两个世俗政党，在伦理问题上将处于孤立地位，但这两个世俗政党在内阁的席位总数仍少于基民盟，而且内阁中很少进行表决。最后，第二个组合方案被采纳，组成了第三届吕贝尔斯内阁。

---

① De Swaan, "The Netherlands: Coalitions in a Segmented Polity," in E. C. Browne, J. Dreijmani, eds., *Government Coalitions in Western Democracies*, New York: Longman, 1982.

第二节 立法

一 国会的发展历程

荷兰国会或议会一直沿用 State-General 的称呼。这一名称最初出现于1464年。当时的议会只是封建时代各地的贵族或精英进行议事的场所。几个世纪前的议会虽然也是实行民主政治的一种形式，但是与现代的国会有着很大的差距。尼德兰七省联合共和国时代的议会是各独立的主权省代表在一起行使共和国主权的机构，但其代表的产生及议会决策程序与封建时代和殖民时代都差不多。1795~1813年拿破仑统治时期的国民大会比较接近于现代国会。海牙于1586年成为共和国议会所在地。当时的议会设在海牙的骑士厅。现代荷兰国会两院的聚会地点位于骑士宫附近一幢1992年落成的玻璃大厦中。在此之前，国会一直使用法国统治时期的国民议会大楼。

现代荷兰国会的前身应该算是1815年荷兰王国建立时的国会。荷兰与比利时合并时，国会实行两院制，首先建立的是参议院，习惯上又称作一院。当时的参议院议员是由国王从各地的贵族及政治精英中任命的终身议员。当时，南方刚刚脱离哈布斯堡王朝不久，拥有地产和政治势力的地方精英都是前哈布斯堡王朝的贵族。与南方相比，北方议员的贵族习气要少一些。经过200多年的共和国的熏陶，北方真正意义上的贵族已基本退出历史舞台。但是，一院基本上仍然是一个贵族院，相当于英国的上院。二院出现得稍晚，是由各省选派的代表组成，相当于英国的下院。[①] 早期二院的权力十分有限，仅对一院通过的提案进行表决，决定采纳与否。早期荷兰的两院制以英国国会为蓝本，结构为反映了王权与民权相互制衡的分权式结构。民选的二院无权提出提案，也无权修改一院通过的提案，这表明当时王权明显高于民权。

1848年初，荷兰发生了宪法革命。荷兰的许多政治家从比利时的独立中看到了君主专制的弊端，提出修改宪法的动议。改革倡导者托尔贝克

---

① 本书对荷兰的两院交替使用一院、二院和上院、下院的称谓。

提出君主立宪制的主张，但在威廉二世的反对下，改革动议被压了下去。1848年，席卷欧洲的革命使威廉二世感到极大震惊，他主动请回托尔贝克主持宪法的修改工作。新宪法确立了君主立宪制，对议会的组织方式进行了改革，并对王室、内阁和议会的关系重新进行了定位。原来由国王任命的一院议员改由各省议会选举产生。二院由具有选举权的公民直接选举产生。但是，当时公民直接参加选举还受到很大的限制。公民权需要与纳税的数额挂钩，因此许多居民被排除在选举活动之外。真正意义上的普选直到1919年才实现。过去大臣只对国王负责，改革后大臣对国会负责。二院的地位大大提高，获得了立法权、听证权、质询权、修订法案权以及审查财政预算的权力。一院议员人数是50人，二院是100人。这个规模一直延续了140年。从1956年起，一院议员人数增加到75人，二院增加到150人。

一院议员不由选民直选产生，而由各省议员组成选举院，在比例代表制下选举产生。各参选政党不进行竞选活动，而只向选举院提出候选名单。选举结果反映各政党在各省的势力和影响。一院议员虽然由省议员组成的选举院选举产生，但不作为省或地区的代表。1983年，荷兰再次进行宪法改革。改革后一院的选举逐渐正规化，选举时间不再随意延迟。每次选举在选出省议院召开的第一次会议后举行，所有议员一次选出，任期4年。由于省议院选举与两院选举在时间上是错开的，一院和二院选举时各政党力量对比可能已经发生变化，因此两院中各党派席位的比例很可能不一样。

二　两院的地位和关系

现代荷兰国会两院的地位与荷兰王国建立初期时几乎正好对调。荷兰王国建立初期，一院占据主导地位，二院处于从属地位。一院制定和通过法律，二院只有采纳或否决的权力。然而，在现代荷兰国会中，情况完全相反：二院占主导地位。由于一院议员不是由选民直选产生，其地位明显比由直选产生的二院议员低。一院地位大大低于二院还表现在议员待遇上。二院议员的工作是专职的，每个议员都配有专门的秘书班子。二院通常每周开三天的全体会议。而一院议员不是专职的，没有自己的秘书班子，每周只开一天会议。荷兰二院的议员在欧洲各国的议员中算是高薪族，而一院的议员只有按工作量付给的工作补贴和报销实际工作性支出。

一院没有提出提案的权力。它主要是一个修正院，但对二院已经通过的提案实际上又没有修改的权力。它的权限只是对二院通过的提案再次表决。对二院已经批准的提案，一院只能表决通过，如果持反对态度，会被批评是对二院权力的侵权，因为一院没有实际上的修改权，如果发现提案中有明显的错误，或者对提案中的某一部分持反对态度，它也只有两个选择，要么保持沉默，任其错下去，要么驳回整个提案。这种情况不是很多，但确实出现过。1976 年，二院通过一个确定允许流产的怀孕期的提案。一院部分自由党议员对这个期限持不同意见，但又没有修改这个提案的机会，于是干脆否决了这个提案。有时候，为了使提案按其意愿进行修改，一院议员提前采取威胁要否决提案的姿态，迫使提出提案的大臣自己修改或重新提出一份新的提案。

但是，政府的提案一旦在二院获得通过并转交一院，政府就无权对提案进行修改。这时，一院的工作程序与二院相似，也要对提案进行调查论证，然后在全体会议上进行辩论，最后投票表决。政府可以在最后表决前撤销提案。但提案一旦在一院通过，政府就无权撤销。这时提案成为法律，由国王和大臣共署。立法者制定该法案实施的规则后，法案生效并开始实施。司法部负责该法案的出版并将其编入法规汇编中。

一院的有些功能是二院没有的。一院负责对国家某些高级职务的任命提出咨询意见，如对高级法院法官的任命等，但其功能非常有限。荷兰的内阁、国会一院及二院的组成都体现了荷兰政党势力的格局，但内阁的产生与二院有密切关系，因此二院与政府有着天然的联系。二院在审查政府提案时，以提出建设性意见为主。而一院与政府形成关系不密切，所以能够以更客观、更严厉的眼光看待政府的提案，甚至驳回二院已经通过的提案。

国会有时召开两院联席会议讨论和决定某些重大问题。宪法对两院联席会议的召开条件做了规定。联席会议由一院议长主持。在联席会议上，两院的地位是平等的。联席会议可以降低两院所做决策不同导致国会危机的可能性。

100 多年来，不断有人主张取消一院，理由有二。第一，一院是王国建立初期与比利时短暂合并的产物，最初是一个贵族院，是迎合比利时的贵族政治设计的，与荷兰的政治环境格格不入。荷兰的议会制度是从英国引进的，但荷兰的国情与英国不同。英国至今还保留着贵族制度，上院议员仍然由国王任命。而在荷兰，1848 年以后，一院议员不再由国王任命，其贵族院的地位已完全丧失。如今一院议员虽然由省议会选举产生，但不具有地域代表性。议员产生以比例制为基础，又与二院的比例制重叠，依然是一种代表党派政治力量的组织。第二，一院功能与二院重叠，而且由于系非直选产生，权力十分有限。因此，一院的功能和地位都十分尴尬。一院的地位尽管百年来一直面临挑战，但依然保存了下来，其原因在于撤销任何一院的法案最后都必须经由一院批准。

三 国会专门委员会

荷兰国会两院实行委员会制度，但两院的委员会制度稍有差别，二院的委员会比一院的委员会更重要。

1848～1953 年，国会两院设立了 5 个常设委员会。这 5 个常设委员会每年以抽签的方式更换三次。每个常设委员会都审查所有提交到两院来的提案，然后各委员会选派一名报告人向由 5 个常设委员会主席和两院议长组成的中心委员会（主席团）提出审议报告。从 1888 年起，在这 5 个常设委员会以外，开始出现更专业化的委员会。1953 年以后，这 5 个常设委员会被取消，由选举产生的委员会审查提案。进行这一改革的原因有二：一是政府提出的提案常常涉及十分不同的领域，需要具有专门知识的人来审查和评判，而原来由抽签随机组成的委员会很难胜任这样的工作；二是比较一般的提案已交由议院各党团讨论。

各委员会成员名义上由议长任命，但实际上委员会的成员仍然要按两院各政党议席的比例进行分配，对议会中的小党也要进行照顾，因此议长可选择的余地很小。当各党派入选各委员会的人员比例确定后，议会各党团领袖开始从本党派的议员中遴选委员。各委员会的主席分配也要考虑党派比例，主席的遴选也要反映反对党的利益，所以有些委员会的主席可由议会中的反对党议员担任。这时，各党派领袖就要坐在一起讨论哪个政党应得到哪个委员会主席的职位。一般原则是各委员会的主席应该与该委员会所监督部门的大臣来自不同的政党。

目前，两院有 40 多个专门委员会，其中 30 个是永久性委员会。各个委员会都有自己专门负责的领域，成员都是拥有专门知识或经验的议员，由此政府每一个部的工作都处于 2～3 个委员会的监督之下。委员会的职责与两院的职责一样，负责立法和监督政府。各个委员会负责一个特殊的领域，整个两院的立法及监督职能就是各个不同领域的委员会的职能的组合。两院还有一些职能委员会，如请愿委员会、程序委员会和资格审查委员会，负责非专门领域的职能性工作。除领域固定的常设委员会外，两院有时还针对政府的某一项有问题的活动或政策临时组成特别委员会进行专项调查。任务完成后，专门委员会随即解散。

专门委员会在议会中的作用是很大的，议会的大多数工作由委员会完成。每个比较重要的提案在表决前要由委员会做大量的调查和论证工作。委员会的设置涉及各个政策领域，如经济、政治、社会、财政、外交、国防等。这些委员会的委员原则上由拥有相关领域经验的议员担任。这些议员在工作中又得到本党派中专家班子的协助。由于大部分提案是政府各部门提出的，因此委员会的工作主要是对有关政府政策的提案进行口头和书面的准备工作，以供议会辩论和表决之用。在进行这项工作时，委员会要与政府有关方面交换信息和意见，有时还要邀请政府有关官员到议会对有关政策进行解释。委员会还有权举行听证会，普通公民可以旁听这些听证会。委员会还可以举行扩大会议吸收非本委员会的议员参加讨论。

两院委员会数目现在呈减少趋势。目前，两院中比较重要的委员会有外交委员会，国防委员会，财政委员会，经济事务委员会，司法委员会，欧盟事务委员会，教育、文化和科学委员会，社会事务和就业委员会，住房、城镇规划和环境委员会，交通、公共水利管理和公共设施委员会，农业自然条件和渔业委员会，公共福利、健康和体育委员会，等等。

四 立法职能与监督职能

国会是国家的立法机关，荷兰国会的立法程序与欧洲其他国家的国会差别不大。未来可能成为法律的议案提交两院后，两院进行审议、辩论，最后表决。在表决通过前，国会、政府或议案提出人可以要求对该议案进行修改。同时，在国会最后通过该议案前，议案提出人还可以要求撤回议案。

根据荷兰王国宪法第 82 条的规定，议案应由国王或者国王的代表，或者议会两院一名或一名以上议员提出。议案送交两院审议，需由两院联席会议审议的提案则送交两院联席会议审议。然而，在立法实践中，国王本人一般是不提出议案的，大多数议案是由其代表提出的。在荷兰，政府充当了国王的代表。事实上，大多数议案由政府各部大臣提出，由两院议员提出的议案比例不大。

议案提出后，要接受两院有关委员会的审议论证，然后还要交由两院大会辩论。在辩论的过程中可能会发现议案中的许多问题，或者是技术性问题，或者是原则性问题，或者是考虑不周全的地方。在这种情况下，可对议案进行修改。宪法规定，议案在两院或两院联席会议上未被通过之前，应一名或一名以上议员或应政府的提议，或者应一名提出该议案的议员的提议，两院或两院联席会议可以对该议案提出修正案。提案在二院获得通过后，即送交一院审议，二院有权委派一名或数名本院议员到一院为该议案进行答辩（见荷兰王国宪法第 84 条各款）。

议案提出人可以在一院对该议案进行最后表决前的任何一个阶段撤回议案（见荷兰王国宪法第 86 条）。这一点具有很现实的操作意义。由某位议员或某些议员提出的议案，或者由政府某部门提出的议案，很可能对议案的法律效果考虑不充分，经过议会的审议和辩论后议案提出人意识到议案本身的弊病后愿意主动撤回议案，以避免议会做无谓的争论而浪费时间和精力。也有可能是议案的审议在议会引起的争议表明该议案获得通过成为法律的时机还不成熟，或者可能会激化政党间的矛盾，对议案提出人所代表的利益集团不利，这时议案提出人也会采取撤回提案的做法。

政府提出的议案，两院的议员经过几读后可能提出修改意见，经过辩论后进行表决。对议案的表决以简单多数通过。如果议案由两院的议员提出，政府则有权提出修改意见。经政府修改后的议案文本重新提交两院讨论，进行表决。二院表决通过的议案再交一院。一院也要经过类似的审议，然后表决，赞成或驳回。

修改宪法的程序比通过一般法律的程序要复杂。根据宪法程序，宪法修正案被两院采纳后议会将被解散，进行新的选举，给选民一个表达他们对修宪的看法的机会。新选出的议会须以 2/3 多数才能通过宪法修正案。这种做法的法理原则是修改宪法是一件大事，对这样的大事不能只由议员说了算，必须让全体公民表态。如果是在其他国家，在这时候就会进行一次全民公决，但在荷兰只会采取解散做出修宪决定的议会的做法，专门为修宪进行一次选举。其潜在的含义是，选民如果不接受修改宪法修正案，可以选出代表他们意愿的新议会来否决宪法修正案。新议会需要 2/3 多数才能通过新宪法，这种规定提高了宪法修正案被否决的可能性。这说明修改宪法是一件很严肃的事情。但是，在荷兰的议会实践中，修改宪法在时间上常常与正常的国会改选"撞车"，因此修改宪法的内容在各政党的竞选纲领中常常被淡化。

荷兰的立法程序与其他欧洲国家差别不大，但有一点是比较特别的，即大多数国家的议会一经解散，原来处于讨论中的议案便自行作废，而荷兰议会的工作程序却不同，一个议案在上一届国会中未能通过，可由下一届国会继续讨论。荷兰国会工作程序的这个特点具有很现实的意义。荷兰国会平均每年讨论 250 个议案，每个议案从提出到最后采纳平均需要 14 个月，最长的需要 26 年。如果没有这一规定，许多议案就要在多届议会上反复提出，重复审议，造成时间和精力的浪费。

议案一旦被两院表决通过，女王就必须签署并由一名大臣副署。从法律程序看，这一名副署的大臣有权拒绝签署他不赞成的法案。1976 年，基民盟的司法大臣表示将拒签任何允许堕胎的法案。虽然大臣拒签法案并不违宪，但一旦出现这样的情况，就会引起政治冲突甚至大臣危机。女王也有权拒签某项法案。女王朱丽安娜曾经拒绝签署处决几名德国战犯的命令。为了避免宪法危机，荷兰政府改判这几名战犯为终身监禁。比利时国王鲍德温在 1990 年拒签堕胎法案。此事对荷兰议会有心理上的影响。不过此后再未出现过女王拒绝签署法案的情况，包括后来的贝娅特丽克丝女王从未拒签过议会法案。

　　一般来说，现代欧洲君主立宪制是既要保留君主的形式，又要限制君主的权力。这种对君主权力的限制大多并不表现在宪法文本上，而存在于议会传统中。因此，如何运用宪法在名义上赋予君主的权力是一个很敏感的问题。在这个问题上，荷兰女王一般都很谨慎，避免与国会发生冲突以危及君主制度。但这并不意味着女王对立法没有影响。在涉及一些根本性问题时，女王往往通过与大臣和国会的私下交流，将她的观点通知政府，从而避免公开的冲突。20 世纪 70 年代，比舒维尔政府在没有提供任何解释的情况下突然撤销了一个规范大臣对王室成员责任的议案。这个事件引起各方面的私下猜测。最普遍的说法是，朱丽安娜女王对这个涉及王室利益的议案私下向政府表示她可能拒签，内阁为了避免宪法危机主动撤回了这个议案。

　　国会两院都有对政府实行监督的责任和权力，但二院的权限要比一院大得多。两院对政府实行监督的形式主要有以下几种。①提出立法动议。两院的议员可以以个人的名义或联名向议会提出议案，由议会讨论议决。②修改政府提出的议案。政府提交国会的议案，如两院经过讨论认为议案不完善或有缺陷，可进行修改。两院联席会议也可以对提交联席会议的议案进行修改。③对政府提出质询。两院议员可以向政府官员包括大臣提出质询，追究政府的责任。政府有关官员必须对议员的质询做出认真的答复。议员对政府的质询既可以书面的方式提出，也可以以口头的方式提出。议员对政府的质询必须得到两院的同意，并在两院全体会议上进行。政府对两院的质询必须在三周内给予答复。④专题调查。议会觉得必要时可以成立专门委员会对某个问题进行调查。在调查过程中，可传唤政府工作人员提供材料和证据，政府不得进行干预。调查结果涉及政府官员或政府的决策时，两院可对有关官员或政府部门提出质询。⑤对政府提出问题。议员可以个人的名义向政府部门提出要了解的问题。问题可以书面形式或口头形式提出。这里的问题与质询的问题不同，不带有强制性，大臣也可以不回答。但为了增进政府与议会的协调，大臣对议员提出的问题一般都给予答复。⑥财政监督。国家财政收支报告需由财政部呈交两院审批。政府各部的财务收支报告经审计院审核后也要报两院批准。⑦倒阁。当议会两院认为内阁不再胜任领导国家的重任时，可以通过不信任表决迫使政府辞职。但荷兰的政府与议会有着密切的关系，是由总席位占两院多数的政党联合组成，因此这种情况极少发生。⑧弹劾。政府高级官员以及议会议员本身犯罪或严重违法时，两院可向法院起诉，一旦违法行为得到证实，有关官员将褫夺公职并被追究法律责任。

一院也拥有对政府的监督权，但权限要比二院小得多。一院只有对政府的提问权和调查权，没有修改法案、提出立法动议、倒阁和弹劾的权力。在行使调查权时，两院可组织临时委员会，举行听证会，要求证人出席。议会有权监禁那些拒绝提供证言的目击者。但举行听证会也需要议会多数票通过，因此荷兰两院历史上只举行过十几次听证会，而一院从未举行过听证会。[①] 一院曾尝试扩大自己的听证权，要求给予1/3 或1/5 少数同意即可举行听证会的权力，但此提议被否决。

在实施质询权时，如果议会对某位大臣的回答不满，可随时提出一个表明不满的决议或动议。这样的动议只要由1 名议员提出，4 名议员附议便可提出。但这样的动议对政府官员没有约束力，被批评的大臣偶尔也会不予理睬。越战期间两院多次通过动议要求外交大臣向美国政府提出抗议，但当时的外交大臣一直没有采纳。

---

① Rudy B. Andeweg, Galen A. Irwin, *Dutch Government and Politics*, Palgrave Macmillan, 1993, p. 145.

如果两院提出的动议是一项不信任动议，一经采纳政府便不能不理睬，而且有关大臣甚至内阁必须辞职，否则国会便要解散。这是一个不成文的规则，宪法中没有这一规定。国会偶尔会利用这个规则迫使某位大臣下台，或者通过一项动议将某位大臣的薪金象征性地降低 1 欧元，以示对他的责难。由于不信任案缺乏文字规定，因此有时在实践中会出现偏差，不信任案与一般批评案有时会出现混淆。例如，1966 年内阁因国会的一项批评财政政策的动议而辞职。提出此项动议的议员事后一再声称这个动议并不是不信任动议。1981 年提出的一项动议又出现了模糊不清的情况。为了避免重蹈 1966 年的覆辙，议会又提出另一项动议来澄清第一项动议是否属于不信任案。提出第一项动议的议员马上提出第二项动议，声明他的第一项动议确实是责难动议。这一次，议会否决了他的第二项动议，以免造成政府不必要的误会。

五　国会与政府的关系

荷兰王国宪法对国会两院职权和程序的规定是比较模糊的。国会两院的地位、权限以及现行的工作程序在很大程度上是历史传统的延续，是在一百多年的实践中演化而来的。议会与政府的关系以及议会对政府行为的规范权力大部分形成于 1848 年。在政党还没有出现之前，两院议员中还没有形成对某位大臣的支持势力。由于没有在政治上能够将议员联合起来的组织，议会在短短的任期里不容易形成稳定的势力。议会中的多数派与少数派之分只临时反映在每一个具体的议案上。在没有政党的情况下，内阁的组成由国王决定。议会内缺乏稳定的政治势力，加上国会对内阁的组成没有直接影响，因此内阁的地位实际上在议会之上。

荷兰王国的议会建立后，宪法改革者就进一步提出了分权制的主张，并就议会与国王的关系进行了长时间的争论，但在政党出现之前一直没有取得实质性的结果。政党于 20 世纪初出现后，经过艰苦的努力，将组阁权从王室手里夺回，之后还出现过一些小小的反复。1939 年威廉敏娜女王一度企图恢复王室对组阁的影响，但她挑选的大臣受到议会的抵制，最后女王只得放弃对组阁权的要求。政党出现后，组成议会的便不再是议员个人，而是政党以及由政党组成的派别。议会作为由这些组成元素形成的集体，增强自身的凝聚力和集合力，通过不断地竞争，获得了对另一个集体即政府的越来越大的影响力。这种影响力首先表现在议会的组阁权上。受议会两院选举结果的影响，由占两院席位多数的政党联合组阁并遴选大臣。内阁与议会多数党团之间有了血缘关系。在纷繁复杂的政治斗争中，这种血缘关系有时会出现问题，特别是在20世纪70年代以前。在"柱化"时代，大臣的遴选以技术背景为主，大臣忌讳与议会党团接触。议会党团也自觉遵守协和式民主的游戏规则，不对本党派的大臣施加政治影响。因此，内阁大臣享有相当程度的独立性。内阁大臣与本党派的议会党团之间也常常发生冲突，甚至引起内阁危机，战后时期发生过两次这样的危机。第一次危机发生在1951年。两院自由党党团对本党派外交大臣的荷属新几内亚非殖民计划提出不信任动议，最后导致整个内阁集体辞职。另一次危机是1960年的内阁集体辞职事件。危机是由反对革命党议员对本党派住房大臣的计划提出不信任案引起的。

两次危机表明，荷兰内阁仍保持着自己的独立性。虽然政府各部由内阁大臣领导，但大臣以下的各部门机构组成是非政治化的，不仅有部门自己的利益，也有自己的办事传统。它们并不总是围着议会的指挥棒转，因此政府与国会之间的摩擦是不可避免的。从法律上看，荷兰国会两院对政府有着强有力的监督权。但是，在现代西方国家的分权制下，没有任何一个政治机构的权力是不受制约的，否则就会出现集权倾向，违背西方政治体制的民主原则。根据制衡的原则，荷兰政府对议会也有制约功能。例如，两院有权修改政府提出的议案，反过来政府也有权对议会两院提出的议案进行修改；两院有权弹劾政府，而在必要的时候政府也有权解散议会，提前举行大选。这种制衡关系避免了任何机构的集权化，维持了政治的稳定。

1951年和1960年的两次内阁危机发生后，国会中各议会党团开始改变策略，不再轻易对内阁大臣提出不信任案，而是对本党派中持不合作态度的大臣采取换人的措施，以避免引发内阁危机。这从一个侧面反映了荷兰议会政治规则进化的过程。

20 世纪 60 年代末 70 年代初内阁政治化后，议会的工作方式和规则再次发生变化。大臣与本党派议会党团领袖的定期磋商形成制度，联合政府施政协议的地位得到提高。这个协议不仅规范内阁的政策行为，对议会执政党的党团领袖也有约束作用。政府的政策不再只是内阁的产物，而是由内阁与议会执政党的党团领袖通过协商合作制定，政府在制定政策时比以前更多地考虑议会多数党议员党团的意愿。根据国会的记录，这一时期每年在两院被否决的政府议案平均不足一件，这说明了国会与内阁之间的高度协调性。议会党团与内阁大臣间联系密切化，也使议会党团内部纪律性加强。个别议员采取与党团决议相悖立场的现象减少。内阁政治化以后，议会与内阁之间的冲突减少。现在的冲突往往是大臣与执政党议员为一方，反对党议员为另一方的冲突。这种变化反映了一个事实，即议会党团与政府大臣间的默契增强，这提高了议会的工作效率，却弱化了政党内部的民主原则。

第三节 司法

一 司法系统

荷兰司法制度的起源可以追溯到 1811 年荷兰被并入法兰西帝国时期。法国在其统治下的荷兰建立了司法制度，并实施 1804 年第一版《拿破仑法典》。荷兰摆脱法国的统治后，在司法中继续沿用《拿破仑法典》，但对刑事制裁制度进行了改造，用更符合荷兰文化的理念取代了法国的刑罚哲学。

荷兰司法制度的宗旨是维护社会的和谐与公众安全，制止和减少犯罪，对违反法律的人进行处罚并促使他们复归社会。荷兰的司法体系包括 11 个地区法院（2011 年前为 19 个地区法院）、5 个上诉法院、2 个行政法院和 1 个最高法院。荷兰所有的法官都由政府任命。法官名义上是终身受聘，但实际上 70 岁退休。

1. 法院理事会

每个法院都设立了理事会，法院院长担任理事会主席。理事会负责法院的一般管理和日常运作。理事会成员除了法院院长外，还有部门主管及业务主管，这样可以确保法院内部在重要问题上保持一致。部门主管在本部门的管理上有一定的自由度。法庭对自己做出的判决负责。理事会向司法大臣报告资金的使用情况。法院拥有自主权，司法大臣不直接插手法院的具体事务，只对司法系统整体运作负有政治责任。

2. 地区法院

每一个地区法院之下设立一个分区法庭、一个刑事法庭、一个民事及家庭法庭和一个行政法庭，可以视为简易法庭，主要是审理简单的民事案件。公民可以在分区法庭提起诉讼，不需要聘请律师做代理人。案件由一名法官审理。分区法庭法官通常在聆讯后立即做出口头判决。在民事案件的审理中，分区法庭法官处理所有涉及房东和租客的案件、雇佣关系案件、买卖纠纷案件等。一般来说，所有案值在 5000 欧元以下的商业纠纷案件都由分区法庭法官处理。国会中有人提出一项立法提案，要求分区法庭处理的民事案件案值扩大到 25000 欧元，包括消费者投诉案件和消费信贷案件。

在刑事案件的审理中，分区法庭只处理轻微罪行案件。轻微罪行是指最后刑罚在一年监禁以下的刑事案件。刑期在一年以上的案件由刑事法庭处理。刑事法庭由一名法官或由三名法官组成的合议庭审理。刑事法庭合议庭处理较为复杂的刑事案件。

民事及家庭法庭处理未分配给分区法庭的较为复杂的案件。大多数民事案件由一名法官审理，但有时候也由三名法官组成的合议庭来处理较复杂的民事案件。民事法庭也处理家庭案件和少年案件。在荷兰，有相当多的地区法院由单独的部门审理少年案件。

行政法庭处理涉及外国人的案件和税法案件。这些案件通常由一名法官审理，但有时候地方法院也可以任命三名法官来审理复杂或涉及重大问题的案件。

3. 上诉法院

荷兰共设立有五个上诉法院。这五个上诉法院分别为西部的海牙上诉法院和阿姆斯特丹上诉法院，东部的阿纳姆上诉法院，南部的斯海尔托亨博斯上诉法院，北部的吕伐登上诉法院。如果当事人中有人对初审法院审理的民事或刑事案件结果不服，可以上诉到上诉法院。上诉法院重新审查案件的事实和初审法院判决的理由，最后做出自己的结论。当事人如果对上诉法院的判决不服，可以再次上诉到荷兰最高法院。除了刑事和民事案件外，上诉法院还处理对税务评估不满的上诉案件，以发挥其作为行政法庭的作用。

4. 行政法院

荷兰司法系统中设立行政法院。位于海牙的国家理事会行政管辖司发挥作为荷兰最高行政法院的作用。它接受公众、社团或商业公司对市级、省级或中央政府所做出的决定不满的诉讼。这种诉讼行为也可能发生在两个行政机关之间。该司做出针对初审法院个别案件的判决（如拒绝授予建筑许可）以及一般性质的决定（如城市分区计划）做出自己的裁决。中央上诉法庭主要处理有关社会保障和公务员制度的法律纠纷。在这些领域，它是最高的司法机关。中央上诉法庭设在乌得勒支。行政法院的贸易和工业上诉法庭是一个特别的行政法庭，它审理社会经济行政法领域的争端，以及对特定法律的诉讼，如《竞争法》和《电信法》。贸易和工业上诉法庭设在海牙。在大多数其他行政法案件中，上诉可向国务委员会行政管辖司提出。

5. 最高法院

荷兰的最高法院设立于 1838 年 10 月 1 日，坐落于海牙。荷兰最高法院的司法管辖权涵盖荷兰、荷属安的列斯群和阿鲁巴。最高法院接受对上诉法院判决的再次上诉，管辖的案由对象包括民事、刑事和涉税案件的二审判决。最高法院有权推翻上诉法院的判决并做出终审裁决。最高法院的裁决可作为此后各级法院的判例。最高法院接受下级法院认定的案件事实，只调查法律的引用是否正确。上诉是促进法律引用的一致性。荷兰没有宪法法院。荷兰的最高法院不具备宪法法院的功能，所以它不得对国会通过的法律和批准条约的合宪性做出裁决。

公诉机关在最高法院设有一个办事处，由总检察长负责。它的主要职责是就审判案件提出独立的建议。此外，最高法院和总检察长还有一个任务，即处理民众对法官的投诉。他们可以根据投诉的事实做出暂停法官的职务或罢免法官的决定，甚至对高级公职人员在其履行职责过程中所犯的罪行进行起诉和判决的决定。

6. 国务委员会

国务委员会在荷兰的法律体系中也发挥着重要作用。国务委员会是一个依据宪法设立的政府咨询机构，由王室成员和内阁任命的成员组成，他们通常拥有政治、商业、外交或军事经验。内阁在向议会提交一项法律提案之前，必须将提案递交国务委员会征求意见。国王是国务委员会主席，但他很少主持会议。国务委员会副主席在国王不在时主持会议。根据荷兰王国宪法，当君主缺位时，由委员会副主席担任国家元首。国务委员会行政法律司也作为公民在反对行政部门决定时的上诉法院。

二 执法系统——警察部门

荷兰的警察由市政警察（gemeentepolitie）和国家警察（rijkspolitie）两部分组成，另有一个警察服务中心。荷兰的警察被分为10个区域部队和国家警察部队（KLPD）。警察总编制将近5万人。内政大臣负责全国警察的中央管理。

1. 市政警察

每个警区由一个警区首长领导，下辖各个警察分队。每个直辖市、大直辖市或数个较小的城镇中设立警察局或警察站，由高级警官、警官、社区警官、警探及一名或多名警员组成的警队，负责确保邻近地区、市镇或地区的安全舒适的居住环境。他们在街道上巡逻，为预防犯罪提供建议，或是响应报警提供紧急援助。他们解决交通问题，开展基本的调查活动，为公众提供帮助，处理官方报告，并在他们的网络中与公众分享信息。每支警察部队都包括若干任务领域和专务部门，如少年犯罪、刑事情报和外国人管理支队。在发生严重紧急情况时，警察与消防队、救护机构和该区域的其他治安机构合作共同应对。市政警察提供全天候基本执法服务。市政警察负责在街上巡查。巡逻警察必须身着警服。警察巡逻的工具通常有巡逻车、马匹和摩托车。

自 20 世纪 90 年代初以来，某些警区的巡逻由警察与社区辅助组织合作完成。市镇首长办公室设一名协调员协调警察局的管理工作。首席检察官和部队行政人员对警察部队的管理负有最终责任。在调查犯罪时，警察按照公诉机关的指示进行。

2. 国家警察和警察服务中心

国家警察有自己专门的职责，与此同时还执行支持市政警察的任务。国家警察部门由首席治安官负责其日常管理工作。国家警察的任务包括：掌管和监控全国的治安形势，协调全国警力的部署和调动；打击国内或国际重大的有组织的犯罪行为；打击破坏法治或重要基础设施的活动；在打击犯罪活动的同时为公众提供安全保障；部署骑警、警犬和法医；为皇室成员和其他贵宾提供安全保护；维护高速公路、铁路、航道和航班的安全；打击一切形式的严重暴力和恐怖主义活动。

警察服务中心（PDC）提供后勤管理服务，如财务、信息、通信技术及器材，以及人力资源服务，确保各区域单位的警务人员可以在实际的警务工作上投入更多的时间。

3. 警察的职责及权力

警察经常处理交通问题，包括维持交通秩序、处理交通事故、解决交通拥挤，以及对市民和市政当局提出改善交通状况的建议。警察也有责任维护法律法规的实施，包括可能检查外国人是否拥有合法滞留的文件。警察也负责基本的侦查工作，比如调查盗窃和入室盗窃案。

警察执勤时通常携带警棍、手铐和手枪。警察拥有普通公民所没有的权力。警察有权在进行酒后驾驶检查时要求查看当事人的身份证件。警察执勤不能随便使用暴力和枪支。然而，当公众受到暴力犯罪行为的威胁时，警察可使用武力，但使用武力只能是最后手段，而且是在非常必要时才能使用。警察有权独立行使一些权力，例如在马路上行使逮捕权或使用警笛。更进一步的权力只能在获得法官或检察官的授权后才能使用，其中包括电话窃听、监视和家庭搜查。

在执勤时如果有必要，警察有权违反交通规则。他们不受交通规则大部分条款和1990年规章条例的限制。这意味着警察可以开车闯红灯，使用"硬肩膀"（用车侧面阻拦撞停嫌疑车辆），超速行驶，开车逆行或驶入禁行车道。

警察有权身着便装进行调查。这一条规定不限白天和晚上。这就意味着警察在下班后不穿警服时也可以行使警察的权力。但需要说明的是，穿制服的警察在进行调查时只需要出示个人身份证，但穿便服的警察在进行调查时必须出示警察证。①

三 对罪犯的惩处制度

1. 对未成年犯罪的处理

法国统治时期，荷兰监狱没有区分成人犯和少年犯，少年犯与成年罪犯被监禁在一起。在荷兰摆脱法国的统治后，这个制度遭到质疑，因为这种做法与荷兰的惩罚观念相悖。市民向荷兰罪犯道德改良协会请愿，要求改善少年囚犯恶劣的监狱环境。该组织的宗旨是通过训诫改造罪犯，特别是通过宗教启迪和教育感化罪犯，使监狱更加人性化。这些感化目标一直延续至今。19世纪末20世纪初，监狱进行了各种各样的实践，强化了对青少年的感化和使其复归社会的教育。1901年的《儿童刑事法》强调对犯罪儿童进行复归社会的教育。因此，未成年人的年龄往往是判刑时的减刑因素，荷兰在普遍废除死刑之前首先废除了未成年人死刑，并要求保护未成年人的隐私。这个法律也剥夺了父母在抚养孩子过程中不受约束的权利。父母如果虐待儿童，他们的监护权可能会暂时被剥夺。刑事司法制度的实施必须符合儿童的最高利益。

1967年，美国最高法院对高尔特案件（The Gault Case）的审理引发了青少年刑事司法意识形态的转变。美国的判决在理念上影响荷兰

① https：//www. government. nl/topics/police/police – powers.

的刑罚学。从那时起，青少年和成人刑罚之间明显的分界线消失了。法学家认为，青少年具有自由意志，因此他们应该对自己的行为负责。因此，对罪犯重新融入社会的关注应该从属于确保罪犯得到"正义的惩罚"。在高尔特案件之前，检察官通常会在轻微犯罪案件中撤销指控。事实上，历史上，荷兰有 3/4 的青少年犯罪指控最终被驳回。在美国最高法院 1967 年的判决之后，荷兰检察官大大减少了撤销指控的次数。

2. 罚款

荷兰最常用的制裁是罚款。罚款制度源于 1983 年的《金融惩罚法案》（FPA）。该法案强调以罚款代替监禁。荷兰法院处以罚款的案件约占全部案件的 1/3。《金融惩罚法案》第 24 条强调，法院在决定适当数额的罚款时，应考虑罪犯的支付能力和犯罪性质。在荷兰，罚款制度很受欢迎，但每年有大量的罚款实际上并未得到支付。罚款是一种制裁，违法者支付罚款和承担一定经济损失。它提供了一种替代的制裁措施来惩罚罪犯，从而也减轻了监狱的负担。具体地说，以罚代刑是一种交易。这种交易允许违法者缴纳罚款以避免遭到进一步的起诉。检察官具有极大的自由裁量权，通过以罚代刑来处理犯罪案件。但使用这种方式有一个前提，那就是只有在该案件法定最高刑期少于 6 年的情况下，才可以以罚代刑。这样一来，理论上 90% 的犯罪案件可以通过罚金进行处理。然而，实际上只有 30% 的犯罪案件是通过罚款来解决的。

3. 监禁

监禁是各国通常使用的惩戒罪犯的方式。剥夺罪犯的自由，一方面是在一段时间内将他们与社会隔绝，避免他们继续危害公众；另一方面也是通过剥夺自由的惩罚，增强他们内心对自由的渴望，加深他们对自由的怀念，从而在重获自由后能够加倍珍惜自由，提高自律能力。

荷兰监禁惩戒的记录曾经高于许多西方国家。荷兰的监狱入住率曾比美国低得多。1975 年之前美国的监狱入住率高达 103.9%，而荷兰仅为 68.1%。与美国相比，荷兰的监狱人口比率相对较低，平均每 10 万居民中有 59 人被关在监狱里。美国监狱的人口比率是每 10 万居民中有 666 人被关在监狱里。具体来说，荷兰的官方监狱容量为15074人，远低于美国监狱人口2145100人。

然而，1975年以后，这种趋势逐渐发生变化。大约在过去的三十年里，荷兰的监禁率增长了五倍。20世纪末以来，荷兰监狱满负荷运转。监禁率被人为地保持在低水平，因为荷兰没有建造足够的监狱。这将3/4的记录在案的犯罪都挡在监狱之外。为了解决监狱容量不足的问题，荷兰设立了监狱犯人候补名单。如果新犯人不如监狱里的老犯人的罪行严重，那么新罪犯就被列入名单，直到他们的罪行被认为足够严重为止。这些候补名单产生的原因纯粹是荷兰的监狱里没有足够的可用空间。1995年，由于监狱空间不足，超过5000个未被执行的监禁被撤销。①

第四节　政党

一　政党的变迁

政党一向是以阶级利益为核心、以阶级的政治理想为指向的政治集团。荷兰历史上出现过许多政党，从政党出现的第一天起，荷兰的政党政治就与宗教紧密挂钩。荷兰的政党一方面是以经济利益和政治理想划分的集团，另一方面又是以宗教信仰和文化信念凝聚起来的集团。随着社会的变迁和政治生态的演化，荷兰的政党也在不断洗牌、重组和演化。旧的政党消失，新的政党不断出现。总体上，荷兰政党分为以下几类。

1. **基督教政党派系**

荷兰政党的发展与荷兰社会的"柱化"有着密切关系，从而与宗教教派的斗争有着很大的关系。荷兰第一个政党就是一个宗教政党，即"反对革命党"（Anti-Revolutionary Party，ARP）。其创始人是19世

---

① https://en.wikipedia.org/wiki/Criminal_justice_system_of_the_Netherlands.

纪荷兰加尔文教派领袖亚伯拉罕·库伊柏（Abraham Kuyper）。库伊柏是荷兰新教再改革教派的领袖。在他的推动下，这个教派从荷兰新教改良派中分裂出来。他不仅是反对革命党创始人，而且是再改革教派其他许多组织的创始人，包括新教再改革教派的报纸和阿姆斯特丹大学。1879年，他成立"反对革命党"。这个政党也成为新教再改革教派的核心组织。

荷兰新教再改革教派由加尔文教的正统派教徒组成，其成员多数为小业主，即自称"小人物"的人。他们主张恢复加尔文教的正统教义，要求从当时新教主流教派的精神压迫下解放出来。这个运动刚刚兴起时正逢法国大革命，新教再改革教派的领袖被法国革命时的"人民主权"的政治口号吓坏了。他们认为主权属于上帝，由奥兰治王室代为行使。出于这个原因，他们把自己建立的政党命名为"反对革命党"。

如果说新教中的正统加尔文教派都感受到了新教主流教派的精神压迫的话，那荷兰的天主教会就更有理由发动解放运动。在荷兰共和国时期，天主教会的宗教活动是被法律禁止的，天主教徒的政治权利受到限制。天主教会只能在伪装过的教堂里举行秘密的宗教活动。至今在阿姆斯特丹等大城市里还可以看到那些伪装过的宗教活动场所的遗址。南部以天主教为主的北布拉邦省和林堡省在荷兰共和国时期从未得到过与其他省平等的地位，而处于一种"半殖民地"的状态。这种状况一直持续到荷兰王国成立。19世纪上半叶，荷兰政府开始放松对天主教会的管制。直到1853年，天主教会才恢复自己的各级教会组织。

天主教徒于19世纪末开始进入国会，天主教的第一个政党"罗马天主教国家党"直到1926年才建立。也许是由于荷兰天主教会的高度统一和团结，荷兰天主教始终只有罗马天主教国家党这一个政党。这个政党获得了荷兰85%以上的天主教选民的支持。二战期间，荷兰被德国占领，罗马天主教国家党曾被禁止活动。二战后，罗马天主教国家党恢复活动时，改名为"天主教人民党"（KVP）。天主教人民党采取了一项开明的措施，规定支持自己政治主张的人，即使不是天主教徒也可以入党。虽然有这个规定，但实际上天主教人民党的党员始终是清一色的天主教徒。

荷兰的新教在内部的团结和一致性上远比不上天主教会。新教再改教派成立反对革命党后不久，内部即发生分裂。这次分裂的原因是多方面的。一部分反对扩大普选制的人从反对革命党中脱离，建立了"基督教历史党"。他们采取了亲新教改良教派的立场，希望能够得到改良教派中的保守派选民的支持。但其支持率一直达不到新教再改革教派的反对革命党和天主教的罗马天主教国家党及后来的天主教人民党的水平。20世纪60年代后期和70年代初期，天主教人民党和基督教历史党的支持率迅速下降。虽然所属的宗教派别不同，但这三个宗教政党开始相互接近，并开始讨论合并事宜，实现了各种合作，后来三党的国会党团领袖合于1977年一起提出竞选名单。最终，三党于1980年合并为一个政党，即基督教民主联盟。

基民盟涵盖了荷兰的三大基督教派——天主教、新教改良教派和新教再改革教派，但并未囊括所有的基督教徒。荷兰先后还出现了许多宗教党派，包括天主教党派，但规模都不大。而且，新建立的天主教新党派寿命都不长，最后没有一个存留下来。有的新教小党却表现出顽强的生命力，如加尔文正统派的"政治改革党"（SGP），它于1918年成立，1922年开始在下院中取得席位。政治改革党从加尔文正统派分裂是因为其在政教分离及与天主教合作问题上与正统教派意见不一。政治改革党在许多问题上依然十分保守，特别是在伦理问题上坚持基督教传统观点。其中，最突出的是坚持反对妇女参政。

第二次世界大战以来，新教内部政党丛生。另一个新教小党是"改革政治联盟"（GPV）。它从新教改良教派中分离出来的原因是对基督教的教义理解与主流派不同。1952年，"改革政治联盟"未能获得选商票数，从下院退出，但在1963年的选举中重新进入下院，直到现在在下院一直拥有一个以上席位。

1975年，原新教的基督教历史党和反对革命党中一些反对与天主教人民党合并的成员从基督教民主联盟中分裂出来，在反对开放堕胎的共同目标的推动下成立了另一个新教政党"改革政治联合会"（RPF）。这个党虽然人数不多，但也于1981年在国会中赢得席位。三党合并不仅分裂出一个右翼的改革政治联盟，而且也分裂出一个左翼的政党"福音人民党"（EVP）。这个政党 1980 年成立，在 1982 年的大选中在下院赢得一个议席，以后便成为"绿色左翼"的盟友。

最后一个值得一提的宗教政党是"激进党"（PPR）。这个政党最初是 1968 年由天主教人民党的四名左翼议员分裂出来成立的。以后新教的反对革命党中的几名左翼党员加入这个党，其中盖伊·福特曼被选为激进党领袖，并于 1972 年的大选中进入下院。1989 年这个党与福音人民党一起加入"绿色左翼"。

2. 社会民主党派系

社会主义学说从德国传到荷兰时，荷兰的工业革命还未展开，大规模的社会主义运动的条件还未成熟。荷兰繁荣的经济是靠商业起家的，19 世纪中期和末期农业开始迅速发展，但孕育社会主义运动的工业化开始得很晚，无产阶级在数量上还形不成规模。荷兰工人运动最初的支持者是工匠、城市手工业工人、运河和泥煤工人、破产的农民及农业雇佣工人。荷兰社会主义运动的代表第一次进入国会是在 1888 年。他叫费迪南德·多梅拉·纽文辉斯（Ferdinand Domela Nierwenhuis），实际上来自荷兰北部的农业地区。

荷兰的无产阶级刚刚开始产生时，工人运动同时也发展起来。但当时的工人运动刚一出现，马上就被纳入教会的体系。荷兰的宗教势力很强，工人大多都信教，参加了相应的宗教组织。最初的工会也属于教会组织。天主教会有天主教会的工会，加尔文教派有加尔文教派的工会。荷兰社会主义运动的支持者主要是不信教的工人，数量虽然不断增加，但始终是人口中的少数。荷兰第一个社会主义政党社会党成立于 1882 年。荷兰社会党人仿照德国社会党人的哥达纲领制定了自己的政治纲领。他们最初的领导人多梅拉·纽文辉斯滑向无政府主义后，一部分社会党人分裂出来，于 1894 年建立了另一个政党"社会民主工人党"（SDAP）。其理论体系也来自德国，不过不再是哥达纲领，而是"厄福特纲领"（Erfurt Programme）。社会民主工人党后来与其他社会主义运动组织合并，逐渐发展为社会主义运动的主流派。

1918年，荷兰社会民主工人党一度打算在荷兰发动革命，走俄国的道路，但革命没能发动起来。从此这个党转向"计划社会主义"，即主张与其他政党合作，以国家计划来治理国家经济。1939年，两名社会民主工人党党员首次进入政府任内阁部长。

二战期间，德国占领当局禁止荷兰除国社党以外所有政党的活动，社会民主工人党也销声匿迹。二战后，社会民主工人党重建时改名为"工党"（PvdA），并与原来党内的马克思主义者分道扬镳，但仍然自称是社会主义者或社会民主党人，因为这个党战前的政治路线并没有太大的改变。工党的目标是成为荷兰最大的政党，但这个目标至今仍然未能实现。每次大选所获选票只占总票数的1/4~1/3。

社会主义运动内部也像荷兰新教一样充满分歧和矛盾，不断分裂和重组。第一次大分裂发生在1909年。在这次分裂中一部分人脱离出来成立了荷兰共产党。1918年，荷兰共产党首次进入国会，并将席位一直保留到1986年。1986年，荷兰共产党内部出现了"改革派"。"改革派"与"马列派"之间最后发生分裂。这次分裂的结果是两败俱伤，两派都未能获得进入国会的票数，最终从国会中退出。1989年，荷兰共产党与其他三个左翼小党组成了"绿色左翼"。

冷战时期，荷兰部分社会活动家积极反对东西两大阵营的军事对峙和军备竞赛。这部分人后来组建了"和平社会党"（PSP）。1986年，和平社会党也出现内讧，并于1989年加入"绿色左翼"。20世纪60年代，荷兰工党内部出现一个自称为"新左派"的政治派别。工党内部对这个派别不满的党员退出工党成立了"社会民主70党"（DS'70）。这个党一度在国会占据了8个席位，但后来失去了选民的支持，最后销声匿迹。

3. 自由党派系

从16世纪荷兰共和国成立之初，城市各阶级思想都很活跃。争取新教自由的斗争不断，虽然天主教会受到一定限制，但个人的信仰还是能够得到尊重。这种政治气候对欧洲其他宗教和思想仍受到禁锢的国家的人民很有吸引力。许多人在这个时期迁移到荷兰，包括法国胡格诺教派的信众和英国的清教徒。美国最初的那些清教徒的教派长老有许多就是在荷兰居住过的英国人。他们先从英国来到荷兰，在莱顿居住 10 年后又西渡北美。这个时期宽松的政治环境中也孕育着思想冲突。从共和国刚刚成立到 19 世纪，荷兰一直存在城市贵族和奥兰治主义者的矛盾。城市贵族指的是商业资产阶级，他们希望维持共和国政体；而奥兰治主义者指的是拥戴奥兰治家族为王室的人，这些人多半是下层阶级和正统的新教徒。

　　自由开放的政治气候孕育了自由主义思潮。资本主义发展推动了自由主义思潮的发展。自由主义就是主张对经济生活给予充分自由发展的机会，反对任何政府干预。这种思潮符合自由资本主义发展的要求。19 世纪也是荷兰资本主义发展最迅速的时期，自由主义思想也开始在荷兰政治舞台上亮相。1848 年，席卷欧洲的资产阶级革命给荷兰带来了一部新宪法。新宪法规定国会议员由选民直接选举产生，政府大臣对国会负责。

　　在 19 世纪下半叶，自由主义思潮渗透到社会生活各个领域，包括政治、大学、新闻和商业领域。自由主义思潮的势力迅速壮大，引起新教"柱派"、天主教"柱派"和社会民主党人的警惕。但由于一直缺乏正式的组织形式，自由主义派别虽然有相当的影响，但在政坛上难成气候。实行普选制和比例代表制后，自由主义派别实力急剧下降。二战前荷兰存在几个自由党，但它们的全部票数加起来还不到总票数的 10%。战后，只有一个自由党得到恢复，更名为"自由党"（The Party of Freedom）。战前，另一个自由党并入工党。而工党中一个派别的领袖欧德（P. J. Oud）又带领一批人脱离了工党，于 1948 年建立了"争取自由和民主人民党"（VVD），即当今实力最强的自由党。

　　1972 年，自由党新领袖汉斯·魏格尔（Hans Wiegel）明确了党的政治主张，即继续坚持"自由放任主义"，反对福利国家制度造成的政府机构的臃肿和庞大。因此，自由党被认为是荷兰政坛主要的保守党。

　　最早对荷兰"柱化"制度和主流政党不满的政治力量来自两个方面，一个是极右翼政治势力，另一个是一些开明的知识分子团体。20 世纪 60 年代，阿姆斯特丹的一些知识分子成立了一个民主党，因为是在 1966 年成立的，所以取名为"六六民主党"（D66）。成立之初，"六六民主党"

的意图是要摧毁现存的"柱化"党派制度。它致力于推动宪法改革，以图建立一个新的"更民主的"政党制度，主张直接选举首相，实行国会地区选举制。除了取消了义务投票制外，"六六民主党"几乎没有实现它最初的政治主张，但它还是在荷兰政坛站稳了脚跟，取得了举足轻重的地位。它反对保守的自由党，被认为是进步的自由党，在国会中举足轻重。

荷兰政坛还有一个政党值得一提，那就是"绿色左翼"。"绿色左翼"由荷兰政坛中一些在选举中严重失利的左翼党派联合组成。这一经历有点像三个基督教政党联合组建基督教民主联盟一样。这两个多党合并而成的党派自成立以来，表现出不寻常的稳定和团结。"绿色左翼"的前身有和平社会党、荷兰共产党、福音人民党和少部分激进党成员。1986年大选中，这几个小党同时失利，从国会中退出，决定联合在一起重整旗鼓。1989年，它们选取"绿色"这样一个比较流行的概念，以保护环境和推行左翼社会政策作为自己的政治纲领。这些年来"绿色左翼"在政坛上建树不大，但基本上站稳了脚跟。

荷兰还有许多小政党虽然未能进入国会，但在地方上有一定影响，并且进入地方议会。这些政党包括绿色党（The Greens）、伊斯兰民主党（ID）、荷兰新共产党（NCPN）、为荷兰骄傲党（TROTS）、联合共产党（VCP）、联合老年党（VSP）等。还有一些更小的政党连地方议会都还未能进入。

4. 极右翼派系政党

受当时国际风云的影响，20世纪30年代荷兰出现了一些极右政党。1931年，墨索里尼和希特勒的崇拜者组织了国社党，党魁是穆瑟尔特（A. A. Mussert）。巅峰时期的国社党在1935年各省议会选举中只获得了8%的选票。如果不是由于二战爆发，国社党恐怕早就衰败了。德国占领荷兰期间，国社党是唯一允许存在的政党。但流亡伦敦的荷兰王国政府宣布取缔这个卖国求荣的政党。战后，国社党的许多成员因叛国罪被送上法庭。

20世纪60年代，荷兰出现过一个右翼政党"农民党"（Boerenpartij），其成员主要是农民。从意识形态上看，农民党很难定位，其主要的政治观点是反对政府对经济的干预，特别是对农业的干预，同时强烈反对荷兰的"柱化"制度，反对荷兰占主流地位的大党，因而对一些选民具有吸引力。1967 年大选中，农民党的势力达到顶峰，在国会获得 7 个席位，但后来因内部分歧发生分裂，于 1981 年失去了在国会中的所有席位。

20 世纪 80 年代出现的荷兰右翼小党的主要活动是宣扬恐外仇外情绪，把矛头指向外来移民。这些外来移民是 20 世纪 60 年代经济高涨时期从海外输入的劳动力。荷兰的右翼组织规模要比欧洲其他国家此类组织小得多，但荷兰的选举门槛比其他国家低得多，所以此类极右翼小党也曾两次进入国会。1982 年，极右翼组织"中间党"领袖扬马特（J. G. H. Janmaat）当选国会议员，但两年后由于内讧，扬马特被"中间党"开除出党。他凭借议员身份又创立了另一个极右翼政党"中间民主党"，但在 1986 年大选中败北。"中间党"和"中间民主党"都被开除出国会。在 1989 年大选中，扬马特以 1% 的选票重新进入国会。在荷兰，"中间党"和"中间民主党"被看作新法西斯党，臭名昭著，据说扬马特在国会里成为孤家寡人，其他议员都不愿与之接触。

2002 年，欧洲政坛掀起了一股民粹主义风潮，一些国家出现了排外的运动和相应的政党，如意大利的"北方联盟"和"民族联盟"、丹麦的"人民党"、挪威的"进步党"、奥地利的"自由党"等。法国出现了以勒庞为首的右翼政治势力"人民阵线"。荷兰也出现了一些排斥外来移民的政治家。右翼人物皮姆·富图恩（Pim Fortuyn）在 2002 年竞选演说时抓住普通民众最关心的政府机构官僚习气严重、医疗机构效率低下、高速公路堵车问题，赢得了相当一部分选民的支持。然而，他却在当年 5 月 6 日意外地被一名环保人士刺杀。他的死使"富图恩名单党"在随后的大选中赢得大量的同情票，在下院中获得 26 个席位，成为荷兰第二大政党，得以加入执政联盟。

2002 年 7 月 22 日，由基督教民主党、富图恩名单党和自由民主人民党推举的 14 位大臣和 14 位副大臣组成联合政府，基督教民主党领导人巴尔克嫩德任首相。然而，这个中间偏右的联合政府宣誓就职后数小时，一名内阁成员就因过去经历被曝光而辞职。辞职的是负责妇女事务的国务秘书富图恩名单党的比吉霍特。她被揭发参加过前荷兰殖民地苏里南的武装部队。这支部队被指控在 1982 年屠杀反对派领导人。三个月后，富图恩名单党的两位要员——在新政府中担任副首相兼社会事务与公共卫生大臣的爱德华·邦霍夫（Eduard Jan Bomhoff）和经济大臣赫尔曼·海因斯布鲁克（Hermanus Bernardus Heinsbroek）发生激烈冲突。这两位政府要员的矛盾激化到见面不说话，需要通过通信员来进行交流，导致荷兰政府无法正常工作，最后两人被迫辞职。这件事发生后，内阁其他成员包括首相巴尔克嫩德表示无法与富图恩名单党阁员共事，也纷纷要求辞职。女王批准了内阁辞职。2003 年 1 月，巴尔克嫩德再次组阁。富图恩名单党从此销声匿迹，它的崛起和衰落成为 21 世纪荷兰政坛的一个小插曲。

富图恩名单党虽然从荷兰政坛销声匿迹，但另一个极右政党又迅速崛起。2006 年，从人民党（VVD）退出的政客基尔特·威尔德斯组建了一个新的政党。他沿用人民党前身的名字"自由党"作为自己新创政党的名字（见表 3 - 4）。威尔德斯的政治主张是：遣返从欧盟新成员国和伊斯兰国家来的移民；关闭所有伊斯兰学校；对佩戴伊斯兰头巾者征税，禁止使用《古兰经》；强制外来移民签订归化合同；登记荷兰公民的原民族来源；退出欧元区及退出欧盟；去掉欧盟旗帜上代表荷兰的那颗星星。由于其强烈的反穆斯林和排外倾向，基尔特·威尔德斯被认为是荷兰极右政治人物的代表。然而，他的民粹主义观点在荷兰获得了相当部分民众的支持，由此自由党的影响迅速扩大。2006 年大选中，自由党获得下院 9 个席位，2010 年大选中猛增到 24 席，成为议会第三大党。

表 3 - 4　荷兰主要政党分类及演变

政党名称	缩写	存在时间	政治属性及主张
基督教政党派系			
反对革命党	ARP	1879 ~ 1980	荷兰第一个政党，在"柱派"中属于改良教派
基督教历史党	CHU	1908 ~ 1980	新教第二大党，主要得到改良教派支持
天主教人民党	KVP	1926 ~ 1980	二战前前身为罗马天主教国家党，属于天主教会

续表

政党名称	缩写	存在时间	政治属性及主张
基督教政党派系			
基督教民主联盟	CDA	1980 ~	由上述三个政党合并而成,是一个基督教民主政党,政治定位中间偏右。基民盟支持自由企业制度,主张政府活动只是辅助性的,不能取代公民的行动权利。在政治频谱上,基民盟立场处于自民党的个人主义哲学与工党的国家主义经济管理体制之间。基民盟支持欧洲经济、文化和政治一体化,是基督教民主党国际的成员
福音人民党	EVP	1980 ~ 1989	由反对革命党中反对三党合并的左翼党员组成,1989年与其他一些政党组成“绿色左翼”
政治改革党	SGP	1918 ~	一个极右翼的加尔文教派政党。其伦理观念比基督教联盟党更强烈。虽然从全国来看是一个小党,但在某些正统再改革教派势力较强的市镇拥有较大的号召力。该党的理念完全基于《圣经》,把各级政府看作上帝无条件的仆人,反对政教分离和妇女参政,反对欧洲一体化
改革政治联合会	RPF		加尔文教派组织,反对反对革命党的“左倾”倾向,反对三党合并
基督教联盟党	CU		一个在社会维度上持保守立场的基督教民主党。它的政治理念主要集中在社会伦理问题上,例如反对堕胎、安乐死和同性恋婚姻。在移民和环境问题上,经常与左翼政党保持一致,对欧洲一体化持怀疑态度
社会民主党派系			
工党	PvdA	1946 ~	前身为社会民主工人党,是一个社会民主主义政党,中右倾向。其纲领是争取所有公民获得更高的社会、政治和经济公平。近年来工党遵循中间主义的第三条路线纲领。工党一般支持欧洲一体化。虽然称为工党,但是它与工会没有正式隶属关系,只是日常联系比较密切。荷兰工党是社会党国际的成员

续表

政党名称	缩写	存在时间	政治属性及主张
社会民主党派系			
社会党	SP	1971	一个左翼的平民主义政党,1971 年成立时名为"荷兰马克思列宁主义共产党"。在 20 世纪 70 年代和 80 年代对中国的政治路线持支持立场,但在 1991 年以后放弃了原来的路线,选择了温和的民主社会主义路线,自称已经"从社会主义转变到社会主义"路线,反对欧洲超国家主义
和平社会党	PSP	1957 ~ 1989	产生于冷战期间,20 世纪 80 年代出现内部分歧,后并入"绿色左翼"
荷兰共产党	CPN	1919 ~ 1991	20 世纪 30 年代及第二次世界大战期间领导工人运动,进行反法西斯斗争,力量发展较快。在 1946 年大选中获得 10.6% 的选票,在下议院获得 10 个议席,成为首都最大的党。1947 年冷战爆发后,荷兰共产党力量和影响迅速下降。1984 年通过政治纲领,确定党的目标是通过民主道路实现"民主、人道、进步、爱好和平和自由的荷兰社会主义"。荷兰共产党的理论基础除马克思主义外,还包括"男女平等主义"。此后,它推行思想多元化。80 年代中期后影响力大大下降,被排挤出国会。东欧剧变后处境日益困难。1991 年 6 月宣告解散
绿色左翼	GL	1989 ~	由荷兰共产党、和平社会党、激进党和福音人民党合并而成,主张保护环境和推行左翼社会政策
动物党	PvdD	2002	被认为是一个议题单一的政党。动物党关注的焦点是保护动物的生存权利以及保护环境及水土保持,主张关注教育、隐私、保健和经济。一般来说,动物党被认为是一个处于中左和中右之间的政党

续表

政党名称	缩写	存在时间	政治属性及主张
自由党派系			
自民党（正式名称为自由民主人民党）	VVD	1948 ~	战前各种派别的自由党的后续政党,也是荷兰现在主要的保守党。强调私营企业、市场自由主义和个人在政治、社会和经济事务中的自由。支持欧洲经济一体化,但不是很支持欧洲政治一体化
六六民主党	D66	1966 ~	于1966年成立,目标是摧毁现存的政党制度,提出过大量的政治改革主张
五十加党（老人党）	50 +	2009 ~	一个由养老金领取者组成的政党,致力于维护老年人的权益。虽是小党,但在议会上院和下院都有议席
极右翼派系政党			
富图恩名单党	LPF	2002 ~ 2008	一个右翼民粹主义政党,由皮姆·富图恩创建。2002年大选中赢得26个议席,进入执政联盟,但三个月后因党内矛盾退出政府。2008年解散
自由党	PVV	2006 ~	右翼民粹主义政党,由基尔特·威尔德斯创建。排斥伊斯兰教,排外并且主张荷兰退出欧盟。其影响扩大很快,在2017年3月的大选中获得下院20席,成为下院第二大党,在上院占有9席,在欧洲议会占有4席

资料来源: Rudy B. Andeweg, Galen A. Irwin, *Dutch Government and Politics*, pp. 60 – 61; https: //en. wikipedia. org/wiki/List_ of_ political_ parties_ in_ the_ Netherlands。

二　国家政治生态的变化

社会"柱化"时期,政党是"柱派"的核心和喉舌,与"柱派"网络中的各个组织,如报纸、广播、工会或雇主联合会等保持着密切的联系。各"柱派"的精英几乎都进入本派政党的领导层，并通过政党竞选进入国会，代表本"柱派"与其他"柱派"的领袖进行协商，实行"协合式民主"。后"柱化"时期，"柱派"系统逐渐瓦解，政党的作用开始发生变化。政党所代表的社会集团变得具体化，与经济利益挂钩。"柱化"时期，政党代表的是因宗教和意识形态差异形成的几大集团。在这样的政治结构中，只有两大世俗集团具有比较明显的阶级特征，而两大宗教集团中的阶级利益被淡化，宗教的文化价值观被置于首要地位。在不同的宗教"柱派"中，既没有明确的政治目标，也没有明确的经济利益。后"柱化"时期，政党的宗教价值观逐渐淡化，政治倾向和经济倾向加强。政党由一部分具有共同明确的阶级特征、共同的经济利益，有一定的政治主张，代表一定社会阶层的人组成，政党成为真正的政党。

政党作为社会利益集团，仍然是国会制度的基础之一。后"柱化"时期，国会的代表仍然必须由各政党选派。虽然历史上国会产生的时间早于政党产生的时间，但在实行普选制以后，已经很难再退回到无政党的国会制度。在荷兰现行的政治制度中，内阁阁员可以通过任命产生，而国会议员仍然必须是具有长期政党工作背景的人。这种现象表明，在后"柱化"时期，政党的作用并没有被削弱。1992年，工党内部的一个分离派别对工党的发展方向和组织制度不满，一度想脱离工党另起炉灶。经过一段时间的努力后终于明白，在国会中没有代表权任何运动都是不能长久的，而要在国会中取得席位，就必须提出具有强大社会号召力的政治纲领。

后"柱化"时期，荷兰政党的第二个变化是政党数量大大增加。荷兰政党制度的特点之一是政党规模小、数量多。从历史上考察，荷兰的政党数量曾经由多变少，后又由少变多。1918年实现普选后，政党数量一度迅速增加，如1918年大选时，有23个政党参加竞选，1922年大选中政党数量猛增到48个，1933年大选时再次增加到54个。随着"柱化"的发展，政党被纳入"柱派"体系，政党数量大大减少，1946年大选时只有10个政党参加，20世纪50年代的各次大选中，政党数量一直未超过 13 个。60 年代末，"柱派"开始解体，政党数量也开始增加，1967 年达到 23 个，1971 年增加到 28 个。参加竞选的政党数量虽然增多，但能够进入国会的政党数量一直有限。1918 年刚刚开始实行普选时，有 17 个政党获得下院席位，以后每届选举只有 10～14 个党能够进入国会。50 年代，国会党团数量在 7～8 个。60 年代末以后，随着"柱派"的瓦解，在国会拥有席位的政党最多时增加到 14 个。政治学界有人担心政党数量增多会出现魏玛共和国或法国第四共和国的情况，即难以达成多数一致，从而影响社会稳定。

　　1933 年大选出现 54 个政党竞争的局面后，荷兰规定了竞选押金制。为了避免政党参加竞选过多过滥，竞选押金制规定，凡登记参加竞选的政党必须交纳一笔押金，金额为 250 荷兰盾，只有在大选中获得一定数量的选票，押金才可退回。后来，参加竞选的押金金额提高到 2.5 万荷兰盾。这笔押金只有在该党获得全国 0.5% 的选票后才能退回。按今天的标准，这个金额并不高，不过考虑到政党经费来源有限，这一制度还是可以起到一定制约作用的。

　　后"柱化"时期，荷兰政党的第三个变化是政党领导人的集权化倾向被大大削弱。20 世纪 60 年代以来，政党内部分权化趋势加强，领导层的思想控制被削弱，在提名国会候选人和选举政党决策层问题上，普通党员有更多的发言权。

　　荷兰虽然政党数量众多，但多数小党的作用可以忽略不计，真正能够在政坛上发挥影响力的政党屈指可数。从 1918 年实行普选到二战前，5 个政党主导着荷兰政治。这 5 个政党分别是天主教人民党（或其前身罗马天主教国家党）、反对革命党、基督教历史党、社会民主工人党和自由党。这 5 大政党中，前 3 个政党为宗教政党。这 3 个宗教政党一直在内阁中拥有席位。1939 年以前，社会党人一直未能进入内阁；自由党人力量不大，但在国会中有席位。二战后，社会党演变为工党，自由党也重新组合。荷兰政坛仍然保持五党鼎立的格局。1918～1963 年，5 大政党在各次大选中的合计得票率在 84%～92%，其中前 3 个宗教政党的合计得票率保持在 50% 以上（见表3－5）。

表 3 – 5　荷兰历年参加竞选政党数及获得国会席位数

年份	参加竞选 政党数目	进入国会 政党数目	5 大政党得票 率(%)(1977 年 后为 3 大政党)	5 大政党在下院 的席位(1977 年后 为 3 大政党)
1918	32	17	87.2	87/100
1922	48	10	87.8	94/100
1925	32	11	88.4	94/100
1929	36	12	89.1	92/100
1933	54	14	83.9	87/100
1937	20	10	84.6	89/100
1946	10	7	86.2	88/100
1948	12	8	87.0	89/100
1952	13	8	86.7	90/100
1956	10	7	91.5	94/100
1959	13	8	91.6	142/150
1963	18	10	87.5	135/150
1967	23	11	78.9	123/150
1971	28	14	71.7	113/150
1972	23	14	73.1	113/150
1977	24	11	83.7	130/150
1981	28	10	76	118/150
1982	20	12	83	128/150
1986	27	9	85	133/150
1989	25	9	81.8	125/150
2012		17	58.6	88/150
2017	22	13	48.0	72/150

资料来源：Rudy B. Andeweg, Galen A. Irwin, *Dutch Government and Politics*, p. 72；https：// en. wikipedia. org/wiki/List_ of_ political_ parties_ in_ the_ Netherlands。

　　后"柱化"时期，5 大政党地位开始下降，荷兰政坛出现了一些新的政治势力。"反柱化"趋势使原来的以"柱派"为基础的 5 大政党失去了大量选票。1967 年以后，5 大政党的合计得票率逐年下降。在二战以后的 1946～1963 年，5 大政党在大选中的合计得票率从未低于 85%，却在 1971 年大选中跌至 72%，在下院中占有议席的比例也降至 75%。由于大党在国会的席位急剧减少，在组阁时不得不联合更多的小党组成多党联合执政联盟。三大宗教党在国会下院 150 个席位中只占了 58 席，为了组阁，不得不把新成立的 70 民主社会党拉进执政联盟。后来，工党、天主教人民党和反对革命党组成中左联盟时因未获得法定组阁席位，只得把六六民主党和激进党拉进来，形成 5 党联合执政之势。自 1980 年三个宗教政党因人数减少合并为基民盟以来，能够组阁的政党只剩下 4 个，即基民盟、工党、自民党和六六民主党。

2010 年前后，外来移民和难民问题冲击中西欧，以排外和反欧盟为标志的民粹主义泛滥，民粹主义催生了极右翼政党。荷兰也出现了一个极右翼政党自由党。自由党虽然遭到主流民意的强烈抵制，但其势力依然发展迅猛。在 2017 年 3 月大选前居然被许多媒体预测有夺魁的希望。虽然大选中自由党仅获得下院 20 个席位，但从国会第三大党变为第二大党。不管怎么说，极右翼的自由党现在跻身荷兰五大政党之列。然而，由于极右的政治立场，自由党受到主流政党的排斥，很难在政坛中找到盟友，在可以预见的未来，即便它能够在大选中独领风骚，也很难领衔组阁。

三 各政党的政治定位

荷兰政党的政治定位有两个尺度，另一个是社会 - 经济尺度，另一个是伦理 - 文化尺度。同一个政党在不同的尺度上处于不同的位置。1986 年，有人对参加竞选的各党派候选人进行了一次问卷调查，要他们为自己的政治倾向做一个定位。如果将社会 - 经济尺度划分为由左至右、从 1 开始到 10 结束的均等的 9 等分的话，对各政党的政治倾向进行调查的结果是：共产党，约为 1.2，处于最左端；和平社会党，约为 1.5；激进党，2.3；福音人民党，2.6；工党，3.1；六六民主党，3.7；基民盟，5.0；自由党，5.6；改革政治联盟，6.9；改革政治联合会，7.2；政治改革党，8（见图 3 - 1）。

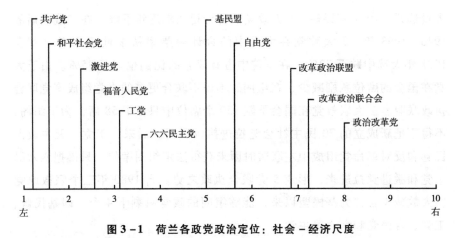

图3-1　荷兰各政党政治定位：社会-经济尺度

资料来源：C. P. Middendorp：*Ideology in Dutch Politics：The Democratic System Reconsidered 1970-1985*，van Gorcum & B. V，1991。

虽然这个尺度是各政党候选人自报的信息，不具有百分百的准确性，而且极右的两个中间党没有参加问卷调查，但应该说还是大致反映了各政党真实的政治倾向。从图3-1中可以看出，荷兰4大政党中，最靠近左端的是工党（3.1），最靠近右端的是自由党（5.6），六六民主党和基民盟则居于工党和自由党之间。其中，六六民主党比较靠左一些（3.7），基民盟（5.0）比较接近自由党。在前面已经说过，按照荷兰政治学家的定义，在社会-经济谱表上，"左""右"是其对经济自由化的政策立场。左翼主张国家对经济进行必要的调节，强调通过政府调节实现收入公平；右翼强调经济自由放任政策，反对政府过多地干预经济，反对高福利政策，反对高福利政策造成的庞大的国家机构：这是"左翼""右翼"的基本分野。在对外政策和防务政策上，右翼一般采取明显的亲美政策，主张强化北约；左翼的立场则一般较为温和，但不同时期也采取不同的政策主张。

在这个政治尺度上，其余的小党全部分布在这4大政党的左右两侧。其中，共产党、和平社会党、激进党、福音人民党位于左端，被称为左翼小党；改革政治联盟、改革政治联合会、政治改革党位于自由党的右边，被称为右翼小党。处于左翼的 4 个小党在谱表上的位置十分接近，由此可见它们最后的合并不是偶然。

上述调查也涉及各政党候选人的伦理 - 文化倾向。调查的问题是对待安乐死的态度，最左端是赞成由病人决定，最右端是反对安乐死，结果用从左到右、从 1 到 7 的六等分尺度表示。在这个尺度上，共产党是 1.7，和平社会党是 2.0，激进党是 2.3，六六民主党是 2.4，工党是 2.5，福音人民党是 2.7，自由党是 3.0，基民盟是 5.1，改革政治联合会是 6.5，改革政治联盟是 6.7，政治改革党是 6.9。与社会 - 经济谱表相比，各政党在伦理 - 文化谱表上的位置有较大的变动。自由党从尺度的右端移到左端；基民盟从原来的中端移到右端，与其他 3 个宗教小党位于同一端；共产党和工党和其他左翼小党仍然位于标尺的左端。唯一不同的是，在这个问题上，六六民主党比工党更左，而福音人民党因大概还有一些宗教的伦理渊源，移到工党右边（见图 3 - 2）。

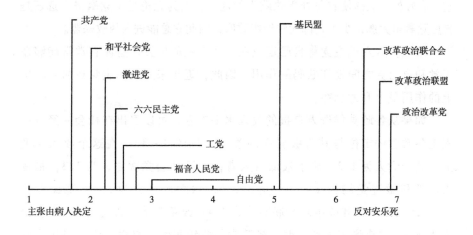

图 3 - 2　荷兰各政党的政治定位：伦理 - 文化尺度对安乐死的立场

资料来源：C. P. Middendorp, *Ideology in Dutch Politics：The Democratic System Reconsidered 1970 - 1985*, van Gorcum & B. V., 1991。

比较两种尺度的定位结果，可以得出以下结论。

第一，无论是从社会－经济尺度还是从伦理－文化尺度看，工党都属于左翼政党。与之相似，共产党、和平社会党、激进党、福音人民党在两个谱表上都属于左翼政党。

第二，从社会－经济的政策主张看，工党和自由党是对立的，因此在国会中，这两个党是一贯的政治竞争对手。

第三，自由党在不同的谱表上有不同的定位，从社会－经济尺度看，自由党属于右翼政党，虽然自由党自我定位为中间党，但由于保守的经济政策，被人们普遍看作右翼政党。但从伦理－文化尺度看，自由党又是一个中间偏左的政党。这不仅表现在对待安乐死的问题上，在堕胎等一系列问题上也是如此。

第四，基民盟的定位要看在哪个谱表上，用伦理－文化尺度来量度，它仍旧表现出宗教政党的本色，是一个十分保守的右翼政党，反对安乐死，反对堕胎；而在社会－经济谱表上，它又是一个中间党。这种中间党的定位对它大有好处，能够使它总处于执政党的地位，因为无论是工党赢得大选还是自由党赢得大选，少了它都无法组织政府，因此它总能进入执政联盟。

第五，六六民主党将自己定位在中间偏左的位置，这使它常常能够在工党和自由党之间发挥砝码的作用，因此，近年来六六民主党在荷兰政坛上的作用呈上升的趋势。

如果从各政党候选人自报的收入水平来看，可以看出在社会－经济谱表上各政党的定位与其阶级属性的关系（见图3－3）。在这个收入尺度上，共产党人为1.2，属于最低收入者；和平社会党次之，为1.3；福音人民党和激进党均为1.7；工党为2.5；六六民主党为3.4；基民盟为4.3；政治改革党和改革政治联盟均为4.4；改革政治联合会为4.7；自由党为5.3。这个谱表大致表明了各政党的阶级属性。自由党党员属于高收入阶层或者有产阶级，所以最反对政府的干预，反对高税收、高福利。工党和4个左翼小党代表低收入劳动阶级的利益，因此最支持福利国家制度。六六民主党再次反映了中间阶级的定位，这与它的社会－经济政策主张也是一致的。

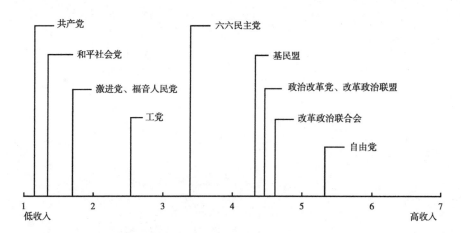

图 3 - 3　各政党候选人的收入水平

资料来源：C. P. Middendorp，*Ideology in Dutch Politics*：*The Democratic System Reconsidered 1970 - 1985*，van Gorcum & B. V.，1991。

图 5-2 ⋯⋯

第四章

经　济

第一节　概况

一　经济简史

1581 年，荷兰人民发动起义，宣布脱离西班牙帝国。1588 年，荷兰七个起义省份宣布成立尼德兰七省联合共和国。弗拉芒地区信奉新教的商人为躲避西班牙人的宗教迫害纷纷逃到新兴的尼德兰七省联合共和国，他们带来了资金和手工业技术。欧洲其他地区的新教难民和犹太难民也以荷兰作为自己的避难天堂，他们带来印刷术、冶金术和珠宝加工技术。在共和国建立后的 100 年里，荷兰经济进入迅速和持久增长时期。

荷兰人善于经商，他们将自己的商品卖到世界各地，于是造船业发展起来。1670 年，荷兰商船队总吨位达到 56.8 万吨，超过老牌的航海强国法国、英国、西班牙和葡萄牙，占了欧洲国家航海总吨位的一半。取得这一发展的主要原因之一是阿姆斯特丹港逐渐成为欧洲商业运输的枢纽。促进荷兰航海业发展的另一个原因是荷兰东印度公司和西印度公司的建立。这两家公司开拓了欧洲与东西半球之间的贸易联系。东印度公司使欧洲人首次与亚洲地区国家进行往来，西印度公司是欧洲联通美洲的贸易渠道。这两家公司的活动促进了欧洲工业产品向亚洲和美洲推广，也使欧洲人获得了亚洲和美洲的珍稀香料和矿产。荷兰人是早期洲际贸易的先驱，他们也从这项活动中获取了大量利润。东印度公司是世界第一家跨国公司，也是最早以股份形式集资的公司。这家公司在阿姆斯特丹的交易场所便是世界上第一家股票交易所。由于两家公司频繁的跨洋贸易活动，大量远洋船队应运而生。荷兰人也因此获得"海上马车夫"的绰号。

除了贸易外，荷兰在建设家园的过程中开始了早期的"产业革命"。"产业革命"使荷兰人从风力、水力和燃烧泥煤中获得动力，通过筑坝拦海获得农田，通过培育良种提高农业生产率，使17世纪中叶荷兰人的生活水平达到欧洲乃至世界最高水准。这一时期，荷兰经济繁荣，被称为荷兰的"黄金时代"。

17世纪最后30年，由于在海上霸权争夺中的失败，荷兰延续了百年的经济高速增长陡然结束。在此后200年里，荷兰人虽然依靠贸易和农业维持着富裕的生活，但国家的经济和国际地位一直未能从衰落中恢复。18世纪，当英国开始工业革命的时候，荷兰还处于"疗伤期"，未能抓住工业革命的机会。这种状况一直持续到19世纪。荷兰政府在这段时间里进行了一些有益的改革，如取消省际关税，打破行业公会垄断的桎梏，建立统一的铸币制度，实施度量衡标准化，建立近代征税制度，同时大量修建道路、运河和铁路。政府的这些改革使荷兰逐渐建立起统一的国内市场。

荷兰的城市经济是手工业和商业占主导地位的经济。19世纪初，荷兰从共和国嬗变为王国时，工业现代化水平还远远落后于它的新属地比利时。这也是比利时人民执意要摆脱荷兰统治的原因之一。这一时，荷兰的进步主要在农业生产方面。农业劳动生产率的提高使从事农业的人数大幅度减少。从农业中转移出来的劳动力有助于新兴的纺织业发展。荷兰努力提高它的国际竞争力，追赶它的邻国德国和比利时，但直到20世纪20年代才赶上比利时。荷兰的工业革命比英国晚了100多年。

20世纪初工业化时期，荷兰的工业奋起直上。电器巨头皇家飞利浦公司（简称"飞利浦"）在工业化浪潮中迅速崛起。鹿特丹成为重要的航运和制造业中心。荷兰人沿袭了几百年的造船业传统，但它的强项不是建造巨型船舶，而是制造豪华游艇。但荷兰经济的黄金年代直到第二次世界大战之后才到来。

从1947年到1973年石油危机爆发前，荷兰经济与西欧其他国家的经济一样经历了一个飞速发展的过程。除1958年出现短暂的停滞外，这个时期国内生产总值年均增长率达到5%，失业率降到2%以下。60年代，荷兰几乎一直处于"超就业"状态,市场对劳动力的需求超过了劳动力的供给。荷兰经济增长率高于西欧许多国家,人口增长率在西欧也处于领先地位。

20世纪60年代是西欧追赶的年代。这一时期,西欧国家与美国的劳动生产率差距不断缩小。西欧经济很快恢复并超过战前的水平。这一时期荷兰的经济增长速度处于西欧国家前列,1951~1963年国内生产总值年平均增长率达到4.4%;1963~1973年上升到5.5%。这个现象被称为"荷兰奇迹"。"荷兰奇迹"出现的原因是多方面的,从经济上看主要是出口增势强劲。这个时期是荷兰历史上出口最活跃的时期,1951~1963年出口年增长率为8.3%,1963~1973年上升到10.4%。出口的增长速度相当于国内生产总值增长速度的两倍(见表4-1)。这一时期荷兰的出口增长强劲,主要在于出口商品具有比较强的竞争力,这部分归因于政府主导下的劳、资、政府三方谈判有效地限制了工资的增长,抑制了通货膨胀,降低了产品成本。

表4-1 1951~1973荷兰国内生产总值增长率及其结构

单位:%

	1951~1963	1963~1973	1951~1973
国内生产总值	4.4	5.5	4.9
私人消费	4.9	5.3	5.1
政府消费	4.3	2.6	3.5
私人投资	6.1	7.4	6.5
政府投资	6.9	2.8	5.0
出口	8.3	10.4	9.4
进口	8.5	9.8	9.1

资料来源:Jan L. van Zanden:*The Economic History of the Netherlands 1914~1995*,Routledge,1998,p.135.

1959年,荷兰发现了大规模天然气田。天然气的出口使荷兰"一夜暴富"。1963~1973年荷兰能源工业部门产值的年平均增长率从1953~1963年的5.1%猛跃到12.3%(见表4-2)。能源部门带来的意外收入使荷兰忽略了其他部门竞争力的提高,导致制造业停滞不前。这种现象后来一再在别的新兴石油生产国出现,因为它最早出现在荷兰,所以被称为"荷兰病"。

表 4-2 "黄金年代"（1953~1973 年）荷兰主要产业增长率

单位：%

	产值增长率		就业率		劳动生产率	
	1953~1963 年	1963~1973 年	1953~1963 年	1963~1973 年	1953~1963 年	1963~1973 年
农业	2.1	4.5	-2.9	-3.3	5.0	7.8
工业	6.8	6.4	1.7	-0.7	5.1	7.1
能源工业	5.1	12.3	-0.5	-4.5	5.6	16.8
建筑业	2.6	3.5	2.8	1.1	-0.2	2.4
第三产业	5.0	5.1	2.1	1.3	2.9	3.8
第四产业	3.2	3.9	2.9	4.9	0.3	-1.0
合计	4.9	5.9	1.4	0.5	3.5	5.4

资料来源：《荷兰中央计划局年鉴》，1986，第 268~271 页。

　　荷兰战后经济高速增长的"黄金年代"到 20 世纪 70 年代初结束。1973~1987 年，荷兰经济年均增长率从 60 年代的 5% 下降到 2%。荷兰经济滑坡比西欧其他国家都明显。80 年代，荷兰人均国内生产总值增长率落后于多数经合组织国家。

　　两次石油涨价对荷兰经济产生了巨大的负面影响。荷兰出口天然气，石油涨价引起其他能源价格上涨，但荷兰政府对此反应迟缓，一直到 1979 年第二次石油涨价时才对出口天然气价格进行上调。虽然荷兰工业竞争力下降，但能源涨价后大量出口天然气获得的收入也使荷兰的国际收支保持顺差。虽然如此，但两次"石油危机"仍然对荷兰经济造成冲击。

　　1973 年以后荷兰劳动生产率急剧下降还有一个重要的原因，即这一时期技术发展缓慢，除此之外，还有一些外部因素，如工资上涨、石油涨价、环境立法等，导致资本存量大幅度减少。这期间新的投资大大减少，而新投资中的一部分又分流到节能和降低排污水平的技术开发中，另一部分又必须用于更替旧设备。这部分分流的投资没有形成生产力，而只是在应付外在的变化。这是劳动生产率增长速度放慢的主要原因。

　　荷兰从 20 世纪 80 年代起开始实行私有化政策。1982 年，荷兰政府将一批国有企业投入市场出售。实行私有化有两个目的：一是通过国有企业私有化提高国有企业的生产效率，最后实现供应学派所说的增加供给；二是增加财政收入减少赤字。在80年代的私有化运动中，政府将部分邮电和邮政银行的股份卖给私人，导致国有部分比重下降，而这意味着政府对经济的介入也减少。

供给管理措施及工资限制政策大大提高了荷兰的国际竞争力，工业赢利性明显提高，财政也重新得到巩固。因此1985年以后荷兰的经济形势明显得到改善。1992~1993年，席卷欧美的经济衰退对荷兰经济没有造成太大影响。70年代和80年代初，高利率对荷兰工业造成强烈的冲击，并引发30年代以来最严重的衰退。90年代初，荷兰却抵挡住了很大程度上由德国统一引发的经济衰退，德国、法国和比利时等邻国的国内生产总值都出现了负增长（低于-1%），而荷兰的国内生产总值仍然继续增长，只是速度稍稍放慢。这说明荷兰经济经过调整，重新步入健康运行的轨道。

二 经济规模

荷兰是一个发达的工业化国家，虽然从人口规模来看，荷兰仅有1700万人，是一个小国，但其经济规模在欧盟成员国中排第6位，在全世界190个国家和地区中居第18位。二战结束以来，由于受世界经济形势波动的影响，荷兰国内生产总值变动很大，最低值为1960年的122.8亿美元，最高值为2008年的9362.3亿美元。2015年，荷兰国内生产总值为7502.8亿美元，2016年进一步上升至8659亿美元，但仍未达到2008年的峰值。荷兰人均国内生产总值按汇率计算为48860美元，按购买力评价计算为50338美元（2016），由此荷兰成为欧洲乃至世界最富裕的国家之一。

荷兰是一个高度外向型国家，经济对贸易的依存度很高。荷兰是仅次于中国、美国、德国、日本的世界第五大商品出口国。商品出口额与服务业出口额之和相当于GDP的81.8%，同时荷兰也是世界第八大商品与服务业进口国、第七大对外资本输出国、第九大外国资本引进国。

2015年，荷兰的外国直接投资存量达到6670亿欧元，相当于荷兰GDP的88.3%。外国投资为荷兰创造了93.5万个就业岗位，占荷兰私营部门总就业岗位的15%。像荷兰这样的小国能够吸引到这么大规模的外资是很罕见的。目前，已有6300多家外国企业在荷兰投资8110个项目。在荷兰外国投资署（NFIA）的帮助下，许多著名国际公司在荷兰落户，包括来自北美的阿伯特实验室（Abbott Laboratories）、波音公司、彭巴蒂耶（Bombardier）公司、西斯科系统（Sysco System）公司、陶氏（Dow）公司、伊斯特曼化工（Eastman Chemical）公司、亨氏（Heinz）公司、梅德电子（Medtronic）、NCR以及锐步（Reebok）等，以及来自欧洲其他国家的博世（Bosch）、达能（Danone）、西门子和RWE。荷兰外国投资署还帮助许多亚洲和中东的公司，如日立、大宇、华为、LG、三星、塔塔咨询公司等在荷兰投资设厂。

荷兰产业间的关系相当稳定，国际收支经常项目保持698.2亿美元的盈余，盈余与国家经济总量之比甚至高于德国。

2015年，荷兰商品出口额为4260亿美元，进口额为3780亿美元，顺差为480亿美元。进出商品主要有机械和运输设备、化工产品、粮食与牲畜、制造业产品、非食用性原材料（不含燃料）等。2015年荷兰进出口商品结构见表4-3。

表4-3 2015年荷兰进出口商品结构

单位：%

商品种类	进口占比	出口占比
机械及运输设备	31	28
化工产品	14	18
矿物燃料	17	13
粮食及动物产品	10	13
制造业产品	10	9
非食用性原材料	4	5
其他	15	14

资料来源：Statistics Netherlands（CBS），ed.，*Trends in the Netherlands 2016*，2016，p. 63。

表4-3中所列的商品种类只是大类，从细目上看，荷兰出口的矿物原料主要是天然气；粮食及动物产品中以农产品和乳制品及肉类制品为主。进口商品中的矿物原料主要是石油产品；制造业产品包含服装及其他

纺织品产品。荷兰的商品出口伙伴国中，排名第一的是德国，第二位是比利时，第三位是法国，第四位是英国，第五位是意大利。进口伙伴国中，排在第一位的也是德国，第二位是中国，第三位是比利时，第四位是英国，第五位是俄罗斯（见表4-4）。

表4-4　2015年荷兰前五位进出口贸易伙伴

单位：%

前五位出口伙伴国	占出口额比重	前五位进口伙伴国	占进口额比重
德国	24.5	德国	14.7
比利时	11.1	中国	14.5
法国	8.4	比利时	8.2
英国	9.3	英国	5.1
意大利	4.2	俄罗斯	5.7

资料来源：https://en.wikipedia.org/wiki/Economy_of_the_Netherlands。

近20年来，荷兰进出口的增长大大快于国内生产总值的增长，这是全球化运动加速的结果，但由于出口商品中经外国转口的商品比重增加，所以出口增长对经济贡献的变化不大。例如，荷兰出口德国的计算机中有许多在中国生产。

矿物燃料在荷兰的进出口中占有重要地位。荷兰在北海的经济专属区石油储备不多，因此荷兰所需的石油是进口商品中的一个重要部分。然而，自20世纪50年代末在格罗宁根发现丰富的天然气资源以来，天然气成为荷兰重要的出口商品。2014年，荷兰最新探明的天然气储量估计为6000立方英尺，约占世界总储量的0.3%，占欧盟天然气储量的25%。从储量上看，荷兰的天然气还可以开采很多年。然而，由于多年的开采，荷兰许多地方出现地面下沉现象，而且引起频繁的低烈度地震。地面下沉和地震已经导致部分地区的建筑物出现倾斜和裂纹。因此，2014年荷兰政府决定从2015年起减少天然气的开采量以减缓地面下沉，这导致荷兰的出口收入相应减少。2015年后，天然气开采减少导致国家经济损失相当于GDP 0.2%的收入。

截至2016年底，荷兰对外直接投资存量约为1.207万亿美元，国内外国直接投资存量约为8440亿美元，外汇与黄金储备为382.1亿美元。

2016 年，荷兰政府财政收入为 3226 亿美元，财政支出为 3335 亿美元，财政赤字率超过欧洲货币联盟规定的 3% 的上限。政府累计债务占 GDP 比重为 61.8%，超过欧洲货币联盟规定的 60% 的上限。这都是欧洲金融危机留下的后遗症。2017 年上半年，荷兰政府采取了一些积极的措施，到年底政府累计债务占 GDP 比重可望降低到 58.7%，回到欧元区规定的限度内。

三 21 世纪初金融危机对荷兰经济的影响

21 世纪以来，荷兰经济像坐过山车，从快速增长到增速放慢，然后又出现短暂的高速增长，之后再次跌至谷底。2014 年以后，荷兰经济才稳步回升。

1996～2000 年，荷兰经济年均增长率超过 4%，大大高于欧洲的平均水平。2001～2005 年，由于全球经济下滑，荷兰的经济增长也明显放慢。2006～2007 年经济增长率在 3.4%～3.9% 徘徊。2008 年，荷兰国内生产总值达到 9362.3 亿美元的历史最高点。然而，受美国次贷危机引发的欧洲金融危机的冲击，2009 年以后荷兰经济骤然跌入低谷。此后经过两年的波动，2014 年才逐渐恢复回升势头。截至 2016 年，荷兰经济总量尚未恢复到 2008 年的水平。

美国次贷危机发端于 2006 年 6 月后美联储连续 17 次提息，将联邦基金利率从 1% 提升到 5.25%。利率大幅度攀升加重了购房者的还贷负担。2005 年第二季度以后，美国住房市场开始大幅降温，住房价格持续下跌，购房者难以将房屋出售或者通过抵押获得融资。受此影响，很多次级抵押贷款市场的借款人无法按期偿还借款，由此抵押贷款市场骤然陷入危机，并且愈演愈烈。由于从事次级贷款业务的机构将其债权打包转卖给其他银行和投资基金，因此随着次级抵押贷款市场危机的蔓延，大批被拖下水的金融机构被迫宣布破产。随着美国次级抵押贷款市场危机蔓延至其他金融领域，银行普遍选择提高贷款利率和减少贷款数量，致使全球主要金融市场出现流动性不足危机。金融危机席卷整个美国，并且蔓延到欧洲，导致经济活动急剧收缩。

美国次贷危机爆发后，不仅道琼斯指数持续跳水，欧洲三大股市指数、日经指数、恒生指数纷纷暴跌。为了防止危机进一步蔓延，有统计称，短短 48 小时内世界各地央行已注资超过 3200 亿美元紧急 "救火"。

股市恐慌猛烈冲击着欧洲各国经济，欧洲金融体系长期积累的系统性金融风险暴露出来。

美国金融风暴迅速向美洲以外地区蔓延。首先遭到冲击的是北欧地区，冰岛主权债务问题开始浮现，后来中东债务危机也开始爆发。这些国家经济规模较小，其债务问题未酿成全球性金融动荡。2009 年 10 月 20 日，希腊政府宣布当年财政赤字占 GDP 比重将超过 12%，远高于欧元区规定的 3% 的上限。全球三大评级公司相继下调希腊主权信用评级，使希腊的主权债务危机雪上加霜，并且开始波及欧元区其他国家。次年 3 月，欧洲五国（葡萄牙、意大利、爱尔兰、希腊、西班牙）的债务问题也不断凸显。在这期间，美国三大评级机构接连下调希腊等债务国的信用评级，使欧元区在频频告急的主权债务问题面前束手无策。在金融危机的打击下，2009 年欧洲各国经济骤然收缩。2009 年，国际金融危机波及欧盟所有国家和除中国外的世界主要国家，其中希腊受到的打击最大。2014 年，所有受这次金融危机打击的国家的经济都摆脱了负增长，只有希腊经济仍处于下滑状态。

荷兰在这次危机中遭受重大打击。2009 年，国内生产总值出现负增长，增速为 -3.6%，2010 年和 2011 年分别短暂回升到 1.4% 和 1.7%，但在 2012 年和 2013 年再度下跌，分别为 -1.1% 和 -0.5%（见表 4-5）。金融危机带来的经济衰退导致政府财政收入减少，失业负担加重，政府财政收支赤字占 GDP 比重在 3% 以上，政府总债务占国内生产总值的 80%。

表 4-5　金融危机时期欧盟主要国家及美国、日本的经济增长率

单位：%

年份 国家	2009	2010	2011	2012	2013
奥地利	-3.4	1.8	2.8	0.6	0.4
比利时	-2.7	2.3	1.7	-0.1	0.1
芬 兰	-8.5	3.3	2.8	-1.0	-1.3
法 国	-3.0	1.6	2.0	0	0.3
德 国	-5.0	3.8	3.3	0.8	0.5

续表

年份 国家	2009	2010	2011	2012	2013
希 腊	-3.1	-4.9	-7.1	-6.9	-3.8
爱尔兰	-6.4	-1.0	2.1	0.1	-0.3
意大利	-5.5	1.6	0.5	-2.3	-1.8
荷 兰	-3.6	1.4	1.7	-1.1	-0.5
葡萄牙	-2.9	1.9	-1.2	-3.2	-1.3
卢森堡	-5.5	3.1	1.9	-0.1	2.1
西班牙	-3.8	-0.2	0	-1.6	-1.2
瑞 典	-4.9	6.2	3.0	1.2	1.5
英 国	-5.1	1.6	1.1	0.2	1.6
美 国	-2.8	2.5	1.8	2.7	1.8
日 本	-5.5	4.6	-4.5	1.4	1.5

资料来源：经合组织网站，http://www.oecd.org/termsandconditions/。

2014 年，荷兰经济开始复苏，国内生产总值增长率恢复到 1.0%，2015 年进一步上升到 2.0%。2011 年，政府财政赤字占 GDP 比重高达 4.3%，2012 年略微降低，为 3.9%，均超过《马斯特里赫特条约》规定的 3% 的上限。2013 年以后政府财政赤字才回到《马斯特里赫特条约》规定的限度内。《马斯特里赫特条约》为欧元区成员国制定的财政纪律中，政府总债务不得超过当年 GDP 的 60%。在这次金融危机中，荷兰政府总债务占 GDP 比重一度高达 70%，2011 年降至 61.7%，但在随后几年里又再度上升，2014 年达到 68.2%，2015 年才略微降至 65.1%（见表 4-6）。

表 4-6　2011~2015 年荷兰经济形势

单位：%

年份 项目	2011	2012	2013	2014	2015
GDP 年变动率	1.7	-1.1	-0.5	1.0	2.0
财政赤字占 GDP 比重	4.3	3.9	2.4	2.4	1.8
政府总债务占 GDP 比重	61.7	66.4	67.9	68.2	65.1

注：政府赤字与政府总债务是按《马斯特里赫特条约》的标准的统计数。

资料来源：*Trends in the Netherlands 2016*, pp. 59, 61。

根据荷兰中央统计局的数据，2016 年政府累计债务占国内生产总值（GDP）的比重降至 61.8%，依然略高于欧元区规定的 60% 的上限。这一进步主要是由于 GDP 增长。GDP 基数扩大后，国债占比自然就下降了。2017 年，荷兰的国债比例将进一步下降。2017 年上半年，荷兰政府债务减少近 140 亿欧元，降至 4210 亿欧元。这是 2010 年以来最低的，占 GDP 的 58.7%。国债减少是因为是政府出售金融资产以及预算出现 40 亿欧元的盈余。

第二节　经济结构

近几年，荷兰三大产业对国内生产总值的平均贡献率为：农业，2.8%；工业，24.1%；服务业，78.3%。2014 年荷兰劳动人口大约为774.6 万人，其中农业占 2%，工业占 18%，服务业占 80%（见表 4 - 7）。从三大产业占国内生产总值的比重与三大产业劳动力占比看，农业的劳动生产率高于工业，工业高于服务业。

表 4 - 7　2014 年荷兰三大经济部门比重

单位：%

	增加值占 GDP 比重	部门劳动力占比
农业	2.0	2
工业	24.8	18
服务业	73.2	80

资料来源：http：//www. nationsencyclopedia. com/economies/Europe/Netherlands -，ECONOMIC - SECTORS. html#ixzz4gku2Ptjd。

一　农业

荷兰的农业包括种植业、畜牧业、渔业和园艺业，是高度赢利的部门。由于人多地少，耕地极其珍贵，荷兰的种植业集约化程度世界最高。荷兰农业增加值虽然只占国内生产总值的 2% ~3%，却是荷兰劳动生产率最高的部门之一。荷兰的农业经过现代化改造后成为高度机械化和技术集约型产业。农业使用最先进的科技进行生产，由此使产量最大化。例如，二战后到20世纪末，科学的土壤分析和适度使用化肥与杀虫剂使农业产量翻了一番。

荷兰的农业构成中，畜牧业约占44%，园艺业占39%，种植业占9%，大田作物占8%。畜牧业在荷兰农业中居于主导地位，2013~2015年荷兰畜牧业发展情况见表4-8。

表4-8　2013~2015年荷兰牲畜存栏量及家禽饲养量

单位：千只，千匹，千头

牲畜家禽种类　　年　份	2013	2014	2015
大型牲畜			
山羊	413	431	470
成年马和幼马	131	127	118
牛	3999	4068	4134
绵羊	1034	959	946
禽类			
鸡	97719	103039	106761
其中：蛋鸡	44816	46570	47682
烤鸡	44242	47020	49107
其他禽类（鸭和火鸡等）	1709	1699	1845
兔	311	321	381
皮毛动物	1031	1003	1023
生猪	12212	12238	12603

资料来源：*Trends in the Netherlands 2016*，p. 73。

荷兰虽然国土幅员小，农产品产量却很高。荷兰是世界上重要的农产品生产国和最先进的农业生产技术创新基地，荷兰农业在世界上占有重要地位，2015年荷兰农产品出口额高达9535.8万美元，[①] 是仅次于美国的世界第二大农产品出口国，是仅次于中国的世界第二大蔬菜出口国，是世界第

---

① The Dutch Ministry of Foreign Affairs, *Facts and Figures*, 2017, p. 23.

四大水果出口国；欧洲居民消费蔬菜的 1/4 是荷兰生产的。农产品出口目的地主要是德国，年出口额达 111 亿欧元。

荷兰畜牧业产品中，猪肉、鸡肉和牛奶产量较高。2015 年，荷兰生产猪肉 145.9 万吨；生产生牛奶 1332.6 万吨（见表 4－9），人均产奶 788.5 公斤。欧盟于 2015 年 4 月 1 日取消了牛奶限额，因此荷兰的奶牛农场大幅扩张，平均每个奶牛农场存栏奶牛达 90 头。乳制品产量与 2014 年相比增长了 2%。

表 4－9　2013～2015 年荷兰畜牧业主要产品产量

单位：万吨

肉类产品（带骨和脂肪）　　　　年份	2013	2014	2015
小牛肉	22.2	21.7	22.5
成年牛肉	15.7	15.9	15.7
羊肉	1.4	1.4	1.4
猪肉	130.7	137.1	145.9
鸡肉	88.8	92.0	95.2
牛奶	1221.3	1247.3	1332.6

资料来源：*Trends in the Netherlands 2016*, p. 74。

荷兰的农产品种类齐全，包括各种大棚和大田产品，如西红柿、黄瓜、胡萝卜、辣椒、蘑菇、白菜、洋葱、甜菜、土豆、玉米、小麦。除此之外，还出产苹果、梨、草莓、葡萄、樱桃、李等水果。2013～2015 年荷兰农产品产量如表 4－10 所示。

表 4－10　2013～2015 年荷兰农产品产量

单位：万吨

产品种类　　　　年份	2013	2014	2015
马铃薯（食用）	348.1	387.1	332.5
马铃薯（种子）	140.0	147.5	151.7
马铃薯（加工原料）	169.5	175.4	180.9
甜菜头	572.7	682.2	486.8

续表

产品种类　　　　年份	2013	2014	2015
洋葱	120.0	122.0	137.1
大麦	20.8	19.7	22.9
燕麦	1.0	1.0	0.7
裸麦	0.7	0.7	6.0
小麦	133.5	130.4	130.0
黑小麦	1.0	0.9	0.7
混合玉米芯（65%干物质）	6.8	6.7	5.3
甜玉米（65%干物质）	18.5	17.3	12.1
饲料玉米（35%干物质）	1026.8	1078.8	797.6

资料来源：*Trends in the Netherlands 2016*，p.75。

荷兰气候温和，地势平坦，土地肥沃，地处欧洲心脏。这里集中了全球著名的农业研究和创新的基础设施。荷兰的农业生产和食品工业实现了高度自动化，采摘水果和水果分类由机器人完成，马铃薯加工、肉类切割都有专门的机器人。

园艺业是荷兰的"常青树"行业。荷兰的园艺业在全球园艺业中独占鳌头。荷兰生产的花卉、盆栽植物、球茎和培育材料享誉世界。荷兰出口的花卉产品占国际市场上花卉产品的44%，在全球花卉产品供应国中排名第一。世界上大约77%的球茎产品来自荷兰，其中90%是郁金香球茎。2015年荷兰出口的花卉产品中，剪花和花蕾占40%。荷兰的五种苗木以及植株、鳞茎、根茎和剪花的出口量均居世界第一。但是，荷兰出口的剪花也面临哥伦比亚、肯尼亚、厄瓜多尔和埃塞俄比亚日益增强的竞争。

荷兰的园艺业创新包括智能温室技术，这种温室是一种浮在水面上的平台，由机器人照料作物，由电脑控制光照和浇水，对废料循环利用，温室中产生的能源超过温室耗费的能源量。这种温室有助于减少碳排放。荷兰将所有废弃的房屋都改造成城市园艺生产基地，如阿姆斯特丹的"绿巢"和城区葡萄园便是由废弃的城市建筑改造而成的园艺基地。荷兰的园艺业所拥有的专利占世界营养技术专业的 6%。荷兰园艺业的中小企业最富创新性。

二 工 业

荷兰的工业包括食品工业、炼油、化工、橡胶、合成材料、冶金及金属加工工业、电器工程、机械、运输设备、能源工业。如果再细分，还可以分出精细化工、微电子设备、石油化工、纺织、造纸等分支行业。表4-11是2012年荷兰工业中各分支部门情况。这一结构在最近几年大致保持不变。

表4-11 2012年荷兰工业中各分支部门情况

单位：%

工业部门	产值	增加值	公司数量	就业岗位
食品工业	22	21	9	16
石油、化工、合成材料	39	29	8	15
冶金、金属加工	9	11	19	13
电气和机械	13	15	11	17
运输设备	5	5	4	5
其他	12	20	49	34

资料来源：Statistics Netherlands（CBS），ed.，*Statistical Yearbook of the Netherlands 2013*，2013，p. 161。

1. 食品工业

荷兰的食品工业非常发达。荷兰是仅次于美国的世界第二大农产品和食品出口国。世界最大的40家食品与饮料公司中，荷兰占了12家。食品加工机械行业为国内生产总值贡献了23亿欧元的增加值，这部分收入中的80%来自出口；为社会提供了66万个工作岗位。

荷兰的农产品大多在出口前加工成食品，因此荷兰的食品工业也非常发达。荷兰是世界最大的牛奶和乳制品生产国，牛奶年产量在1200万~1300万吨，其中大部分加工成黄油、奶酪、炼乳和奶粉（见表4-12）。荷兰主要的乳制品加工企业有坎皮纳（Campina）公司、科倍科特

（Cobercot）公司和弗里斯兰（Friesland）公司。这三家公司的奶制品产量约占荷兰奶制品总产量的 3/4。

表 4 - 12　2013 ~ 2015 年荷兰乳制品产量

单位：万吨

乳制品种类 ＼ 年份	2013	2014	2015
黄油	13.3	13.7	14.6
乳酪	79.4	77.2	84.7
炼乳	36.0	38.2	40.0
奶粉	19.4	20.5	20.8

资料来源：*Trends in the Netherlands 2016*, p. 74。

除了乳制品外，荷兰还出口大量的其他食品及饮料。荷兰酿酒业中最著名的三大啤酒品牌是喜力（Heineken）、巴伐利亚（Bavaria）和高仕（Grolsch）。其中，喜力啤酒年产量高达 100 亿公升。荷兰的婴儿食品、糕点、糖果、巧克力也很有名。荷兰最著名的食品公司有联合利华（Unilever）、波斯瓦森（Bolswessanen）和尼佐（NIZO）等。

尼佐公司又称荷兰乳制品基金公司，是全球最著名的食品加工公司之一，也是世界最先进的食品研究中心之一。研究开发的有机食品的种类和产量大幅度增加，并且比一般食品的增长速度快。

荷兰食品工业不断开发新品牌的食品，尤其是有机食品。世界上顶级的 40 家食品和饮料公司中有 12 家在荷兰设有研发中心，包括尼佐公司。著名的达诺恩公司在乌得勒支设有研发中心，著名的亨氏公司在奈梅亨设立了欧洲研发中心，皇家菲仕兰坎皮纳公司在瓦根宁设立了大型研发中心。

2. 石油化工、精细化工及合成材料工业

荷兰是欧洲重要的化工产品和服务的一个供应者。荷兰有 300 家从事化学工业的大中型企业，是世界第五大化工品出口国。荷兰化工行业主要产品有石油化学产品、合成橡胶、三聚氰酰胺、聚酯纤维等，化工产品出口额达 600 多亿欧元。

荷兰的化工业融合了产业链的上中下游，并和各种研究机构紧密联系。除了通过各类科研机构助推荷兰化工业发展之外，荷兰优厚的税收及开放政策也成为吸引跨国企业在荷兰设立机构的重要原因。荷兰在精制化学品、工业生物技术和高性能材料领域也处在世界前沿。许多世界著名的化工企业将自己的总部、工厂或研发机构设在荷兰。如世界第三大独立化工企业利安德巴塞尔工业 （Lyondell Basell Industries） 公司将其欧洲总部以及先进聚烯烃产品的生产基地设在荷兰。世界最大的石化产品生产企业沙特基础工业 （SABIC） 公司也在荷兰设厂生产聚合物等产品。世界最大的聚芳香酰胺生产商帝人芳纶 （Teijin Aramid） 公司将其总部和研发中心、工厂设在阿纳姆。全球著名的化工企业帝斯曼 （DSN）、杜邦、陶氏化学 （Dow Chemical） 都将自己的生产基地设在荷兰。

荷兰化工业在地理分布上形成了三个集群。以鹿特丹为中心的西部集群主要是以基础化工产品和精细化工产品。这里有壳牌化工、信越化学、拜耳、嘉吉、阿科玛、利安德巴塞尔、陶氏化学、阿克苏·诺贝尔、亚拉等著名公司的工厂。这个集群的化工企业在研发上得到代尔夫特理工大学、乌得勒支大学和荷兰应用科学研究所 （TNO） 为后盾的科研基地的支持。

北部集群以格罗宁根为中心，主要开发工业生物技术和高性能材料。这个集群中有代尔夫宰尔化工园 （Chemical Park Delfzijl）、陶氏化学公司、阿克苏·诺贝尔公司、生物化工 （Bio MCN）、路博润先进材料树脂 （Lubrizol Advanced Materials Resins） 和帝人芳纶公司的工厂。这个集群的研发能力也很强，有格罗宁根大学、特温特大学和在全球材料科学研发领域排名第九的泽尔尼克 （Zernike） 研究所。

南部集群位于以埃因霍温和奈梅亨为中心的地区。这个集群主要致力于新兴热塑性材料研究和生产高性能材料和精细化工产品，落户企业有液化空气 （Air Liquide） 集团、塞拉尼斯 （Celanese） 公司、德克斯高分子塑性材料公司 （DEXPlastomers）、帝斯曼、欧西三聚氰胺 （OCI Melanmine） 集团、沙特基础工业公司和日本积水化学工业株式会社。

这个集群的技术支持机构有埃因霍温大学、奈梅亨大学及应用科学研究所。

3. 电气和机械工业

荷兰的电气和机械工业的传统产品主要有各种船舶、机械部件、港口机械、家用电器、照明设备、多媒体设备、医疗设备、通信设备、办公设备等。如果分得再细一些，船舶制造业重点生产快艇、拖船、渔船、挖泥船、气罐船、冷藏船等；机械部件主要包括汽车使用的特种钢部件。港口机械主要包括起重机、连续装卸机、码头运输车、舷梯、升降机、称重机等；家用电器包括冰柜、洗衣机、烹调搅拌机、电风扇、电饭锅、面包机等；照明设备包括各种工业用和家用照明设备，如射灯、壁灯等；医疗设备包括各种医疗诊断设备和治疗设备，以及空气净化器；办公设备包括打印机、复印机、投影仪等。

荷兰最著名的电气公司飞利浦是世界电子行业内重要的跨国公司，其生产的产品包括照明器具、电子消费品、多媒体设备、家用电器、电子元器件、医疗设备、通信设备和工业电子设备。荷兰另一家公司奥西（Oce）是欧洲著名的大中型复印机生产企业，它兼并了德国西门子旗下的尼克斯多夫印刷机械厂，成为欧洲复印机、印刷机和制图设备的生产巨头。

荷兰的电气机械制造业中有一个行业是水利工程机械制造和工程承包服务业。这个行业主要提供挖掘疏浚服务，承接国际业务。这个行业内的博斯凯尔斯（Boskails）公司、汉姆（HAM）集团、范欧德集团（Van Oord Groep）、巴拉斯特荷兰筑坝公司（Ballast Nedam）和布兰克伏尔特（Blankvoort）公司五家荷兰公司已跻身世界十大水利疏浚企业之列。

荷兰的电气和机械工业中形成一个新兴的环保产业。这个产业致力于环境保护和修复，生产空气净化、污水处理、生活垃圾回收、水域净化等领域的产品。

4. 能源产业

荷兰的天然气零售网络是欧洲密度最高的和高标准的网络。可靠性达到99.995%。2013年，荷兰家庭断电时间累计总共只有23分钟，天然气断气时间累计只有 1 分钟。

每天产生的城市垃圾可以转化成 13 种清洁燃料，用于发电或产生热能。燃尽的灰烬可再度提取或转化为资源。

荷兰很重视再生能源研究。荷兰的能源研究中心（ECN）以及一些研究所和大学研发团队专门从事太阳能的开发。代尔夫特理工大学研制的太阳能汽车分别于 2001 年、2003 年、2005 年、2007 年、2013 年、2014 年和 2015 年在两年一度的太阳能汽车竞赛中赢得"世界太阳能挑战奖"。2016 年，其研制的 NUNA8S 汽车再次获奖，而且创造了利用太阳能驱车 4700 公里的世界纪录。

荷兰在海洋风能发电、生物燃料发电、生物燃料预处理技术、填埋垃圾气体、热冷储存结合热力泵技术开发方面处于领先地位。由于实施了全国风力园研发计划（FLOW），荷兰的海洋风力产业在国际风能市场上占据领先地位。电力传输、汽车蓄电池和充电站技术已经推广到全国。斯奈拉站是 A2 公路上一个新建的太阳能储能站，它将周围太阳能发电站产生的电能储存起来。

荷兰首创绿色气体技术。这是一种将生物体废料转化为能源的技术。这种技术既能消纳废料，减少环境污染，又能增加能源，是一种一举两得的创举。这种技术已经取得荷兰能源公司 ECN 的专利。传统的生物能源生产是利用淀粉质制造酒精，成本较高。绿色能源将生物废料转化为电能的价格较低，具有广阔的发展前景。

荷兰每年的可再生能源发电（风电、水电、太阳能电、生物能电）总量达 120 亿度，占全国全年电力消费总量的 10%。每年用于交通运输的电能中有 5% 来自可再生能源发电，主要是生物能源。

荷兰年生产天然气 703 亿立方米（2014），其中 509 亿立方米出口国外。荷兰拥有欧洲密度最高的天然气输送管道网，干线输送管道总长度达 12200 公里，支线输送管道 136400 公里。

鹿特丹港是荷兰最大的石油提炼中心。这里的五家石油提炼厂是这个中心石化工业群的核心，生产汽油、柴油、煤油、重油和石油化工原料。鹿特丹是仅次于比利时安特卫普和德国盖尔森基兴的世界第三大石化工业中心。2015 年，鹿特丹港的石油产品总产量达到 891 亿吨。

荷兰于 1955 年建立了试验用的多德瓦德核反应堆，1973 年建立了博赛勒商业反应堆。2011 年，博赛勒商业反应堆的发电量占全国电力消费总量的 4%。由于核废料问题未能得到根本解决，这个反应堆于 1997 年关闭。2010 年新政府上台后决定重新启用该反应堆，并于 2012 年 1 月决定建设第二个核电站。

三 服 务 业

服务业是荷兰经济的主体。荷兰服务业创造的增加值占 GDP 的 70% 以上，并且创造了 80% 的就业机会。服务业的主要分支有物流（运输服务）、商品批发零售、金融、保险、计算机服务、通信、旅游、文化休闲，专利和特许、政府服务。荷兰的服务业出口还包括工业服务出口和工程承包服务（建筑业）出口。荷兰的水利工程技术服务已有几百年历史，现在依然经常接受外国承接的水利工程技术服务。荷兰服务业出口中增长最快的是专利与特许服务的出口，2015 年增长了 66.6%；电信业和个人通信服务出口前几年增长很快，但 2015 年略有下降（见表 4 - 13）。

荷兰是世界服务贸易进出口大国，多年来一直名列世界前十。根据荷兰企业署的统计数据，2015 年荷兰服务业出口额约达到 1606 亿欧元，比 2014 年增长 8.2%。服务贸易中，运输服务、专利以及特许费是荷兰服务贸易顺差的主要来源。

表 4 - 13 2014 ~ 2015 年荷兰服务业出口情况

单位：百万欧元，%

项 目 \ 年 份	2014	2015	变动率
服务业总出口额	148450	160653	8.2
工业服务	4995	5578	11.7
保养与修理服务	1748	1906	9.0
运输服务	31809	31377	- 1.4

续表

项 目 / 年 份	2014	2015	变动率
旅游服务	9749	10207	4.7
建筑服务	3002	2728	−9.1
保险服务	1221	1329	8.8
金融服务	4883	4693	−3.9
专利与特许服务	14843	24735	66.6
电信与计算机服务	35381	33318	−5.8
其他商业服务	37146	41175	10.8
人力、文化、休闲服务	2067	1866	−9.7
政府服务	1607	1740	8.3

资料来源：Netherlands Enterprise Agency, "Dutch Export of Services Strong in 2015," 2016。

荷兰的物流业非常发达，拥有一个从原材料到最终产品的完整的运输链。这运输链每年创造550亿欧元的增加值，并为81.3万名劳动者提供了工作岗位，是国家经济强有力的推手。它的两个重要的欧洲物流枢纽——史基浦机场和鹿特丹海港是欧洲的门户，将货物运往欧洲腹地，为生活和生产提供的服务使5亿人受益。

荷兰的运输和交通基础设施完善，海运、空运、公路和铁路运输设施2015年的世界排名分别为第一、第四、第二和第七。因为拥有最快捷的物流服务，阿尔斯梅尔花卉拍卖中心能够在将当天清晨收获的鲜花运送到世界各地。

荷兰服务贸易已形成较为成熟和稳定的发展模式，荷兰政府支持和鼓励服务业和服务贸易发展，陆续出台了一些鼓励措施，对荷兰服务贸易的发展发挥了一定的促进作用。这些措施包括：将现代物流列为九个优先发展领域之一，加大政府支持力度，鼓励私营部门投资；进一步完善现有物流体系，建立一个全面、开放、高度信息化的现代物流系统；增加对基础设施尤其是港口、铁路、公路等交通运输设施的投资，2014年前完成"马斯二期"工程，将鹿特丹港口面积扩大0.2万~1.25万公顷，加大对阿姆斯特丹史基浦机场改扩建项目的投资，提升其作为欧洲第三大机场的运输和中转能力；鼓励资本尤其是私人资本投资金融、物流、建筑和文化休闲等服务部门；为包括服务企业在内的中小企业融资提供便利条件，降低融资门槛；通过高校培养和企业培训等方式，每年为荷兰服务业提供6000~8000名高素质人才，每年重点为荷兰金融、计算机、通信及生命科学等部门培养4000多名专业技术人才。

旅游业是荷兰服务业的一个重要组成部分。旅游业每年对GDP的贡献率大约为5.4%，旅游业从业人员占全国就业者的9.6%。按接待游客人数计算，荷兰的旅游业在世界排第147位，就对GDP和就业的贡献来说，在世界排第83位。北荷兰省是最受外国游客青睐的省份。每年到荷兰的1130万外国游客中，至少有600万人访问过北荷兰省；南荷兰省次之，年招待外国游客140万人。外国游客中，德国人、英国人和比利时人占大多数，分别为300万人、150万人和140万人。荷兰有7处世界遗产，以历史美术作品和遗址闻名。

第三节　企业与金融机构

一　企业的规模结构

自工业革命以来，荷兰的传统作坊逐渐演变为企业。随着生产力的发展，企业数量呈爆炸增长趋势。20世纪上半叶，除涌现出大批大型企业外，中小企业的发展也不可小觑。直到21世纪，中小企业仍然是荷兰经济的主体，无论在数量上还是经营额上都在荷兰经济中占据着重要地位。荷兰仍然是一个以中小企业为主的国家。

按照欧盟的定义，雇员人数在250人以上的企业为大型企业，雇员人数在249人及以下的企业为中小企业。中小企业的年营业额至少在5000万欧元以上，资产负债在4300万欧元以下。欧盟为中小企业制定财务标准是为了便于评估哪些企业可以纳入欧盟对中小企业的援助计划。

荷兰共有各种企业866000家。按照欧盟的定义，这些企业中，中小企业占99.6%，大型企业仅占0.4%。也就是说，荷兰有862500家中小企业，大型企业只有 3500 多家。这 3500 家大型企业每年创造的增加值占全部企业创造的增加值的 37.8%，而中小企业创造的增加值占 62.2%。中小企业创造了国家大部分财富，是荷兰经济的主力军。然而，中小企业更大的贡献还在于创造了大部分就业岗位。在非金融行业中，中小企业从业者占全国就业者的 67.2%。中小企业吸纳了全国很大一部分劳动力。

在荷兰，中小企业数量最多的两个行业是商业和房地产业，其次是建筑业和制造业。商业中的批发和零售企业分布于全国各城市和乡镇。房地产业中有许多从事销售和租赁服务的企业，它们的规模一般都比较小。荷兰建筑行业中不乏大型建筑公司，但更多的是中小型公司，专门从事小规模建筑工程和房屋装饰、维修。此外，还有小型金融公司、旅馆、饭店、旅游公司等。这类企业的员工人数大都在 10 人以下。制造业中，小型企业占 77%，中型企业占 20%，大型企业仅占 3%。

荷兰的中小企业中还有一类企业，即家庭企业。家庭企业是一种以家庭为基础的企业，其资本所有权与经营权是一致的。这类企业可能由夫妻两人经营，或一人经营，有若干名雇员，其中很大一部分没有雇用雇员，仅由经营者一人经营。没有雇用雇员的企业又叫作个体企业或自营者，经营规模往往很小。中小企业的经营门槛低，因此大批的劳动者能够用自己的积蓄作为资本进行创业。这为大批刚刚从学校毕业的青年人或者从大企业下岗的工人开辟了一条自谋职业的道路。

荷兰的中小企业自有资本率（自有资本占总资产的比重）往往比大型企业高。大型企业往往是经营多年的成熟企业，比较容易从信贷市场筹集资金，而中小企业手中的有价证券较少，可以用于贷款抵押的手段不足，所以主要靠自己的积累进行经营，因此自有资金率一般较高。然而，不同行业的企业，其自有资本率也不一样。在荷兰，种植业、渔业和制造业中，大型企业的自有资本率比中小企业高。从国际上来看，荷兰的中小企业尤其是制造业中的中小企业的自有资本率，比法国、比利时和美国的中小企业低，但是比德国的中小企业高。这种区别主要是由不同的法律和税收制度造成的。

借贷难尤其是借到长期贷款难是中小企业的短板。中小企业的自有资本少，因此投资者投资中小企业的风险比投资大型企业的风险更大。因为中小企业的交易成本比大型企业高，它们对风险投资者的吸引力更小。如果要借贷，中小企业也只能更多地利用短期贷款为自己的项目筹款。这也是中小企业脆弱性的根源之一。

但是，中小企业的经营比大型企业灵活。这是它们的优点。为了能够与大型企业竞争，荷兰的中小企业常常更重视产品和顾客的需求，依靠细致入微的服务赢得订单。

虽然中小企业的经营规模相对较小，但荷兰大部分中小企业涉足跨国经营活动，包括进出口、国际投资和国际合作。这种相关性与中小企业的经营规模成正比。介入国际经营活动的微型企业的比重比中小企业低。这主要归咎于欧盟内部大市场便利的法规。由于欧盟内部实现了商品、资本、服务和人员自由流通，而且有欧元作为支撑，这就最大限度地降低了跨国经营的额外成本。欧盟 27 国的大市场为中小企业的发展提供了广阔的空间。这也是荷兰乃至其他欧盟成员国中小企业发展比域外国家更快的重要原因之一。

然而，介入国际经营活动的中小企业的比重比大型企业低，因此在金融危机中受到的创伤也相对小一些。2009 年，荷兰大型企业创造的增加值下降 6.5%，而中小企业创造的增加值的下降幅度是 5.5%，其中微型企业只下降了 4.6%。2008 年国际金融危机期间，大型企业就业率下降幅度也比中小企业大，这主要是因为出口急剧下滑。然而，危机过后大型企业复苏的速度却比中小企业快。

二　大型企业

2016 年荷兰企业绝大多数是中小企业，雇员人数在 250 人以上的大型企业有 3000~4000 家，其中还有极少数巨型企业。这些巨型企业多半是跨国公司。几乎每个产业中都有一两个具有代表性的超级跨国公司。能源工业中的代表是皇家荷兰壳牌石油公司，电子电气产业中的代表是荷兰皇家飞利浦公司，食品工业中有联合利华，化工产业中有帝斯曼和阿克苏诺贝尔公司，机械制造业中有斯托克公司（Stork），运输设备制造业中有DAF。

20世纪上半叶，荷兰涌现出一些大型企业，这些企业在二战后逐渐成为荷兰经济的支柱。这些大型企业是第二次工业革命的成果。在1880年以后的几十年里，得益于技术创新，荷兰的化学、电学、机器制造（内燃机）和石油提炼工业飞速发展，经济产业结构发生了革命性变化。这些变化主要是资本集约化和由此产生的规模经济。规模经济表现为巨大规模生产条件下资本得到最佳运用。由于企业规模日益扩大，旧式的家族式的经营模式已完全不能满市场竞争的要求。大型企业要求管理人员具有专业化的管理知识和技能，要求企业具有健全的领导机构。这种要求使企业资产所有者逐渐脱离企业的管理层，将企业交给具有专门知识和技能的人才管理。工业化时代所有权与经营权分离，由拥有专门管理知识和技能的人领导且拥有功能齐全的管理机构的企业就是最初的管理型企业。

技术革命对资本规模的要求大大提高，企业的扩张不能只靠一两个家族的自有资产实现，而更多地依靠社会集资，股份制便应运而生。股份制产生使企业有了更大的规模空间。荷兰因而产生了世界级的超级大公司。股份制公司使所有权与经营权的分离更加制度化。企业由一整套复杂的管理机构进行管理，经营主管由董事会任命，负责企业的日常事务，并对股东负责。董事会由股东大会选出，决定企业的大政方针，并代表股东监督企业的管理。

荷兰是最早出现股份制公司的国家之一，也是世界顶级跨国公司最早的创立者。荷兰经济中占主导地位的大公司大都在1880～1920年出现。其中，许多公司发展为国际驰名的大型公司。荷兰7家著名大公司的发展过程代表了荷兰工业化不同时期的历程，并雄居荷兰企业榜首多年。这7家公司分别是联合利华（食品）、壳牌（石油）、飞利浦（电气）、阿克苏（人造纤维）、霍戈文（冶炼）、帝斯曼（化工）、喜力啤酒。前4家公司长期名列世界最大的25家跨国公司榜单。

第一家百年老企业是联合利华。这是荷兰最古老的一家大公司，以生产人造黄油起家。1870 年，法国人梅日·莫利斯（Hippolyte Mège-Mouriès）发明了人造黄油。这种食品在英国十分畅销。在没有专利法的时代，人造黄油在 10 年之内被 70 多家工厂仿制。荷兰商人亨利·儒尔根和范登贝赫也大量仿制这种产品，并运到伦敦销售。他们还在德国开设分厂，以绕过俾斯麦的贸易保护主义政策。范登贝赫对人造黄油的营养和成分进行了改良，使它更接近天然黄油。1895 年，范登贝赫的工厂改为股份制公司，并在英国发行股票。儒尔根的工厂也模仿了范登贝赫的做法，改进了管理和销售，也于 1902 年实行股份制。1908 年，这两家公司开始携手合作，共同划分销售市场。1927 年，两家公司合并成立了人造黄油联合（Margarine Unie）公司。1929 年，人造黄油联合公司与英国生产肥皂的利华兄弟（Lever Bros）公司合并，成立了联合利华。联合利华至今仍是世界最大的跨国公司之一，并在中国设立了分支机构。

　　第二家老企业是皇家荷兰壳牌石油公司。皇家荷兰壳牌石油公司的创始人蔡尔克（A. Y. Zijlker）在印度尼西亚苏门答腊岛自家的种植园里发现了石油，于是改行开采石油。1890 年，蔡尔克在银行家范登堡的资金支持下成立了皇家荷兰石油公司。石油公司最初只生产煤油，主要在亚洲销售。1896 年，公司扩大了经营规模，在码头上建设了大型储油罐，便于将煤油装船转运。1900 年后，公司将其销售市场扩大到欧洲，并于 1902 年在鹿特丹建立了炼油厂，不久又在德国建立了炼油厂。在不到 10 年的时间里，皇家荷兰石油公司便有了自己的油田、炼油厂、油槽船队和销售网络。为了应对美国石油巨头洛克菲勒的标准石油公司的挑战，皇家荷兰石油公司与英国最大的石油企业壳牌石油公司结成联盟。1902 年，皇家荷兰石油公司和壳牌石油公司签订了协定，分配在远东的石油市场。强强联合每年带来高达 60% 的红利。1907 年，两家公司合并成立皇家荷兰壳牌石油公司。1911 年，美国颁布的反垄断法为皇家荷兰壳牌石油公司带来机遇。在新法律下，标准石油公司被拆分为 33 家小公司，竞争力和实力被大大削弱。皇家壳牌石油公司乘机于 1912 年打入美国，在美国建立自己的销售网络和炼油厂。皇家荷兰壳牌石油公司于 1927 年开始利用石油副产品生产化肥，并在荷兰的艾穆伊登①和美国的旧金山建立了化肥厂。1911 年以后，荷兰皇家壳牌石油公司成为世界石油行业的巨头，并在第一次世界大战前成为一家典型的管理型企业。荷兰皇家壳牌石油公司在伦敦的总部负责管理运输和销售，而在海牙的总部负责管理开发开采和提炼。

第三家老企业是荷兰皇家飞利浦公司。飞利浦由格拉尔德·飞利浦于1891 年建立，专门生产白炽灯泡。由于当时荷兰还没有实行专利法，因此它可以随便使用爱迪生的发明为自己谋利。飞利浦生产的灯泡成本低廉，在与德国产品的竞争中占据优势。飞利浦的经营战略一是"大、好、廉"，即生产规模要大，产品质量要好，价格要低；二是拓展市场，将产品推向德国、法国和英国。19 世纪最后几年，飞利浦在荷兰白炽灯工业中独占鳌头。1903 年，飞利浦参与建立了白炽灯的欧洲卡特尔，获得11.3% 的市场份额，成为德国以外欧洲最大的白炽灯生产厂家。1912 年，飞利浦改为股份制公司，但公司仍然控制在飞利浦家族手中。第一次世界大战期间，飞利浦取得美国金属丝灯泡的生产专利，使公司得以大规模扩张。20 世纪 20 年代，飞利浦建立了自己的国际销售网络，摆脱了国外的销售代理商。随后又在国外建厂，以便绕过其他国家的贸易保护壁垒。20年代后期，飞利浦开始生产收音机，这是公司产品多样化的第一步。新产品使公司规模再次急剧扩大，雇员人数从 1925 年的 8000 人增加到 1929年底的 2.3 万人。如今，飞利浦公司已更名为皇家飞利浦公司，全球雇员达到 26.5 万人，在世界 100 强中占有一席之地。

第四家老企业是阿克苏公司。这家公司以生产人造纤维起家。公司创始人哈托格斯（Jacques Coenraad Hartogs）在英国考文垂科陶德公司当雇员期间学会了人造纤维生产技术。1891 年，他回到荷兰，建立了恩卡（ENKA）公司。他在海尔德兰省的阿纳姆城郊区开设工厂，因为那里有大量廉价的女工。第一次世界大战使他获得扩大生产规模的机会，并赚取大量利润，恩卡从一家小公司迅速发展为一家能与国际大公司进行竞争的公司。恩卡比飞利浦更依赖国际市场，因为人造丝在国内几乎没有销路。

---

① 在艾穆伊登的工厂是一家联合企业，合作伙伴是霍戈文公司。这家公司提供生产所需的煤气。

1911 年，恩卡在其他国家投资建厂并建立销售网，1925 年建立了自己的实验室，几年后在美国建立了分公司。1929 年，恩卡公司兼并规模比自己大的德国企业格兰兹多夫公司，成为后来的通用人造丝联合（AKU）公司。1969 年，通用人造丝联合公司与一家化学制药公司克卓（KZO）公司合并，组成了阿克苏公司。这家公司后来通过联合改名阿克苏·诺贝尔公司。

第五家老企业是建于 1918 年的冶炼企业霍戈文公司。即使到一战后，荷兰还是十分缺乏钢铁生产能力。政府在一些工业家的鼓动下决定入股建立霍戈文公司。股东还包括一些大银行、航运公司、铁路公司、造船公司、一家石油公司和一些富有的家族。公司建立伊始便采取了管理型公司模式。1924 年，形势发生变化，国际贸易保护主义不断增强，霍戈文公司的生铁销售遇到问题。1928 年，霍戈文公司与荷兰皇家壳牌石油公司成立了一家合资企业，用其炼焦厂的副产品生产化肥。新企业经营得非常成功。直到 40 年代末，霍戈文公司才发展为一家综合性钢铁企业。1945年建立布利德班钢铁厂后，霍戈文公司最初的计划才最终得以完成。

第六家老企业是帝斯曼公司。这是一家大型化工企业，前身是国立煤炭公司。这家煤炭公司位于林堡省，成立于 1901 年。10 年后，它变成一家组织庞大、经营上比较独立的企业。1930 年，这家企业开始生产化肥作为煤炭的副产品。50 年代，以煤炭为原料的化工副产品的生产逐渐增加，生产的煤气的比重越来越大。50 年代末，由于发现煤作为化工原料成本太高，公司于是决定以更廉价的石油和天然气作为原料，集中资金增加这方面的设备。之后，煤炭生产成本越来越高，逐渐成为公司的包袱。1958 ~ 1959 年煤炭危机过后，公司经理力图游说经济事务大臣关闭煤矿。虽然荷兰的煤矿生产率居于欧洲前列，但从长远来看，煤炭生产是没有前途的。1960 年，在格罗宁根省发现天然气，煤炭生产市场前景更加暗淡。政府遂于 1965 年决定在 10 年内关闭所有的煤矿。国立煤炭公司要求政府为其关闭煤矿蒙受的损失给予补偿。政府于 1963 年做出决定，给予其一部分天然气开采股份作为补偿。当时正在开发天然气的荷兰石油合伙公司经过改组，壳牌和 Exor 分别获得 30% 的股份，国立煤炭公司分得 40% 的股份。从天然气的开发中获得的大量利润使国立煤炭公司能够增加在化工领域的投资。1967 年，公司改制为股份公司，名称改为帝斯曼公司。

第七家老企业是喜力啤酒。1864 年，22 岁的杰拉德·阿德里安·海尼根在阿姆斯特丹买下一家名为"干草堆"的酿酒厂。1874 年，杰拉德以自己的姓氏命名企业，将工厂更名为"喜力啤酒公司"，并在鹿特丹开设第一家分厂。1886 年，喜力啤酒采用了一种新研制的"喜力 A 级酵母"。这种酵母至今仍然是喜力啤酒的关键原料。1917 年，杰拉德将公司传给他的儿子亨利·皮埃尔·海尼根。亨利改善了喜力的生产工艺，提高了啤酒的品质。1971 年，亨利将公司传给他的儿子阿尔弗雷德·亨利·海尼根。第一次世界大战后，喜力将产品推到海外。禁酒令在美国解除后第三天，第一船喜力啤酒便在美国登陆。自那以后，喜力啤酒一直是美国最畅销的啤酒品牌之一。第二次世界大战后，许多啤酒厂纷纷倒闭，喜力啤酒兼并了他最大的对手阿姆斯特尔公司，成为荷兰最大的啤酒企业。目前，喜力啤酒在世界 65 个国家拥有超过 130 家酿酒厂，有雇员 57500 多人，年产量 121 亿公升，是世界最著名的酿造企业之一。

近年来，这七家百年企业中的前四家仍名列《财富》杂志世界 500 强榜单。荷兰皇家壳牌石油公司曾长期雄踞 500 强榜单第二名，联合利华多年来位列前 10，飞利浦年年榜上有名，但近年它们的名次有所下降。阿克苏公司如今已改名为阿克苏·诺贝尔公司，虽与霍戈文公司、帝斯曼公司退出世界 500 强榜单，但仍是荷兰商界著名巨头。

三 全球化过程中企业经营战略的变化

1970～2010 年，荷兰的企业发展战略经历了三个阶段。第一个阶段是 1970～1980 年。这个时期企业出现兼并潮，企业的规模有扩大的趋势。第二个阶段是 1980～2000 年。这个阶段的特点是企业规模收缩，而企业数量则大量增加。第三个阶段是 2000 年至今，企业的发展开始出现两极分化，一方面，大量中小企业尤其是个体企业数量迅猛增加；另一方面，少数大型企业经营规模不断扩大。

在第一个阶段，即 20 世纪 60 年代和 70 年代，荷兰及其他发达国家公司有向大规模发展的趋势。这一趋势的产生主要得益于以下四个方面。

首先，1947 年《罗马条约》签订后，欧洲经济一体化进程加速，荷兰的出口市场迅速扩大，企业订单稳步增加，企业的生产规模也相应扩大。欧共体建立以前，荷兰的企业大多面对国内市场，因此无论是制造业的厂家，还是银行和保险公司，其规模都比德国、法国、英国同类厂家的平均规模小得多。欧共体建立后，荷兰的企业向共同体伙伴国延伸，开始与德、法、英等大国的企业竞争。为了提高自身的实力，企业不得不扩大规模，利用规模效益提高竞争力。

其次，计算机的运用也为企业扩大规模提供了技术条件。办公自动化程度的提高降低了公司的管理成本，也使企业规模的扩大突破了原有的操作技术方面的限制，使企业有了大幅度扩张的可能性。由于有了计算机，在生产和经营规模成倍扩大的同时，管理人员增加幅度却很小。这种情况在制造设计、财会、银行和保险领域尤其明显。

再次，20 世纪 60 年代后期席卷荷兰的兼并浪潮也使企业规模越来越大。当时有一种从美国传来的商业思潮，认为企业规模越大越好。对于一些衰落的产业，如纺织业和造船业，政府也鼓励大企业对它们实行兼并，进行规模挽救，将规模当成包治百病的灵丹妙药。在经济事务部几任大臣的强力推动下，1971 年许多造船厂和冶炼厂被 RSV 公司兼并。RSV 公司为容纳这些新的生产力，在政府的巨额补贴下扩建了多条生产线，形成了前所未有的规模。

最后，企业利润不断下降促使企业朝多样化经营方向发展。产业结构的变化以及国际市场变幻不定，使企业利润受到影响。为了降低风险，20世纪六七十年代企业开始向多样化经营发展，以丰补歉，维持利润水平。大型企业经营向多样化发展也是从美国引进的一种思想潮流和商业战略。这是一种"从圆珠笔到原子弹"的生产战略。例如，霍戈文公司从纯钢铁业向炼铝业发展，以避免钢铁市场低迷时受损；AKU 公司原来专门生产人造纤维，后来因国际市场人造纤维生产趋于饱和，便也开始向多种化工产品的生产转移；阿克苏公司、帝斯曼公司、荷兰皇家壳牌石油公司也都经历过产品多样化过程。70 年代初，又出现了一次国际兼并热，如霍戈文公司与德国霍施钢铁公司合并为艾斯泰尔公司（ESTEL），福克飞机公司与德国的 VFW 合并。

荷兰企业规模扩大运动在 70 年代后期戛然而止。福克飞机公司于 1978 年与 VFW "分家"。霍戈文公司与德国的霍施钢铁公司合并后出现了很多问题，遂于 1983 年解体。规模庞大的 RSV 于 1983 年倒闭，这宣告政府鼓励合并的工业政策最终失败。这些不成功的扩大规模的案例使企业重新思考经营方向和规模问题。于是，企业发展进入第二个阶段。

80 年代初，严酷的经济环境迫使企业普遍调整自己的经营战略，从原来的生产多样化向"核心"化转移。许多企业卖掉了与自己的"核心"产品生产无关的生产线，收缩企业规模。中小企业又开始吃香。中小企业效益更高，经营更灵活，更富于创新性，其原因就是中小企业能够最佳地发挥生产专业化的优势。规模效益在市场多变的形势下难以发挥作用。而且，科技进步也改变了规模的作用，例如，微机、互联网的出现使大型主机黯然失色。大型企业将自己的非"核心"生产业务分离出去后，再通过合同将产品最终组合在一起。各种具有不同"核心"产品的企业通过各种合同将生产过程联系在一起。高效益不是来自个别企业的规模，而是来自各个企业的专业化水平。

80 年代后期，经济开始恢复繁荣。繁荣的显著标志之一是企业数量大量增加。中小企业如雨后春笋般出现。它们中有的是从大企业中分离出来的小企业，有的是自己创业的大学毕业生开办的企业，更多的是各种新兴的服务行业的企业，从婴儿照看公司到商业咨询公司。据荷兰中央统计局统计，1984～1994 年荷兰工矿业企业数量增长了 30%，建筑业企业数量增长了 18%，商业（商店、旅馆、餐饮）企业数量增长 24%，运输电信企业数量增长了 35%，商业服务企业数量增长了 108%，企业总数增长了 45%。[①]

---

① Jan L. van Zanden, *The Economic History of the Netherlands 1914 – 1995*, Routledge, 1998, p. 58.

2000 年后，企业战略转型进入第三阶段。这一阶段荷兰的企业不仅数目增加，企业的规模变化也出现回潮，在中小企业发展仍占主流的形势下，少数跨国公司再次扩大规模。这一趋势与经济全球化浪潮有着密切关系。80 年代以来，关贸总协定几个回合的谈判结果使跨国贸易和投资自由化程度大大提高，荷兰大型企业生产和经营的对象从欧共体成员国市场扩大为全球市场。全球市场的竞争更加激烈。市场的扩大要求企业的生产和经营规模相应扩大。同时，投资自由化使企业扩大规模更容易获得新的资金来源。全球化进一步加剧了世界大型跨国公司对世界市场的争夺，而激烈的国际竞争又迫使企业扩大自己的生产规模。

20 世纪 70 年代到 90 年代，经济危机层出不穷，科技创新加速，国际竞争日趋激烈，公司经营战略几经变化，经济全球化深入发展。在各种因素的作用下，荷兰过去那种老大公司几十年稳坐榜首的现象已不再存在。无论是新公司还是老公司，其发展都越来越困难，犹如逆水行舟。原来的 7 家百年企业中有些已经被其他后起公司赶超，如今只有前 4 家名列世界 500 强榜单。一些新的公司进入荷兰工业的主流行列，其中最突出的有皇家阿霍尔德公司和皇家荷兰造纸公司（KNP）。阿霍尔德公司原来主要经营商业零售网络，但后来也进入工业生产领域。皇家荷兰造纸公司是荷兰最著名的造纸公司。1993 年，这两家公司的雇员人数和营业额超过了帝斯曼公司和霍戈文公司。

在 2017 年美国《财富》杂志公布的世界 500 强榜单中，荷兰七家百年老店中的四家赫然在列。它们是荷兰皇家壳牌石油公司、联合利华、荷兰皇家飞利浦公司和喜力控股公司（Heineken Holding）。除此之外，500 强榜单上还有荷兰商界的后起之秀 Exor 集团、空中客车集团（Airbus Group）、荷兰全球保险（AEGON）集团、荷兰国际集团、皇家阿霍尔德·德尔海兹（Royal Ahold Delhaize）集团、路易达孚（Louis Dreyfus）公司、利安德巴塞尔工业（Lyondell Basell Industries）公司、阿奇梅尔（Achmea）公司、荷兰合作银行（Robo bank）、任仕达控股（Rankstad Holding）公司（见表 4－14）。

2017 年，进入世界 500 强的美国公司有 132 家，中国公司 115 家，日本 51 家，德国 29 家，比利时仅 1 家。荷兰作为一个只有 1700 万人口的小国，能有 15 家公司跻身世界 500 强，说明荷兰的国际竞争力不可小觑。

表 4 - 14　2017 年《财富》杂志世界 500 强榜单中的荷兰公司

排名	公司名称	年营业额(百万美元)	利润(百万美元)	投资国
7	荷兰皇家壳牌石油公司	240033	4575	荷兰
20	Exor 集团	154893.6	651.3	荷兰
94	空中客车集团	73628.3	1100.3	荷兰
147	荷兰全球保险集团	58789	483.3	荷兰
150	联合利华	58292.4	5732.7	英国/荷兰
163	荷兰国际集团	55282.3	5501.6	荷兰
165	皇家阿霍尔德·德尔海兹集团	54955	917.9	荷兰
182	路易达孚集团	49838	305	荷兰
374	利安德巴塞尔工业公司	29183	3836	荷兰
375	荷兰皇家飞利浦公司	29003	1601.3	荷兰
409	阿奇梅尔公司	2493.8	- 423.5	荷兰
468	喜力控股公司	23043.6	861.5	荷兰
472	荷兰合作银行	22956.2	828.3	荷兰
473	阿尔迪斯公司	22952.6	- 1722.5	荷兰
477	任仕达控股公司	22873.4	650.2	荷兰

　　资料来源：财富中文网，http：//www. fortunechina. com/fortune500/c/2017 - 07/20/content_286785. htm。

四　金融机构

　　荷兰的中央银行（DNB）由威廉一世国王于 1824 年建立，是一家政策银行。它不介入商业银行的信贷业务，只负责制定荷兰的货币政策，监管商业银行的活动，确保国家金融稳定。

荷兰的金融体系有近 20 家银行和一批保险公司。荷兰最著名的三大银行是荷兰国际集团、荷兰银行和荷兰合作银行。这三家银行总资产达 2 万亿欧元。荷兰金融市场业务的 60% ~ 80% 掌握在以这三家银行为首的少数大银行手中。

荷兰国际集团 荷兰最大的商业银行，前身是 1881 年成立的荷兰皇家邮政储蓄银行。它几经合并，经营规模得到扩大，业务领域得到扩展，目前年营业额高达 552 亿美元，在 2017 年《财富》杂志 500 强榜单上排 163 位。1991 年，荷兰国际集团与具有 150 年历史的荷兰最大的保险公司——荷兰保险公司合并，重组为国际荷兰集团。经过这次合并，荷兰国际集团成为世界上首家能够提供全面金融服务的跨国集团。荷兰国际集团在世界 56 个国家设有分支机构，雇员超过 10 万人。1995 年 3 月，荷兰国际集团成功收购即将倒闭的英国投资银行巴林银行，巩固了其在全球投资银行、公司融资和资产管理市场中的地位。荷兰国际集团是荷兰最大的零售银行，其业务包括银行大额贷款及小额贷款，以及租赁、货款保收和代理业务，贸易和商业贷款、证券交易、房地产融资、投资银行以及企业融资。

荷兰合作银行 又称拉博银行，由荷兰数家农村信用社于 1973 年合并而成，主要从事农业、农业机械和食品等行业的金融交易。荷兰合作银行是荷兰第三大银行，截至 2013 年，在全球 40 个国家设有 1500 多个分支机构，员工达 5.1 万人，私人及企业客户达 900 万户，在荷兰拥有 150 万名会员。荷兰合作银行自 2001 年起连续被《全球金融杂志》评为全球十大最安全银行之一，获得标准普尔、穆迪和惠誉国际较高的信用评级。荷兰合作银行拥有两家分行：荷兰担保银行和荷兰房地产公司（Rabo Vastgoed）。这两家银行分别负责担保业务与国内房地产业务。荷兰合作银行是一家合作型银行，一直在发展合作型结构，由此银行深层次的经济信息和专业知识可以通过广泛的渠道获得。荷兰合作银行与德国 DG 银行合作开展了一项长期计划，与众多的欧洲企业构建起一种新型的金融企业合作网。荷兰合作银行的服务不仅包括为顾客提供经济领域的产品和服务，还对特殊的市场和需要做出准确的预测。新型合作结构的另一个特点是将银行获得的利润进行再投资（银行集团不提供分红），以满足国内外顾客对服务的要求。目前，荷兰合作银行已在北京、上海等地设有办事处，并且与浙江、天津两地的农村金融机构进行了合作。荷兰合作银行已成功入股杭州联合银行。荷兰合作银行在 2017 年《财富》杂志世界 500 强中排第 472 位。

荷兰银行 荷兰排名第三的商业银行，很早就是一家享誉世界的国际性金融集团。其前身可以追溯到 1824 年荷兰国王威廉一世为了振兴荷兰与东印度之间的贸易关系成立的荷兰商业联合股份公司。这家公司于 1990 年与阿姆斯特丹 - 鹿特丹银行合并，成为现在的荷兰银行。荷兰银行总资产 1 万多亿欧元，在全球 60 多个国家和地区拥有超过 3000 家分支机构，有 10 万多名职员。荷兰银行是一家业务全面的银行，提供消费者、商业和投资服务，其中包括商业借贷、贸易融资、投资银行和外汇服务。通过财务管理和操作、借贷、信用状业务和发展其他资本市场的理财工具，和客户建立长久的业务往来关系。为了给客户提供更便利的服务，除既有的分行之外，荷兰银行还发展与电子商务相关的业务。作为百年老店的荷兰银行本来是荷兰最大的商业银行，但是近年来其业务量被荷兰国际集团和荷兰合作银行超过，在国内位居第三。

除了以上三家商业银行外，荷兰还有一些银行在商业活动中也扮演了重要角色。

欧洲信贷银行（Credit Europe Bank） 荷兰十大商业银行之一，提供广泛的量身服务的企业银行产品，重点是贸易和商品金融和海洋金融。

大众银行（De Volksbank） 一家商业零售银行，业务重点在于抵押、储蓄和支付。它是荷兰十大银行之一，总资产超过 600 亿欧元。

KAS 银行（KAS Bank） 享有结算和保管业服务专家的声誉，主要的服务对象是机构投资者和金融机构，在阿姆斯特丹、伦敦和法兰克福设有办事处。

劳埃德（荷兰）银行［Lloyds Bank（Netherlands）］ 苏埃德银行的荷兰支行，成立于 1999 年，总部在阿姆斯特丹。

国民投资银行（NIBC Bank 或 De Nationale Investeringsbank） 一家企业型银行，为荷兰、德国和比利时的企业和消费者提供银行服务业务。

特里多斯银行（Triodos Bank） 世界主要的可持续银行之一，是伦理银行业务的先驱。成立于 1980 年，在荷兰、比利时、英国、西班牙和德国拥有支行。截至 2016 年 12 月，拥有的管理资产超过 125 亿欧元。

范兰硕特银行（Van Lanschot N. V.） 一家在荷兰和比利时提供私营银行业务、资产管理和商业银行服务的金融机构，是荷兰最古老的民间银行之一。

罗贝科集团（Robeco Group） 资产管理的欧洲领袖之一。为全世界投资机构和私营客户提供投资方案。截至 2017 年 6 月，拥有大约 1500 亿欧元的管理资产。隶属于 Orix 公司。

地区银行（Regio Bank） 一家提供全面服务的地区银行，在全国大约有 500 位独立的金融顾问，共有 55 万客户。

米尔斯皮尔森银行（Mees Pierson） 一家私营银行，总部设在鹿特丹，是 ABN AMRO 私人银行业务的一个部门，也是欧元区第三大私营银行。

坎本公司（Kempen & Co） 一家重要的投资银行，致力于资产管理、企业金融、证券和私募股本，是荷兰私营银行范兰硕特银行的分支机构。

弗里斯兰银行（Friesland Bank） 弗里斯兰省的一家地方性零售银行，总部位于弗里斯兰省省府吕伐登市。

德米尔哈克银行（DHB Bank） 一家设在鹿特丹、由土耳其人投资按照荷兰法律建立的商业银行，通过荷兰、德国、比利时和土耳其的机构经营其业务。

除了上述的银行外，荷兰还有一批保险公司，其中实力最强的是荷兰全球保险集团（AEGON），由荷兰两家著名的保险公司 AGO 与 Ennia 合并而成，其名称也是由两家公司的名称组合而成。以海为生的荷兰人，早期走船者多，因此寡妇也特别多。荷兰全球保险集团的前身是 240 年前成立的"友爱及寡妇基金"——一个以扶助妇孺为主的互助会，直至 160

年前才改组为公司，几经合并后正式定名为荷兰全球保险集团。荷兰全球保险集团集总部设在海牙，是世界上排名前五的人寿保险集团之一；市值达 242 亿欧元，总投资达 3680 亿欧元；集团总资产达 2951.2 亿美元，2003 年名列《财富》杂志世界前十大上市保险集团，净收益 20.29 亿美元，在世界寿险公司（股份有限公司）中排第三；主要为美国、加拿大、墨西哥、荷兰和英国 20 多个国家提供全面的金融保险服务，服务客户累积超过 1500 多万；在中国、印度设有代表；核心业务是人寿保险、退休金、相关的储蓄和投资产品，也从事意外与健康保险、普通保险和部分银行业务。荷兰全球保险集团于 2003 年进入中国，与中国海洋石油总公司共同成立合资企业海康保险。荷兰全球保险集团也是荷兰最大的公司之一，在 2017 年《财富》杂志世界 500 强中名列第 147 位。

第四节　治水工程

一　拦海筑坝、排水造田

目前，荷兰有 40% 的国土（包括弗里斯兰省一部分、南荷兰省和北荷兰省的大部分）海拔低于海平面，荷兰海拔最高点也只有 300 多米，正是因为此，荷兰被称为"低地国家"。经过几百年的治理，荷兰人将这些低于海平面的国土变成宜居的家园。

荷兰人治水的历史可以追溯到公元前后。现在可以找到的最古老的荷兰水利史文献当推古罗马历史学家普林尼（Gaius Plinius Secundus）留下的文字记录。他于公元 47 年来到欧洲西北沿海地区，即今天荷兰的弗里斯兰省。根据他的记述，古代的弗里斯兰人用土堆成巨大土台。当洪水没过他们的村庄时，他们就登上土台避水，直至洪水退去。后来，"海墙"即最原始的堤坝代替了土台。荷兰这些重大的水利工程修建的时间要晚于中国战国时代李冰父子主持修建的都江堰工程（公元前 256 年完工），更晚于远古时期领导民众疏浚河道的大禹，但就人均拥有的筑坝排水围垦的土地面积论，无论是在历史上还是在今天，均居世界之首。

荷兰最宝贵的资源就是土地。荷兰人自古以来就善于围海造田。荷兰是国土面积中人工围垦部分比例最高的国家。早期荷兰建造的堤坝主要是保护沿海的耕地。从 18 世纪开始，荷兰人开始利用堤坝围圈海滩，向大海要地。1717 年的圣诞节发生了一次台风，格罗宁根省的多处堤坝被冲毁。台风过后，原来的沙滩外形成一片广阔的滩涂，将海岸线向外推移许多。人们在新的海岸线外沿建起了新的堤坝，获得了比原来更多的可耕地，这片土地被称为外坝地。这种靠围海形成的浮地有 1811 年圈围的北浮地（Noordpolder）和 1827 年圈围的外卉泽浮地（Uithuizerpolder）。按当时的惯例，毗邻滩涂的地产所有人有围垦开发并拥有这些滩涂的权利。这种围海造田的办法后来被荷兰北部沿海其他地区的人纷纷仿效，大量滩涂被围垦出来。格罗宁根沿海出现了许多由滩涂改造而成的浮地。这其中就有泽兰省斯海尔德河道南岸的西乌斯－弗兰德伦（Zeerws-Vlaanderen）和瓦赫伦岛的许多浮地。泽兰省后来还开垦了新的耕地。例如，在南贝弗兰岛（Zuid Beveland）开垦出一片新的浮地，命名为威廉敏娜浮地。这片浮地是由鹿特丹的企业家投资修建的，并首次采用蒸汽机作为排水动力。

　　荷兰人不仅擅长于筑坝，而且擅长排涝，包括沼泽排水、水淹地排水以及浮地排水。将大面积水淹地、浮地或沼泽地的积水排干需要大量的动力。用人力或畜力完成大型排水工程是不可想象的。在蒸汽动力出现之前的几个世纪里，荷兰人巧妙地利用风力作为大规模排水工程的动力。据考证，荷兰第一座用于排水的风车建于 1414 年。原来一座风车最多只能将水提升 5~6 英尺，革新后的风车可以将水提升 16 英尺。历史上治水成就最突出的时期是 18 世纪和 19 世纪。如今荷兰境内的历史水利工程大多是那个时期遗留下来的。

　　南、北荷兰省的低洼地区中，有相当一部分原来就是湖泊。现代荷兰著名的花卉市场阿尔斯梅尔和最大的国际空港史基浦机场当时就处于这些湖泊的底部。向湖泊要土地的工程可以追溯到 19 世纪初。当时每逢雨季，这个湖泊就对附近的农田甚至城市造成威胁。1836 年，一场来自西南方向的风暴将湖水推至阿姆斯特丹城下。一个月后，另一场来自西北方向的风暴又使莱顿城城墙浸泡在水中。事后，荷兰王国成立了一个委员会研究排干湖水的可行性。这样的方案早在 17 世纪就有人提出，但当时蒸汽机还未投入使用，加上缺乏政府的支持，这个设想便被长期搁置起来。

1838 年，排干哈勒姆湖的详细方案制定出来。1840 年，工程启动。工程包括在希勒贡（Hiligom）附近修建一条环形堤，挖掘一条长 60 公里的运河，以及沿着运河修建几个抽水站。环形堤于 1845 年竣工。第一座蒸汽抽水站安装成功。其余两座主要的抽水站也分别于 1848 年和 1849 年完工。现在，这条运河仍旧还发挥着重要的作用，但这块浮地的排水任务已由功能更强大、技术更先进的电动抽水站承担。老式蒸汽抽水站还完好地保留着，作为历史的见证，为国内外的游客们提供了一个观光景点。哈勒姆湖的湖水被排干后，湖底露出来，获得了 1.8 万公顷土地。这个工程的首要目的是防洪而不是造地，但对于土地资源极其缺乏的荷兰来说，新获得的土地也是一笔宝贵的财富

二 须德海工程

进入 20 世纪以后，由于经济的发展、人口的增长，以及工业化和城市化，荷兰对土地的需求陡然增加，荷兰的围垦造地运动进入一个新阶段。科学技术的进步使荷兰人民征服大海的手段大大丰富。须德海拦海造地工程（简称"须德海工程"）便是在这个时候提到议事日程上来的。

须德海工程的设想最初是由一个名叫亨德里克·斯蒂温（Hendrik Stevin）的人在 1667 年提出来的。须德海是荷兰北荷兰省与弗里斯兰省之间的一个大海湾。如果在两省外端之间筑一个大坝，整个须德海就将被围成内湖，如果再将坝内的水抽干，新获得的土地面积将大大超过荷兰历史上围垦的土地面积的总和。由于当时的技术条件有限，这个设想长期停留在纸面上。

第二次世界大战后，须德海工程正式提上政府工作日程。根据规划，工程的目标有三个：第一，修筑一条 32 公里长的大坝，将须德海与北海之间的水道截断，荷兰的海岸线将缩短 300 公里，使国家遭受海潮的威胁大大减轻，须德海变成一个大型湖泊；第二，在坝内继续筑堤排水围垦出 5 块浮地，经开垦将获得 20.5 万公顷新的农用土地；第三，坝内的水将自然淡化，围垦后保留一片面积 12 万公顷的淡水湖，不仅为农业生产和

工业生产提供丰富可靠的水源，而且可以大大减轻海水对北荷兰和弗里斯兰两省土地的渗透和土地碱化程度。

须德海拦海工程的主体部分是阿夫鲁戴克拦海大坝。周密的测量和分析表明，大坝修建的最佳走向应是从北荷兰省北端的威灵根岛开始，向西北经过布雷桑岛（Breesand Bank），到达弗里斯兰省的苏黎赫村（Zurich）。以布雷桑岛为中点的东西两段大坝各修建一个船闸。西段船闸名为斯蒂温船闸（Stevin Lock），大坝西端同时修建 15 个排水闸；东段船闸名为洛伦兹船闸（Lorentz Lock），大坝东端同时也修建了 10 个排水闸。拦海大坝建成后，须德海将变成一个湖泊，名为艾瑟尔湖（Ijssel Meer）。

须德海工程设计围垦 5 块浮地，除了大坝动工前的实验工程威灵湖浮地外，其余 4 块浮地及面积分别是：东北浮地，4.8 万公顷；东弗莱福兰浮地，5.4 万公顷；南弗莱福兰浮地，4.3 万公顷；马克沃德浮地，4 万公顷。这 4 块浮地其实还是低于水面的，所以它们的四周计划用堤坝围起来，最后将坝内的水排干，由此四块浮地才能浮出水面（见表 4 – 15）。

表 4 – 15   须德海拦海工程获得的浮地

单位：公顷

浮地名称	面积（公顷）	工程开始年份	堤坝完成年份	完成排水年份
威灵湖浮地	20000	1927	1929	1930
东北浮地	48000	1937	1940	1942
东弗莱福兰浮地	54000	1950	1956	1957
南弗莱福兰浮地	43000	1959	1967	1968
马克沃德浮地	40000	1957	计划最后被放弃	

资料来源：根据 The Dutch Today 中相关数据整理。

1927 年，大坝从东、西两端同时开工。1932 年，大坝合龙。大坝坝顶高出海平面 7.5 米，设计之初坝顶预留了足够铺设两条铁路和一条公路的宽度。在铁路还未铺设前，坝顶铺设了一条四车道的高速公路。工程人员在大坝合龙处立了一个纪念碑，碑文是："生气勃勃的民族建设着自己的未来。"

1937 年，东北浮地开始动工，1940 年建成。东弗莱福兰浮地于 1950

年动工，1957 年建成。南弗莱福兰浮地于 1959 年动工，1968 年竣工。20
世纪 60 年代南弗莱福兰浮地建成露出水面时，英国人法兰克·哈盖特目
睹了这一过程，并做出生动的描述：

　　当土地第一次从水中露出来的时候，那是一幅多么悲凉的景象
啊！我永远忘不了第一次看到南弗莱福兰浮地的感受。那是在一个冬
季，到处是黑色的光秃秃的海底淤泥，浅浅的积雪和一汪一汪的未排
干净的海水一直延伸到看不到尽头的薄雾中。……这里没有动物，没
有飞鸟，甚至没有昆虫，只有远古文明的遗迹。……这片刚刚露出的
海底依然是那么神秘莫测，以至于我不敢贸然向前迈出一步。
　　一年以后芦苇被砍倒焚烧。土地被翻耕种上油菜籽。菜籽榨出的
油用来生产人造黄油。油菜收获后，土地便开始播种谷物。土地一旦
开始耕种，大陆的动物也开始迁进来。开始是田鼠，然后是它们的天
敌茶隼。更大一些的动物，如兔子和鹿，是在冬季里越过结冰的湖面
来到这里。人们开始在这里栽种青草和速生树木，主要是杨树和柳
树，然后开始修路。再往后开始建造房屋，修整田地。不久以后，这
里便很难再找到什么东西能使你回忆起过去的荒凉和苍茫了。与大陆
景观最大的区别，是这里极目所至到处都是直线：笔直的公路和矩形
的农田。①

　　20 世纪 60 年代末完成筑坝和排涝的南弗莱福兰浮地与东弗莱福兰浮
地连成一片，双双构成一个四面环水的岛。这片浮地消纳了 25 万从兰斯
塔德地区迁出来的富余人口，并沿着东瓦德地普运河和伏列沃铁路建成一
个不连续的工业区。
　　说起规划中的第五块浮地马克沃德浮地，荷兰人对它寄予了极大的希望，
希望它建成后能够发挥多方面的功能。这个拟议中的浮地尽管会带来极大的
经济效益，但反对修建的声浪越来越高。反对者的理由主要聚焦于生态价值。

---

　　①　Frank E. Huggett, *The Dutch Today*, The Hague, The Netherlands, 1978。

经过多年的争论，最终在 1957 年达成共识，决定终止马克沃德浮地的修围计划。理由有两个，一是为南来北往的候鸟留出更广阔的栖息水面，以保护其繁衍生息；二是为生活在周边地区的人口预留更多的淡水水源。

艾瑟尔湖浮地工程见图 4－1。

图 4－1　艾瑟尔湖浮地工程

资料来源：Audrey M. Lambert，*The Making of the Dutch Landscape*，Academic Press，1985。

三 三角洲工程

马斯河和莱茵河三角洲历来是洪患的重灾区。18、19 世纪，荷兰人在上游地区修建了泄洪区，实施了河水改道工程和分流工程，并加高了下游防洪大堤，使三角洲地区洪灾大大减少。但是，在出现特大海潮风暴的年份，猛涨的河水和倒灌的海潮会漫过堤坝，给整个地区带来巨大的生命财产损失。第二次世界大战以前，荷兰政府就开始考虑三角洲的防洪问题。在当时提高防洪水平的唯一办法就是增加堤坝的高度。20 世纪以来，三角洲地区的堤坝已经无法再加高，因为沿岸的无数桥梁设施成为堤坝进一步加高的障碍，同时河岸松软的底土也承受不起堤坝加高后的重量。1940 年，政府成立了一个技术委员会研究三角洲工程方案。技术委员会对各种方案进行分析比较后，认为三角洲防洪系统工程的最佳方案是筑坝封闭三角洲各水道入海处河口，从根本上杜绝海潮倒灌的可能性。这个计划还未来得及进一步论证便因为第二次世界大战中断。

1953 年 1 月 31 日发生的一场特大风暴潮，使荷兰遭受了有历史记载以来最大的水灾损失。这场灾难是由强烈的西北风伴随着北海东部的强低气压引起的。强低气压导致海平面升高，海水从三角洲河道倒灌进河流。几条大河的春汛受到倒灌的河水阻挡，不能顺畅地到达出海口。当春汛的下一个高峰到达时，水位经叠加高出警戒线 3 ~ 4 米。洪水漫过堤坝，沿岸堤坝出现 75 处大决口和 495 处小决口。洪水淹没了 16 万公顷土地，夺走了 1835 条生命，使 7.2 万人无家可归，大量牲畜被洪水冲走，工厂停工，道路和桥梁受到不同程度的破坏，交通中断达两个星期。

1953 年的水灾过后，技术委员会向政府提交了一份报告，再次重申了以封闭出海口作为根治三角洲水患的工程方案。这个工程方案有三个优越性：①海岸线将大大缩短，各拦海大坝加起来总长仅为 30 公里，其防洪效能将高于几百公里的现有河岸护堤；②原有的沿河护堤经修复加固后将发挥第二道防线的作用，提高防洪的保险系数；③万一出现特大风暴再次使海平面升高，紧急加高 30 公里的拦海大坝要比加高几百公里的护堤要容易得多。除了直接效益，封闭三角洲各水道出海口方案的间接效益也十分明显。拦海工程完成后，莱茵河和马斯河河水将转向鹿特丹下游的新水路，使鹿特丹地区和新水路工业区的淡水供应量大大增加；三角洲所有的出海口都变成淡水湖，不仅将改善农业灌溉条件，也将有效地防止农田盐碱化；大坝群建成后，大坝坝面将形成一条连接三角洲主要岛屿的公路网，打破各岛城镇之间相互隔绝的状态，大大促进这一地区工农业经济和社会的发展。

1958 年，荷兰议会讨论通过了"三角洲工程法案"，这标志着三角洲工程（见图 4 - 2）正式启动。这个工程包括修建拦河大坝、挖凿运河、修整水道、加固护堤以及其他配套工程。这个工程计划要修建的拦河大坝有 11 个。

三角洲工程在技术上十分复杂。工程规划者决定对各大坝工程采取先小后大、先易后难的顺序。荷兰艾瑟尔河下段也是重要的航运水道，但这里河床淤泥松软，护堤无法再加高，因此采取了在克里姆潘（Krimpen）修建一个活动拦河坝的措施。拦河坝在紧急情况下可完全关闭以防止海水倒灌，而平时南来北往的船只可以经大坝的船闸通行。大坝作为桥梁还便利了两岸的交通。这个拦河坝工程完成于 1958 年，是三角洲工程中第一个完工的项目。

三角洲工程前后历时 44 年。在这 44 年里，科学技术不断发展，人们的思维方式也发生了很大变化，因此在施工过程中对工程的规划进行了修改。最初的规划中没有菲利普大坝。为了适应将淡水湖区北移的需要，在格列维灵亨大坝以东修建了菲利普大坝，将东斯海尔德水道与克拉默·沃尔克拉克河道（Krammer Volkerak）隔开。然而，最大的改动还是东斯海尔德河口工程。这是三角洲工程十几个项目中难度最大的。

东斯海尔德河口是马斯河 - 莱茵河三角洲最大的出海口。这个工程最初的设计是建造一座封闭的大坝。大坝最初按全封闭方案施工，在河心浅水处筑起一些人工小岛。工程进行到一定阶段后，工程指挥所接受了环保专家的建议，对整个方案进行了重大修改，将原来设计的全封闭大坝改为可开启和关闭的水闸。这一改动使工程成本几乎翻了一番。

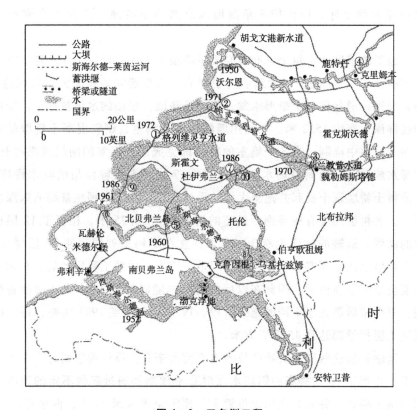

图 4 - 2　三角洲工程

说明：①布鲁维大坝；②哈灵弗列特大坝；③伏尔克大坝；④荷兰艾瑟尔河防风暴潮坝；⑤桑德克雷克大坝；⑥维尔斯坝；⑦格列维灵亨大坝；⑧欧斯特大坝；⑨东斯海尔德大坝；⑩菲利普大坝。图中的年份是工程完工时间。

资料来源：Audrey M. Lambert, *The Making of the Dutch Landscape*, Academic Press, 1985。

新设计的水闸总长 3000 多米，有 65 个预制混凝土桥墩，其中包括 3 个进潮水道。这 65 个水闸墩之间安装了 62 个滑动式钢闸门。闸门开启后，闸门内的水面在高、低潮位之间的差距至少应保持为未修筑大坝前高、低潮位差的 3/4，以便保持东斯海尔德湾原来的自然环境条件。平时闸门全部打开，潮水可以自由进出。每当出现可能危及坝内各岛及沿岸安全的风暴和高潮位出现时，全部闸门将关闭，将潮水挡在大坝之外，以保护三角洲地区及两河下游地区人民生命财产安全。

施工的难度在于每个钢筋混凝土桥墩最大干体重量达 1.8 万吨。它们预先在沙尔（Schaar）的预制船坞中制成。这个船坞体积庞大，面积达 1平方公里，形状像一个矩形水盆，四周是高墙，里面的水已被抽干。船坞的底部深入海中 15.2 米。船坞用墙隔成 4 个坞室，钢筋混凝土桥墩就在这四个坞室中浇制。当各个坞室的桥墩都完成后，坞室的闸门就都打开，把海水放进来，使坞室内水深达到 13～17 米，即足够浮吊的吃水深度。浮吊将土桥墩逐个提起并拖至大坝的设计位置。由于大坝坝基线河床深浅不一，各桥墩高度有所差别。最高的桥墩高达 38.75 米，相当于 12 层楼房的高度。最矮的桥墩也有 30.25 米，立在船坞里如同一座 10 层楼房。一个桥墩从浇制到安装在坝基的周期是一年半。桥墩工程启动后，每两个星期浇制一个新桥墩，因此在以后的工期中随时都有 30 多个桥墩准备浇制，每个桥墩都处于不同的施工阶段。1979 年 3 月到 1983 年初，每天的混凝土搅拌量都达到 45 万立方米。

运输安装这些庞然大物的技术难度前所未有。设计要求将每个 1.8 万吨重、相当于 10 层楼高的钢筋水泥混凝土预制件通过起伏不定的波涛上运到施工地点，并安装在预定位置上。预定位置水深 30 米，两墩距离 45米，误差不得超过几厘米。运装桥墩的船为"奥斯特"（Oystrea）号，俯视之下呈马蹄铁形。船身的上边是两个门型吊车。吊车的 1 万吨升力加上桥墩自身 9000 吨的浮力足以使桥墩吊浮在两个船体之间。"奥斯特"号将桥墩拖至安装地点进行安装作业时，还要在另一艘施工船"马科马"（Macoma）号的帮助下进行系留和定位。桥墩下沉到安装位置后，混凝土灌注车从桥墩顶部通过桥墩中特殊的管道向桥墩下的地基浇灌混凝土。要把桥墩牢牢地固定在海底，还要在海底实施一系列复杂的基础工程，包括钻桩、铺垫等。

为了让上千名施工人员每天迅速到达施工地点，满足工程施工机械开进及撤离施工点，以及运进施工材料，工程还预先修建了一条3公里长的临时钢桥。这个大桥在施工结束后拆除。此外，为了满足工程施工对电能的需要，特别是桥墩工厂和海底施工对电能的需要，又修建了一座功率为12万千瓦的临时发电厂。

此外，工程还特别建立了一个水文气象中心，为工程施工服务。由于施工过程中的运输和安装工作都在水上进行，只能在天气晴好的日子进行，因此要求有高度准确的气象预报。工程指挥部除了从荷兰皇家气象局和国际气象中心取得气象信息外，自己也设立了一个水文气象中心。水文气象中心的专家们每天处理从北海几十个检测点发回来的信息数据，了解海水的高度、海流速度、浪高、浪群范围、水温、盐度以及风速，以此分析这些因素对施工可能产生的影响。在安装工程最关键的时候，水上施工现场的指挥人员要求水文气象中心的专家每分钟报告一次水文和气象变化信息。

大坝施工运用了世界最先进的科技成果。无人水下观察车就是一项高科技成果。观察车长6米，宽4米，陆上重65吨，水下重5吨，由两部分组成，一部分是行走系统，另一部分是海底观察系统。行走系统有两条履带和电动引擎，可以在海底以每秒0.5米的速度前进，另外还可以利用四个轮子做任意转向。观察车可以人工通过电缆进行遥控行走，也可以按事先编制好的程序自己行走。海底观察系统有三套视频观察系统，每套由电光源、广角镜和黑白电视摄像机组成。另外，海底观察系统还包括探测沙层深度的遥感器。观察车有电缆与水面船只相通，通过电缆为观察车提供所需电力，并将观察到的信息传输到水面控制室。进行桥墩安装工程的时候，施工指挥人员可以通过电视屏幕随时了解水下情况。

大坝建成后，在大坝中心的人工岛上建立了管理控制大楼。大坝的闸门每年大约完全关闭一次，以保护三角洲地区免受大潮的影响。闸门关闭和开启不能过快，约需要一个小时，以免在坝内水区造成不必要的波浪。为了科学管理大坝，管理工作人员通过观察实验搜集了大量参数，并在这些实验和参数的基础上制定了水闸操作规范。这些规范的目标是保证水闸运行、航道管理以及水资源管理的高效和安全，保证三角洲地区生态环境不受破坏。

东斯海尔德大坝的设计与施工在许多方面都达到了世界领先水平。施工过程中充分利用了以往同类工程的技术和经验，并开发出大量新技术。这些新技术已开始用于荷兰其他工程项目，并输出供其他国家的海洋工程使用。

三角洲工程的最后一个项目是位于胡克范荷兰镇（Hoek van Holland）的新水路闸门，于 1997 年 5 月 10 日竣工。荷兰女王贝娅特丽克丝参加了竣工典礼并亲自按动按钮开启闸门。至此，历时 44 年的三角洲工程宣告结束。

第五章

军　事

第一节　防务政策

一　从传统中立政策到北约框架下的集体防御政策

在 1815 年的巴黎和会上，欧洲列强"五国联盟"重新划分了自己的势力范围，在涉及荷兰的问题上做了如下处理：确认荷兰为王国，原荷兰共和国的执政官威廉六世被立为荷兰王国第一任国王，这是巴黎和会重新强化欧洲专制主义的措施之一。将英国从荷兰手中夺走的南非和圭亚那的一部分正式划归英国，并且将荷属锡兰也划归英国，作为对荷兰加入拿破仑阵营的惩罚。由于荷兰在战争后期站到了反法联盟一边，作为补偿，将原来的奥属南尼德兰（即后来的比利时）划归荷兰王国。英国之所以支持将奥属南尼德兰划给荷兰，目的是在自己与德国之间建立一个缓冲区。

然而，荷兰王国的新疆域却并没有维持多久。1830 年 8 月，布鲁塞尔人民发动起义，打败了荷兰军队，并于当年 10 月宣布独立，欧洲列强由此根据自己的利益需要重新调整了对荷兰的立场。法国支持比利时独立，因为在法国与荷兰之间建立一个纯天主教的比利时符合法国的利益。而过去以荷兰保护者自居的英国也改变了立场，转而支持比、荷分治，因为这符合英国的商业利益。在列强的压力下，荷兰最后只得接受比利时独立的事实。

比利时的独立使荷兰人进行了反思。荷兰人从这件事情中得出教训，他们痛感只不过是大国角逐中的一棋子。荷兰人深感任何一个大国都不是可以信赖的朋友，自那以后荷兰便坚定了自己的中立主义和弃权主义的外交政策，避免卷入各种国际纷争。在 20 世纪初的第一次世界大战中，荷兰坚持中立立场，侥幸地避免了战祸。1919 年，荷兰加入国联，采取了绝对中立的立场。

第二次世界大战初期，荷兰想依靠国联来继续维持自己的中立地位，但这一希望很快就破灭了。德军为了绕过马其诺防线，于 1940 年 5 月无视荷兰的中立主义立场，悍然入侵荷兰和比利时，并对荷兰进行了长达 5 年的占领。荷兰王室与政府被迫流亡海外。

在第二次世界大战期间，荷兰流亡政府就在考虑战后国家的安全问题。当时的外交大臣克列芬于 1942 年和 1943 年发表演说，表示考虑在战后建立一个地区性组织来确保西欧的安全和解决对德国的遏制问题。他的讲话预见了战后的国际安全体系，虽然后来这个安全体系针对的对象不是德国，而是以苏联为首的东欧集团。荷兰政府之所以在战争还未结束之际就决定放弃其传统的中立立场，原因是战争改变了欧洲的形势，同时也改变了荷兰人的安全观。中立的前提条件是欧洲强国处于稳定的均衡状态。现在这种均衡已不复存在。战争期间和战后的一个基本观点是，从长期看，德国还是要复兴的，因此中立不可行。后来的现实是，德国受到盟国的管束，进入了西方的体制和阵营，而苏联于二战后复兴成为欧洲新的不均衡的焦点。

荷兰于 1945 年加入了联合国。荷兰政府虽然决定放弃中立立场，但并不急于与他国缔结盟约，而是希望联合国能够保障荷兰的安全。这一时期，荷兰的注意力集中在地区经济合作计划上，并完成了两件大事。一是在 1944 年 9 月建立了比荷卢关税同盟，二是推动了在马歇尔计划下的欧洲地区性经济合作。政府在外交上另一个关注的焦点是战争索赔问题。荷兰政府准备了一份长长的索赔清单，并准备要求德国割让一大片领土，同时计划调整若干边界线。与苏联的关系趋于紧张后，西方改变了对德政策，认为应该优先考虑的问题不是向德国索赔，而是加速恢复德国的经济。荷兰政府最后也觉悟到恢复德国的市场比向德国索取赔偿对荷兰更有利，如果德国的市场不恢复，重建被战争破坏的荷兰经济是很困难的。荷兰政府认为，德国应该保持统一，建立自由经济制度，并加入欧洲经济合作和集体安全体系，政治上应该分权，以避免强大的中央集权国家复兴和再次威胁邻国。

1948 年 3 月 15 日，英国、法国、荷兰、比利时、卢森堡 5 国在布鲁塞尔签署了有效期为 50 年的《经济、社会、文化合作和集体自卫条约》。这个条约是荷兰外交史上一个划时代的事件，标志着荷兰正式改变了长期中立的立场。条约规定荷兰在 1948 ~ 1998 年将自己的命运与其他四国联系在一起。同时，通过这个条约，西方国家重新确定了战后安全战略的目标。虽然条约仍把德国视为假想敌，但各签字国心中潜在的敌人是苏联。这个条约在荷兰国会受到共产党议员的猛烈抨击，他们批评该条约把荷兰拖入一场反苏的"十字军"运动，并颇有预见性地认为葡萄牙、希腊、联邦德国和西班牙很快就会加入这个联盟，同时美国国会也会支持这个条约并将其纳入帝国主义体系。

美国总统杜鲁门在条约签字日就宣布支持该条约。1948 年 6 月 11 日，美国参议院通过《范登堡决议案》（*Vanderberg Resolution*），要求总统寻求"美国与这样的地区性和其他的集体协议联合的道路"。根据这个决议，美国与加拿大和《布鲁塞尔条约》3 个签字国的代表于 7 月 6 日在华盛顿开始谈判，探讨建立某种联合体；12 月，5 国代表交换了草案文本，并于 1949 年 4 月 4 日签署了《北大西洋公约》。荷兰国会中除了共产党议员外，其余议员均对签署《北大西洋公约》投了赞成票。

与美国结盟对荷兰的经济和政策产生了深远的影响。首先，荷兰获得了大量的经济和军事援助。1948 ~ 1952 年，荷兰从马歇尔计划中获得了多达 10 亿美元的援助。这对恢复被战争摧毁的荷兰经济是至关重要的。此外，1950 ~ 1966 年美国通过双边军事援助协定对荷兰海、陆、空三军提供了 12 亿 ~ 14 亿美元的装备。其次，荷兰为这些援助付出了代价。伴随这些援助而来的国际压力，尤其是美国的压力，加速了荷兰在印度尼西亚的非殖民化。从 20 世纪 40 年代印度尼西亚独立到 60 年代初归还西伊里安，这都与美国施加的压力有关。最后，美国通过"欧洲重建计划"（西欧国家间的经济合作）援助荷兰。这个计划实际上为后来的欧洲经济一体化打下了基础。

二　核政策

1953 年，苏联第一颗氢弹研制成功。1955 年，华沙条约集团成立。与此同时，苏联还拥有了能够打到美国的核导弹。苏联的核力量改变了北约的战略计划。北约成员国急于要在华盛顿的核决策中发出声音。1957年 12 月，北约理事会决定动用战术核武器来加强西欧的防卫。核弹头部署到一些成员国领土上。荷兰是第一个接受核弹头的国家。虽然核弹头交给了荷兰军队，但核按钮仍然由美国控制。

1960 年，美国提出在北约框架下由北约成员国共同拥有、共同管理建立一支多边核力量，以及一支由 25 艘水面舰只组成的携带北极星式导弹的舰队。核弹头的使用由各国联合计划，但美国总统保留否决发射的权力。但这个计划没有得到北约中西欧国家的支持。比利时因害怕这个计划会增加其军费负担而表示反对，法国担心自己的核力量受到美国控制。荷兰当初支持这个计划，是因为这个计划仅仅让西欧国家象征性地加入美国领导的核力量体系，而且这个核力量的规模无足轻重。因此，荷兰认为它不会使核武器扩散到美国以外的国家，不会使法国与德国建立核合作，西欧也不会出现独立的核力量。到了 1965 年发现联邦德国有可能控制核武器时，荷兰又改变了态度，加入反对这个计划的行列。最后，美国自己也觉得这个计划弊端太多，终于在1965 年悄悄地取消了这个计划，多边核力量计划终告破产。

1965 年 5 月 31 日，美国国防部部长提出一个新的盟国参与核武器计划：由 5 ~ 6 个国家的国防部部长组成遴选委员会，研究盟国参加核计划和商量核武器使用的可能性。法国拒绝了美国的邀请。出人意料的是，荷兰也拒绝了邀请并带头反对组织这个委员会。荷兰认为它不符合盟国中平等权利的原则。荷兰一贯反对美、英、德开小会的做法，并反对戴高乐于1958 年提出的组建西方三巨头的建议。荷兰希望小国能够保持与其地位相当的中等强国的地位，避免沦落为三等国家。所有北约国家一律平等符合荷兰希望美国维持核垄断的目标。一个核计划集团中成员越多，小成员国的联合影响力也就越大。在这个小范围的委员会中，如果只有荷兰一个小国，荷兰将很难引导讨论向小国感兴趣的方向转移。最后的妥协是，先建立一个由10国参加的筹备指导委员会，下设三个分委员会：第一个分委员会研究非核国家参加核计划的问题，第二个分委员会研究核协商中的信息交换问题，第三个分委员会探讨北约指挥官与成员国之间的通信问题。荷兰只得到主管与北约指挥官间联络的分委员会委员的角色。第二年，这个委员会下面成立了两个永久性实体，一个是核防务事务委员会，另一个是核计划委员会。通过这个组织，荷兰获得了一个对荷兰国家利益至关重要的与别的盟国协商的机会。

20世纪60年代，荷兰安全政策的重要目标之一是防止核扩散。荷兰支持多边核力量计划也是因为这个计划有可能防止在北约中出现除美国以外的核国家和潜在的核国家。在《核不扩散条约》谈判中，德国和意大利要求在盟国中维持某种形式的核合作，要求欧洲原子能共同体成员国接受欧洲原子能共同体的监控检查，而不是接受国际原子能署的检查。这些要求遭到比、荷、卢的反对。荷兰毫不犹豫地签署了《核不扩散条约》，并且敦促欧洲原子能共同体成员国一律接受国际原子能署的检查，因为欧洲人的自我检查可能得不到其他地区国家的信任，而且可能会导致别的地区也建立自我检查制度。

荷兰毫不掩盖其对法国和英国核力量存在的价值的怀疑态度，认为它们对保卫西方几乎没有什么作用，而且不利于北约的团结。特别是它们的核打击力量被看作欧洲一体化的障碍，因为核大国俱乐部成员的身份强化了国家独立自主的意识。戴高乐式的一体化，即法国核力量主导下的一体化是荷兰完全不能接受的。荷兰反对建立西欧独立的核力量，认为这种力量将破坏与美国的联盟关系，加速军备竞赛，不利于东西方缓和，而且也不可靠，因为欧洲太小了，人口密度太高，也过于接近苏联，西欧应该完全依靠美国的核保障。

荷兰宣布只接受大西洋框架下的欧洲核威慑计划，即与美国战略力量紧密协调并处于北约的共同指挥之下。但荷兰所谓接受大西洋框架下的欧洲核威慑计划其实是反对这个计划的一种外交辞令。荷兰政府真正想要做的是推动美国的核保障和维护美国在北约内的核垄断。荷兰人担心的是其他任何方案最后都会变成两种选择：要么参加一个在军事上不够强大的联邦式的或者按戴高乐路线组织起来的欧洲集团，要么出现欧洲的核合作，使欧洲退到一个松散的缺乏明确含义的结构中。荷兰与其他多数西欧国家一样，反对北约做出不首先使用核武器的承诺。荷兰认为，北约如果承诺不首先使用核武器，就会增加常规战争爆发的可能性，因为只要不动用核武器，华约就可能会放心地发动常规战争。

荷兰代表了最典型的欧洲小国的意愿，即宁愿接受大西洋彼岸的遥远的温和的霸权，而不要一个不可靠的本地区国家的领导，同时避免使自己沦为三等国家。因此，在冷战结束以前，荷兰的安全战略可以归结为四点：一是有限地考虑北约的利益，二是维护美国在西方安全战略中的领导地位，三是促进联邦德国与北约的联系，四是集中战略性威慑力量。

荷兰作为西欧小国，在安全政策上采取了两个基本立场：一是希望作为小国也可以在北约中发挥建设性的、独立的、积极的作用，能够发出与所有其他西欧盟国有相同影响的声音；二是在维护小国发言权等基本权利的基础上将最后保障安全的责任都推给美国。

三 后冷战时期的安全政策

20 世纪 90 年代初华约的解散、苏联的解体以及俄罗斯在意识形态上的转向，使西欧国家包括荷兰在防务政策上出现了重大的变化。

首先，西欧国家对自己受到入侵的担心解除。形势的变化使西欧国家开始减少在安全防务上对美国的依赖。但是，这种依赖只是减少了，并没有完全消除。西欧与美国在防务合作中的矛盾由来已久，西欧严重依赖美国的军事力量，但又不甘心事事受美国摆布。二者间矛盾突出的例子之一是北约的领导权问题。根据惯例，北约军事力量总司令一向由美国人担任，而把主要负责后勤的秘书长一职给欧洲人。冷战结束后，北约中美国的西欧盟国开始向美国发难。法国要求北约南欧司令部司令由欧洲人担任，并且在没有美国参加的北约军事行动中由欧洲人担任司令或指挥官。

过去在欧洲安全事务中一向维护美国领导地位的英国和荷兰的态度也发生了变化。英国与法国发起组建欧洲快速反应部队的倡议。这个倡议得到了欧盟其他国家的支持，最后付诸实施。北约仍然是欧洲集体防御的基础。西欧防御联盟在执行任务时，可利用北约的现有设施并获得北约的后勤支援；欧盟将考虑四个不属于欧盟的北约成员（土耳其、波兰、匈牙利、捷克）的利益与作用；建立有效的危机处理机制，使北约与非北约成员国均能全面、平等参与和发挥作用；欧盟将考虑成员之中中立国（奥地利、芬兰、瑞典、爱尔兰）的特殊处境，不要求这些国家承担军事支援义务。

欧盟外交和国防部长理事会决定，欧盟的共同外交和安全防务政策包括三个方面：一是建立由欧盟领导的干预危机的军事力量；二是在布鲁塞尔建立一个集政治、安全和军事为一体的委员会；三是加强与北约成员国的磋商机制，其中包括北约中的非欧盟成员国和联盟的伙伴国。1999 年 12 月 6 日，欧盟 15 国外长会议决定，欧盟将在 4 年内建立一支由海军、空军支持的 6 万人的快速反应部队，从而使欧盟在不依赖欧洲之外任何力量的情况下，对在欧洲范围内发生的危机做出迅速反应。欧盟中的非北约成员国有权放弃参与集体防务，但没有否决集体行动的权力。12 月 10～12 日在赫尔辛基召开的欧盟首脑会议通过了这一计划。

西欧防御联盟与欧盟快速反应部队将体现欧洲共同的防务特性。西欧防御联盟旨在防止危机发生，制订军事行动计划，是一支独立于美国的武装力量。美国欢迎西欧承担更大的地区安全防务费用，但由于西欧防御联盟使用北约的资产，美国对西欧防御联盟的军事行动保留否决权。建立欧洲快速反应部队的计划是英国和法国于 1998 年底提出的。美国对此曾表示不快，责怪英国事先未打招呼。

西欧国家在防务上脱离美国领导的倾向在 1999 年科索沃危机之后进一步加强。在北约 8 国对南斯拉夫进行长达 70 多天的轰炸后，欧洲人进行了反思，深感在防务问题上没有自主权之苦。北约欧洲盟国在空袭中一直被美国牵着鼻子走，在军事指挥上没有发言权。而空袭结束后却要承担南斯拉夫空袭 80% 的军费。因此，空袭结束后，欧盟加快了建立独立防务的步伐。荷兰与英国原来一直主张维护美国在欧洲防务中的领导地位，经过科索沃危机后也开始改变态度，加入建立欧洲独立防务阵营。

后冷战时期，荷兰防务政策发生的另一个变化是荷兰军队进一步介入国际事务，以突出荷兰"有影响的小国"的形象。

经过调整后，荷兰军队越来越多地参与短期或长期的国际活动，如参加联合国的维和行动，参加以美国为首的北约对某些国家采取的军事打击活动以及危机处理活动等。

第二节　国防预算与军事制度

一　防务白皮书与国防预算

后冷战时期，随着国际形势的变化，荷兰大幅度调整了自己的防务政策。自 1991 年以来，荷兰军队进行了重大改革，其间三次发表防务白皮书。荷兰军队建制调整总的方向是缩小编制，提高武器装备水平，强化行动能力。建制调整的背景有三：一是冷战结束，地缘政治出现重大变化，发生大规模外部入侵的可能性不复存在，荷兰原来在北约中承担的防卫联邦德国北部地区安全的任务被解除，因此军队人数大大减少；二是科技的发展特别是军事技术的进步要求在军事装备上进行更大的投入，这使部队减员成为可能；三是在爆发大规模战争可能性降低的同时，地区性冲突却日渐频繁，荷兰军队对国际维和及北约军事干预的介入也增多，要求小而精的部队。

1991 年，荷兰发表的第一份防务白皮书预计裁减 16% 的军事人员。现在，荷兰军队裁减规模要比预计得大得多，目的是节约资金，用于购买机动性更强、功能更多的武器装备。其中，陆军的编制变动最大。陆军成立了空运机动旅，以解决军队结构臃肿问题，提高部队的机动性，以取代原来臃肿的部队。海军和空军大致保留原有的结构。唯一扩大的是皇家宪兵队，主要是担负的任务范围扩大。军队的海上和空中运输能力将得到加强。根据这份防务白皮书，1991～1994 年，荷兰的年度防务预算下降约 2%。

1993 年，荷兰发表了第二份防务白皮书（作为对第一份防务白皮书的补充）。第二份防务白皮书的主要内容是：从 1996 年 8 月 1 日起暂停实行义务兵役制；进一步压缩国防预算和提高军队素质。

1998 年夏，新政府决定再次缩减防务预算。1999 年，荷兰发表了第三份防务白皮书。受科索沃危机影响，空军的地位得到加强。此外，由于在欧盟内部进行欧洲军事干预能力的讨论，国外干预能力被提到首要地位。荷兰政府决定将战斗部队中可调动的部队人数增加2100 人。荷兰发布的第三份防卫白皮书中，防务预算占 GDP 的比重维持在 1.8%。21 世纪以来，经过几次压缩，到 2014 年仅为 1.2%，低于欧盟成员国 1.4% 的平均水平，在欧盟成员国中排第 14 位。

二 军队体制改革

为适应变化了的国际形势的需要，20 世纪 90 年代荷兰军队体制进行了两项重大改革。

1. 暂时停止实行义务兵役制

1993 年，荷兰政府决定暂时停止实行义务兵役制。与法国的理由相似，暂停实行义务兵役制是为了增加部队作战的机动性，减少针对青年人的不平等现象。取代义务兵役制的是职业军人制。国防部与职业士兵签订合同的理想期限是两年半。经验表明，多数职业士兵都愿意到国外执行任务，虽然执行这种任务得到的军饷不多。职业军人看中的并非金钱，因为职业士兵的基本军饷只比最低保证工资高出 10%～15%。职业士兵看中的是合同期间的非军事培训。

成为职业士兵需要经过基本的训练。那些入伍前尚未结束职业培训的士兵可以在部队里接受补充教育。另外，部队为职业士兵制定了一套帮助他们退伍后回归正常生活的措施，如经过培训颁发职业培训证书、进行补充培训、帮助士兵改行。

2. 加强各军种之间的联合指挥，以提高效率

1994 年 12 月，荷兰军队开展了"效率"行动。这一行动的目的是在保证部队作战能力不受影响的情况下，通过提高各参谋部和各支援部队的工作效率，使 1998 年的防务预算下降 7%。其做法主要是最大限度地建立跨军种机构，使各军种参谋部的人员减少 25%。1996 年 4 月 1 日，荷兰军队成立了后勤服务联合指挥部。这个指挥部下辖各种联合机构，分别负责招聘、运输、电信和医疗等事务，此外还下辖高等军事学院（高等军事学院目前还没有成为各军种联合军事学院）、军饷管理处、军事设施管理机构和军人退休金管理局。后勤服务联合指挥部级别相当于一个军种，共有人员 7000 人。

1995 年 9 月底以前，军事行动的策划和实施主要是由各军种的参谋部负责。从 1995 年 10 月起，所有的危机干预行动（包括维和行动和人道主义行动）的谋划和实施都由三军参谋长负责。但各军种仍保留自己所扮演的重要角色。三军参谋总长可以把实施某一行动的任务交付给某一军种的参谋长负责，还可以委托某一军种起草有关的行动计划。各军种仍然负责部队的训练、行动准备、外派和后勤支援。在制订国防计划和实施重大决定时，国防大臣将征求三军参谋总长和各军种参谋长的意见。国防部、总参谋部和三军参谋部之间密切联系，以提高决策和行动效率。

三　四大军种

20 世纪末以来，荷兰现役部队大约有 7.5 万人，其中陆军 24900 人，海军 13300 人，空军 11900 人，宪兵 4900 人，文职人员 20000 人。荷兰在荷属安的列斯群的库拉索保有一个海军基地，有驻军 400 人。此外，荷兰还有数千名军人在海外执行联合国、北约或欧盟的军事任务。荷兰有一所专门为军队培养军官的军事学院，设在布雷达。荷兰陆军的义务征兵制虽然仍未正式被废除，但已经停止实行，实质上已为职业军人制取代。荷兰海军、空军和宪兵部队的征兵制已经完全改成募兵制。

1. 陆军

荷兰陆军在北大西洋公约组织中的任务是保卫德国北部的部分低地。

德国统一后，随着苏联和华沙条约组织解体，突发性的入侵已经不再存在，荷兰陆军进行了重新部署，减小了规模，转而更加注重于危机控制能力。

荷兰陆军经过 20 世纪 90 年代的三次整编，现已压缩到不足 3 万人，其中 1 万人为文职人员。根据 1993 年发表的第二份防务白皮书，陆军编制进行了缩编，从 1995 年 8 月 30 日起，陆军取消了军级编制。战斗的核心主要是 3 个独立旅：两个机械化旅和一个空降旅。三个旅借助于直升机能够进行迅速与远距离调动。荷兰陆军人数大量减少，机械化部队也缩编。1991 年以来，"豹"式坦克数量由 900 辆减少到 200 辆。

荷兰陆军其余部队划归德国 – 荷兰联合军团。原来有 3 个师，目前已经压缩为 1 个师。联合军团的指挥部设在德国的明斯特。冷战期间，这支部队隶属北约北方集团军，是北约的机动部队主力。20 世纪 80 年代，这支部队包括三个师：第一师、第四师和第五师（后备）。20 世纪末 21 世纪初，这支部队经精简后只剩第一师，师本部也被解散。北约的这个联合军团中还留有一个由德国、比利时和英国军队组成的空降旅，隶属于北约多国空降师。

2. 空军

荷兰空军是一支新兴的部队，机动灵活性很强，能够进行迅速部署，能够执行远距离的任务，甚至参加跨国跨洋行动。

荷兰空军包括 6 个 F－16 歼击机大队、5 个直升机大队、1 个运输机大队和 1 个教练机大队。运输机大队有 13 架运输机，教练机大队也有 13 架教练机。荷兰空军从 2010 年起开始更新 F－16 战斗机型号。轻型直升机不久也将被替代。另外，有 1 个制导导弹营，负责空防。该导弹营配备有"爱国者"导弹和"霍克"地空导弹。"爱国者"导弹将与战区导弹防御系统担负的使命相适应。荷兰在建立战区导弹防御系统方面正与美国和德国进行合作。

荷兰的飞行员在美国的军事学院接受培训。另外，加拿大的古斯贝航空基地也在为荷兰、英国和德国的空军提供战斗训练服务。

荷兰空军总人数为 11900 人，其中约 2000 人为文职人员。

3. 海军

荷兰海军是一个历史悠久的军种，在历史上称霸一时。现在荷兰海军拥有除航空母舰以外的现代化海军所应有的各种武器装备。

荷兰海军的一个旅将同英国海军展开合作，参与境外行动。20 世纪90 年代末，这个旅又增加了一个作战营。荷兰海军还出现在加勒比地区，主要是为了执行打击贩毒活动的任务。荷兰海军的另一个新任务是协调北海海岸线的防务。

荷兰海军总人数为 13300 人，其中 4000 人为文职人员。

荷兰海军司令部设在登海尔德。从 1996 年，荷兰海军与比利时海军成立联合司令部。荷兰和比利时两国海军部队接受荷比总司令的指挥。荷兰海军在荷属安的列斯群的库拉索建有一个海军基地，驻军 400 人，并派驻一艘护卫舰和一艘后勤支援船。

荷兰海军目前拥有 36 艘舰船，其中"七省"级导弹驱逐舰 4 艘，"卡莱尔·多尔曼"级多功能护卫舰 2 艘，"荷兰"级海岸巡逻舰 4 艘，"阿尔克马尔"级扫雷舰 6 艘，"鹿特丹"级船坞登陆舰 2 艘，"海象"级潜艇 4 艘，"三头狗"级潜水支援船 4 艘，"佩里坎"级后勤支援船 1 艘，潜艇支援船 1 艘，"斯内利厄斯"级水文测量船 2 艘。此外，荷兰海军还装备了 10 架海上巡逻机。

4. 宪兵部队

荷兰宪兵部队是在荷兰警察体系的一个重要组成部分，负责军队内部的司法工作，以及保卫、治安与警戒。从宪兵部队分出来的荷兰武装警察部队负责执行大量的民事和军事任务，如皇室警卫、机场安保、帮助警察部门维持公共秩序、对付境外犯罪活动、执行与外国人有关的法律和维护边界治安。

除此以外，宪兵部队也与荷兰其他三个军种一样，介入各种危机控制与和平行动。荷兰宪兵部队介入的地区有南非、伊拉克、柬埔寨、海地、罗马尼亚、安哥拉以及南斯拉夫。荷兰武装警察部队负责的军事任务在其总任务中占 25%。

荷兰宪兵部队总人数约为 4300 人。

第三节 军队的海外活动

一 早期的海外活动

荷兰陆军成立于 1814 年 1 月 9 日，但其前身可以追溯到 1572 年反对西班牙殖民统治的起义军。因此，荷兰陆军是世界上成立最早的军队之一。这支军队卷入拿破仑战争，早期加入拿破仑阵营，后期又加入了反拿破仑的阵营。荷兰军队参加过第二次世界大战，在本土抵抗过德国纳粹的入侵，在亚太抵抗过日本法西斯。在日军的进攻下，驻守西印度群岛（印度尼西亚）的荷兰陆军很快就投降了，但海军却进行了顽强的抵抗。荷兰军队在反法西斯战争中书写过光辉的篇章，但在战后也进行过殖民战争。

1. 二战后的殖民战争

荷兰是老牌的殖民宗主国，荷兰军队作为殖民主义的工具参加过殖民扩张活动。1596 年，荷兰人侵入印度尼西亚，开始时只是将这个群岛作为荷兰商船队在亚洲的据点。1602 年，荷兰东印度公司代表政府对这个国家实行殖民统治。直到 1698 年，荷兰政府才向印度尼西亚派驻政府管理机构。1708 年，荷兰在印度尼西亚成立正式的荷印殖民政府，并派出首任总督。在第二次世界大战中，东印度的荷兰守军在日军进攻下投降。二战结束后，在战争中溃败的荷兰军队重整旗鼓，返回印度尼西亚，企图恢复殖民统治。这时候印度尼西亚的形势发生变化。印度尼西亚民族解放运动领袖苏加诺掌握着民族解放军，与荷兰军队进行周旋，要求摆脱荷兰殖民统治取得完全的独立。荷兰军队利用装备上的优势发动了两次"警察行动"，镇压了印度尼西亚的独立运动力量。但由于各种国际政治势力包括联合国都支持印度尼西亚独立，加之荷兰的盟友美国后来也背叛了荷兰，站在支持印尼独立运动的一边，荷兰军队最终退出印度尼西亚。

2. 朝鲜战争

1950 年，朝鲜战争爆发。以美国为首的 16 个西方国家以"联合国军"的名义进入朝鲜，并把战火烧到鸭绿江边。这 16 个国家及其出兵人数：美国，480000 人；英国，63000 人；加拿大，26791 人；澳大利亚，17000 人；菲律宾，7000 人；土耳其，5455 人；法国，3421 人；新西兰，1389 人；泰国，1294 人；埃塞俄比亚，1271 人；希腊，1263 人；哥伦比亚，1068 人；比利时，900 人；南非，826 人；卢森堡，44 人。荷兰参加了美国领导下的"联合国军"。荷兰派出的军队计有一个营的陆军和若干海军，共 3972 人。其中，123 人在这次战争中死亡。

3. 参加北约布防

冷战时期，荷兰陆军也作为北约的部队进行布防，荷兰陆军曾经派出 3 个师与德国军队组成联合军团，驻扎在德国北部，并随时归北约北方集团军调遣。冷战结束后，这 3 个师压缩成 1 个师，但仍然属于北约的值守部队。

目前，荷兰军队在海外的活动仍然十分频繁，从荷兰军队在海外派驻的情况可以一观大概。

荷兰目前有一部分军人常驻国外。驻德国 2600 人，其中陆军 2300 人，编成 1 个轻型装甲旅（1 个装甲步兵营、1 个坦克营）及作战支援分队；空军 300 人。北约北方集团军总部交给这支部队的任务有三：（1）当德国北部遭到北约的敌人进攻时，尽可能减轻德国第一军团承受的压力；（2）随时根据北约北部集团军的命令行动；（3）一旦发生战争，控制和歼灭来自东线的敌人的主要力量，当敌方渗透进荷兰军团的防区时，尽量控制 A7 和 B3 号公路之间的地区，并根据北约北部集团军群的命令进行反攻。

荷兰军队在冰岛驻有 16 人和"猎户座"P - 3C 型反潜巡逻机 1 架。这支小规模部队执行北约巡航大西洋北部的任务。其潜在的敌人自然是俄罗斯。荷兰空军在意大利驻有 4 架 F - 16 战斗机。

荷兰在荷属安的列斯群岛驻有 1 个海军陆战营、1 艘护卫舰和 1 艘两栖登陆舰，以及 3 架"猎户座"P - 3C 型反潜巡逻机。

二　当代海外维和与反海盗护航

目前，荷兰派驻海外的军事人员除了执行本国海外领地的驻防和北约的任务外，还参加联合国、北约和欧盟的维和行动。

1. 联合国脱离接触维和行动（1974～　）

1973 年，埃及与叙利亚对以色列发动突然袭击，"斋月战争"爆发。联合国第二紧急部队开入苏伊士运河地区，插进以色列军队和埃及军队之间，制止两军的接触。联合国安理会继第 338 号决议后通过了第 339 号决议。根据这个决议，埃、以双方的军队退回到第 338 号决议发出后双方停火的位置。1974 年 5 月 31 日，联合国安理会通过了第 350 号决议建立了联合国脱离接触观察团。观察团第一批维和人员来自奥地利、秘鲁、加拿大和波兰。目前，观察团还有约 1000 人，分别来自斐济、印度、爱尔兰、尼泊尔和荷兰。荷兰参加联合国脱离接触观察团的军人为 202 人。

2. 黎巴嫩维和行动（1979～1985）

1975 年 4 月 15 日，巴勒斯坦游击队和基督教长枪党民兵在黎巴嫩爆发，一天之内死亡总人数接近 100 人。1978 年 3 月 19 日，联合国安理会通过第 425 号和第 426 号决议，决定向黎巴嫩南部派驻维和部队监督以色列军队撤出该地区，以恢复该地区的和平稳定，帮助黎巴嫩政府在这个地区有效行使主权。

1978 年 12 月 19 日，荷兰政府接到联合国秘书长的请求，尽快提供一支步兵连参加联合国在黎巴嫩的维和行动，以填补法国维和部队减少出现的空白。1979 年 1 月 12 日，荷兰内阁做出回应，派出一个步兵连和一艘护卫舰共 150 人参加黎巴嫩的维和行动。荷兰军队在黎巴嫩的维和行动在 1985 年结束。

3. 柬埔寨维和行动（1992～1994）

1991 年，柬埔寨冲突各方在联合国调停下实现停火。1992 年，联合国柬埔寨权力机构成立，联合国在柬埔寨的维和行动启动，20400 名联合国维和军人和文职人员陆续进入柬埔寨，执行监督停火、排除地雷、遣返难民、裁减军队、组织大选等任务。有 31 个国家的军人参加了联合国柬埔寨维和行动，其中包括数百名荷兰军人。

4. 海地维和行动（2004）

2004 年 2 月，海地发生政变，总统阿里斯蒂德流亡国外。政变军人与前总统支持者之间的武装冲突蔓延到该国的几个城市。联合国安理会通过第 1542 号决议，向海地派遣临时多国部队恢复秩序。联合国海地稳定使命于 2004 年 6 月 1 日启动。2010 年 1 月 12 日，海地发生严重地震，导致 22 万人丧生，其中包括 96 名联合国维和人员，使本不景气的经济雪上加霜。安理会于 2010 年 1 月 19 日通过第 1908 号决议，批准联合国秘书长增派维和人员的建议，帮助海地重建和维持稳定以渡过难关。2011 年，海地完成总统大选后，联合国海地稳定特派团继续执行原来的恢复和确保稳定的使命，促进政治过程，加强海地的政府机构和法制建设。2010 年 10 月，海地爆发霍乱，联合国海地稳定特派团调动物资帮助海地抑制霍乱的蔓延。联合国海地维和人员最多时有 12567 名士兵和民事警察。荷兰政府派兵在海地维和使命。荷兰在海地的维和人员包括 11 名军事观察员和 376 名军人。

5. 厄立特里亚和埃塞俄比亚维和行动（2000～2008）

1998 年 5 月，厄立特里亚和埃塞俄比亚因边界争端爆发冲突。2000 年 5 月 8 日和 9 日，联合国安理会 7 人特别代表团分别访问了埃塞俄比亚的斯亚贝巴和厄立特里亚的阿斯马拉，进行进一步斡旋。2000 年 5 月 12 日，厄立特里亚和埃塞俄比亚再次爆发战斗，两国出现严重的人道主义灾难。同年 7 月 31 日，安理会通过第 1312（2000）号决议，决定成立联合国埃塞俄比亚和厄立特里亚特派团（简称"埃俄特派团"）。联合国安理会于 2000 年 9 月 15 日通过第 1320（2000）号决议，授权增加埃俄特派团部署的兵力。国际维和部队人数达到 3940 人，另有 214 名民事警察。2008 年 7 月 30 日联合国安理会决定结束在埃塞俄比亚与厄立特里亚有争议的边界地区维和使命。48 个国家派出军人参加埃塞俄比亚与厄立特里亚的维和行动。荷兰派出数百人参加这次维和行动，并且是执行埃塞俄比亚与厄立特里亚维和使命的第一支任务。

6. 南斯拉夫的联合国维和与北约的军事行动（1995～　）

1991 年南斯拉夫在解体过程中以及解体后，克罗地亚、波斯尼亚与黑塞哥维纳在谋求独立的过程遭到当地塞族抵制并发生武装冲突。联合国派出保护部队在波黑 5 个市镇及萨拉热窝市建立联合国安全区。1992 年，安理会在波黑建立"禁飞区",并授权北约监督"禁飞区"的执行情况。荷兰派出空军与其他 4 个北约成员国参加了此次行动。

7. 波黑维和(1995)

1993 年 6 月波黑战争期间,联合国安理会通过决议,宣布将斯雷布雷尼察等地划为"安全区",不应受到任何一方的武装攻击和发生任何敌对行动。斯雷布雷尼察位于波黑东部,是被包围在塞尔维亚族聚集区中间的一个穆斯林聚居区。400 多名荷兰军人被派驻这个地区,担负联合国维和使命。但是,这一次行动很不成功。1995 年 7 月 11 日,波黑塞族武装攻占斯雷布雷尼察,屠杀了当地约 7000 名穆斯林男子。荷兰维和军人因为寡不敌众,未能阻止这次屠杀。

8. 塞浦路斯维和(1998~1999)

1963 年,塞浦路斯共和国希腊族与土耳其族居民发生武装冲突,联合国于次年派出部队前往塞浦路斯维和。1974 年,塞浦路斯分裂成南北两部分,南部为希腊人聚居区,北部为土耳其人聚集区。此后塞浦路斯两大民族间的谈判时断时续,两族之间的摩擦和冲突时有发生,联合国维和部队的任务延长至 2016 年 1 月。16 个国家参加联合国的塞浦路斯维和行动,共派出军队和警察近一千人。1998 年,荷兰派出警察参加塞浦路斯维和行动。

9. 马里维和(2012~　)

2012 年 1 月,马里北部几个部族武装团体包括"基地"组织的北非分支组织对马里北部的政府军发起一系列攻击。3 月底,马里首都发生兵变。马里陷入持续内战。内战造成大量平民伤亡和难民。2012 年底,联合国安理会通过第 2085 号决议向马里派出特派团。2013 年 4 月和 2014 年 6 月,安理会又分别通过第 2100 号决议和第 2164 号决议,决定成立联合国马里多层面综合稳定特派团,并规定马里多层面综合稳定特派团的任务是实现稳定和保护平民、支持全国政治对话与和解、恢复国家权力、重建马里安全部门、增进和保护人权和协助人道主义援助。54 个国家参加了马里维和行动。截至 2016 年,马里维和军人达 10808 人,警察 1100 人。荷兰向马里派出维和军人 473 人。

10. 南苏丹维和（2011～ ）

2005 年初，苏丹政府同苏丹人民解放阵线签署《全面和平协议》，结束了长达 22 年的第二次内战。2011 年初，南部苏丹通过全民公投，决定脱离苏丹。2011 年 7 月 9 日，南苏丹独立，成立南苏丹共和国。然而，在结束了 50 年内战后独立的南苏丹马上又陷入一场新的内战。南苏丹不同的部族和政治势力之间充满了矛盾。以总统基尔和副总统马沙尔为代表的两派军事力量多次在首都朱巴发生军事冲突，造成数万人伤亡，百万人流离失所，大量南苏丹难民涌入邻国。2011 年，联合国安理会通过第 1996 号决议，向南苏丹派遣联合国特派团，恢复该地区的和平与安全。2014 年和 2015 年，安理会分别通过第 2155 号决议和第 2223 号决议，扩大在南苏丹的维和行动。先后有 123 个国家派出部队参加南苏丹的维和行动。在南苏丹维和的联合国军人达 12500 人，警察达 1323 人。荷兰向联合国驻南苏丹特派团派出 516 名军人和 101 名警察。

11. 亚丁湾护航（2008～ ）

2008 年，欧盟海军在索马里实施了"阿塔兰塔行动计划"，旨在是保护世界粮食计划署和非盟驻索马里使团的船队以及其他商船免受索马里海盗的袭击，同时还负责监护该地区的渔业活动。参加欧盟海军行动的不限于欧盟成员国。挪威和乌克兰也派出了军舰。黑山和塞尔维亚向行动总部派出了联络军官。参加这次行动的军人总计达到 1200 人，参加国军舰实行轮换制，平时执勤的军舰在 4～6 艘，另有 2～3 架飞机执行海上巡逻。行动开展以来，已有 15 个国家先后派出 80 多艘军舰参加。荷兰先后派出 7 艘护卫舰参加欧盟海军的亚丁湾护航。

三 参与北约的军事行动

荷兰是北约成员国，也多次参加北约的军事行动，包括国际干涉和北约的维和行动。荷兰参加的北约维和行动有时是与联合国的维和行动交替进行的。

1. 参加北约在马其顿的维和（1992～ ）

马其顿维和行动在 1999 年前由联合国主导，2001 年后由北约主导。

联合国在马其顿的维和行动于 1999 年结束，此后联合国的维和行动没有延展。同年 6 月，科索沃战争爆发，40 万阿尔巴尼亚族难民从科索沃涌入马其顿，马其顿国内安全形势再度紧张。2001 年，阿族武装分子屡屡袭击马其顿政府军。北约派出维和部队进入马其顿开展代号"红狐行动"的维和行动，保护国际观察员的安全和收缴非法武装手中的武器。北约有12 个成员国参加了这次维和行动。荷兰派出 300 名军人参加马其顿的维和行动，荷兰将军扬·哈尔姆·德容接任北约维和部队总司令。

2. 参加美国主导的科索沃战争（1996～1999）

1996 年，科索沃的阿族组织成立"科索沃解放军"，谋求以暴力手段实现独立。南联盟政府派遣军队和警察部队进入科索沃，与"科索沃解放军"发生激烈战斗。1999 年 2 月，美国召集塞尔维亚与科索沃阿族代表在巴黎附近的朗布依埃举行和谈，讨论美国提出的解决方案。谈判过程中，阿方单方面宣布建立"临时政府"，塞尔维亚拒绝在协议上签字。以美国为首的 13 个北约国家在没有得到联合国安理会授权的情况下对南联盟共和国进行空袭。北约出动 1 艘航母和 1000 多架飞机对南联盟共和国进行"惩罚性"空袭行动。轰炸持续 78 天。南联盟政府接受了由俄罗斯、芬兰和美国共同提出的和平方案，从科索沃撤军。荷兰也派出军队参加了北约对南联盟共和国的空中打击。荷兰派出一支由 F－16 战斗机组成的空军大队驻扎在意大利，以便参与截击飞越波黑的飞机，确保美国在南联盟设立的"禁飞区"的安全。在北约对南斯拉夫的空袭行动中，荷兰空军出动飞机的架次占北约飞机出动总架次的 16%。

3. 参加美国发起的北约对阿富汗塔利班的打击（2001）

为报复"基地"组织策划的"9·11"恐怖袭击事件，美国于 2001年 11 月 7 日发动了对阿富汗塔利班和"基地"组织的反恐战争，6 个北约盟国参加了这次战争。几天后，阿富汗首都和北方重镇贾拉拉巴德被北约与北方联盟的军队攻陷。同年 12 月，阿富汗临时政府成立，开始在阿富汗重建和平，联合国随即通过决议向阿富汗派出维和部队协助建立新秩序。最初参加阿富汗维和行动的国家有 17 个，后来一度增加到 29 个。联合国驻阿富汗维和部队于 2003 年任务到期结束后，将阿富汗维和使命转交给北约。荷兰是协助美国在阿富汗反恐的 6 个北约成员国之一,并且参加了联合国在阿富汗的维和行动。2003 年,联合国维和部队将阿富汗维和行动转交给以北约为首的国际维和部队。荷兰也是北约维和部队的派出国之一。2003 年,荷兰一度担负阿富汗国际维和部队的领导工作。荷兰派出的维和军人最多时达 600 多人。

4. 参加北约应对乌克兰危机的行动 (2014 年至今)

2014 年克里米亚危机爆发以来,北约采取了一系列应对行动制约俄罗斯。作为北约成员国的荷兰积极参加了这些行动。例如,2015 年 6 月23 日北约快速反应部队首次举行代号为"高贵的跳跃"军事演习。荷兰也派出空中机动部队参加这次军演。2015 年,德国在担任快反部队轮值主席国期间着手组建"矛尖部队"。德国、荷兰和挪威承诺为这支部队提供主要兵力并承担费用。德国联邦国防军和荷兰军队为这支部队提供大部分兵力,除了提供司令部驻扎地外,还提供空降兵、装甲掷弹兵、运输机和海军。

由于美、法、德等国不愿直接与俄罗斯军事对抗,动用北约常设的快速反应部队介入乌克兰危机将可能导致俄罗斯与北约间大规模的直接对抗。于是北约另辟蹊径,决定组建一支新的联合部队,作为介入乌俄争端的预备部队。这支部队由英国领导,主要是由北约阵营中的小国的部队组成,仅为师一级规模的部队,其战斗力与乌克兰军队相当。这支部队介入乌克兰危机既可以显示北约的威慑力,又不至于引发北约与俄罗斯之间的大规模冲突。其象征性意义大于实际意义。这支部队的参加国除了英国外,还有丹麦、拉脱维亚、爱沙尼亚、立陶宛、挪威和荷兰 6 国。

第六章

社 会

第一节　社会保障

一　发展历程

从 20 世纪初到第二次世界大战结束，荷兰政府通过一系列立法，为国民在面临职业伤害、疾病、年老、生育、失业的时候提供必要的物质保障。荷兰的社会保障立法最初只惠及工薪阶层，后来扩大到自营职业者，再后来涵盖所有居民。

19 世纪，荷兰进入工业化时代。工业化时代，劳资关系发生了微妙的变化。一方面，工会组织应运而生，工人在劳资谈判中的实力增强；另一方面，机械化生产对技术工人的需求扩大。技术工人是工厂维持运转不可或缺的要素，因此保护工人的健康也成了工厂主维护自身利益的需要。1901 年，荷兰第一部劳工保护法《工业事故保险法》问世。这部法律产生的原因是机械化生产大大提高了生产事故发生率，因工致伤的工人的生计成为劳资纠纷的焦点。然而，这部法律仅适用于制造业领域的工人，受惠人群较窄。1921 年该法经过修改后，适用范围涵盖除农牧业工人和海员外的所有工人。这些法律对有关行业事故发生后工人的生计、医疗费用以及家属的生活费都做了补偿性安排。1920 年颁布的《农业和畜牧业保险法》和《海员事故保险法》给予农业、畜牧业、林业工人及海员同样的保护。

1919 年，荷兰国会通过《养老金与残疾人保险法》。这部法律针对雇员中的老年人和残疾人。这部法律为65岁及以上的老年人和伤残雇员提供生活津贴。根据这项法律，雇员年届65岁可以退休，一旦因工致残失去工作能力，就可以停止工作，但生计不受影响。1930年，《疾病津贴保险法》开始实施。该法规定，因病失去工作能力的雇员可以领取病人津贴，津贴额相当于原工资的80%，领取的期限最长可达52个星期，即一年。

第二次世界大战前夕，《儿童福利法》颁布。这也是一部仅适用于雇员的法律，规定对工人家庭第三个及第三个以后的孩子给予生活补贴。1941年，荷兰国会通过《健康保险基金条例》。这一条例在实施了15年后，于1966年被《健康保险基金法》取代。《健康保险基金法》规定，对工资领取者及老年人实行强制性医疗保险，对非工资领取者则实行自愿性保险。

第二次世界大战后，荷兰的社会保险观念发生了变化。之前社会保险法的受惠者仅为雇员。新观念认为，社会保险法律和条款应该涵盖全体居民，尤其是养老保险、寡妇和孤儿的保险、儿童津贴保险和大病保险应使所有的社会成员受惠。于是，荷兰国会通过了一批紧急条例，其中包括《紧急养老金条例》，该条例覆盖所有荷兰人，包括自营职业者和他们的子女。这些紧急条例实施一段时间后被相应的法律取代。这些法律分别是《全面养老金法》（1957）、《全面遗孀和孤儿生活津贴法》（1959）。这些法律名称中的"全面"二字，表明它们不再仅涵盖雇员、工人，而是惠及所有居民。

1963年后，荷兰先后颁布了三部儿童津贴法：《工资领取者子女津贴法》、《自营者子女生活津贴法》和《全面儿童津贴法》。与此同时，自第二次世界大战前开始实施的《儿童福利法》被废除。

1963年，荷兰颁布了《全面大病保险法》。该法对所有患有严重疾病和慢性病的居民提供津贴。

荷兰社会保险计划经过这次扩大后分为两类：一类是只惠及雇员和工人的保险计划；一类是涵盖所有人口的保险计划。对于前一类，保险法也进行了调整。早期的《疾病津贴保险法》于1967年被废止，被《缺失工作能力保险法》取代。《残疾人和老年人抚恤金法》于1957年被《全面养老金法》取代。

综上所述，荷兰社会保障制度由两类法律构成。一类是仅针对雇员的社会保险法，另一类是面向所有居民的社会保险法。这些法律经过不断地充实、发展、合并，现在仍在发挥作用的有以下十部。

针对雇员的社会保险法有以下六部：

（1）《疾病津贴保险法》。该法给予因病不能工作的雇员52周的生活补贴（事故伤害视同疾病）。

（2）《丧失工作能力保险法》。该法对享受补贴休息52周后仍然没有恢复工作能力的雇员给予生活补贴。

（3）《裁员补贴与失业救济保险法》。该法对非自愿失业者给予救济。

（4）《失业救济法》。该法延长给予那些不再享受裁员金与失业救济保险法资助的人的津贴。

（5）《健康保险法》。该法对疾病患者给予医疗津贴。

（6）《雇员子女津贴法》。该法为雇员的第一个和第二个子女发放生活津贴。

涵盖所有居民的社会保险法主要是《全面养老金法》《全面遗孀和孤儿抚养金法》《全面儿童津贴法》《全面大病保险法》。

除以上专门针对雇员和惠及所有居民的两类法律外，还有《自营者子女生活津贴法》和《全面养老金法》，前者在自愿的基础上对自营者及其子女提供保险。

二　相关法律

（一）儿童福利

20世纪60年代以前，荷兰只有一部关于儿童福利的社会保险法，即战前颁布的《儿童福利法》。1963年，荷兰国会通过了三部关于儿童福利的法律来替代这部旧法，即《工资领取者子女津贴法》《全面儿童津贴法》《自营者子女生活津贴法》。以三法取代一法的理由有二。首先，给予受保人的福利增加。《儿童福利法》仅对工人第三个及第三个以后的子女发放生活津贴，而前两个子女是不享受津贴的。《工资领取者子女津贴法》规定对工人的第一个、第二个孩子也给予补贴。而工人的第三个及第三个以后的子女则通过《全面儿童补贴法》获得补贴。其次，《儿童福利法》只惠及雇员

（包括工人和受雇的职员）子女，而新颁布的《自营者子女生活津贴法》弥补了这一不足，对自营者的第一和第二个子女也给予津贴。而自营者以及其他居民的第三个及以后的子女也从《全面儿童津贴法》中获益。

（二）老人福利

《全面养老金法》是第一个荷兰全民保险计划。这项计划中的承保人不再需要拥有就业经历，而是只要求拥有在荷兰居住的经历。养老金在价值额上是稳定的，价值额与社会工资指数挂钩，因此不受货币币值波动的影响。除了强制性的养老金保险计划外，还有自愿养老金计划。根据1919 年颁布的《全面养老金法》，这个计划通过社会保险银行获得政府的担保。已婚夫妻还可以加入幸存者一方（遗孀或鳏夫）保险计划。

《全面养老金法》规定的养老金领取条件是必须在荷兰参保以及年满65 岁。这个条件仅适用于单身和已婚男性。已婚妇女符合领取的条件为：此前是她在工作养活她的丈夫而且年龄达到 65 岁，或者她的丈夫已经 65 岁但不符合养老金领取条件（如他从未投保）；夫妻两人在结婚前便已经领取养老金（婚后养老金可以保持不变）。如果两人永久性分居或者离婚，根据《全面养老金法》，她可被视为单身。

2015 年，荷兰领取儿童津贴的人数达到 191.2 万人，领取孤寡老人津贴的达到 3.6 万人，领取养老金的老人有 337.1 万人（见表 6 - 1）。

表 6 - 1　2013 ~ 2015 年荷兰养老金、孤寡津贴和儿童
津贴领取人数（每年 12 月 31 日统计数据）

单位：万人

项目　　　　　年份	2013	2014	2015
一般儿童津贴法津贴领取人数	191.9	191.5	191.2
一般孤寡老人养老金法津贴领取人数	5.5	4.2	3.6
老年人养老金领取人数	322.3	330.1	337.1

资料来源：*Trends in the Netherlands 2016*，p. 90。

（三）遗孀及孤儿福利

上述病残保障制度未涵盖因疾病和工伤去世的雇员的家属。雇员的遗

孀和子女由涵盖所有居民的《全面遗孀及孤儿抚恤法》提供生活保障。根据这部法律，所有因病亡故的承保人（不限于雇员）的未成年子女均有资格领取孤儿抚恤金，直至年满 16 岁。所有的遗孀则只有在她们没有工作能力或者年满 60 岁才符合这个条件。2013～2015 年，荷兰领取一般孤寡老人养老金补贴的人数在 3.6 万～5.5 万人。

（四）疾病及残疾福利

《缺失工作能力保险法》于 1967 年生效。此前颁布的有关工业事故及残疾人福利的法律同时被废除，因为《缺失工作能力保险法》的受惠者涵盖所有丧失工作能力的人。与大多数欧洲国家一样，20 世纪 60 年代以前，荷兰有三部保险法保障雇员在疾病或者因工致伤致残时生活能够得到保障。这三部法律分别涉及疾病福利、残疾福利和事故福利。1967 年 7 月 1 日，这些计划被一项单一的福利制度替代，这一制度体现在两部法律中，相互补充。这两部法律分别是《健康保险基金法》和《缺失工作能力保险法》。这两部法律救助的对象是因为身体或精神上的疾病不宜工作，或者因为事故或职业病丧失工作能力的雇员。这两部法律对雇员因为这两种原因造成的经济损失提供经济补偿。这种补偿是通过强制性保险实现的。在这部法律下，福利津贴的基础不是工作能力缺失的原因，而是单纯的事实，即被保人丧失了工作能力以及由此造成的社会后果。任何人只要是工作能力不足，不论这种不足是由疾病引起还是由事故引起，都属于《健康保险基金法》救助的范围，并给予 52 周的津贴。52 周之后，如果工作能力仍未恢复，再根据新颁布的《缺失工作能力保险法》给予救助。这两部法律的区别是福利给予的时间长度不同。《健康保险基金法》提供短期福利津贴，而《缺失工作能力保险法》提供长期津贴和康复措施。

除了时间段的区别外，缺失能力的定义在这两部法律中也不完全相同。在《健康保险基金法》中，某人如果因为疾病或者虚弱丧失工作能力，便具有接受津贴的资格。如果某一承保者因为疾病、职业病或者身体虚弱，或者由于工伤事故不得不中断正常的工作，他便有资格申请津贴。这种补贴在中国被称为病休工资。在荷兰，这种津贴之所以不被称为病休工资，是因为它不是由雇主发放，而是由承保机构发放。如果丧失工作能力的状况在治疗和休息后继续存在，他可以申请延长休息时间，期限最长可以达到 52 周。根据《缺失工作能力保险法》，缺失工作能力者在休息52 周后仍然完全或者部分不能胜任与他的能力和资质相适应的工作，或者不能胜任他曾经受过的训练和职业，因而不能挣得与职业相同和受过相同培训的人的正常工资，便可以继续申请津贴。

这两部法律适用的前提是承保人患有不能工作的疾病，或者因病丧失了工作能力。根据该法律，拥有向承保人颁发疾病证书资格的人不是为他治病的医生，而是行业协会的专职医务官。荷兰医疗行业和社会保险的一个特点，就在于临床治疗医生不能兼任医疗保险的监督医生。这意味着行业协会必须拥有自己的医务官员。这些官员从不参与对病人的治疗，因此与病人没有过多的私人接触，这样他们才能尽可能地做出客观真实的判断。这两部法律的监督部门也不相同。在《大病福利保险法》下，行业协会的医疗服务部门管理承保的病人；在《缺失工作能力保险法》下，联合医疗服务部门管理所有的行业协会的执法。病人本人或者雇主向行业协会有关部门递交报告。

2013 ~ 2015 年，荷兰每年领取伤残津贴的人数在 77.6 万 ~ 79.1 万人，年际变化不大（见表 6 - 2）。

表 6 - 2　荷兰领取伤残津贴人数（每年 12 月 31 日统计数据）

单位：万人

类　　别　　　　　　　　年　份	2013	2014	2015
伤残青年疾病津贴人数	22.8	23.9	23.6
所含前残疾保险计划津贴人数	36.6	33.6	30.9
所含前领取自营者伤残计划津贴人数	1.8	1.6	1.5
所含前两年疾病后遗症计划津贴人数	18.5	20.9	23.0
共计	78.7	79.1	77.6

资料来源：*Trends in the Netherlands 2016*，p. 90（因四舍五入后个别数据会有出入，此处仍维持原统计数据不作改动）。

这些部门并不马上派医务官去见病人。大多数疾病持续的时间很短，通常行业协会派遣医务官员去会见病人时，病人已经康复而且已回去上班。病人自诉的疾病状况大多数情况下是被采信的。如果每一次都派有经验的医生去见病人准确性当然会更高，但这种措施的成本会难以承受。因此，第一次走访病人的是一位行业协会的非医务官员，他写出一份调查报告。如果病情继续恶化，病人就要去会见行业协会的医务官员。如果病情严重到病人不能自主行动，医务官员就会来探访他。

在评估承保人的正常工作能力时，也必须确定当事人因疾病在不能从事原来工作的同时能否承担其他的工作，同时也要确定他一旦康复后能否重新适应原来工作的可能性，因此必须设立一个权威的具有医学专业资格的监督机构。这个机构就是为所有的行业协会服务的联合医疗服务署。这个服务署为行业协会提供咨询，对行业协会处理雇员丧失工作能力的津贴发放上进行监督，并且在评估当事人失去工作能力的程度上具有最后的发言权。

根据《全面大病支出保险法》，病休工资（津贴）相当于承保人在失去工作能力日期之前三个月平均日工资水平的80%。以前患病的雇员只能领取26周的疾病津贴，1967年后疾病福利领取时间上限才延长到52周。1967年7月1日以后，雇员收入无论多少，都纳入这部法律受益者范围。这部法律的承保人还涵盖所有职业和专业的私营部门雇员，包括商业旅游行业雇员、外勤工作人员、音乐家、职业运动员和家政服务员。只要他们一周为同一名雇主工作三天以上，雇主就有责任为他们投保。公务员和铁路员工例外，因为他们有专门的保险计划。

综合以上各项与健康有关社会保障计划，2012年荷兰在卫生保健方面的支出高达923亿欧元，占国内生产总值的15.4%（见表6-3），人均支出达到5510欧元。

表 6 - 3　2010~2012 年荷兰卫生保健支出

单位：亿欧元，%

项 目 ＼ 年 份	2010	2011	2012
总额	873	893	923
医院和专家出诊	227	226	235
老年人看护	158	165	178
残疾人看护	81	83	93

续表

项目 \ 年份	2010	2011	2012
初级看护	69	73	74
精神疾病护理	54	57	58
其他	284	290	286
人均支出(欧元)	5257	5352	5510
合计占国内生产总值比重	14.9	14.9	15.4

资料来源：*Statistical Yearbook 2014*，p. 73。

(五) 产妇福利

在荷兰，产妇享受等同于病人的福利待遇。根据《全面大病支出保险法》，产妇享受 12 周的津贴，从预产期前 6 周开始支付，产后 6 周继续支付。产妇津贴额相当于产妇原来的日工资。如果产妇在第二个 6 周之后仍然因为分娩无法恢复工作，相当于原来日工资的津贴将继续发放，最长可延长至分娩后第 52 周。如果产妇工作能力的丧失不是由分娩引起的，则按照大病津贴的正常规定处理。

(六) 收入支持

2015 年，荷兰颁布了《收入支持法》。这部法律旨在为那些健康或家庭环境不佳的人群提供特殊服务，以使他们能够继续居住在家里。这些人包括因为心理疾病需要照顾和陪伴或遭受家暴而需要保护的人群。这些人需要有人进行心理指导，或者需要护工进行照顾，或者需要临时的庇护所以远离家暴。这些人如果不能承担这些费用，市政府将为他们提供津贴。这种津贴称为收入支持。

这些人包括不同年龄段的人口，既有女性也有男性，既包括退休者也包括在荷兰获得居住权的外国移民。其中，45 岁以上人群多于 45 岁以下人群（见表 6-4）。

表 6 – 4 2015 年荷兰领取收入支持津贴人数（12 月 31 日统计数据）

单位：万人

领取津贴者分类	人数	未达到退休年龄者	达到退休年龄者
按性别			
男性	21.7	19.7	2.0
女性	28.0	25.3	2.7
按年龄			
27 岁以下	4.2	4.2	—
27 ~ 45 岁	18.7	18.7	—
45 岁至退休年龄前	22.1	22.1	—
退休年龄以上	4.7	—	4.7
按国籍			
荷兰本地人	19.4	19.0	0.5
西方国家背景移民	5.5	4.7	0.8
非西方国家背景移民	24.7	21.2	3.5

资料来源：*Trends in the Netherlands* 2016，p. 91.

（七）失业保险金

《失业救济法》针对的人群与《疾病津贴保险法》和《缺乏工作能力保险法》相同，都是私营企业的雇员。与前两部法律一样，这是一个强制性的计划，所有的雇员都要承保，而且没有收入多寡的限制。承保者既有产业工人，也有诸如美工师、音乐家、外勤工作人员、旅行推销员以及企业内勤人员这样的雇员，条件是只要他们每周为同一个雇主工作三天以上。参加失业救济计划的承保人没有工资限制，但是受年龄限制。超过 65 岁的人不能承保。这项保险是自愿参加的。但公务员和公共部门的雇员不参加这个计划，他们参加其他计划。

失业救济金的发放标准是固定的。如果一名承保人在非自愿的情况下失业，他便在一年内领取 130 天（不包括星期六和星期天）的救济。失业救济金分为两种，当事人可以自己做出选择。一种是辞退津贴（临时失业补贴），另一种是失业补偿（实际失业补偿）。这两种救济的数额是相同的。一位承保人如果失业前 12 个月里在同一个产业部门或行业中工作至少 130 天（1987 年后改为 182 天），他便有资格领取辞退津贴。辞退津贴之所以在名义上有别于失业补偿，是因为在失去工作的最初两周里该雇员和他所属的这个产业部门之间的联系还没有完全割断，名义上他仍然属于这个部门的储备劳动力。辞退津贴从各个行业协会的辞退基金中筹措，而且发放期不超过 40 天。2013～2015 年荷兰领取失业救济人数见表 6－5。

表 6－5　2013～2015 年荷兰领取失业救济人数（每年 12 月 31 日统计数据）

单位：万人

项目 \ 年份	2013	2014	2015
失业救济(WW)领取人数	44.1	43.4	44.0
年长的失业雇员救济领取人数	1.8	2.2	2.4
年长的失业自营者津贴领取人数	0.2	0.2	0.2
合计	46.1	46.8	46.6

资料来源：*Trends in the Netherlands 2016*, p. 90。

在领取 40 天的辞退津贴后，失业者就变为失业补偿的领取者。他可以领取 90 天失业补偿。这样他便获得了一年领取相当于 130 个工作日薪水额的救济金。如果失业者一开始就选择领取失业补偿，那他便放弃了作为该部门劳动力储备人员的身份，于是自动获得 130 个工作日的失业补偿津贴，条件是他在失业前作为雇员在任一产业部门为一个或多个雇主工作，或者在他失业前连续工作了 6 周，或者在失业前的 12 个月里至少工作了 65 天。

三　实施机构

荷兰的社会保障制度是逐步健全起来的，不仅有关法律是逐步完善的，而且执行机构也是逐步健全起来的。荷兰的第一部保险法《工业事故保险法》于 1901 年颁布时，政府专门组建了全国保险银行来实施这部法律。实施《工业事故保险法》的财政责任完全由作为官方机构的全国保险银行承担。但由国家承担社会保障制度的全部风险不是长久之计，必须找到新的途径来解决这个问题。经过多年的实践，荷兰负责社会保障法律实施的机构有四家。

1. 劳动理事会

1919 年底，政府成立了一个官方组织劳动理事会（The Labor Council），专门负责实施新颁布的《疾病津贴保险法》。后来因为在实施方法上没有达成一致意见，《疾病津贴保险法》不得不延迟到 1930 年才开始实施。劳动理事会最初的工作仅仅是实施 1919 年生效的《养老金与残疾人保险法》，《紧急养老金法》由劳动理事会协同全国保险银行一起实施。

劳动理事会是一个地区性的组织，由 1 名王室支付薪金的官方主席、由社会事务与公共卫生大臣任命的 3 名雇主代表和 3 名雇员代表组成。目前，荷兰有 22 个地区劳动理事会。劳动理事会的职责是处理具体个案，以确保全国保险银行能够根据这些法律做出发放福利金的决策。

2. 行业协会

完全由政府机构来实施社会保障法也有不利的因素，即雇主参与度低，雇主处于被动状态，缺乏信息了解度和决策的参与度，最后缺乏参与的积极性。1923 年《农业和畜牧业事故保险法》生效时，最初委托行业协会实施。这些协会是雇主们自发成立的，是农业和畜牧业雇主们自愿合作的产物，给予这些行业的工人与《工业事故保险法》中的工人大致相同的权利。《农业和畜牧业事故法》生效后，政府赋予这些行业协会实施这部法律的职责和权力。行业协会在组织上有一个特点，即这些由雇主建立的行业协会的董事会成员必须包含同样数量的雇员代表，雇主代表和雇员代表均由大臣任命。

1953 年，荷兰议会通过了《社会保险组织法》。这部法律规定现有的保险计划，即事故保险计划、残疾保险计划、疾病保险计划、家庭津贴计划和失业救济保险计划由行业协会实施。

成立之初，行业协会是完全开放的。协会的会员身份不是强制性的，也就是说，并不是所有的企业都必须参加这个协会。非行业协会成员的雇主根据法律自动与政府机构全国保险银行相关联，虽然大多数农业和畜牧业雇主都参加了行业协会。那些没有参加被承认的协会的雇主自动与劳动理事会关联。但是《组织法》（The Organisation Act）颁布后，行业协会会员资格的自愿拥有原则宣告终止。自 1953 年起,荷兰开始实行强迫性行业协会原则。荷兰政府将所有产业和行业划分为二十五类,每一类只能有一个行业协会,行业内的每一位雇主有义务加入这个统一的行业协会。

这 25 个行业协会包括建筑业协会、冶金业协会、印刷业协会等。虽然类别众多,但也不是无所不包,所以又成立了第 26 个行业协会,即全面行业协会,由雇主和雇员的中央组织建立。如果某一家企业在这 25 个行业协会中找不到自己的位置,便可以加入第 26 个行业协会。这 26 个行业协会都是执行机构。依据,出于行政需要,成立了联合行政办公署(Gemeenschappe-lijk Administratiekantoor)。该机构由雇主和雇员的中心组织建立。行业协会可以自己管理自己,也可以选择隶属于联合行政办公署。26 个行业协会自愿地选择是否从属于联合行政办公署。

3. 全国保险银行

荷兰的社会保险体系中有一些法律与劳动无关,也与行业没有任何关系,所以不宜交由这两个机构实施,如《全面老年人养老法》。这部法律是惠及荷兰所有居民的。在荷兰,有一些居民既不是雇员,也不是自营者,他们的福利既不能交给劳动理事会管,也不便交给行业协会管,因此便出现了第三个机构专门管理此类法律的实施。这个机构便是全国保险银行,后来更名为社会保险银行,由劳动理事会协助其工作。《全面遗孀及孤儿抚恤法》和《全面儿童津贴法》也归社会保险银行和劳动理事会管理执行。

全国保险银行的董事会最初由三名王室委任的公务员组成。更名为社会保险银行后,对董事会的组成进行了调整,改为1/3 的成员由雇员组织任命,1/3 由雇主组织任命,1/3 由大臣任命。法律规定,由大臣任命的1/3成员中应当包括两名社会保险业专家,以及两名除雇主或雇员组织以外的社会组织成员。主席由大臣任命。

1967 年,取代《事故保险法》《残疾保险法》的《缺失工作能力保险法》《辞退费和失业福利法》《疾病津贴保险法》都是涉及雇员的保险计划,因此由强制性的行业协会执行。

由此可见，荷兰的社会保障法律的实施主题中有一个清晰的界限，即凡是仅与雇员福利有关的法律一般由行业协会实施，而与全体居民有关的社会保障法律则由社会保险银行负责实施。但是有时也有例外，即给予雇员第一个和第二个子女生活补贴的《工资领取者子女津贴法》并不由行业协会执行，而是由社会保险银行和劳动理事会实施。这样安排的理由是社会保险银行和劳动理事会也负责《全面儿童津贴法》（给予全体居民第三个及以后的子女津贴）的实施，如果把这两部法律分开管理，将会造成类似法律多头管理从而降低效率。

4. 健康保险基金

荷兰医疗卫生方面的保险法由健康保险基金负责实施，如《全面大病支出保险法》。这个基金还管理非私营企业的公务员疾病保险计划。这些法律的实施又由健康保险基金委员会负责监督。该委员会由1名王室任命的主席和18名成员组成，成员中1/3由社会事务与公共卫生大臣任命，1/3由雇主组织任命，其余1/3由雇员组织任命。

四　资金筹措

社会保障制度对雇员和全体居民发放各种津贴，且津贴的数额巨大。荷兰社会保障制度中不同津贴的资金来源虽然稍不相同，但大致上由雇主、政府和雇员承担。16岁及16岁以上雇员投保人都要分担保险摊款。摊款比例在荷兰全国各地也有区别。

雇员保险计划的资金由雇主和雇员分摊。在具体操作上，由雇主预先垫付。雇主将摊款交给行业协会，由行业协会统一保管和支付。在某些计划上雇主事后可以从雇员工资中扣回一部分。只有《工资领取者子女津贴法》的摊款完全由雇主支付，因为这些子女的生活津贴被视为支出总收入的再分配。《全面儿童生活津贴法》和《全面大病支出保险法》的摊款，也是全部由雇主承担。对于某些保险计划，如失业保险，政府财政也分摊一部分。全国保险计划的摊款由财务部征收，因为财务部掌握所有居民收入的资料，因此比其他机构容易确定各方的摊款比例。

《缺失工作能力保险法》实施中支出的津贴从征集到的摊款中筹

得。这一摊款数额由该法律的执行委员会确定，经社会事务和公共卫生大臣核准。摊款的比率在所有行业中都是相同的，为 5.3%。这笔钱原则上由雇主承担。雇主可以从雇员的工资中扣除一部分。从雇员工资扣除部分占工资比重不能大于 1.3%。雇主将这笔钱上交行业协会，行业协会将其全部投入"缺乏工作能力基金"。该基金负责支付全部行业协会在实施该法律过程中产生的费用。

失业救济金从雇主和政府的摊款中筹措。辞退津贴的筹措不同于失业补偿金的筹措。辞退津贴的摊款比例由行业协会根据每一个产业部门的需要确定。平均到个人头上的摊款相当于一名雇员工资的 0.6%，由雇主支付，雇主可以从雇员的工资中扣回一半。失业救济金则由政府失业基金确定，并由社会事务与公共卫生大臣核准。其中，一半由政府支付，雇主支付另一半。雇主支付部分的 50%（总额的 25%）可以从雇员的工资中扣回。这个比率确定为雇员工资的 0.8%。所有产业部门的失业保险摊款的比例相同。

20 世纪 50 年代末，荷兰政府为 65 岁以上的老人和低收入人群设计了一种新型的健康保险计划。承保人自己承担大约 1/3 的保费（依照收入水平，承担幅度 25% 到 50% 不等），其余 2/3 保费由政府财政和强制性保险基金各承担一半。这种保险由于个人承担数额比例低，吸引了大多数低收入者投保。

第二节 就业

一 政府扩大就业的措施

20 世纪 70 年代，荷兰与其他国家一样，在两次石油危机的打击下陷入困境，失业人数节节攀升。1978 年，全国失业人数为 20 万人，1982 年增加到 60 万人，1984 年增加到 80 万人。由于长期来实施的高福利政策，政府采取的增加就业的措施难以奏效，失业率长期保持在 10% 的高位。这一现象也被称为"荷兰病"。"荷兰病"的病因有二：首先，劳动力市场僵化，劳动力流动不畅，相关法规过严，难以创造新的工作岗位；其次，荷兰的福利制度是一种与工作脱钩的福利制度，工人不管是否工作，享受的待遇变化不大，这降低了下岗工人争取再就业的积极性。针对本国的具体情况，从80年代开始，荷兰政府推出了一系列劳动力市场和福利制度改革。

"荷兰病"是荷兰政界和学术界常用的术语。在不同的历史时期，这个词语包含的意思可能不一样。但不论含义如何，它们指的都是荷兰特有的国情，或社会经济传统、政策带来的某种慢性的负面影响。20世纪八九十年代，"荷兰病"主要表现为社会福利膨胀、公共部门臃肿，造成财政负担过重，也造成企业和个人过高的税负，影响了经济增长和国际竞争力。因此，与其他西欧国家一样，80年代末90年代初荷兰开始了福利制度改革，并开始推行私有化运动。

从战后初期到20世纪80年代，荷兰经济发展有一个显著特点，即劳动生产率增长速度高于西欧其他国家，但人均国内生产总值的增长速度却慢于这些国家。其原因在于荷兰人口的劳动参与率特别低，特别是荷兰妇女的劳动参与率大大低于西欧国家的平均水平。七八十年代，荷兰妇女劳动参与率逐渐上升，但男性劳动参与率却在下降，人口劳动参与率总水平在西欧国家中仍然偏低。过低的劳动参与率抵消了荷兰拥有的一些优势。

例如，荷兰曾以劳资纠纷发生率低而自豪，这使荷兰由于工潮损失的工时比所有邻国都要少，但这一优势因低劳动参与率而丧失。又如，二战后荷兰政府一直把充分就业列为首要政策目标。"黄金年代"，失业率在1%～2%，这一目标基本实现。当时经济高增长需要大量劳动力，荷兰还从地中海国家特别是摩洛哥和土耳其引进大量劳动力。但是，五六十年代，失业人员是指那些想寻找工作的人，而不包括大量的在劳动大军之外的没有迫切的就业愿望的闲散人员。这部分人数量不少。就15～65岁人口就业率而言，荷兰比英国低15～20个百分点。因此，"黄金年代"荷兰实现的是一种不完整的"充分就业"。

在20世纪五六十年代的荷兰，就业队伍中妇女居多。妇女劳动参与率低是荷兰的一种传统。在20世纪上半叶，这种现象被看成是一种富有和体面的象征。男人养家糊口的原则甚至贯穿于战后荷兰的各种福利政策之中，在计算家庭房租补贴、儿童补贴标准时，都把妇女不工作看作理所当然的前提。因此，即便到60年代，工作的妇女仍不到妇女总数的20%。由于妇女解放运动的兴起和政府鼓励妇女就业，这种情况在70年代末开始发生变化。80年代末，15~24岁年龄组的妇女劳动参与率达到48%，25~54岁年龄组达到46%，55~65岁年龄组也有10%。这与五六十年代相比已有很大提高，但仍大大低于美国和瑞典的水平。在荷兰，男性就业率在各个历史时期也低于美国和瑞典的水平。这使荷兰的"人手"大大低于"人口"。由此，荷兰劳动生产率的提高并未迅速推动总体生活水平的提高。

进入20世纪80年代，荷兰妇女劳动参与率大大提高，但男子就业率却降低。在青年组中，男子的劳动参与率已落到同年龄妇女组的水平，并大大低于美国和瑞典同年龄组的水平。1980~1987年，男性劳动参与率下降23个百分点。其原因既有社会因素，也有失业的因素。60年代末，荷兰统计的失业人口仅7万人，失业率不足2%。荷兰政府认为其可承受的失业人口是10万人。70年代初，失业率开始缓慢上升，不久失业人口便突破了10万人大关。到70年代末，失业人口已达30万人。进入80年代后，失业率直线上升。到1984年，失业人数已达80万人，失业率达17%，年轻人和外裔居民失业率尤其高。

荷兰失业率猛增既有经济周期和国际大环境的因素，也有荷兰自身的原因，即工资增长过快。工资增长导致物价增长，影响了商品的出口竞争力。荷兰经济的外向性极高，国际市场的任何波动和商品国际竞争力的任何变化，都会对国内就业产生影响。

失业问题成为20世纪80年代荷兰政府面临的主要问题。为解决失业问题，荷兰政府采取了一系列措施。

首先，政府展开"社会伙伴"谈判，并从中进行了大量引导和劝说，使工会做出了大幅度让步。政府参与工会和资方的谈判，劝说工会接受较低的工资，是荷兰工资政策的一个特色。"社会伙伴"是荷兰特有的一种机制，它得益于荷兰特有的"同舟共济"的传统。自中世纪以来，荷兰人就围海造地。他们的家园位于被海水包围的浮地上，随时面临可能被海水吞噬的危险，因此他们在长期的生存斗争中形成了团结一心、相互理解、相互扶持的精神。20 世纪 80 年代的"社会伙伴"谈判是劳、资、政三方的协商谈判，由政府主持。政府说服工会接受抑制工资增长的提议，因为只有这样才能扩大就业。作为回报，资方承诺削减原来工人的工作时数，并将削减的工作时数凑成部分工时岗位供其他人就业。

1982 年 11 月 22 日，荷兰的社会伙伴谈判达成共识，在瓦森纳签署了《关于就业政策的中央建议书》，又称为《瓦森纳协议》。协议规定，工会放弃工资与物价指数挂钩的要求，以此抑制劳动力成本的上涨；资方承诺削减工作时间，同时用削减下来的时间来增加就业岗位。

这一模式比较有效，抑制了工资增长并降低了失业率，使荷兰经济得以在 20 世纪 90 年代西欧普遍衰退的情况下取得较为满意的增长率。工人同意部分冻结工资水平，对 23 岁以下工人的工资下限进行下调；缩短工作周，1983 年每个工人每周工作时间是 40 小时，1985 年削减到 38 小时，大多数工人每年的公假增加 12 天。资方将削减下来的时间凑成部分工时岗位，供其他人就业。由此工人的就业扩大，原来的工人牺牲了工资上涨的机会。政府、工会和资方同意实施更灵活的就业方式，即允许实行半日工作制。到 1990 年，全国有 125 万人从事半日工作，占总就业人口的 1/4。妇女雇员中有 72% 实行半日工作制，由此荷兰成为经合组织中半日工作制比例最高的国家。

抑制工资增长和推广部分工时工作这两项措施相互关联。抑制工资增长的目的是降低经营成本，以便于资方将节约下来的成本用于增加雇佣性的工作岗位。具体措施是创造和推广部分工时的工作岗位。

其次，政府对雇用长期失业者的企业给予津贴，鼓励企业雇用那些求职最困难的人。同时，鼓励雇员提前退休，把工作职位让给不易找到工作的青年。至于提前退休的年龄，政府公务员可降到 62 岁（后来又进一步下降到 61 岁），教师降到 59 岁，私营企业降到 57.5 岁。提前退休者在法定退休年龄前可领取全额工资。

1984 年，荷兰失业人数下降到 60 万人。鼓励提前退休政策的效果还是很明显的，到 1988 年提前退休者人数达 10.2 万人。虽然增加的 20 万就业者中，实际上有相当大一部分是提前退休者，但至少缓解了社会压力。20世纪90年代以后，荷兰经济恢复迅速，失业率也大幅度下降，1992年降至5.6%。1993年，经济衰退席卷西欧，荷兰也深受影响，失业率重新回升，1995年上升到7.3%，但1997年又降至6.3%。

最后，通过立法激发劳动力市场的活力。荷兰通过推广部分工时工作来提高劳动力市场的灵活性，创造工作岗位扩大就业。通过创造零碎工时工作促进妇女就业。为了增强劳动力的流动性，提高有效就业，政府放松了原先严格的对解雇保护的规定，鼓励下岗工人通过派遣尽快重新上岗。为使这些措施落到实处，荷兰政府颁布了一系列法律，对进入新的就业模式的工人提供保障。

1995年，荷兰政府与社会伙伴签订了《灵活性与保障性备忘录》。这个备忘录在1999年演变为《灵活保障法》。这部法律在提高劳动力市场的灵活性的同时，继续维持对工人生计的保障。具体来说，在放松解雇门槛的同时，以劳务派遣的形式保障被解雇的工人继续拥有就业机会。荷兰政府为了鼓励推广部分工时工作和消除参与部分工时工作工人的顾虑，于1996年颁布了《禁止工时歧视法》。该法规定，禁止雇主在公司招聘、劳动合同延期或到期等方面歧视部分工时工人，要求雇主在工资、病假、加班费、奖金和培训等方面给予部分工时工人与全日制工人等同的待遇。也就是说，从事部分工时工作的工人与全日制工人享受完全一样的法律保障。

荷兰自2008年后也遭到金融危机的冲击，失业率大幅度下跌。但2012年后荷兰的经济稳定复苏，是欧盟成员国中复苏速度最快的国家，失业率逐年下降。2015年，荷兰的工作岗位增加10.9万个，达到990万个。2008年以来，自营职业者一直是就业增长的主要动力。但是在2015年，雇员工作岗位数量自2011年以来第一次增加。每十个工作岗位中有两个是自营职业者。

在劳动力市场的改革中，荷兰政府有效地将美国的灵活性与德国的保障性结合起来，创造了适合荷兰自身国情的就业模式。经过一系列改革，荷兰成为欧洲甚至世界部分工时工作比例最高的国家，在全国的工作岗位中，部分工时工作岗位占1/4。与此相比，德国仅为13%。从事部分工时工作的劳动者以妇女居多。荷兰的从业妇女中，从事部分工时工作的占59%。其中43%的人每周工作20~36小时，16%的人每周工作时间少于20小时。荷兰的从业妇女中，只有41%从事全日制工作。荷兰的男性劳动力中也有11%从事部分工时工作。[①]

2015年，荷兰就业人口为830万人，高于2015年，其中男性450万人，女性380万人。大约51%的就业人口从事全日制工作，而其余49%的就业人口从事的部分工时工作。从事部分工时工作的妇女比男子多得多。荷兰就业率的增加仍然依靠部分工时工作制的发展。据荷兰中央统计局统计，荷兰男性就业者平均日工作时间普遍达不到7小时，女性日工作时间达不到6小时，这说明荷兰的就业岗位仍包括大量部分工时工作岗位（见表6-6）。

表6-6 2015年荷兰雇员和自营者年均工作时间

单位：小时

行业	总年均工作时间	男性年均工作时间	男性日均工作时间	女性年均工作时间	女性日均工作时间
总数	1261	1487	5.9	1015	4.6
农业、林业、渔业	1397	1552	6.2	1055	4.2
工业（不含建筑业）和能源工业	1574	1674	6.7	1223	4.9
建筑业	1636	1703	6.8	1098	4.4
贸易、运输业、旅馆和餐饮	1262	1456	5.8	998	4.0
信息和交通	1538	1608	6.4	1320	5.3
金融服务	1483	1624	6.4	1301	5.2
房地产租赁、采购、销售	1266	1368	5.4	1130	4.5
商业服务	1148	1395	5.6	895	3.6
政府与卫生保健	1127	1358	5.4	1022	4.1
文化、休闲娱乐和其他服务	1170	1315	5.3	1079	4.3

注：日均工作时间按250天（一年365天减去104个周末和11天法定节假日，如新年、复活节、基督升天日、显圣节和圣诞节等）算。

资料来源：*Trends in the Netherlands 2016*, p. 86。

① 参见邓淑莲《荷兰解决失业问题的做法及对我国的启示》，《世界经济文汇》2000年第6期，第19页。

二 "福利国家"制度及其负面效应

荷兰是欧洲典型的"福利国家",福利水平不仅高于美国,还高于同样以福利制度著称的英国和德国,甚至与丹麦和瑞典不相上下。福利国家制度由一系列福利保险计划组成,政府为这些计划支付大量资金。居民从这些保险计划中获得了巨大的收益。而这些计划最后变得臃肿,成为沉重的财政负担。这些财政负担最后又转移到纳税人即居民身上。荷兰的福利保险计划大多数是在经济衰退时期为减轻某一特定居民群体的特殊困难设计的,但大多数计划在实施中都出现失控现象。一方面,每一项福利计划推出后其受惠者人数都会突然大大增加,导致付出比原设计要大得多的代价;另一方面,这些福利计划推出容易收回难,使财政不堪重负,但要想压缩任何一项福利计划的规模都会遇到强大的阻力。这又是"荷兰病"的另一种表现。

荷兰的福利国家制度由两类保险计划组成。一类是"人民保险"计划(volksverzekeringen),对象是荷兰所有的永久居民;另一类是雇员保险计划,只针对就业者。后一类计划的保险费用或由雇员自己支付,或由雇主支付,或由雇员和雇主共同支付,但不论由谁支付,最后都能够得到政府的补贴。

战后第一项福利计划是养老金计划,出台于1956年。这项计划为荷兰所有退休年龄以上的老人提供养老金。第二项福利计划是"寡妇及孤儿保险法",于1959年颁布。这项计划将所有的寡妇和孤儿都纳入政府的救助范围。1962年,荷兰政府开始实施儿童福利计划,给予所有儿童一定数量的经济补助。二战前,荷兰政府颁布《雇员子女津贴法》。1963年,政府又对这项计划做了补充,提高了津贴水平。1967年,实施大病医疗保险。1976年,政府制订了残障人保险计划,所有被确认的身体残障者都被纳入保险范围。

第一个雇员保险计划是失业补偿保险,于1949年开始实施。1964年又颁布了《强制医疗保险法》。1967年颁布了《残疾人救济法》和新的《正常病假法》,以替代战前实行的旧法律。从国际标准来看,荷兰的福利保险计划支付的金额相当可观。例如，失业救济金和伤残者救济金相当于领取者最后工资水平的80%。伤残者救济金可以一直领到退休年龄，然后改领养老金。因此，伤残者救济金对于失业者来说相当有吸引力。

西欧的福利国家制度对缓和社会矛盾、维护社会稳定发挥过巨大的作用，但由于过度发展，其消极的一面也日益显现。因此，自20世纪80年代以来，西欧各国都在逐渐对福利制度进行改革，荷兰也一样。荷兰福利制度的弊端主要表现在三个方面。

第一，高福利提高了劳动力成本。人民保险计划的保费全部由雇员支付，而雇员保险计划的保费则由雇员和雇主分担。这种分担方式没有什么特别的理由，只是以往工会、雇主和政府三方谈判的结果。无论保险费由雇员还是由雇主支付，都代表了最后没有进入工资袋的那部分价值。这部分价值相当于雇员实际到手的工资。换句话说，保险费使实际工资成本增长了一倍。可想而知，如此高的劳动力福利成本大大降低了荷兰产品的国际竞争力。

第二，增加了财政负担。福利国家制度的目标不仅是扶贫，而且要实现社会公平，因此荷兰又实行了一种最低工资水平和所有福利金水平与私营部门雇员的工资变动挂钩的制度。当私营部门雇员平均工资在劳资谈判中得到提高时，政府公务员的薪金和保险计划支付的保险金水平也自动提高。其理由是如果私营部门雇员工资提高，则是因为物价上升，各种福利领取者和政府公务员的收入也应该增加，是为"攀升原则"。

"攀升原则"使福利保险和政府开支都不断增加。1953年，社会保险费只占净国民收入的5%，60年代上升到11%，1970年为15%，1983年上升到24%，90年代下降到20%。而同期的财政收入未变。社会福利水平节节攀升，1986~1990年，荷兰各级政府年平均财政赤字达到相当于国内生产总值的5.1%的高水平。80年代，荷兰政府累计债务占GDP比重均在78%以上，90年代初上升到80%。政府每年的财政支出中几乎有1/4是用于国债的还本付息。

第三，福利待遇优厚，但管理十分松弛，导致严重的社会闲散性。这是目前"荷兰病"的典型病征。首先，由于残疾人救济金比失业救济金高，20 世纪 80 年代初就业状况的恶化使雇主和雇员都同意增加列为残疾人的人数，因此享受残疾人救济金的人数比实际的残疾人多。这样一来，便出现了严重的失业人口转变为残疾人的现象，残疾人队伍不断扩大。1967 年残疾人救济法颁布时，政府估计救济人数将达到15 万 ~ 20 万人。不料 4 年后这个数字就被突破。1976 年新颁布的法律将救济范围扩大到个体户残疾人，使救济人数一下子增加到 50 万人。1988 年，救济人数增加到 80 万人，占总工作人口的比重达到 14.3%，由此劳动力人数大大减少。其次，官方关于失业的定义是相当狭隘的。就业不足的人，即便继续领取部分失业救济金，也不算是失业者。如果一个人一周只工作 12 小时，且还在寻找另外 26 小时的工作，根据官方的定义，他也不算失业，还可以继续领取 26 小时的失业救济金。这样的人加上完全失业者，占劳动力的 15.0%。这两部分人加上病休工人和提前退休者，共占荷兰劳动年龄人数的 39.4%。也就是说，荷兰将近 40% 的劳动人口处于闲散状态（见表 6 - 7）。

表 6 - 7　1980 年荷兰领取各种社会保障福利的人占劳动年龄人数比重

单位：%

福利项目	领取人数占总劳动力比例
失业救济	15.0
残疾救济	14.3
病休补助	5.7
提前退休	4.4
合计	39.4

　资料来源：J. 穆伊斯肯：《创造工作岗位，协调社会生活——对荷兰模式的思考》，裴元伦、罗红波主编《中国与欧洲联盟就业政策比较》，中国经济出版社，1998，第 182 页。

　　由于特有的福利制度，荷兰产生了比例高达 39.4% 的闲散人口，就业人口只占劳动适龄人口的 60.6%。大量闲散人口是由在职人员供养的，其结果是工人的净收入增长困难，领取的救济金减少。在这种情况下，社会保障制度改革不得不提上日程。

从 20 世纪 80 年代末起，政府开始对社会保障制度进行改革。最初的改革主要只针对福利制度中发生扭曲或执行中过于宽泛的问题，如减少社会中的闲散人口，使不该吃劳保的人口重新回到工作岗位。后来采取了三项措施。一是重新审查残疾人的定义和资格。最初，残疾救济对象只包括因工致残者，后来心理压力疾病患者以及心脏和循环系统疾病患者也都被包括在内。现在，荷兰政府重新定义残疾者，并根据新定义划定救济对象。二是将短期失业者救济金水平从原工资的 80% 下调到 70%，以降低救济计划的吸引力。三是将每个家庭每年最初支付的 200 荷兰盾医疗费划入自费范围。

三 20 世纪 90 年代福利制度改革

20 世纪 70 年代和 80 年代的经济衰退使荷兰社会保障制度迅速背上沉重的负担。由于失业率大幅度上升，政府失业救济支出剧增。社会其他方面的变化也使领取社会福利的人数进一步增加。因此，荷兰政府从 80 年代起开始改革社会保障制度。最初，改革主要从预算着手，目的是改善政府的财政收支状况，如周期性地冻结福利支出、提高享受福利的资格等，以降低失业救济金的吸引力。

然而，情况很快表明，社会经济呆滞是一个非常复杂的问题。经济衰退不是领取社会福利人数大量增加的唯一原因。即便在经济繁荣时期，荷兰领取社会福利的队伍依然十分庞大。这说明改革需要解决结构性问题：不活跃劳动力个人能力的弱点、社会保障制度本身的弊病，以及这种制度运行方式的弱点。

20 世纪 90 年代，社会保障制度本身成为改革的目标，以便影响雇主及管理各种福利计划的行政机关的行为。市场机制和竞争意识被用来建立一项更有效的制度。社会保障制度改革从以下几个方面入手。

首先，法律方面的改革。原来的病假计划缺乏效率，因为在统一的公共保险制度由具体部门的产业保险委员会负责的情况下，雇主不必为生病的雇员支付全部工资，因此雇主容易滥用这项制度。新的改革创造了一种迫使雇主负起责任的激励体制，几乎将病假计划完全私营化，公共病假计划被废除，只有少数例外。例如，从 1996 年 3 月起，雇主必须为生病的雇员支付一年的工资。这样一来，他们要减轻自己的负担，就不得不积极为雇员安排有效的治疗。在雇员生病的第一年，在他们能够申请到残疾人福利金前，雇主除了负责安排雇员的治疗外，还积极安排有关的私营服务机构参与监督病人和对残疾工人的治疗。因此，从 1990 年以来，因病缺勤率从 7.1% 下降至 5.0% ~ 5.5%。

20 世纪 90 年代以来，对残疾人的法律规定经过了多次修改。一是采取财政措施鼓励雇主雇用伤残人。1993 年，议会通过了一项法律，提高了残疾人的判断标准，并减少了残疾人津贴额，缩短了残疾人的津贴期。但这项改革仅对新申请的残疾人有效。对原来的残疾人仍实行原来的政策，即新人新办法，老人老办法。对新申请人的残疾津贴数额和津贴领取期的缩短（"WAO 差距"）很大程度上在集体协议中得到补偿，因为在私营市场上确保了"WAO 差距"。在重新对"残疾"的概念进行界定后，残疾的判定标准比过去更严格。所有 50 岁以下的残疾人津贴领取者必须重新进行身体检查，按新的判断标准重新认定其残疾资格。二是实施《保费分级和市场化的无劳动能力保险法》（又称《PEMBA 法》），这是 1998 年以后一个很重要的变化。《PEMBA 法》把残疾人的负担更多地转移到雇主的肩上，促使他们采取更积极的措施减少具有残疾资格者人数，并且积极地采取措施治疗遭受工伤的工人。《PEMBA 法》在企业间一定的范围内逐步地建立起一种津贴差异机制。而且，津贴只由雇主支付。雇主也可以选择部分地退出公共残疾津贴计划。这样，他们可以选择自己承担支付残疾津贴，或者选择参加私营保险公司的保险计划。

其次，关于失业保障计划，以部门为基础的保险计划仿照原来的国家保险计划，将保险期从原来的失业后 13 周延长到 26 周。然而，由于这些烦琐的支付计划和与之有关的补贴由产业部门实施，失业救济计划也依然面临诸多问题，因为这个措施对企业利益没有直接影响。由于企业不可能在补贴差异、私有化或退出计划之间进行选择，因此只能设法避免出现失业及确保失业者再就业。失业风险在商业上被认为是"不能保险的"，因为失业问题可能摧毁一家公司、一个部门甚至整个经济，因此保险公司可能面临不可逾越的困难。因此，国家和部门的失业基金——建立在社会团结和国家担保的基础上——是最有可能的选择。

最后，荷兰国会于1996年修订了社会援助法。这个法律由市政府实施，目的是为那些没有获得或不再获得其他社会福利津贴或缺乏足够收入的人提供生活费。修订后的法律赋予地方社会服务机构更多的责任和实施工具，特别是在组织再就业方面。1998年，新法律《求职者再就业法》开始生效。这项法律与社会援助法密切配合，增加了市镇当局救助失业工人的责任和权力。这项法律要求地方官员与公共就业服务机构合作，制订当地的就业或援助计划。下一步措施是改革现有的社会援助资金的筹措方法，为地方当局提供更多的财政资源，以提高它们组织再就业和社会援助的能力。

近年来，社会保障运行体制也发生了很大变化。除病假计划外，目前的失业和残疾人救济制度涉及三方面责任。

从1997年起，由三方组成的全国社会保险局（NISI）对管理法定雇员社会保险计划（即失业法和残疾人法）承担完全责任。1997年以前，各部门的两方产业保险董事会对此负责。然而，国会对残疾工人人数庞大原因的调查结论显示，雇主协会和工会对制止大量工人进入领取残疾人救济金行列缺乏紧迫感。行政机构与"社会伙伴"（即雇主协会和工会）之间的直接联系因此脱节，社会伙伴的作用变得更加微乎其微。行政机构的影响仅仅表现为全国社会保险局中指定的政府代表的席位，以及独立的皇室代表的席位。全国社会保险局的一个特点是它自己并不掌管保险计划。为了确保这个制度更有效率、更富独立性，管理工作便必须通过招标的方式委托某家公司承担。共有4家管理公司（UVI）承包了这项工作。它们日常的运作严格按国家法律规定，法律规定了福利费发放的条件。

总而言之，雇员社会保险现在已形成一个严密的制衡网络，政府在其中发挥了重要作用，即制定总的规则和资格标准；社会伙伴的责任是选择执行者和便利在中央层面监督它们的工作；而雇主则承担更多的防止职业性残疾和促进伤残工人康复的责任。为完善这一网络，专门建立了一个独立的机构——全国社会保险计划监督董事会（CTSV）来监督实施雇员保险计划。

1996 年，再次修改公共就业服务局法，原因是对它的实施进行的调查发现了诸多弊病。其主要缺陷是公共就业服务局的三方董事会工作缺乏效率。雇主协会、工会和市镇当局的代表只关心他们自己一方的利益，因而公共就业服务局在解决全国劳动力市场问题上没有付出足够的努力。修改后的法律恢复了社会事务和就业大臣的部分影响，重新组成管理机构，加强了中央管理董事会的职权，削弱了地方董事会的权力。公共就业服务局的目标也进行了更严格的规定，把工作重点集中在对劳动市场上较弱群体的再就业服务上。

除了对各机构进行改革外，还提高了各机构间的协调和合作意识。各机构组织之间协调不足，这是目前荷兰社会保障制度公认的严重问题。最明显的是，各职业介绍中心、地方社会服务机构和社会保险承包管理公司之间缺乏合作。1995 年提出的一项庞大的特别计划开始启动，旨在促进这三方合作。三方对这项计划都付出了极大的努力。1997 年以来，这项计划得到了社会事务与就业部的积极支持。政府制定的规则对这项合作计划的领域、形式和范围做了具体的规定。目前，这项计划正处于在地区和地方进行试点阶段，社会保险承包管理公司、职业介绍中心与市镇当局一道，理顺其与相关的服务对象之间的关系。效果如何还有待观察，但各方对这项活动报以较高的期望，因为加强合作是这次体制改革的关键一环。

高福利的弊端表现在两个方面，首先是失业保险的给付门槛低，失业保险金过高。过去，领取失业保险金的条件是，在过去一年里只要工作满130 天就可以申请领取失业金。失业金的水平相当于原来工资的 80%。这就是说，之前工作仅半年的人即使失业，其享受的经济待遇与工作时也相差不大。如果加上子女补贴和房租补贴，失业者的待遇与在岗工人相差无几。这样，许多失业者在优厚的失业保险赔付面前丧失了参加再培训的积极性，在重新就业时对工作挑挑拣拣。

其次是残疾者保险金发放的门槛过低。残疾人原先的标准是因为身体的残疾而丧失工作能力。因为劳动管理监督部门对残疾的标准把控不严，许多人把一些疾病的后果过分夸大，因此残疾人越来越多，后来连失眠和神经衰弱也成为"残疾"的理由。这样一来，许多人为了进入不劳而获者的队伍，挖空心思到医疗部门开"残疾"证明。一些雇主为了减少本企业失业人员的负担，劳资双方共谋，尽量将一些本来并不残疾的雇员划为残疾人，使残疾者队伍不断扩大。这导致荷兰领取残疾者保险金的人数占到全国劳动力人数的 39%，大大增加了在岗劳动者的负担。

从 20 世纪 80 年代起，荷兰政府就开始大幅度地改革福利制度，革除原来福利门槛过低过宽的弊端。从 1987 年起，荷兰政府已数度提高领取失业保险的门槛。荷兰政府最初规定领取失业保险的条件是：失业前的 5 年内至少工作 3 年，或 1 年里至少工作 130 天。失业工人救济金领取的时间长短不一，工龄较长者最长领取时间为 66 个月，即可领取 5 年半。保险金的月金额相当于失业前工资的 80%。1987 年以后，荷兰失业保险的门槛不断提高，尺度不断收紧，2016 年 1 月 1 日开始实施的政策是：失业前 5 年至少有 4 年工作的经历，而且至少领取 52 天的工资，或者失业前的 36 周中至少工作 26 周，或者至少工作 208 个小时，才有领取失业救济金的资格。失业救济金领取的时间一般只有 2 年，工龄较长的雇员失业救济金的领取时间可以延长到 3 年。保险金的月金额在前两个月相当于失业前工资的 75%，两个月后下调到 70%。[①] 失业保险金领取条件的收紧有效地促使失业者积极参加培训和寻找新的工作。

在残疾者保险方面，荷兰政府经过多次立法，进行了大幅度改革。1986 年，荷兰政府颁布了《残疾者工作法》，对旧的《职业残疾者保险法》进行了修改。1992 年颁布了《减少残疾者人数法》，1993 年颁布了《减少残疾者申请法》，1998 年颁布了《重整劳动力市场残疾者法令》。这些法律收紧了领取残疾者保险金的条件，并通过划定残疾者的残疾程度来确定领取残疾者补贴的水平，解决重残轻残待遇一样的问题。新颁布的法律规定，并不是所有的残疾者都丧失了工作能力，轻度残疾者应当在其力所能及的范围内继续工作，为社会做出贡献。根据新颁布的法律，剩余 85% 以上工作能力的残疾者不具备领取残疾者补贴的条件，

---

① EXPATICA，http：//www.expatica.com/nl/about/Dutch-social-security-system-explained_100578.html. Comments 13 comments.

必须靠自己的劳动养活自己。剩余 20% 工作能力的残疾者可获得相当于致残以前工资的 70% 的残疾补贴，剩余工作能力低于 20% 的残疾者可以领取全额残疾者补贴。

从表 6 - 8 中可以看出，2015 年就业人数即劳动参与人数即便未包含军人和雇主，也达到 881.8 万人。这一年，荷兰总人口是 1690 万人，按 17 ~ 67 岁人口占 63% 计算，劳动适龄人口为 1064 万人，劳动参与率达到 82.9%，大大高于 1980 年的 60.6%。福利制度改革提高了享有福利的门槛，有效地减少了社会冗员，扩大了就业队伍，恢复了社会经济活力。

表 6 - 8 2015 年荷兰就业人数及结构

单位：万人

行业	总就业人数	雇员	自营职业者
总数 *	881.8	730.9	150.9
种植业、林业和渔业	20.1	9.5	10.7
工业（不含建筑业）和能源	83.4	79.5	3.9
建筑业	45.1	29.3	15.8
贸易、运输、旅馆和餐饮	218.5	192.8	25.7
信息和交通	27.1	22.8	4.3
金融服务	23.5	23.0	0.5
房地产租赁、采购、销售	7.4	6.3	1.1
商业服务	179.4	132.0	47.4
政府和保健 **	239.7	212.2	27.5
文化、休闲和其他服务 ***	37.5	23.6	13.9

　* 表示未包含军事部门人员和企业雇主；** 表示"政府"一栏含政府公务员和雇员；*** 表示"文化"一栏含学校教职人员、艺术、文化从业人员。

　资料来源：*Trends in the Netherlands 2016*，p. 87。

四　通过再培训保持就业数量和质量

由于人力市场雇佣结构的变化和技术的迅速发展，社会人力资本出现贬值。人力资本贬值的原因有三个。一是企业生产采用了新技术，通常是采用新设备，工人的知识和技能操作水平不能满足新设备的要求，无法继续胜任岗位。二是在技术更新的条件下自动化程度提高，企业工人减少，工人大量过剩。三是变成夕阳产业的企业脱胎换骨，向新兴的朝阳企业转产，需要从外部引进大批掌握新产业技术的工人。

一般来说，在岗工人在这三种情况下都可能面临下岗的风险，因为雇主不能承受技术更新后生产效率反而下降造成的损失。雇主如果大量解雇工人，就会引起法律诉讼。在第一和第二种情况下，雇主即便能够重新招聘到适应新技术的工人，在新旧雇员交接过程中也会蒙受一定的损失。因此，在具体实践中，雇主一般选择对工人进行在岗培训，使原有的工人尽快掌握新技术。在第二种和第三种情况下，即便企业对工人进行了再培训，也会有一部分工人会从岗位上游离出来。这部分工人必须进行行业内或者行业间的岗位调整，在转岗前进行转岗再培训。

荷兰各行业企业把对雇员的培训作为其发展的重要战略，在雇员培训上投入重金。1995～2000 年，荷兰农业和纺织业岗位各减少 12%，旅馆业岗位减少 11%，建筑行业中的低级职位减少 8%。从这些岗位上游离出来的劳动力需要经过再培训后充实到本企业或者本行业中的其他岗位上去。1990 年，荷兰建筑业对雇员培训投入的资金占全部劳动力成本的 0.5%，到 1993 年这一比例增加到 0.8%，年增长率不低于 17%。石化行业、冶金业、银行业、保险业对雇员培训的需求相对更大。

上述的第二种和第三种情况涉及行业间的工作岗位调整。1995～2000 年，荷兰行业间的岗位调整超过 40000 个。荷兰进行行业间转岗培训的机构有行业协会和专门的培训公司。政府为了提高低技能人才就业率，拨出专项资金，委托社会专门培训机构进行各种培训。参加培训的人员可以从政府部门申请培训经费。

荷兰的就业政策，包括荷兰企业主导的在岗培训和政府主导的转岗培训，降低了失业率。2017 年 12 月，荷兰平均失业率为 4.4%，大大低于同期欧元区 8.7% 的水平。[①]

---

① TRADING ECONOMICS，http：//tradingeconomics.com/netherlands/unemployment-rate.

第三节 社会住房模式

一 社会住房租赁制度的形成

荷兰平均每平方公里拥有居民 456 人，是人口密度最高的欧洲国家之一，住房问题比较突出。荷兰历史上出现了几次房荒。第一次出现于 19 世纪末，工业革命使大量劳动力涌入城市，推动了城市化进程。荷兰像当时其他的欧洲国家一样，城市里出现了贫民窟。荷兰亟须建造一批能够满足居民最基本的生存需求的住宅。第二次房荒出现在第二次世界大战后。战火烧毁了 20 多万套房屋，成千上万的难民返回家园时只能栖身于临时搭建的棚户。第三次房荒发生在 20 世纪 50 年代初出现的战后弥补性生育高峰期。婴儿潮带来人口的超常增长，与此同时，印度尼西亚和苏里南的独立使几十万与殖民当局关系密切的人口撤离本国涌入荷兰。与欧洲其他国家一样，荷兰在不同历史时期多次面临住房不足的社会问题。

在欧洲国家中，荷兰是住房问题解决得较好的国家之一。一百多年来，荷兰形成了一种社会住房租赁模式，这种模式为无自有住房的居民提供了租金低廉的住所，较好地解决了安居问题。这种模式有几个特点：①租住的房屋由社会住房协会提供，社会住房协会不以营利为目的，因此能够为低收入人群提供其能负担得起的廉租房；②在大多数历史时期，政府不参与住房建设，而是对住房协会给予政策支持；③在政府的参与下，社会住房协会形成了一套公平的租赁住房申请和分配制度，尽量满足租赁者对住房规格和地域的要求。

19 世纪最后 30 年是荷兰工业革命蓬勃发展的 30 年。工业革命吸引了大量农村劳动力，使城市人口陡然增加。为了解决住房问题，城市居民组织起自己的住房协会，集资建设住房。荷兰是一个"柱化"社会，整个社会按照宗教和政治信仰形成了天主教徒、新教徒、社会党人和自由党人四个相互隔离的核心亚文化圈。每个文化圈之间的人老死不相往来。这种"柱化"现象表现在荷兰所有的社会活动中，包括政党、新闻、广播、教育、医疗、体育乃至住房协会等。每一个荷兰人只参加本"柱派"的活动，工人只参加本"柱派"的工会，读报只读本"柱派"的报纸，上学只上本"柱派"的学校，生病只进本"柱派"的医院等。因此，在解决房荒时成立的社会住房协会也被纳入"柱派"体系。

住房协会主要是解决低收入阶层的住房问题而成立的，是一个非营利组织。柱化时期各个亚文化圈为了增强本柱派的凝聚力，在本柱派内部成立住房协会，并实行低房租政策。这种民间成立的住房协会是一种非政府组织，与政府没有任何关系。1901 年荷兰颁布《住房法》后，住房协会获得了法人身份。政府通过对住房协会给予资金和政策支持，介入对社会住房的调控。战后初期，由于民间缺乏对被破坏的住房进行大规模修复的能力，政府对住房的建设从间接调控转变为直接介入。政府划拨大量资金在战争废墟上建起大量的社会住房。直到 20 世纪 60 年代末荷兰住房短缺问题得到缓解，政府才退出住房建设和管理领域，将住房管理权还给住房协会，也将手中的住房转让给住房协会。

20 世纪最后十年，政府的住房政策出现较大变化。政府停止介入社会住房建设和经营。这表现在五个方面：①政府基本退出住房供给体系，停止对社会住房协会提供补贴。②大部分住房协会实行企业化和部分私有化。吸收私人资本以后的住房协会被允许进行社会和商业住房的混合开发，政府在税收方面继续给予支持。住房协会在一定程度上可以自主决定租赁住房的租金。③政府出售部分租赁住房以加速政府贷款的回收。④继续加大对住房需求方的财政补贴，如个人住房津贴等。住房津贴水平随着租金水平的变化、家庭收入的变化、家庭规模的变化而变化，并对低收入和无收入群体、老年人、独居者、残疾人和其他弱势群体给予特殊照顾。⑤政府的财政补贴更多地用于促进社区环境的改善和公共服务质量的提高。①

---

① 景娟、钱云：《荷兰住房保障体系的发展及对中国的启示》，《现代城市研究》2010 年第
10 期，第 32 页。

二 社会住房租赁制度的特点

欧洲的住房协会最早源于英国，因为英国的工业革命早于荷兰，英国的住房协会的出现也先于荷兰出现。这种民间团体发起的组织主要是为了解决工人阶级的居住问题，因此房租低廉和非营利性是住房协会与生俱来的特点。住房协会微薄的租金收入仅仅用于维持住房建设和管理成本。政府通过法律和政策对住房协会进行调控和监管，主要目的是使住房协会服务于低收入人群，并且保持运行的可持续性。荷兰沿袭了英国的住房协会模式，坚持以低收入居民为服务对象，保障居民安居乐业，缩小居民居住环境差距，缓和社会矛盾。经过战后几次私有化运动尤其是 20 世纪 80 年代的私有化运动后，英国的住房协会在数量和规模上都大幅度缩减，而荷兰的社会住房协会并非国有资产，而是一种非营利性的非公有资产，所以没有卷入私有化运动，因此荷兰的社会住房规模超过英国，居欧洲国家之首。

荷兰是一个中产阶级占人口主体的国家。中产阶级家庭一般都追求自有的带花园的住房，他们即便没有自己的住房且必须租房，也会租住宽敞、装修豪华、设备齐全的住宅。这样的住宅一般都是私人所有的豪华出租房在荷兰相当多。这部分出租房在面积、地点和设施规格上都比住房协会的住房高，租金也比住房协会的住房高，专门面对高收入租户。

2015 年，荷兰住房协会拥有 230 万套住宅，占荷兰全部住房的 1/3。另外，还有 12% 的房屋由其他的房主出租。根据荷兰中央统计局的数字，荷兰其余 55% 的房屋属于居住者自有房屋或私人拥有的出租屋。

在战后初期的 1947 年，荷兰私人所有的房屋占全国住房的 97.4%，住房协会所有的住房仅占 9.3%。到 2010 年荷兰私人所有的房屋比例下降到 55.3%，住房协会拥有的房屋比例上升到 33.6%（见表6-9）。由此可见，从战后初期起荷兰住房协会拥有的房屋大幅度增加，其比重于 1990 年达到峰值的 37%，之后大致稳定 33.3%。

表 6 - 9 1947 ~ 2010 年荷兰不同所有权房屋比例的变化

单位：%，万套

年份 项目	1947	1956	1967	1975	1982	1986	1990	2000	2010
私人拥有或出租	97.4	76.4	65.0	58.9	51.0	52.0	52.0	52.7	55.3
住房协会	9.3	12.3	21.6	29.2	31.0	35.0	37.0	34.5	33.6
市政府	3.3	33.2	13.4	33.9	8.0	7.0	5.0	—	—
其他	0	1.0	0		9.0	7.0	6.0	—	—
总住房数	211.7	254.7	345.0	436.7	495.7	538.4	580.2	659.0	717.2

资料来源：胡毅等：《荷兰住房协会——社会住房建设和管理的非政府模式》，《国际城市规划》2013 年第 3 期。

荷兰住房协会拥有的房屋主要集中在大城市，其中的 12% 分布在以下四大城市：阿姆斯特丹、鹿特丹、海牙和乌得勒支；其余房屋也大多集中在其他的城市化水平较高的城市。

荷兰公有住房协会有 455 家，固定资产总值在 900 亿 ~ 1000 亿欧元，拥有社会住宅 230 万套，占全国出租住宅总数的 75%。荷兰每千人拥有社会住宅 138 套。租赁住房在不同规模的城市中分布不一样。一般来说，大城市社会租赁住房比例要高于中小城市。一方面，大城市房屋价格较高，拥有自有住房比较困难；另一方面，中小城市的环境优于大城市，中产阶级倾向于选择中小城市作为自己的居住地，即便房租和房价高于大城市，因此拥有自有住房及租住高档私人住宅的中产阶级大多倾向于居住在中小城市，而蓝领工人倾向于居住在大城市。阿姆斯特丹、鹿特丹、海牙和乌得勒支这四大城市的住房协会拥有的社会住宅占全国社会住宅总量的 20%。鹿特丹和阿姆斯特丹是荷兰最大的移民聚集地，两城市的社会租赁住房比例最高。

三 租赁住房的分配模式

荷兰所有的居民都有权申请社会租赁住房，但是租金低廉的社会租赁住房主要的服务对象还是低收入居民，如老年人、低薪打工族、移民、失业人员等。如何使这些低收入人群获得住房是政府和住房协会长期来考虑的问题。在第二次世界大战结束不久的 1947 年，荷兰政府便颁布了《住房分配法》，规定了荷兰租赁住房的分配方式。

这是一种包括四个环节的分配模式。这四个环节是注册、轮候、选房、公示。在注册环节，住房申请者先到地方政府住房主管部门或住房协会登记注册。符合条件的申请者在登记成功后进入第二个环节排队等候选房。大多数情况下，现有的房屋不能完全满足申请住房者的要求，因此租房申请者需要排队等候。第三个环节是选房。当申请者经过等候进入选房阶段时，可以在已有的空房中进行选择。申请者选到满意的住房后便进入最后一个环节，即公示阶段。公示是将本期分配名单及即将获得住房的申请者的相关信息以布告的方式告之公众，以便实现分配的公平、公正、公开、透明。公示的目的是让公众监督住房分配过程。如果公众觉得某位申请人隐瞒了实情，可以举报；如果公众觉得分配过程不公平，有更困难的申请人在分配过程中受到歧视，也可以表达不满。

荷兰的租赁住房分配模式还规定了一套分配准则。这套准则包括准入性、适用性和轮候规则。准入性就是租赁住房申请人的资格。申请人首先要符合准入性原则才能进行注册。这个资格包括：年满 18 岁，必须与当地有一定的社会和经济联系，譬如在当地有亲属或者有工作岗位，或者在当地有与自己专业相关的岗位。适用性准则是指申请者个人情况与申请的住房情况相匹配。个人情况是指个人的家庭规模和收入等。申请的住房情况是指所需的住房面积和租金水平。如果当地没有与申请人个人需求相匹配的房屋，则当地缺乏与申请人相适用性的住房。轮候规则规定了排队等候的顺序。这个规则制定了一套点数系统，将申请人的各种条件折算成分值，以分值的大小确定等候的顺序。这个点数系统既包括登记的先后顺序，也包括申请者的一系列客观条件，用以评估申请者对住房的渴求度。对住房的渴求度包含的因素有工作地点变更、婚姻变故、火灾造成住房受损、家庭人口变化等。轮候准则中还包括一个例外准则。这个准则对某些人群给予优先照顾的待遇，如难民和健康特别不佳的人士。

这套分配准则规定每一位租赁住房申请者拥有三次选房的机会。如果租赁住房的申请者在第一次选房后对所分配到的住房不满意，可以再参加两次选房。如果申请者第三次拒绝分配到的房子，则需要重新排队轮候。

第四节 环境保护

一 国土治理中的环境保护意识

荷兰是一个国土相对狭窄、人口密度较高的国家，因此很早就大刀阔斧地进行国土治理。正是由于荷兰的大规模的国土治理工程比其他欧洲国家都要多，因此荷兰人对生态环境脆弱性的了解比其他民族深，环境保护意识产生得比其他民族都要早。

荷兰素有拦海筑坝、向大海要地的传统。20世纪初，由于人口增长和经济发展，对土地的需求增加。荷兰政府启动了须德海拦海造地工程。这个工程是在北荷兰省西北角与弗里斯兰省东南角之间修建一座32公里长的大坝，将原来的须德海与北海截断，使须德海变成一个内陆湖，然后在湖内筑坝圈出5个湖区，再将湖水抽干，获得5块浮地。这样，荷兰将获得20.5万公顷的新农地和一个面积12万公顷的淡水湖。这是人类历史上最大的海洋围垦工程。须德海工程从1927年开始，持续到1968年，计划中的威灵湖浮地、东北浮地、东弗莱福兰浮地和南弗莱福兰浮地相继形成。在工程施工过程中，荷兰人发现这个工程虽然给国家带来巨大的经济利益，但水面的萎缩破坏了鸟类的栖息地，有可能会使某些珍稀鸟类濒临灭绝。有人提出放弃第五块浮地的工程计划。放弃的理由是修建浮地将使天然水面减少，不仅将导致候鸟数量减少，同时也减少了淡水的储存量。保留湖泊能够在遇到干旱时为居民提供必要的饮用水，在遇到极端恶劣的天气时缓解农业灌溉水不足。但是这个意见遭到许多人的反对，因为国家已经在修筑大坝上投入了大量资金，放弃第五块浮地的工程将会使整个工程的经济效益大大降低。经过激烈的讨论，生态效益的观点战胜了经济效益的观点。1957年，荷兰人决定永久放弃第五块浮地马克沃德浮地的围垦计划。放弃这一计划，使国家失去了4万公顷土地，但鸟类获得了同等面积的栖息水面。

荷兰政府还面临围垦瓦登海的问题。在荷兰西北海岸外，有一个条状群岛，即西弗里西亚群岛，群岛与弗里斯兰省和格罗宁根省海岸的距离从几公里到二十公里不等。群岛与海岸之间围成的海域即瓦登海。如果用大坝将西弗里西亚群岛中的各岛连接起来，抽干里面的海水，将获得比艾瑟尔湖浮地更多的土地。这些岛相互之间的距离只有几公里，筑坝抽水在技术上是完全可行的。然而，从 20 世纪 60 年代以后，这个计划遭到越来越多的反对，反对的原因还是保护自然环境。这片海域是欧洲最重要的鸟类栖息地之一，也是候鸟从北极到南欧、非洲甚至南极的迁徙路线中的重点歇脚地。如果这片水面萎缩，南迁北移的候鸟就将失去一个重要的栖息地，会使候鸟的种类大量减少，某些稀有鸟类可能会因此灭绝。荷兰人对环境的保护超越了对经济利益的追求。这片海域还是有名的驾帆、滑水和垂钓的场所。经过激烈的辩论后，这个人类历史上规模最大的围海造地计划最终也被放弃。

　　荷兰最大的防洪工程在施工过程中改变方案也反映出生态环保意识的增强。这个工程是莱茵河－马斯河三角洲系统防洪工程。这个工程计划在莱茵河和马斯河三角洲的河道出口修筑 11 座大坝，防止天文大潮倒灌带来的水患。这个工程要在三角洲所有的出海口修筑 11 座防洪大坝。

　　20 世纪 50 年代在制定工程规划时，人们对环境和生态科学的认识还处于萌芽阶段，70 年代后生态环境保护课题逐渐融入各大工程的设计中。在施工过程中，工程指挥部做出的一系列重大修改也反映了荷兰人对生态环境认识的深化。伏尔克拉克大坝原来的设计意图是在整个工程所有的大坝建成以前，先在坝南形成一个淡水湖，将海水挡在坝北。但后来在环境保护组织的呼吁下，出于对海岸贝类动物和鸟类种群生活环境进行保护的需要，最后对计划做了重大修改。修改后的方案将淡水湖划在哈灵弗列特大坝（Haringvliet Dam）和菲利普大坝以北，以南部分由后来的大坝围成无浪潮海水区。工程规划的这一重大修改，也影响到东斯海尔德大坝整个方案的改动。三角洲系统防洪工程中最大的大坝——东斯海尔德大坝，按照原来的规划，本应该是全封闭的，在坝内形成淡水湖。但是，为了保护东斯海尔德水道这个重要的贝类和鸟类栖息地，工程指挥部对原计划做了重大修改，将大坝改为开放式钢筋混凝土大坝，平时将闸门开启，让海水自由进出。为保护生态环境做出的这一重大修改使工程费用翻了一番。

二 环境保护意识与"绿色增长"目标

虽说 20 世纪 50 年代到 80 年代荷兰人对须德海拦海工程及三角洲系统防洪工程计划的修改，是宁可牺牲经济效益也要维护生态效益，体现了其环境意识的觉醒，但那时的环境保护仅体现在个别领域，还有相当的局限性。这些局限性体现在如下几个方面。

（1）环境保护行动只表现在个别国土整治工程中；

（2）仅仅体现在对于保护鸟类栖息地和保护淡水资源的关注，尚未考虑环境保护的所有方面，如生产与生活废料的排放、温室气体的排放、地下水中重金属的含量、大气中微粒子的含量、地表水体富营养化的程度、森林木材积蓄量，以及不可再生资源的耗竭问题；

（3）更重要的是，当时还没有将环境质量的变化与经济增长联系起来，还没有将全民的环境意识纳入对环境保护的考察；

（4）还没有建立一套环境保护检测指标体系。

从 20 世纪 80 年代起，荷兰人开始警觉到人类的生活与生产活动对环境具有直接的影响，如果不加以控制，人类的有些活动将对环境造成永久性的破坏。这种破坏将损害将来的经济增长，于是产生了可持续性增长或可持续性发展的概念。于是，从 20 世纪 80 年代开始，荷兰政府开始征收环境税。环境税分成两种，一种是专门为补偿某项与环境有关的破坏行为而筹集资金的税收。最初的环境税便属于这一种，根据《荷兰地表水污染法》征收的税便是筹集专门用于治理地表水污染的资金的。后来的环境税并不指定用于某一项开支，而仅仅作为经济杠杆促进达到某种环保目的的政策工具，如能源使用税、二氧化碳排放税等。这些税提高了纳税者的能源使用成本或二氧化碳排放成本，促使其自觉地减少使用能源或减少二氧化碳排放。

随着荷兰政府对环境保护力度的加大，环境税的征收范围和幅度也急剧扩大。1987～2012 年，环境税翻了两番，从 50 亿欧元增加到 200 亿欧元。环境税的迅速增加使政府税收总额年增长率达到 10%。

从 2000 年起，荷兰政府开始对环境进行系统地检测，逐渐形成了一套包括 6 组共 33 个指标的环境检测体系。建立这套检测指标体系就是为了确保实现可持续增长，也就是后来人们所称的"绿色增长"或"绿色经济"。这套指标可以帮助政府决策者和社会的生产者高度意识到，经济的增长不能对环境造成压力，一旦这种压力出现，这套检测指标体系便向人们发出预警。这是因为荷兰政府从 2000 年开始对环境进行系统地检测，并且取得了有关环境质量的确切数据。

2011 年，经合组织部长理事会通过了绿色增长战略。2012 年 6 月，联合国可持续发展大会（"里约 + 20"峰会）提出了"绿色经济"的概念和发展目标。根据"里约 + 20"峰会宣言，"在可持续发展和减贫背景下的绿色经济是获得可持续发展最重要的工具"。在这两个国际组织发表的绿色经济的概念成为全球环境保护的指南时，而荷兰与其他某些工业化国家均领先于许多国家在做这项工作。当经合组织的绿色增长战略提出要建立一个适当的检验框架来指导和评价决策与评估当前环境保护的可持续增长的水平时，荷兰中央统计局就出台了持续检测 11 年的报告《荷兰绿色增长 2012》。

三　第一期长期环境监测

荷兰中央统计局于 2012 年发表的环境评估报告（见表 6 - 10），是中央统计局发布的第一个环评报告，观察期为 2000 ~ 2012 年。因为环境变化是一个逐渐变化的过程，因此环境观测需要一个较长的周期，所以这个报告也是迄今为止唯一的报告。

表 6 - 10　2000 ~ 2012 年荷兰以 33 项指标考察的环境质量

指标	时间段	与经济增长关联度	评级
第一组　　环境效率指标			
生产引起的温室气体排放	2000 ~ 2012	绝对无关联	优
消费引起的温室气体排放	2003 ~ 2009	改善	优
水中重金属含量	2000 ~ 2010	绝对无关联	优
肥料过剩	2000 ~ 2010	绝对无关联	优
废料生成	2000 ~ 2010	绝对无关联	优

续表

指标	时间段	与经济增长关联度	评级
第二组　资源效率指标			
地下水提取	2000～2011	绝对无关联	优
家庭消费生物量	2000～2011	相对无关联	中
家庭消费金属量	2000～2011	相对无关联	中
家庭矿物消费量	2000～2011	低关联	劣
净家庭能源消费	2000～2011	相对无关联	中
可再生能源运用	2000～2012	改善	优
废料循环使用	2000～2010	无重大变化	中
第三组　自然资源基础指标			
能源储备	2000～2012	恶化	劣
现有林木储量	2000～2010	改善	优
鱼类储量	2000～2012	无重大变化	中
土地开发利用	2000～2008	恶化	劣
农地栖息鸟类	2000～2012	恶化	劣
第四组　人居环境质量指标			
城市大气粒子（PM10）	2000～2012	改善	优
地表水系化学质量	2009	（缺检测）	
地表水系生态质量	2009	（缺检测）	
地下水硝酸盐含量	2000～2012	改善	优
公众关注度	2002～2012	改善	优
为环境纳税意愿	2002～2012	恶化	劣
第五组　绿色政策工具指标			
环境税	2000～2011	恶化	劣
隐含能源税率	2000～2012	改善	优
环境津贴和转移	2005～2010	无重大变化	中
政府减缓气候变化支出	2007～2010	改善	优
环境保护支出	2000～2009	恶化	劣
第六组　经济机会指标			
环境产品和服务部门对就业的贡献	2000～2011	改善	优
可持续能源部门对就业的贡献	2008～2011	改善	优
环境产品和服务部门对增加值的贡献	2000～2011	改善	优
绿色专利	2000～2009	改善	优
环境投资	2000～2009	改善	优

注：表中内容为荷兰中央统计局迄今发表的唯一的长期环境检测统计数据。

资料来源：Statistics Netherlands（CBS），ed.，*Green Growth in the Netherlands 2012*，2012，p. 24。

这个报告用连续 10 余年采集的 6 组 33 个指标表明荷兰环境的变化在多大程度上受到经济增长的影响。报告在最后的结论中省略了具体的数据，只是用"优""中""劣"三个等级表明这 33 个环境指标变量受到经济增长影响的程度。

第一组指标是环境效率指标。它包括"生产引起的温室气体排放""消费引起的温室气体排放""水中重金属含量""肥料过剩""废料生成"等 5 个指标。从表 6 – 10 中可以看到，这 5 个指标 11 年的观测结论都是"优"。这说明在检测期内，经济增长对这 5 个环境因子没有产生负面影响。实际上，更具体的数据显示，由生产活动引起的温室气体的排放在 2000~2012 年呈下降趋势。消费活动引起的温室气体排放（碳痕迹）也有所减少。减少的原因有两方面：一方面是节能技术提高，以及荷兰进口电力比重增加；另一方面是金融及经济危机导致生产活动强度下降，这是生产性温室气体排放减少的重要原因。这个检测期农业生产增加值提高，而农田中并没有过度使用化肥。这是农业技术提高实行精准施肥的结果。

第二组指标是资源效率指标。它包含"地下水提取""家庭消费生物量""家庭消费金属量""家庭矿物消费量""净家庭能源消费""可再生能源运用""废料循环利用"7 个指标。这一组指标中有两个"优"、四个"中"和一个"劣"。荷兰水网密布，还拥有艾瑟尔湖这个大水库，因此只是在夏季的时候才大量提取地下水。荷兰建有大量的风力发电站，对可再生能源的利用比较充分。不足的地方是荷兰的垃圾分类及回收还没有做到尽善尽美。像其他工业化国家一样，荷兰家庭电器使用强度高，因此家庭消费的金属量和能源较高。荷兰是一个食品生产和出口大国，家庭矿物消费量评级为"劣"，主要是因为食品加工中需要的微量元素消耗量大。

第三组指标是自然基础指标。这一组包括"能源储备""现有林木储量""鱼类储备""土地开发利用""农地栖息鸟类"5 个指标。荷兰的这一组指标表现差强人意。这 5 个指标中，有一个"优"、一个"中"和三个"劣"。荷兰森林面积很有限，因此政府是严格禁止砍伐树木的，因此林木储量保持不变。荷兰的捕鱼业作业区是欧盟在北海划定的，捕捞量也是受欧盟严格限制的。欧盟定期监督调查各国捕捞区的鱼类保有量和各成员国渔船的作业时间和捕捞量。鱼类资源短缺是欧盟共同面对的问题。能源储备评级为"劣"表明荷兰对天然气的开发强度过大。土地开发利用评级为"劣"，是因为荷兰国土狭窄，城市化建设过快。农地栖息鸟类评级为"劣"也与土地过度开发有关。

第四组指标是人居环境质量指标。这一组本来包括6个指标，其中两个指标数据缺失，所以现在只有"城市大气粒子（PM10）""地下水硝酸盐""公众关注度""为环境纳税意愿"4个指标的评级结果。这一组的检测数据一直更新到2012年。城市空气质量一直在提高，微粒子含量很低。地下水受农田残留化肥影响也很低。公众对环境保护的关注度也在不断提高。唯一不足的是公众为环境纳税的意愿在降低。这主要是人居环境改善后，很多人认为没有必要再为环境纳税。

第五组指标是绿色政策工具指标。它包含"环境税""隐含能源税率""环境津贴和转移""政府减缓气候变化支出""环境保护支出"5个指标。这是一组反思政府在环境保护上的行为力度的指标。这个时期政府的表现差强人意，在环境税征收和环境保护支出上的力度都不够，只是在隐含能源税税率和减缓气候变化的支出上有所进步。2012年，40%的调查对象认为环境被严重污染，只有24%的受访者愿意为保护环境承担额外税负。

第六组指标是经济机会指标。环境保护是一个新兴的产业。它包含环境保护产品生产和环境保护服务两个分部门。譬如说，发展再生能源就要生产风能设备和光伏设备。这两种产品的生产会带动就业，同时带来新的增加值。环保技术的创新会增加大量的专利，新技术的出现会带动投资。这一组指标包括"环境产品和服务部门对就业的贡献""可持续能源部门对就业的贡献""环境产品和服务部门对增加值的贡献""绿色专利""环境投资"5个指标。2000～2011年连续11年的检测显示，这5个指标都在不断进步。

四　环境质量评估

整体来说，2012年荷兰经济发展对环境的不良影响有所降低，然而，这一趋势仍然发展缓慢，而且没有在所有方面都达到绿色增长的标准。经济增长对环境的负面影响在某些方面还存在。在所有的指标中，空气和废水排放环境效率指标有所改善。例如，在 GDP 增长的同时，温室气体的排放和废水排放中的重金属自 2000 年来一直在减少。消费活动中温室气体的排放减少改善的幅度比生产活动中温室气体的排放减少改善的幅度要明显。这是因为大量的消费产品进口使荷兰的消费活动延伸到国外，其中中国承担了很大一部分，占 19%。自然资产基础的指标反映出的情况非常负面。首先是农田栖息的鸟类种群减少导致生物多样化指数恶化。土地开垦率较高和能源储备持续减少影响经济的可持续发展。木材的储蓄量和鱼类保有质量得到改善，但北海鱼类的保有量仍然维持在下限水平。居民生活环境质量提高表现为大气微粒子减少，但水体质量下降。居民对环境关注度提高，但为环境承担税负的意愿在降低。政府环境政策工具环境税的增长速度近年呈下降趋势，这说明用于环境保护的资源减少。环境产业明显地为就业创造了机会，扩大了 GDP 规模。

这篇报告中有一个重大的发现，在荷兰经济中，9 个"顶级部门"（农业和食品、化工、创造性工业、能源、高科技、生命科学与医学、后勤、园艺和宣传材料、水厂）一向被认为在促进创新和增强荷兰经济竞争力方面发挥着重要作用，然而这些部门产生的空气污染和消耗的原材料分别占整个经济的 70%，且只提供了 21% 的就业机会和 27% 的增加值。这些"顶级部门"上交全部环境税的 56%。这个发现为政府制订今后的环境改善计划提供了重要的参考依据。

与其他工业化国家相比，荷兰的资源利用率表现一般。可再生能源的生产比例有所提高，但与其他国家相比仍然不算高。环境效率虽然大大提高，但与其他工业化国家相比荷兰仍然处于中等地位。

荷兰第一个检测期为 11 年的检测报告显示，荷兰的环境保护基本面是优良的，不足的方面不多。荷兰政府通过这个报告找到了下一步努力的方向。

第七章

文　化

第一节　教育

一　教育制度

与其他发达的欧洲国家一样，荷兰拥有一个高质量的成熟的教育体系。但与其他先进的欧洲国家不同的是，荷兰并没有统一的教育制度。也就是说，在荷兰，无论是小学、中学还是大学，都没有统一的教学大纲和统一的教材。荷兰1848年宪法中的一项条款规定，公民可以根据不同的宗教、信仰和教育思想来建立自己的学校。因此，荷兰的教育系统历来有着风格多样化的特点，例如，既有罗马天主教主导的学校，又有加尔文教派开办的学校；既有遵行犹太教规的学校，又有遵行伊斯兰教规的学校，还有用印地语授课的学校等。这些学校不仅具有不同的宗教背景，也体现了教育理论体系的区别。荷兰也有一些学校是没有宗教背景和不分教育学流派的。这些学校表现出超宗教和教育学流派的中性特点。

按办学资金来源划分，荷兰的学校分为公立学校和私立学校两种。荷兰大部分学校是私立学校，大约占各类学校的75%，其余25%为公立学校。公立学校的办学资金多半来自市、镇政府财政拨款；私立学校办学资金或来源于教会，或来源于各类政治性或商业性基金，但凡是符合政府颁布的办学标准的私立学校都可以从政府财政中得到一部分教育津贴。一般来说，教师的薪金水平与其他受过同等教育水平的知识分子相当，某些私立学校教师的薪金明显高于公立学校的教师。荷兰庞大的私立教育部门，是历史上沿袭下来的。这也是荷兰没有统一的教育制度的原因之一。

荷兰的学校虽然没有统一的教学大纲，但无论公立学校还是私立学校，其教学质量都是有保证的，各校的教育质量标准接受政府教育官员的监督。政府虽然不制定统一的教学大纲，但荷兰法律对学校的必修课程有明确的规定，所有的学校都必须遵守这方面的规定。政府也负责监督所有学校的教育质量，因此所有学校的毕业证书都享有同等的法律效力。

荷兰对 5～18 岁的青少年实行义务教育，最后两年的义务教育可以采取半工半读的形式。根据有关法律，荷兰王国政府保证王国任何地方的青少年都能够得到受教育的机会。荷兰义务教育年龄段内的学生是免交学费的。但是，学校中一些非常规的教学活动，如形体舞蹈课、化妆美容课等，不属于义务教育范围，因此可能需要收费。学校也可以从学生应该得到的儿童福利费中扣除这些课程的学费。学生一旦超过 18 岁便不再享受义务教育，必须按所修的课程交纳学费。但是，18 岁以上的学生又可以从有关政府部门领取一份基本助学金抵扣学费，不足部分还可以申请贷款或缓交。贷款或缓交额视学生或家长的经济状况以及学生表现而定。

二 初等教育和中等教育

与大多数其他国家一样，荷兰的普通教育分为初等教育、中等教育和高等教育。

荷兰初等教育的对象是 4～12 岁的儿童，实际上包括了学龄前教育。从 8 岁开始才是真正的小学教育，学校开始对儿童进行知识传输、智力开发和思想培养，同时在社会和文化知识与体能方面进行必要的辅导。每所学校都按照政府的有关方针制订本校的教学工作计划。小学除了开设荷兰语文、地理和数学等常规的必修课外，还有体育课，其中包括游泳课。小学的最后两年开始开设英语课。在教会开办的学校里，还开设宗教课程。全国的学校都用荷兰语进行教学，只有弗里斯兰省的学校实行荷兰语和弗里斯兰语双语教学。

荷兰中等教育的正常入学年龄是 12 岁。荷兰的中等教育有着多元化的特点。这种多元化的中等教育体制体现了荷兰人十分现实的教育思想，即考虑到中学毕业后进入大学深造的学生毕竟只是少数，多数中学生毕业后直接进入不需要大学教育资历的工作岗位，因此荷兰专门培养大学后备人才的中学数量并不多，多数中学以培养一般的劳动者为目的。

荷兰的中等学校一共有以下 4 种类型。

（1）初等职业学校（voorbereidend beroepsonderwijs, vbo）。

（2）普通初等中学 （middelbaar algemeen vormend onderwijs, mavo）。初等职业学校和普通初等中学都不是以升入大学为目的的，而是为接受高级职业培训做准备的。这两种学校的学制都是 4 年，只有完成 4 年学业的学生才能接受和进入高级职业培训或高等徒工学校。

（3）普通高等中学 （hoger algemeen vormend ouderijys, havo） 。荷兰的普通高等中学拥有独立的学制，并不是普通初等中学的延续，学生入学年龄与普通初等中学一致，都是 12 岁。普通高等中学的学制是 5 年，只有完成了普通高中学业的学生才能进入高等职业教育学校学习。

（4）大学预备学校 （voorbereidend wetenschappelijk onderwijs, vwo）。只有大学预备学校才是培养未来大学生的中学，只有从大学预备学校毕业的学生才能进入大学学习。大学预备学校入学年龄也是 12 岁，学制为 6 年，相当于中国的初高中六年教育。

许多荷兰的中学都是综合性学校，即包含了上述 4 类中学中的两种以上。由此可见，荷兰人从一进入中学开始就选择自己的最终志向：进入职业教育或者进入大学。最终接受职业教育的学生也有多种选项，选择普通初中或者初等职业学校。

这种多元化的中等教育体制表明荷兰中学教育有着很强的针对性，从进入中学阶段起，学生未来的前途就基本明确。这种多元化的教育体制可以提高教学效率，减少时间和精力的浪费。以中国的教育学传统来看，从12 岁时起就开始采取分校培养的方针似乎早了一些，因为许多孩子的天赋和兴趣可能要到 15 岁以后才能显现出来。考虑到这种因素，荷兰中等教育中建立了转校制度，普通初等中学和普通高等中学的学生如果发现自己有升入大学的意愿和兴趣，可以转入大学预备学校学习；大学预备学校的学生如果对继续升学失去兴趣或信心，也可转入普通初等中学或其他类型的学校学习。由于所有类型中学前 3 年的课程大致上是一样的，因此转校制度实施起来并不困难。如果非大学预备学校学生在 5 年学习结束后才萌生上大学的念头，那他可能要在大学预备学校里再学习两年，将大学预备学校的所有课程补齐后才能毕业。

荷兰的中学有 15 门基础课程，学生在进入初等职业学校、普通初等中学、普通高等中学、大学预备学校的专门课程学习前必须先修完这 15 门课程。在中学阶段的最后一年，中学生必须参加学校的考试以及政府监督下的统考。有一些科目是各类学校的必考课，如荷兰语和外语。荷兰 17 岁的青年人全日制中学教育普及率达到 97.7%。

荷兰还有两种介于中学学校和高等学校之间的学校：高级职业培训学校（middelbaar beroeps onderwijs，mbo）和高级工艺学徒学校（leerlingwenen，llw）。

高级职业培训学校的学生主要是进行技能操作和专职管理内容的学习，毕业后可能从事文秘、财会、酒店管理等工作。高级工艺学徒学校的学生主要是进行技术技能的学习，将来的职业前景是高级技工或技师。这两种学校的学生必须先从上述四类学校中的一类毕业后才能进入高等中学学习，也归入高等中学教育的范畴，类似中国的大专。从高级职业培训学校或高级工艺学徒学校毕业的学生将取得相应证书。他们凭相应的证书可以申请独立开业。由于欧盟国家之间实现了学历互认，取得相应证书的毕业生不仅可以在荷兰求职或创业，也可以到任何其他欧盟成员国求职或创业。高级职业培训学校与工艺学徒学校的不同之处在于，高级职业培训学校的学习是全日制的，而高级工艺学徒学校的学生是在公司或工厂里进行实际操作，并同时在学校里进行非全日制学习。

三 高等教育

荷兰的高等教育包括两类学校，一类是高等职业学院（HBO），另一类是普通大学（WO）。高等职业学院和普通大学的学制都是 4 年。学生在这些学校里学习的时间不能超过 6 年。荷兰 18～27 岁青年人全日制高等教育普及率为 15.2%，非全日制高等教育普及率为 6.8%。

高等职业学院不仅对学生进行理论教育，而且进行实践培训。这是其与普通大学的不同之处。高等职业学院的毕业生可以在技术性较强的行业内申请高级职位。普通大学则侧重于理论教育，毕业生主要进入研究机构或其他需要大学学历的工作岗位。高等职业学院和普通大学都设有师范教育系或专业。普通大学不仅培养本科生和研究生，同时也从事研究工作。本科生在完成 4 年的学业后既可以马上从事研究工作，也可以继续进行研究生课程的学习。

高等职业学院的学生毕业后获得工程师学位或学士学位（Bachelor's Degree）。工科大学的学生毕业后也获得工程师学位，虽然荷兰文中称为"ingenieur"，但其缩写与高等职业学院学生获得的工程师学位稍有不同，前者的荷兰文缩写为"ing"，后者的缩写为"ir"。荷兰大学工科学制正在向 5 年制过渡，因此学位缩写的意义也明显不同。法律系毕业生获法学学士学位（mr），其他科系的大学毕业生称为学士（drs）或硕士（M）。完成博士学位课程的学生可以获得博士（dr）学位。这些学位在荷兰的法律里有详细规定，其资格和地位受法律的保护。

四 特种教育、成人教育和国际教育

荷兰还有一些特殊的教育，包括以智残人为对象的特种教育、成人教育和国际性教育。

在荷兰，特殊的初等教育是针对 3～20 岁有生理、智力障碍的人或社会残障人士的教育。根据他们残疾的特点，尽可能开设接近于正常人的课程，并给予他们更多的照顾和帮助，使他们尽快进入或返回正常人的学校。荷兰政府为残障学生发起"同进学校工程"，类似中国的"希望工

程"一样，发动普通学校帮助特殊教育学校，以便残障学生尽快进入社会。

成人教育是指以在职人员为主要教育对象、以学历补偿和职业能力提高为主要目的的教育类别，实际上包括了从初等教育到高等教育的所有阶段的教育。成人教育既有全日制教育，也有非全日制教育；既有白天学校，也有夜校；既有相当于小学的教育，也有相等于中学和大学的教育。成人基础中学（vavo）学习的是普通中学的课程。从成人普通中学毕业后可以进入成人大学学习。其他欧洲国家的开放大学（the open university）在荷兰的成人教育中也占有特殊的地位。

近年来，荷兰接受成人教育的人数呈逐年减少的趋势。根据荷兰中央统计局的数字，2013/2014 学年和 2014/2015 学年参加成人学校学习的人数均为 33000 人，而 2015/2016 学年只有 14000 人。

荷兰还有一种学校叫作国际学校。这种学校是以英文作为教学语言的学校。荷兰有许多儿童跟随父母在英语国家或其他国家生活。这些儿童回到荷兰后由于各种原因愿意继续接受以英语为教学语言的教育，可以进入这种学校。在荷兰生活的外国人，如外交官、商业代表或侨民，如果不愿意在荷兰文学校学习，也可以选择在国际学校学习。此外，荷兰还有 10 所高等学校有以英语讲授的课程。这些课程主要是为外国留学生设置的。有的学校还设置有用法语或西班牙语讲授的课程。

2015 年，荷兰的教育经费约占国内生产总值的 6.8%。其中，有政府的支出、私营机构的投资，也有家长承担的部分，大约为 408 亿欧元。其中，政府的教育支出为 330 亿欧元，占政府财政预算的 12%；私营部门对教育的投资为 33.5 亿欧元；家长承担的教育费用大约为 37.4 亿欧元。

2015/2016 学年，荷兰在校小学生共有 140 万人。最近几年，荷兰小学生入学率一直呈递减趋势，小学学校的数量也在下降。这与荷兰人口年龄结构变化趋势有关。然而，中学情况不同，2015/2016 学年，中等学校包括普通中学和中等职业学校的学生总数都在增加，但高级职业培训学校学生人数保持不变。2015/2016 学年，中等学校学生总人数为 47.7 万人；

高等职业学院在读学生人数从 44.6 万人下降到 44.3 万人；普通大学在校学生人数从 25.7 万人增加到 26.1 万人。①

第二节 文学、艺术和体育

一 文学

全世界使用荷兰文的人口虽然不多，但荷兰文学作品非常丰富。荷兰历史上以及当代都产生过许多著名的作家。荷兰的诗歌在世界诗坛上的影响尤为突出，并且受到国际诗坛的注意。从中世纪起，荷兰文学就十分繁荣，产生过许多脍炙人口的古典文学作品，如《弗洛里斯与白花》《卡列尔和埃列嘎斯特》《狐狸雷纳德的故事》《每一个男人》等，犹如中国的《西游记》和《三国志》，几百年来家喻户晓，妇孺皆知。前面提到的伊拉斯谟是荷兰中世纪人文主义思想的代表人物。他的文笔犀利辛辣。其最著名的著作《愚人颂》由拉丁文翻译成多种文字。《愚人颂》不仅是一篇声讨天主教会虚伪丑恶的政治檄文，而且在"八十年战争"中产生了巨大的感召力，是荷兰古典文学中具有代表性的作品。

17 世纪上半叶，荷兰反抗西班牙殖民统治的革命进入高潮。这个时期是思想最自由和最宽容的时代，是荷兰文化的黄金时代，荷兰成为欧洲的文化中心。在整个 17 世纪和 18 世纪大部分时间，莱顿大学、格罗宁根大学和乌得勒支大学吸引了整个欧洲的学生。欧洲其他国家的许多学者也来到荷兰执教和著书立说。约翰·洛克的《论宽容》、笛卡尔的《方法论》都是这个时期在荷兰出版的。笛卡尔的名言"我思故我在"便出自《方法论》。

在黄金时代，荷兰的文学和艺术繁荣发展。这一时期，荷兰文学界涌现出冯德尔（Joost van den Vondel）、霍夫特（P. C. Hooft）、布雷德罗（Gerbrand Bredero）和惠更斯（Christiaan Hugyens），他们四人被誉为"四驾马车"。其中，冯德尔被誉为"17 世纪最伟大的戏剧家"。他创作

---

① *Trend in the Netherlands 2016*, pp. 31 - 33.

的《阿姆斯特尔的海斯布雷赫特》据说是伦勃朗著名画作《夜巡》的灵感来源。18 世纪，荷兰的经济随着荷兰海上霸权的丧失开始衰落，荷兰的文学也陷入停滞，直到 18 世纪后半叶才逐渐复苏。荷兰文学史上第一部长篇小说《萨拉·布尔格哈特小姐传》于 1782 年面世。这部小说是女作家伊丽莎白·沃尔夫（Elizabeth Wolf）和阿赫雅·代肯合作的作品。法国著名思想家和文学家伏尔泰为了出版他的书，七次到访阿姆斯特丹。

荷兰文学历史上有两个沉寂期：一个是 1795～1815 年拿破仑法国占领时期，另一个是 1940～1945 年德国纳粹占领时期。在这两个时期，荷兰人民政治上受压制，经济极度衰败，占领者实行思想禁锢政策，文化艺术遭遇浩劫。

19 世纪后半叶，荷兰文学再度复苏。1860 年，爱德华·道维斯·德克尔（Eduward Douwes Dekker）以"穆尔塔图里"为笔名发表的《马克斯·哈弗拉尔》（Max Havelaar）问世。这部作品至今被认为是荷兰文学的经典之作。以这部作品为先导，19 世纪荷兰文学"80 年代运动"进入一个小繁荣期。20 世纪初，赫隆洛（J. H. F. Grönloh）以笔名"聂思齐奥"（意即"我不知道"）发表的小说《寄生虫》（De Uitvreter，2011）和《小诗人·寄生虫·小巨人》（Dichtertje. DeUitvreter，Titaantjes，1918）为新世纪荷兰文学发出新声。20 世纪的繁荣期当属两次世界大战之间的十年。这一时期出现了荷兰文学三巨头，即阿瑟·范斯亨德尔、费迪南德·波德维克和西蒙·维思戴克。荷兰文学评论家迈耶认为维思戴克是"现代荷兰文学最伟大的巨匠"。

二战结束后，荷兰文学迎来新的复苏。40 年代后半叶，荷兰涌现出许多反战反法西斯的作品，如布拉德班尔的诗集《绞刑刽子手》（1945）、《病态的五月》（1948），霍尔尼克的诗集《人类的生存》（1952），德弗雷斯纳的剧本《1942 年的无名氏》（1945），布吕林的剧本《这个村子已不存在》（1958），共产党员女作家普林斯描写被监禁在集中营中妇女生活的《绿外套》（1949），德·弗里斯（De Vries）的《弗里斯兰邮车》（1948）。

20 世纪 50 年代，荷兰文坛出现新的三巨头，他们是威廉·弗雷德里克·赫尔曼斯（Willem Frederic Hermans）、海拉特·雷弗（Gerard Reve）

和哈里·穆里施（Harry Mulisch）。穆里施描写二战的作品有《石头婚床》《袭击》《天堂的发现》。其中，《袭击》被译成 40 多种文字，发行量超过 100 万册，成为与安妮·弗朗克的《安妮日记》并列发行量最大的荷兰文学作品；《天堂的发现》被《华尔街日报》誉为"能与荷马的《奥德赛》和但丁的《神曲》相提并论的作品"。

这一时期，荷兰比较有名的作家还有赫拉·哈瑟（Hella Haasse）、伊安·沃尔克斯（Jan Woldoers）、塞斯·诺特波姆（Cees Nooteboom）、马腾·特哈特（Maaeten't Hart）和范·德·海登（A. F. T. van der Heijden）。范·德·海登的作品《老掉牙的时间》（*De Tandeloze Tijd*）是 20 世纪 80 年代畅销书之一。

进入 21 世纪后，战后三巨头相继去世，荷兰文学新三杰成长起来，他们是塞斯·诺特博姆（Cees Nooteboom）、阿德里安·范迪斯（Adriaan van Dis）和阿侬·格伦伯格（Arnon Grunberg）。诺特博姆的《万灵节》、《仪式》和范迪斯的《遇上一只狗》（*De Wandelaar*）已经译成中文出版。21 世纪的作家中还有已经故去的福斯奎尔。他的 7 卷巨著《办公室》实际上是他 30 年职场生涯的写照。伊朗血统的荷兰作家卡德尔·阿卜杜拉（Kader Abdolah）的作品多次获奖。他的《天书·我父亲的笔记本》（*My Father's Notebooks*）和《信使》分别是 2006 年和 2008 年的畅销书。

此外，荷兰还有一批儿童文学作家和连环画家，如迪克·布鲁纳（Dick Bruna）、安娜玛丽·范·哈林根（Annemarie van Haeringen）、汉斯和莫妮卡·哈亨夫妇、劳伦蒂安（Laurentien van Oranje）王妃、西伯·波斯图马（Sib Posthuma）、迪特尔和英格丽·舒伯特。迪克·布鲁纳既是儿童文学作家，又是漫画家。他自己写作和绘制的儿童连环漫画系列《米菲兔》（*Nijntje*）受到荷兰儿童的青睐。这部连环画也被翻译成多种文字，受到许多国家小读者的欢迎。

将这部连环画推介到外国的荷兰文学创作与翻译协会是专门从事向全世界介绍荷兰文文学作品的机构。荷兰文学作品十分丰富，但世界上荷兰文读者十分有限。荷兰文学界成立这个机构，将荷兰文学作品翻译成外文，使外国读者有机会了解荷兰文学。

二 美术

文艺复兴时期，欧洲绘画艺术进入最繁荣的时期。这一时期出现了许多画派，如佛罗伦萨画派、威尼斯画派、德国画派、弗兰德尔画派、西班牙画派。17世纪出现的荷兰画派是继这些画派之后出现的又一个新的画派。与欧洲其他画派相比，荷兰画派无论是在思想、题材上还是在风格上，都是一种全然不同的艺术流派。① 荷兰画派出现之前，同时代画派在风格上或多或少都带有巴罗克艺术豪华、艳丽和奢靡的印记，而就荷兰画派而言，无论是风景画还是肖像画、静物画，都表现出朴实无华的独特风格。

1609年，尼德兰北方七省宣布摆脱西班牙统治，成立荷兰共和国。这是欧洲历史上第一个资产阶级共和国。这个新兴的资产阶级国家，与欧洲其他封建专制国家相比，在思想和文化有着更多的自由。这一时期的荷兰美术摆脱了宗教和宫廷的束缚，更加广泛地面向世俗生活。荷兰画派打破了绘画主题局限于宗教和宫廷的桎梏，将目光投向现实生活。他们绘画的对象既有尊贵自信的资产者，也有街头乞丐和江湖卖艺人；既有豪华宅邸，也有破旧的茅舍；既有富丽的庭院，也有村中小道；既有珍禽野味，也有穷人的面包。为了迎合社会的多元审美需要，艺术的表现主题多样化。荷兰画派创作了独立的风景画、静物画、风俗画和肖像画。从荷兰开始，过去专门为王公贵族服务的绘画艺术得到了平民的青睐。资产者和市民阶层大量订购油画，用以装饰自己的居所。荷兰绘画艺术空前繁荣。著名的"荷兰小画派"也是这个时期产生的。荷兰小画派在小画布上作画，这大大降低了作画的成本，因此普通百姓也买得起。一位当年的英国游客写道："你无法找到一位没有收藏油画的荷兰修鞋匠。"② 16世纪和17世纪是荷兰绘画艺术的黄金时代。活跃于这一时期的荷兰画家还有希罗尼穆斯·博施（Hieronymus Bosch 1450－1516）、卢卡斯·范·莱顿（Lucas van Leyden，1494－1533）、亨德里克·特布鲁根（Hendric Terbrugghen，

---

① 迟轲：《西方美术史话》，中国青年出版社，1983，第155页。
② 〔荷兰〕约翰·赫伊津哈：《17世纪的荷兰文明》，何道宽译，花城出版社，2010。

1588 – 1629)、威廉·卡尔夫 (Willem Kalf, 1619 – 1693)、扬·斯丁 (Jan Steen, 1626 – 1679)、加布里尔·梅蒂绥 (Gabriel Mestu, 1629 – 1667)、希达 (1594 – 1670), 皮特·德·霍赫 (Pieter de Hooch, 1629 – 1684)、阿德里安·范·奥斯塔德 (Adriaen van Ostade, 1610 – 1685)、女画家拉谢尔·鲁施 (Rachel Ruysch, 1664 – 1750)

荷兰历史上最负盛名的画家自然要数伦勃朗·范·莱茵 (Rembrandt Harmenszoon van Rijn, 1606 – 1669)。伦勃朗不仅是荷兰历史上最有成就的画家之一，也是世界绘画史上跻身前 10 名的大师之一。伦勃朗终生勤奋，一生作画 600 多幅。他死后名声日增，因此又是作品被伪造最多的画家。美国有一个笑话说："伦勃朗一生作画六百余幅，其中有三千幅在美国。"1968 年，即伦勃朗去世三百年之际，一个由荷兰 6 位美术学者组成的调查小组遍访世界收藏伦勃朗作品的博物馆和私人收藏家，他们得出的结论是，几千幅声称为伦勃朗的作品中，只有 350 幅作品确认是伦勃朗的真迹。

伦勃朗出生在莱顿，青年时代在莱顿大学学习，后来改学绘画。23 岁时与一画商亲戚莎斯基雅小姐结婚。在他最著名的一幅自画像上，他高举酒杯，莎斯基雅坐在他的膝上，表现了他在事业和生活上的春风得意。他的另一幅作品《杜普教授的解剖学课》获得成功，给他带来作画订单。他一年最多时能创作 50 幅画。他的名作《夜巡》，描绘的是一群出发执行任务的军人。他在这幅画上运用了一些独具匠心的艺术表现手法。

伦勃朗也有以《圣经》为题材的作品，如《圣家族》和《基督传道》。伦勃朗以宗教为题材的作品比以往的宗教画更富温情和人道主义精神。文艺复兴大师们笔下的圣母往往像是中上层阶级的淑女，而在伦勃朗画笔下，圣母却更像一位下层妇女，所以马克思说伦勃朗是按照荷兰农妇来画圣母的。伦勃朗创作了大量的油画和铜版画，内容涉及宗教、风景、传说、肖像、风俗。他是腐蚀铜版画的先驱。他的肖像画对真实的描绘入木三分。这从他最著名的自画像中就可以看出来。这幅作品毫无掩饰地描绘出岁月对自己相貌的侵蚀，真实得令人心碎。

约翰内斯·维米尔 (Johannes Vermeer, 1632 – 1675) 是比伦勃朗小 26 岁的同时代画家，是荷兰画派中风俗画的鼻祖。他一生画了几十幅画，至今流传下来的只有 37 幅。他一生生活艰辛，去世时仅给他的妻儿留下 26 幅画。19 世纪，一位被放逐到荷兰的法国人用 3 年时间研究他的作品，使这位两百年前默默无闻的风俗画画家一举成名。二战期间，有人因为伪造他的作品成为世界性新闻人物。维米尔在绘画中善于运用光，这一技巧使他能够将绘画对象真实可信地呈现在画布上。他留存至今的最著名的作品《戴珍珠耳环的少女》最突出地体现了他的这一能力。少女衣物布料上的光泽与珍珠耳环的光亮相互辉映，使这幅画成为西方艺术中的珍品。维米尔的作品普遍运用窗户侧光投射在绘画对象脸上，以取得最好的光影效果。海牙皇家莫瑞泰斯画廊因保存这幅画而跻身世界著名画廊之列。

弗兰士·哈尔斯（Fans Hals, 1580－1666）是荷兰现实主义画派的奠基人、杰出的肖像画画师。他作为民兵参加过荷兰争取独立的"八十年战争"，因而对军人的形象非常熟悉。他的肖像画中有许多是军人的形象。在其早期的肖像画中，军人脸上常常流露出警觉的表情，而国家取得独立后他画笔下的军人更多流露出胜利自豪的表情。他 68 岁以后以画肖像画为生。他一生中创作了大量的肖像画，画过不同职业不同年龄的人物，如军官、市民、音乐师、酒徒、少女、孩子等。他接触的大多数是下层市民，因此他所画的大部分人物都是下层民众。他以表现人物的表情擅长。他的作品《射手协会军官的群像》《吉卜赛姑娘》《弹琴者》《扬克·兰普和他的情人》中的人物神情自然生动，极富个性。

哈尔斯是伦勃朗的前辈。他的画风宽博，笔法自由，创造出一种活泼的运动的感觉，因而更耐看。最凸显这一特点的是他的《大笑的卡瓦利耶》。他的风格对伦勃朗有着不可否认的影响。没有哈尔斯的作品，伦勃朗的很多作品也不可能创作出来。他的绘画生涯一直延续到 80 岁。他于 86 岁死于老人救济院。他晚年的代表作有《哈勒姆养老院的女管事们》《一个戴宽边帽的男子》，画中的人物流露出忧郁的神情，比早期作品凝重深刻。

19 世纪，荷兰涌现出一批画家，其中最著名的是文森特·梵高（Vincent Van Gogh, 1853－1890）。他是后期印象派的代表人物，在色彩的运用上更强调主观感受的表达。他的《日出》《向日葵》《老农》夸张地运用色和光，给人以强烈的印象。他拥有透过夸张的表现手法恰到好处地表现主题神韵的能力。他画花时绝不追求比例和细节的真实，却能抓住花的灵魂。他画《老农》的时候，用了大量朱红色来表现被阳光炙烤的皮肤，这种色调虽然有些夸张，但很好地刻画了老人勤劳朴实的品格。

梵高创作了许多人物画。这些人物像都表现出深刻的社会性，如农家少女、医生、农夫、邮递员、囚徒、妓女等。他出生于下层社会，他的画表现的也是下层社会。他的许多自画像神情严峻忧郁，表现了他一生的坎坷。像历史上许多艺术家一样，他在活着的时候穷困潦倒，死后却声名远扬。梵高只活了37岁，他的大部分传世之作是在他生命最后5年里创作的。他最后由于患精神分裂症而自杀。

20世纪的荷兰画家热衷于参与许多重大国际作品的创作。他们在继承荷兰的造型艺术传统的基础上大跨步地创新，如热尔·范·埃尔克（Ger van Dlk）、伊安·迪伯斯（Jan Dibets）、彼得·斯特鲁伊肯（Peter Struyken）、罗勃·斯霍尔特（Rob Scholte）、马特·罗灵（Matrhe Roling）、马林·杜马斯（Marlene Dumas）、特奥·范·杜斯伯格（Theo van Doesburg）和卡列尔·阿佩尔（Karel Appe）。

特奥·范·杜斯伯格是一位美术家和艺术理论家。他于1917年创办了倡导激进创新的杂志《风格》，并提倡用明亮的红、黄、蓝及黑白色的几何色块创造一种新的造型艺术形式。当时一些志同道合的建筑师采用这种风格设计出一种意识相当超前的房屋。但是，在当时的技术条件下，这种房屋还建造不出来，但这个造型流派一直为许多国家的美术家和建筑师所传承。2017年，一批荷兰、奥地利、美国、德国的"色块派"画家聚集在杜斯伯格创办《风格》杂志的莱顿城，举办了"色块派"百年纪念展。作为纪念活动的一部分，明亮的色块也出现在海牙巨大的建筑物上和国会旁的湖泊中。

另一位当代的创新艺术家是卡列尔·阿佩尔。他早年受毕加索、马蒂斯和法国野兽派画家让·杜布费（Jean Dabuffet）的影响。这些影响融入他后来的作品风格。1948年，阿佩尔加入了一个名叫"Cobra"

的艺术流派组织。"Cobra"是哥本哈根、布鲁塞尔和阿姆斯特丹三个城市名字的组合。这个流派的特点是将各种材料，常常是类似废旧机械零件的材料，组装成彩色的雕塑作品。而作品的题材从北欧童话的灵感中获得，以各种各样的动物作为作品的主人公。与此同时，他们在公共场所使用明亮的色彩，如白、黄、红、蓝、黑绘制壁画。他们的艺术风格一度不被人理解，他们在阿姆斯特丹市政厅绘制的壁画曾被幕布覆盖长达10年之久。1950年，阿佩尔不得不离开荷兰到国外游历。经过40年的坚持，他的作品终于赢得巨大的国际声誉。1990年后，他的艺术风格才得到本国美术界的认可，并受到高度的赞赏。他回到荷兰，举行了多次艺术展。他的作品收藏于各个博物馆，并作为城市雕塑竖立在城市广场上。他最有名的"Cobra"组装雕塑作品《带伞的青蛙》便屹立在海牙的步行街上，成为城市的一张名片。阿佩尔于2006年在瑞士去世，享年85岁。

三 表演艺术

荷兰的舞台艺术十分繁荣，每年演出各种舞台节目，包括音乐演奏会、戏剧、歌剧、舞剧、芭蕾舞剧，共12万多场次。

荷兰有着数量众多的职业演出公司，既有大剧院，也有规模较小的剧院。大剧院一般都有着大批传统保留剧目，小型剧院的兴趣主要在于创造新的表演形式。这些表演形式常常将音乐、哑剧和新的媒介技术结合起来。多赫特洛普（Dogtroep）就是一家这样的演出公司。这家公司经常在国外演出大型现代音乐歌舞剧。阿姆斯特丹戏剧节是荷兰最重要的戏剧节，与比利时的弗拉芒语地区的安特卫普的戏剧节是姐妹戏剧节。荷兰和比利时弗拉芒地区每个演出季节中推出的优秀剧目都会被邀请到阿姆斯特丹和安特卫普的戏剧节进行会演。近年来荷兰也开始流行大型音乐剧。国际著名的音乐剧作品《猫》《歌剧魅影》《悲惨世界》也被翻译成荷兰文，在荷兰演出时场场爆满。荷兰歌剧作品《赛兰诺》于1993年打入了美国的百老汇。

荷兰的音乐表演艺术也非常活跃。全国各城镇都有自己的乐团。阿姆斯特丹皇家音乐厅交响乐团是荷兰最著名的乐团，固定演出场所即1888

年建成的阿姆斯特丹音乐厅，被公认为世界最好的交响乐团之一，经常在国外演出。阿姆斯特丹巴洛克交响乐团（Amsterdam Baroque Orchestra）和斯洪伯格小乐团（Schonberg Ensemble）规模稍微小一些，但都成立于18世纪，有着悠久的历史。

荷兰的歌剧也十分繁荣。阿姆斯特丹的荷兰歌剧院是极富国际声誉的歌剧院，每年都要推出大约十部剧目。这些剧目大多数在阿姆斯特丹演出。现代歌剧也是荷兰歌剧中的一个重要剧种，近年来十分流行。荷兰其他城市的一些演出公司也很受当地观众的欢迎。

荷兰每年都有许多表演艺术节，其中最重要的是"荷兰艺术节"。这是一个国际知名的音乐节，其最大特点是艺术形式和内容的创新。荷兰艺术节每年6月在阿姆斯特丹举行，历时一个月。荷兰艺术节的最大特征是国际性，节日期间推出了许多国外优秀音乐节目。阿姆斯特丹的另一个音乐盛会是阿姆斯特丹舞蹈节（ADE），于每年10月中旬举行，为期5天。荷兰的电子舞蹈音乐（EDM）在许多方面领先于世界，如迷幻效果、数码技术、播放器及混音效果等。荷兰拥有世界最知名的打碟手（DJ），如阿明·范·布仁（Armin van Burren）、特斯托、哈德威、马丁·噶里克斯和阿弗洛杰克（Afrojack）。正因为此，每年音乐节期间，阿姆斯特丹都会吸引来自世界各地的电子舞蹈音乐爱好者。

乌得勒支市还有一个音乐节，即"早期音乐节"，主要演出中世纪音乐和巴洛克音乐①作品。每年总有许多国内外知名的音乐家被邀请到这个音乐节来演出。

在荷兰，爵士乐和即席音乐也拥有大量的听众。荷兰各主要城市都邀请过国内外世界级的爵士乐队演出。海牙每年主办的"北海爵士乐节"，是欧洲规模最大、最有名的爵士乐节。在荷兰很受喜爱的还有流行音乐。萨克管演奏家坎迪·杜尔佛（Candy Dulfer）与流行音乐舞蹈团"城市舞蹈团"在荷兰和国外演出时场场爆满。荷兰每年都要举办好几个流行音乐节，最有名的是"粉红流行音乐节""公园流行音乐节""黛纳摩露天

---

① 巴洛克音乐（Baroque Music），流行于1600～1650年，是一种风格独特的音乐。

音乐节"。

荷兰既是时尚音乐之乡，也是传统和古典音乐之乡。荷兰拥有一批古典音乐大师，如扬·斯韦林克（Jan Pieterszoon Sweelinck）、路易斯·安德里森（Louis Andriessen）和安德烈·里乌（Andre Rieu）。他们是现今仍在世的古典音乐作曲家中的佼佼者。安德烈·里乌经常带着他的约翰·施特劳斯交响乐团在世界进行巡回演出，其规模和收入不亚于世界最大的滚石乐和流行音乐演出。荷兰知名竖琴演奏家拉维尼亚·梅耶于2012年发行收录她本人演奏的菲利普·格拉斯作品的专辑。其对作品的演绎得到作曲家格拉斯本人高度赞赏。

荷兰的现代舞领先于世界现代舞坛。坐落于海牙的荷兰舞剧院（NDT）享有很高的国际声望。在著名的舞剧编导季利安（Jiri Kylian）的指导下，荷兰舞剧院每年都要推出一批舞蹈佳作。荷兰还有一批现代舞蹈演出公司，如嘉赛克斯公司（Djazzex）和因特罗丹（Introdans）等，虽然规模稍微小一些，但也十分活跃。鹿特丹的斯卡皮罗芭蕾舞剧团的演出原来主要面对少年观众，现在开始将注意力转向青年观众，其演出节目中现代舞剧的比重越来越大。阿姆斯特丹的国立芭蕾舞团原来主要表演古典芭蕾舞，现在也将注意力转向20世纪舞蹈编导的作品，如美国人巴兰辛（Balanchine）、荷兰人范·丹齐格（Van Dantzig）、范·曼嫩（Van Maanen）和范·斯海克（Van Schayk）的作品。

"荷兰舞蹈节"每两年在海牙举行一次，其间推出荷兰国内外最优秀的作品。乌得勒支的"春舞节"及海牙的另一个舞蹈节"节奏舞蹈节"也是每年举行一次。这两个舞蹈节的特点是节目多半是最新潮的现代舞。

四　电影

当今虽然电视非常发达，但荷兰人仍然把看电影当作自己生活的一部分。荷兰全国有800多张银幕，平均大约每10万人拥有5.2张银幕。除了国产片，荷兰每年进口上百部外国影片，大多数是美国影片。荷兰每年在电影院观看电影的观众达3060万人次，平均每人1.8次。2012年，荷兰电影票房收入达2.446亿欧元，其中国产影片的票房收入为3590万欧元。

在荷兰上映的本国片仅占 15.8%，其余为进口片。荷兰本土的电影产业不大，每年生产故事片 50 多部、短片 20 部。荷兰的影片很少能够打入国际市场，电影产业仅靠国内票房是难以为继的，因此荷兰每一部国产电影都会得到电影基金的支持。

在荷兰影院历史上，票房最高的影片是《泰坦尼克号》，共卖出 3405708 张票；最受欢迎的国产片是《土耳其狂欢》，共卖出 3328804 张票。在绝对数上，后者的门票虽然少于前者，但从相对数看，观看《土耳其狂欢》的观众占 1973 年全国人口的 1/4，而观看《泰坦尼克号》的荷兰观众只占 1997 年全国人口总数的 1/5。

荷兰影片获得过五项奥斯卡奖，分别是最佳短纪录片奖《玻璃》（1959）和《这个小小的世界》（1972），最佳短动画片奖《安娜和贝拉》（1986），最佳外语片奖《攻击》（1986）、《安东尼娅》（1995）和《品德》（1997）。此外，荷兰影片还获得过 15 次奥斯卡奖提名。

荷兰的纪录片在世界上有着极高的声誉。荷兰纪录片的先驱是约里斯·伊文思（Joris Iven，1916－1997）。20 世纪 50 年代，他在苏联、波兰、巴西、中国、法国、意大利、马里、古巴、越南等国拍摄了大量纪录片，如《和平一定在全世界胜利》《世界青年联欢节》《激流之歌》《五支歌》《塞纳河畔》《天空、土地》《愚公移山》等。他的行迹使他获得"飞行的荷兰人"的称号。伊文思于 1938 年访问了中国，并亲临抗日前线采访，拍摄了反映中国军民抗战的纪录片《四万万人民》。1956 年，伊文思再次访问中国，拍摄了反映新中国建设成就的纪录片。1955 他获得年世界和平奖金，1978 年被授予英国皇家艺术学院荣誉博士学位，1986 年获得法国荣誉军团勋章。

荷兰的另一位纪录片大师是贝尔特·汉斯特拉（Bert Hannstra，1916－1997）。1959 年，他拍摄的纪录片《玻璃》不仅赢得荷兰"短纪录片学院奖"，而且在柏林、戛纳和美国获奖。荷兰电影学院培养的学生从 20 世纪 60 年代起就成为荷兰电影产业的中流砥柱。荷兰的电影业也告别纪录片时代，进入故事片时代。

保罗·范霍文（Paul Verhoeven）在 70 年代拍摄了五部高票房影片，

分别是《在商言商》（1971）、《土耳其狂欢》（1973）、《凯蒂·迪佩尔》（1975）、《橘兵》（1977）和《绝命飞轮》（1980）。这一时期被称为荷兰电影的繁荣期。80年代，荷兰电影产业在电视的冲击下萎缩。为了赢得观众，新生代导演迪克·马斯（Dick Maas）拍摄了动作片和惊悚片《夺命电梯》（1983）和《阿姆斯特丹水鬼》（1988）。他的《邂逅女人》（1986）和《美国的邂逅女人》（1992）都很成功。《美国的邂逅女人》吸引了150万观众，创造了数字化电影时代最好的票房成绩。这一时期，另一位导演冯斯·拉德马科斯的影片《攻击》（1986）获得了奥斯卡金像奖最佳外语片奖。

进入21世纪后，荷兰导演不断改变策略以扩大票房收入。约翰·奈恩胡思拍摄了一部讲述十七八岁孩子在西班牙沙滩度假的片子《沙滩》（2001）。影片充满了沙滩上追逐、亲吻和拥抱的镜头，票房较高。随后跟进模仿的影片《满月聚会》（2002）和另一部《沙滩》也取得好票房。青春激情路线很快被异国文化趣味取代。喜剧片《嘘，哈比比》（2004）和《炸肉排天堂》（2005）启用了摩洛哥演员与荷兰演员，使影片充满了异国情调。这两部影片都入围柏林电影节。

荷兰电影另一样式是儿童片，又被称为家庭片。荷兰家庭片导演亨克·范·德·林登在20世纪50年代到80年代拍了38部儿童片。卡尔斯特·范德穆伦于70年代和80年代拍摄了12部儿童片。90年代，本·桑伯加特（Ben Sombogaart）拍摄的《小亚贝》（1998）和玛利亚·彼得斯的《面包屑》（1999）是家庭片的巅峰之作。进入21世纪后，文森特·巴尔制作的《彼得·贝尔历险记》（2002）、斯蒂芬·德·雍执导的《孪生兄弟历险记》（2002）、本·桑伯加特执导的《普鲁克寻家》（2004）及《历险记2》（2005）延续了儿童片的传统。米沙·康普导演的儿童片《圣尼古拉斯的马》（2005）在6个国际电影节中获奖。此后，本·桑伯加特投资1200万欧元拍摄了《穿牛仔裤的十字军》（2006）。

保罗·范霍文的战争片《黑色名单》（2006）面世后，家庭影片统治票房的时代便告结束。这是继《面包屑》之后又一部赢得百万观众的荷兰影片。该片投入为荷兰电影之最，制作费用接近 1800 万欧元。其辉煌的票房纪录仅维持了一年，便被约兰·吕尔森的爱情喜剧片《爱就是一切》（2007）打破。

由于荷兰语电影市场有限，为开拓自己的事业，荷兰杰出的电影导演和演员纷纷前往好莱坞闯荡。好莱坞顶尖的演员和导演中就有荷兰人的名字。

好莱坞最知名的荷兰演员有鲁特格尔·奥尔森·哈尔（Rutger Olson Hauer）、杰罗恩·克拉比（Jeroen Krabbé）和女演员卡利斯·范·侯登（Carice Anouk van Houten）。哈尔最著名的作品是与哈里森·福特共同主演的科幻片《银翼杀手》（1982），以及《鹰狼传奇》（1985）、《末代启示录》（1994）、《海神号》（2005）、《蝙蝠侠：侠影之谜》（2005）、《携枪流浪汉》（2010）。克拉比的光头形象使他稳坐好莱坞反派交椅，如在《不知感谢》（1986）饰演罗萨多，在 007 系列影片《黎明生机》（1987）中饰演将军，在《亡命天涯》（1993）中扮演查尔斯·尼克尔斯博士。女影星侯登出演了《谎言之躯》（2008）、《刺杀希特勒》（2008）、《权力游戏》（2011）、《重生男人》（2010）、《恶灵入侵》（2010）、《黑色蝴蝶》（2011）等好莱坞影片。

好莱坞著名的荷兰籍导演、编剧、制片人除了保罗·范霍文外，还有扬·德·邦特（Jan de Bont）、门诺·梅耶斯（Menno Meyjes）和彼得·扬·布鲁格（Pieter Jan Brugge）。彭特最著名的作品是《生死时速》和《龙卷风》；门诺·梅耶斯是好莱坞影片《紫色》（1985）和《印第安纳的琼斯和最后的十字军》（1959）的编剧；彼得·扬·布鲁格监制的好莱坞作品有《光荣》（1989）、《知情人》（1999）、《迈阿密风云》（2006）和《清算》（2004）。

21 世纪，荷兰电影成果丰硕，如哈尔出演了《蝎子王 4：争权夺利》（2015）、《海军上将》（2015）、《爱无止尽德蕾莎》（2015）、《第四帝国的黎明》（2016）、《星际特工：千星之城》（2017）；女影星侯登出演了《维基解密》（*The Fifth Estate*，2013）、《幽灵附体》（2016）；保罗·范霍文在执导《诡计》（2012）之后又在 2016 年执导了《她》，该片获得第 74 届金球奖最佳外语片奖；迪克·马斯执导了《10》（2016）；本·桑伯加特拍摄了《卡托兰之王》（2012）、《黑色郁金香》（电视连续剧，

2015)、《在父亲的花园》（2016）等；亚里斯·范·华麦丹拍摄了《大停电》（2012）和《施耐德诉巴克斯》（2015）；等等。

五　体育

荷兰人喜爱体育活动。荷兰有 3500 个体育俱乐部，注册会员总数 450 万人。几乎每三个荷兰人中就有一人参加体育俱乐部的活动。15 岁以上的荷兰人中，有 2/3 每周至少参加一次体育锻炼。荷兰人最喜欢参与的体育运动有三种：第一是网球，第二是体操，第三是高尔夫球。

早在 19 世纪初，荷兰就成立了第一个体育协会——冰上速滑协会，并制定了统一的规则。与此同时，体育俱乐部也如雨后春笋般涌现出来。荷兰国家虽小，却是一个体育强国。自 1912 年成立全国奥林匹克委员会起，此后每届奥运会都有荷兰运动员的身影。截至 2016 年，荷兰在夏季奥林匹克运动会上共赢得 230 枚奖牌，在冬季奥林匹克运动会上共赢得 78 枚奖牌。

荷兰体育迷们最喜爱捧场的本国运动队有三个，第一个是足球队，第二个是曲棍球队，第三个是排球队。然而，荷兰领先于欧洲甚至世界体坛的运动队却不止这三个，除了足球队、曲棍球队和排球队这三个队外，还有网球队、棒球队、板球队、滑冰队和游泳队。

荷兰国家男子足球队分别在 1908 年、1912 年和 1920 年赢得了奥运会比赛的铜牌，在 1974 年和 1978 年的世界杯赛中两次获得银牌。荷兰国家男子足球和荷兰甲级联赛球队也是争夺欧洲足球锦标赛（简称"欧洲杯"）和欧洲冠军联赛（简称"欧冠"）的劲旅；阿贾克斯和费诺耶德分别在 1970 年和 1973 年赢得欧冠冠军。1988 年，荷兰国家队获得欧洲杯冠军；同年，埃因霍温（PSV）赢得欧冠冠军。1995 年，阿贾克斯赢得欧冠冠军。荷兰拥有一大批享誉国际足坛的球星，如约翰·克鲁伊夫、马尔科·范巴斯滕、路德·古利特、丹尼斯·博格坎普、帕特里克·克鲁伊维特、路德·范·尼斯特鲁伊、韦斯利·斯内德、阿尔杰·罗本和罗宾·范佩西。

荷兰国家篮球队最辉煌的时期是 20 世纪 80 年代。在 1983 年欧洲篮球锦标赛中，荷兰队进入四强，获得入围 1986 年国际男篮世界冠军的争夺赛资格。在 1986 年国际男篮世界冠军争夺赛中，荷兰队击败了澳大利亚队和德国队。当时的荷兰队中有一些著名的球星，如耶勒·艾斯维特和里克·斯密茨。斯密茨后来成为美国 NBA 全明星球员，此后许多年都是荷兰篮球队的标签人物。

荷兰排球协会有 12.8 万名会员。由于拥有广泛的群众运动的基础，荷兰国家男排在 1992 年夏季奥运会上赢得银牌，在 1996 年亚特兰大奥运会上赢得金牌。荷兰国家女排队 1995 年赢得欧洲冠军，2007 年赢得世界大奖赛冠军。

荷兰国家网球协会有 70.9 万名会员，是荷兰第二大体育协会。荷兰有一些世界闻名的网球运动员，如绰号"荷兰飞人"的汤姆·奥克。他在 1968~1974 年连续 7 年世界网联排名前 10，其中 1969 年排世界第 3。贝蒂·斯托弗于 1977 年闯入温布尔登网球锦标赛女子单打决赛，1972~1981 年连续十年获得女双和混双"大满贯"。理查德·克拉伊切克（Richard Krajicek）获得 1996 年温布尔登男子单打冠军。保罗·哈尔胡斯（Paul Haarhuis）与雅科·艾尔亭（Jacco Elting）获得 5 次大满贯和 2 次世界冠军。艾斯德·威尔赫尔 4 次获得残奥会网球冠军。

荷兰人很喜欢观看棒球比赛，也很喜欢打棒球。荷兰棒球和软球协会现有 24000 名会员。这些会员在全国 184 家棒球和软球俱乐部练球。荷兰棒球队是欧洲最强的棒球队之一，曾 20 次夺得欧洲棒球锦标赛冠军，并多次代表欧洲大陆参加世界棒球经典赛和世界杯赛。荷兰最优秀的职业棒球队是鹿特丹涅普图努斯棒球队，该球队在 2000~2004 年连续 5 年获得冠军。

世界上流行板球运动的国家不多，荷兰是其中之一。荷兰皇家板球协会建于 1883 年，负责举办全国板球赛，由全国最强的 10 个板球队争夺奖牌。荷兰国家板球队于 1996 年、2003 年、2007 年和 2011 年 4 次闯入板球世界杯赛。

荷兰滑冰协会有 100 多年的历史，目前有 16 万名会员。荷兰的速滑运动员伊沃恩·范·根尼普（Yvonne van Gennip）在 1988 年冬奥会上获得三枚金牌，琳切·里茨马 4 次获得世界冠军，约切姆·乌特德哈格

（Jochem Uytdehaage）2002 年冬奥会上获得两块金牌；玛丽安·提莫于 1998 年冬奥会和 2006 年冬奥会上获得 3 块金牌；艾琳·伍斯特在 2006 年冬奥会、2010 年冬奥会、2014 年冬奥会上三获金牌，并且 5 次获得世界全能速滑冠军；斯温·克拉默（Sven Kramer）获得 3 块冬奥会金牌和 8 次世界全能速滑冠军。在 2014 年冬奥会上，荷兰运动员在 12 项比赛中获得 8 项优胜，赢得 36 块奖牌中的 23 块，在其中四项比赛中囊括全部奖牌，包括 1500 米女子速滑前四名。这在冬季奥运会上是史无前例的。

荷兰游泳运动有 14.8 万名会员。荷兰运动员里耶·马斯腾布鲁克在 1936 年夏季奥运会上赢得 100 米自由泳金牌。近年来，彼得·范·登胡根班德和拉诺米·克罗莫维迪奥约分别获得 3 块奥运金牌，因格·德布鲁因获得 4 块奥运金牌，马尔林·维尔德胡斯（Marleen Veldhuis）获得 50 米自由泳金牌。

除了传统的体育强项外，荷兰运动员在另外两项运动上也取得过好成绩。

荷兰最著名的田径运动员芬妮·布朗克－科恩（Fanny Blankers-Koren）在 1948 年夏季奥运会上赢得 4 块金牌。1999 年，她被国际田联选为"世纪田径女性"。在她之后，荷兰还涌现出很多优秀的田径运动员。荷兰田径协会有会员 10.8 万人，在未来的国际田径比赛中取胜的可能性很大。

荷兰还出现一名一级方程式赛车冠军。2016 年，18 岁的赛车手马克斯·维斯塔彭获得西班牙一级方程式大奖赛冠军，成为荷兰有史以来第一位冠军车手。他也是一级方程式有史以来最年轻的冠军得主。

第三节　文化设施

一　图书馆

荷兰人喜爱读书，因此常常与图书馆打交道。荷兰共有约 1200 家公共图书馆，总藏书量约为 4450 万册。公共图书馆是由各地的省政府或市政府主办的公益性图书馆。荷兰稍大一些的城镇都有公共图书馆。此外，荷兰还有约 100 家流动图书馆，专门为那些没有公共图书馆的小村镇的居民服务。据统计，荷兰的公共图书馆和流动图书馆的读者达 450 万人。公共图书馆的经费来自相关省、市政府的财政拨款。

荷兰有很严格的知识产权法。图书馆的书是公共阅读的，因此图书馆每年要向各书籍的作者和出版社交纳一笔借出费。这是因为，公共图书馆的书籍与私人藏书不同：私人藏书基本上一本书只有一位读者，因此它只需要交一次钱，即买书的钱，而公共图书馆的一本书有许多读者，因此公共图书馆里的图书必须多次向版权所有者缴纳费用，即每年的书籍借出费。由于这个原因，荷兰的公共图书馆的开支非常大，政府的津贴不足以支付，因此许多公共图书馆的读者会员还必须向图书馆缴纳会员费。非会员借阅公共图书馆的书也要缴纳费用。

荷兰的图书馆里不仅有大量藏书，而且有大量的音像出版物，如音乐盒带、音乐和影像激光盘、电影胶片和录像带，还有大量为盲人准备的读物和朗读录音带出版物。荷兰有 5 家盲人图书馆，有盲人和有视觉残疾的读者 4 万人。荷兰所有的图书馆都已联网，藏书目录在全国任何一台联网的电脑上都能查到。荷兰各地图书馆都有图书交换借阅制度。读者从互联网上查询到外地图书馆有自己需要的图书后，可以通过本地图书馆借阅外地图书馆的图书。

海牙皇家图书馆是荷兰的国家图书馆，1798 年建馆，藏书 400 多万册，是荷兰最大的图书馆，也是一家综合性的学术图书馆。在荷兰出版的每一本书，原则上均要收藏一本。除了海牙皇家图书馆外，荷兰还有约 20 多家学术图书馆，主要收藏与学术研究有关的书籍，其中大部分是附属于大学的图书馆。最有名的大学图书馆是阿姆斯特丹大学图书馆，藏书 350 万册，其规模在荷兰排名第二。

荷兰有一些图书馆已有几百年历史。其中，莱顿大学图书馆是荷兰最古老的图书馆，建于 1575 年，也是世界最古老的图书馆之一；其次是格罗宁根大学图书馆，建于 1614 年；再次是乌得勒支大学图书馆，建于 1636 年。

荷兰还有一些专业图书馆，它们只收藏某一专题的书籍。这类图书馆中部分是私立图书馆，例如，私立赫耳墨斯神智学图书馆，位于阿姆斯特丹，专门收藏一种古老的哲学的书籍；克罗西亚娜图书馆，坐落于海牙，是世界最古老的共济会图书馆；提希亚娜图书馆，专门收藏17世纪出版的图书，坐落在莱顿；荷兰文学数字图书馆，坐落在海牙；赫克托霍尔德图书馆，坐落在鹿特丹，是世界上最大的世界语图书馆之一；KNBF联盟图书馆，以集邮为主题，位于乌得勒支附近的巴伦镇；音乐广播中心图书馆，位于希尔弗瑟姆（Hilversum）。

此外，还有部分专业图书馆附属于大学或国家机构。例如，莱顿非洲研究中心图书馆，附属于莱顿大学；国家博物馆研究图书馆，位于阿姆斯特丹，附属于国家博物馆；成立于2017年的莱顿亚洲图书馆，附属于莱顿大学图书馆，前身是莱顿大学汉学院图书馆，拥有一个中国古籍藏书室，里面收藏了许多明清时期甚至更早的善本书籍，这些善本书籍大多是荷兰汉学家高罗佩在中国和日本工作期间搜集的。

除了图书馆，荷兰还很注意档案的收集和保存。在荷兰，各级政府、公司企业和私人组织手里都保存有大量的档案文献。荷兰国家档案馆是荷兰档案保存最全面的机构，保存有大量的政府或官方档案。在荷兰，各级政府超过20年的文件都要移交给对应的档案馆。荷兰最有名的档案馆是海牙皇家档案馆、阿姆斯特丹社会史国际研究所、阿姆斯特丹妇女运动国际信息中心，以及设在鹿特丹的荷兰建筑研究及市镇规划研究所。

二　博物馆

荷兰全国有上百家博物馆，其中不乏世界级的博物馆。就美术品的珍藏数量和质量来说，最著名的要数位于阿姆斯特丹的国家博物馆、位于海牙的莫瑞泰斯皇家美术馆和位于鹿特丹的博伊曼斯－范伯宁恩美术馆。

国家博物馆坐落在阿姆斯特丹南区的博物馆广场。博物馆建筑造型宏伟，主楼有三层，主楼的两端各有两座塔楼，塔楼外的两端是左右侧楼。主楼正面是一个半圆形拱门，拱门两端是两扇较小的半圆形拱门。主楼门外有一个巨大的长方形水池。水池中央是一个巨大的雕塑，像是一个张开大嘴的怪兽。主楼与水池之间有一排巨大的涂成红白两色的字母，每个字母有两米多高。这一排字母组成一个单词"阿姆斯特丹"（amsterdam）。

这一排字母雕塑已成为阿姆斯特丹的城市标签。

国家博物馆的藏品主要是史前文物和历史艺术品。国家博物馆拥有100多万件藏品，现已展出8000多件。其中，收藏的油画最早可追溯到1200年，其中也有许多荷兰黄金时代大师的作品，包括约翰内斯·维米尔的《倒牛奶的女佣人》、弗朗士·哈尔斯的《青年夫妇的肖像》和伦勃朗的《夜巡》。除了油画，博物馆还展出各个历史时期的木雕、服饰、时装、瓷器、武器、照片和图画。

博伊曼斯－范伯宁恩美术馆坐落于鹿特丹市中心，以两位艺术品收藏家的名字命名，他们分别是弗朗士·雅各布·奥托·博伊曼斯（1967～1849）和丹尼尔·乔治·范伯宁恩（1877～1955）。

博伊曼斯－范伯宁恩美术馆藏品的作者涵盖了中世纪到当代的著名画家，如希罗尼穆斯·博施、老彼得·布鲁格尔、伦勃朗、克劳德·莫奈、瓦西里·康丁斯基、文森特·梵高、毛里奇奥·卡特兰（Maurizio Cattelan）、保罗·高更、雷内·玛格利特（Rene Magritte）、萨尔瓦多·达利、马克·罗斯科、爱德华·蒙奇、威廉·德·库宁。其中，镇馆珍品有海特亨·圣扬斯（Geertgen tot Sint Jans）的《赞美圣母玛利亚》（1490～1495）和彼得·布鲁格尔（Pieter Bruegel）的《小通天塔》（1563）。藏品中除了油画外，还有大量从中世纪到当今的纸版作品，如腐蚀板画、素描、平版印刷画等。

莫瑞泰斯皇家美术馆位于海牙国会所在地内庭后门旁一座17世纪的两层楼房里，以这座建筑原主人的名字命名，于1822年首次向公众开放。

1815年荷兰王国第一任国王威廉一世登基后，将他父亲前荷兰共和国执政官威廉五世亲王收藏的200幅藏画捐赠给国家。这批油画被称为"王家油画秘藏"。这一批油画便收藏在这座两层楼里。这座两层楼由此被称为皇家莫瑞泰斯美术馆。目前，王家油画秘藏已增加到800多幅，其中包括中世纪以来荷兰及弗拉芒著名的油画作品，如彼得·布鲁格尔、保卢斯·波特、彼得·保罗·鲁本斯、伦勃朗、雅各布·范·雷斯达尔、约翰内斯·维米尔以及罗希尔·范·德韦登，以及德国画家小汉斯·荷尔拜因的油画。

莫瑞泰斯皇家美术馆的镇馆藏品是维米尔的《戴珍珠耳环的少女》、伦勃朗的《杜尔博士的解剖学课》、保卢斯·波特的《公牛》、弗朗士·哈尔斯的《大笑的男孩》。除油画之外，博物馆还收藏有一些雕塑，如威廉二世半身像、威廉三世半身像、腓特烈·亨利半身像等。

排在这三家博物馆之后的是梵高博物馆。虽然梵高博物馆主要只收藏梵高一人的作品，但它每年的参观者的人数名列荷兰博物馆最前列。

梵高博物馆收藏的梵高作品是世界上最多的。博物馆中收藏了 200 多幅梵高的油画作品和 500 幅素描作品，另收藏有 850 多封梵高的亲笔信。博物馆中陈列的梵高的作品按不同的感情阶段编排成六个部分。除了梵高的作品外，博物馆还展列其他印象派和后印象派画家的作品。他们中有的是梵高的朋友，也有的是受梵高画风影响的画家。

阿姆斯特丹还有一家博物馆，名叫埃米塔日博物馆（Hermitage Museum）。它是俄罗斯圣彼得堡冬宫的埃米塔日博物馆的特别分馆，轮流展出来自俄罗斯埃米塔日博物馆的收藏品。展品内容广泛，从希腊亚历山大大帝、俄罗斯彼得大帝的黄金饰品到梵高的作品。展出的藏品按照不同的主题进行布展，通常一年里组织两次主题展览。所有的展品从俄罗斯的埃米塔日博物馆船运到芬兰或德国，然后再通过海路或陆路运到阿姆斯特丹。每次展览结束后，展品再安全运回俄罗斯。

阿姆斯特丹还有一家很有趣的博物馆——海事博物馆。阿姆斯特丹海事博物馆建于 1656 年。博物馆用大量的展品回顾了荷兰 500 年的航海史。这些展品包括几百年前船只的模型。这些船只大多是 17 世纪往来于荷兰与东印度群岛殖民地之间的帆船。博物馆的中央船坞有三座入口，分别进入博物馆大楼的三座侧楼。这三座侧楼展览的主题分别是航海实物、与航海有关的油画、地球仪及船舶模型。船舶模型中不乏古代工匠的作品，制作都非常精细。每个模型不啻为一件艺术珍品。北侧楼为参观者提供一种体验——登船出航。侧楼对着阿姆斯特丹的港口。参观者可以登上一艘停泊在博物馆外面的东印度公司航船的复制品，体验中世纪的航海生活。西楼有互动式展览，如讲述鲸鱼的故事。在欧洲人的传统理念中，鲸鱼是一种怪物。这个博物馆努力改变这种理念，呼吁人们保护这种濒临灭绝的动物。

除了上述博物馆外，荷兰还有许多值得参观的博物馆，如海牙市立博物馆、阿姆斯特丹 NEMO 科学中心、阿姆斯特丹大全景博物馆、阿纳姆露天博物馆、乌得勒支铁路博物馆等。

第四节　新闻出版

荷兰的电视台、广播电台、报纸、杂志等，都有自己的政治或文化背景，这体现为各种媒体都代表反映某一政党或某一利益集团的立场和观点。从文化背景来说，虽然荷兰的"柱化"体系在 20 个世纪 70 年代已基本消失，但各种媒体都保留了"柱化"时期各个亚文化圈的痕迹。不同的是，21 世纪媒体的商业化程度达到新的水平。

一　广播与电视

荷兰公共广播系统（NPO）由两个部门组成，一个是公共电视台和广播电台系统，为政府所有，由政府管理，提供电视和电台节目播出的硬件平台；另一个是民间组织的广播协会，制作代表自己观点或趣味的电视和电台的广播节目。这些节目在公共电视台和广播电台分配给它们的频道、频率上播出。各家广播协会节目的分配时间不尽一致。

荷兰公共电视台和广播电台由三个电视频道和五家广播电台组成。这三个全国电视频道分别是 NPO1、NPO2、NPO3。每个电视频道都有自己播出的主题。NPO1 的主题是新闻、体育和家庭节目，NPO2 的主题是文化、艺术、政治和宗教，NPO3 的主题是青年节目。荷兰也有一些省级电视频道，它们为广播协会提供播出频道或频率。各家广播协会根据自己节目的主题分配播出频道、频率和时间。

荷兰的广播协会产生于 20 世纪的"柱化"时代。在"柱化"时代，荷兰的各个宗教和社会集团组成相互隔离的亚文化圈。每个亚文化圈都有自己的社会机构系统，包括大众媒体，如报纸、杂志、电视台、电台、广播机构。政府默认这种广播媒体的"柱化"系统，并且对各个"柱派"的广播机构提供经营资金。

荷兰实行广播许可证制度，各广播协会必须向广播管理当局申请领取广播许可证，每期广播许可证有效期为 5 年。各广播协会制作的广播节目必须是综合性的，内容应包括新闻、文艺、教育和娱乐等。所有的广播协会由荷兰广播基金会（Nederlandse Omroep Stichting，NOS）和荷兰广播公司节目基金会统一协调。其中，荷兰广播公司节目基金会主要制作和播出文艺、青年和少数民族节目。

20 世纪 70 年代"柱化"体系解体后，原来归属于"柱化"系统的广播协会得以保留。这些广播协会中大多数还保留自己的会员，有的协会的会员多达数千人甚至数万人。这些原"柱化"时代保留下来的协会依然有着重要的存在意义。现在各个协会的会员规模仍然是分配各个协会广播时间的依据。除了民间的广播协会，由政府成立的广播基金会也参加分配播出时间。各个广播协会的资金有三个来源：政府的资助、播出的广告收入、广播协会的会员费。荷兰广播系统的广告统一由"电台与电视广告协会"（STER）负责经营。荷兰广播系统规定，公共电视频道中的广告只能在两个节目之间播出，而不能在节目中间插播。

荷兰目前有民间广播协会有 20 多家。这些广播协会都有一定的政治、政党或宗教文化背景。它们制作自己的电视和电台节目，然后在规定的时间里在电视频道和电台频段上播出。

荷兰 20 多家广播协会按其政治观点和文化倾向分为三类。

第一类属于政治文化立场中立或倾向不强的广播协会。这类媒体尽量避免政治或文化敏感问题，或者侧重于教育、青年、慈善等无阶级色彩的活动。观点中立的媒体能获得最多的受众，能够保持较高的收视率和收听率。这类广播协会有无线电广播总协会（Algemene Vereniging Radio Omroep，AVRO）、专门播送青年节目的巴特新闻网（Bart's Neverending Network，BNN）、以老年人为收视对象的 Max 广播协会（Omroepvereniging Max）、主要播送商业广告的电视电台广播基金会（Televisie Radio Omroep Stichting，TROS）、侧重于新闻和体育的荷兰广播基金会和 NTR 基金会（Stichting NTR）。

第二类为具有宗教背景或为荷兰某一少数族群发声的广播协会。这部分广播协会有代表正统新教教会的福音广播网（Evangelische Omroep, EO）、代表天主教会的天主教广播协会（Katholieke Radio Omroep, KRO）、代表新教教会的荷兰基督教广播协会（Nederlandse Christelijke Radio Vereniging, NCRV）、代表新教自由派的自由新教广播电台（Vrijzinnig Protestantse Radio Omroep, VPRO）、代表荷兰佛教会的佛教广播基金会（Boeddhistische Omroep Stichting, BOS）、代表荷兰九个新教小教派的荷兰教会间广播电台（Interkerkelijke Omroep Nederland, IKON）、用荷兰弗里斯兰语广播的弗里斯兰广播电台（Omrop Fryslan, OF）、代表犹太族群心声的犹太人广播电台（Joodse Omroep, JO）。此外，荷兰还有两家代表穆斯林或伊斯兰教会的广播协会——荷兰伊斯兰广播电台（Nederlandse Islamitische Omroep, NIO）和荷兰穆斯林广播电台（Nederlandse Moslim Omroep, NMO），以及为荷兰印度族裔移民服务的印地语广播组织（Organisatie Hindoe Media, OHM）。

第三类广播协会是具有较强的政治倾向，代表某一政党发声。这类协会有代表极右势力的"认真为荷兰思考"（Publieke Omroep Weldenkend Nederland En Dergelijke, PowNed）、代表社会民主党人观点的 WARA 广播协会（Omroepvereniging VARA）、代表保守右翼立场的"觉醒的荷兰"（Wakker Nederland, WNL）。荷兰广播机构见表 7－1。

表 7－1　荷兰广播机构一览

广播机构名称	名称缩写	性质	定位、倾向及目标人群	网址
无线电广播总协会	AVRO	A 级协会	自由/中立	avro. nl
巴特新闻网	BNN	A 级协会	青年节目	bnn. nl
福音广播网	EO	A 级协会	正统新教	Eo. nl
天主教广播协会	KRO	A 级协会	天主教	kro. nl
MAX 广播协会	MAX	A 级协会	老年人节目	omroepmax. nl
荷兰基督教广播协会	NCRV	A 级协会	新教教会	ncrv. nl
"认真为荷兰思考"	PowNed	A 级协会	右翼	powned. tv
电视电台广播基金会	TROS	A 级协会	中立(前地下电台)	tros. nl

续表

广播机构名称	名称缩写	性质	定位、倾向及目标人群	网址
VARA 广播协会	VARA	A 级协会	社会民主党人	omroep. vara. nl
自由新教广播电台	VPRO	A 级协会	自由派（前 自由新教党人）	vpro. nl
"觉醒的荷兰"	WNL	A 级协会	保守右翼	omroepwnl. nl
荷兰广播基金会	NOS	基金会	新闻和体育	nos. nl
NTR 基金会	NTR	基金会	教育	ntr. nl
佛教广播基金会	BOS	基金会	佛教	buddhistmedia. com
人道主义广播 （Humanistische Omroep）	HO	基金会	人道主义	Humanistischeomroep. nl
荷兰教会间广播电台	IKON	基金会	九个小基督教会	Omroep. nl/ikon
犹太人广播电台	JO	基金会	犹太组织	joodseomroep. nl
荷兰伊斯兰广播电台	NIO	基金会	伊斯兰（保守）	nioweb. nl
荷兰穆斯林广播电台	NMO	基金会	伊斯兰（进步）	nmo. nl
弗里斯兰广播电台	OF	基金会	西弗里斯兰语节目	omropfryslan. nl
印地语广播组织	OHM	基金会	印地语节目	Ohmnet
议会政党播送台（Zendtijd voor Politieke Partijen）	PP	基金会	代表荷兰议 会中的政党	
罗马天主教会协会（Rooms- Katholiek Kerkgenootschap）	RKK	基金会	天主教保守派	rkk. nl
教会时空（Zendtijd voor Kerken）	ZvK	基金会	教会服务	Zvk. nl

资料来源：维基百科，https：//en. wikipedia. org/wiki/Media_ of_ the_ Netherlands。

　　荷兰在相当长的历史时期内禁止商业电视和电台广播。从 20 世纪 70
年代开始，荷兰一些商业电台从海上船舶进行播音，以逃避政府的监管，
如"维罗妮卡"和电视电台广播基金会。这种在海上设立的流动电台被
称为"海盗"台站。20 世纪 80 年代，RTL 集团开始从卢森堡向荷兰播
音。荷兰立法机构于 1988 年通过立法将商业广播合法化。荷兰在 1992 年
才出现有线电视台，是欧洲国家中有线电视台建立得比较晚的国家。目前
用荷兰语播出的有线商业电视台有两家，它们通过 7 个大型频道进行商业
广播。其中，RTL4 和 RTL5 设在卢森堡，其他的商业性有线电视台有

"维罗尼卡"、SBS6、TV10 和音乐台（Music Factory）。这些商业有线电视台的节目内容包罗万象，除了提供荷兰国内外的商业信息外，还播出各种文艺和娱乐节目。荷兰每个家庭都是这些有线电视台的用户。除了这几家用荷兰语广播的电视台外，在荷兰还能够收看到外国有线电视台，如比利时的 BRTN、德国的 ARD 和 ZDF、英国的 BBC、法国的 TV5、美国的 CNN、MTV、福克斯频道（Fox Channels）、迪士尼 ABC（Disney-ABC）和时代华纳（Time Warner）。

荷兰还有一个独立的广播机构，即"荷兰电台"（Radio Nederland）。从名字上看，"荷兰电台"更像是一家广播电台，但实际上它既播出无线电广播节目，又制作电视节目。其广播对象主要是生活在海外的荷兰人和对荷兰和荷兰文化感兴趣的外国人。这家电台每天用荷兰语、英语、西班牙语、印尼巴哈萨语和帕皮亚门托语广播。广播内容以新闻时论为主，也播出体育节目和天气预报。这家机构将其制作的电视节目卖给国外的广播公司，此外还开设了电视培训中心，培训来自世界各地的电视节目制作人，并与世界各国的电视机构开展合作。

二 报纸

在荷兰，所有的报纸都是私营的。历史上，荷兰所有的报纸都附属于不同的"柱化系统"，某些报纸的名称还带有工会或政党的特征。现在，荷兰的报纸与"柱化"的历史脱钩。有两家报业公司依然拥有很大的势力。一家是 PCM（PCM Uitgevers），旗下有几家报纸。另一家是电讯报业集团（De Telegraaf）。这家公司出版两份报纸。一份是荷兰发行量最大的《电讯报》，另一份是免费投送的《高峰时间》（Spits）。

荷兰最重要的报纸有《电讯报》、左翼自由主义的《NRC 商业报》（NRC Handelsblad）、《新教忠诚报》（Protestant Trouw）和进步左翼的《民众报》（De Volkskrant）。《电讯报》是一份右翼的民粹主义画报，发行量达到 75 万份。发行量虽然很大，但声望并不是最高的。荷兰声望最高的报纸是《新教忠诚报》和《民众报》。这两份报纸在 2012 年和 2013 年连续获得"欧洲报纸奖"。"欧洲报纸奖"是一项欧洲范围内的最高奖项，只颁发给欧洲最优秀的全国性报纸。

荷兰有一些服务于专门人群的报纸，如《荷兰日报》（*Nederlands Dagblad*）服务于宗教界，《金融日报》（*Financieele Dagblad*）服务于商业圈。近年来，有两份报纸很受欢迎。一份是电讯报业集团发行并免费派送的《高峰时间》，另一份是《大都会》（*Metro*）。荷兰还有一些地方性报纸，如《大众日报》（*Algemeen Dagblad*）。这份杂志本来是一家地方性报纸，近年与几家地方性小报合并后发行量跃居全国第三，达到 40 万～50 万份。

三 杂志

荷兰的杂志有着政治和宗教文化背景，如《碧特丽丝》（*Beatrijs*）是天主教会创办的妇女周刊。荷兰有四大新闻杂志，即有左翼团体的《自由荷兰》（*Vrij Nederland*）、《绿色阿姆斯特丹人》（*De Groene Amsterdammer*），具有右翼倾向的科技新闻杂志《爱思维尔》（*Elserier*）和由《海牙邮报》和《时报》合并而成的《HP 时报杂志》（*HP/De Tijd*）。除这四大杂志外，荷兰还有一些比较畅销的非主流刊物。妇女周刊《玛格丽特》（*Margriet*）是一份以青年妇女为对象的时尚刊物，以时装、护肤、美容为主题。另一份妇女杂志《文书》（*Lebelle*）则主要为中年妇女服务，以时尚和休憩为主题。

这些杂志的读者群虽然并不庞大，但由于这些杂志的时论性和权威性很强，因而依然很有影响。与政论性刊物相比，流行杂志的读者群要大得多。电台、电视节目报的发行量也相当大。这些报纸除了刊登节目单及收听、收视指南外，还刊登一般性文章。

政论和娱乐杂志《新评论》（*Nieuwe Revu*）是左翼团体的刊物，以社会主义为讨论主题，兼论体育、性和情感问题。荷兰还有一些外来的周刊，如迪士尼集团创办的画刊《唐老鸭》，以及荷兰文版《花花公子》（*Playboy*）。

第八章

外　交

第一节　外交传统和外交决策机制

一　外交传统

外交传统是指外交政策史上反复运用的指导性方针。这些指导性方针在近代有些已经弱化，但影响还在。荷兰历史上的外交传统有以下三个方面。

1. 海上商业利益至上

荷兰的海上商业传统可以追溯到 14 世纪。那时候，荷兰几乎垄断了从波罗的海到地中海的海上货物航运。16 世纪和 17 世纪，荷兰省和泽兰省成为西欧主要的土特产品市场。19 世纪中叶以后，荷兰的贸易开始转变为转口贸易，鹿特丹变成德国工业最发达的鲁尔地区的产品输出海外的咽喉。通过海上贸易，荷兰省和泽兰省成为荷兰全国最强大的两个省和全国的政治、经济和文化中心。在黄金时代，荷兰文化其实就是阿姆斯特丹文化和荷兰沿北海和须德海港口城市的文化。荷兰省和泽兰省的商业利益代表了荷兰民族的利益，并以这种利益为基础决定了荷兰的外交政策。

16 世纪荷兰人之所以反对西班牙的殖民统治并发动起义，原因之一是争取经济上更大的自由。之后荷兰与英国、法国、瑞典争夺海上霸权，也是为了争取贸易自由和航行自由的权利，特别是争取中立贸易权。18

世纪，法国巧妙地利用荷兰对发挥自身贸易优势的愿望，利用优惠的贸易条件将荷兰拉进自己的阵营。当荷兰脱离法国的控制采取独立的外交路线后，法国马上就以取消优惠贸易条件相要挟。部分是由于这个原因，荷兰逐渐被纳入法国的势力范围。

1845 年以后，荷兰开始奉行反保护主义的经济政策。此后荷兰将此作为外交上的一项神圣原则。19 世纪后半叶荷兰，在东印度群岛也实行自由贸易化政策。1844 年，荷兰自愿放弃了对日本贸易的垄断。威廉二世劝说日本天皇对其他国家开放贸易。促进自由贸易是荷兰中立外交政策中为数不多的积极要素之一。荷兰人强烈地崇尚自由贸易原则，因此在外交上对条约和法律规则十分重视，甚至达到了依赖的程度。对自由贸易的崇尚也导致对民族主义的厌恶和对国际和平秩序的追求。

荷兰国土狭小，主要是由一些商业城市组成。荷兰的政治精英也代表着商人阶级的利益。荷兰的扩张主要是商业和贸易机会的扩张，而不是领土扩张。荷兰历史上有不少扩大领土的机会，但都放弃了。17 世纪，德国西部与荷兰毗邻的一些公国要求并入荷兰，但被荷兰拒绝。19世纪初当比利时和卢森堡并入荷兰王国时，商界对此并不欢迎。后来比利时从荷兰王国分离出去时，商界都感到如释重负。荷兰的殖民主义最初也是为商业服务的。1596 年荷兰人入侵印度尼西亚时，主要是将这片领地当作其在亚洲的贸易据点。1602～1698 年，一直是东印度公司管理这块殖民地。因此，航海和商业利益一直在荷兰的外交目标中占据重要地位。

2. 中立和弃权主义

追求海上贸易利益促使荷兰规避大国间的纷争，促使中立和不介入主义成为荷兰外交政策的一个传统特点。但在 17 世纪荷兰处于鼎盛时期，由于海上航线受到其他强国的威胁，荷兰也多次放弃中立政策，卷入海上争霸战争。

荷兰的中立和不介入主义可以分为 5 个时期。第一时期始于 1648 年《明斯特条约》，那时"八十年战争"刚刚结束，荷兰希望避免卷入大国间的对峙和纠纷，但每当大国间的均衡遭到破坏时，荷兰一次又一次地被卷入。1658 年，当海上运输线受到瑞典的威胁时，荷兰放弃了中立，开始与瑞典进行数年的海战。从法国崛起到西班牙王位继承战争，荷兰也被动地卷入了大国权力均衡的政治斗争中。1713 年《乌得勒支条约》签署后，荷兰进入第二次奉行中立政策时期。这一次中立持续的时间比第一次更短。1716 年，荷兰再次与英国结盟。荷兰的愿望是加强对法国的防范，而英国则要防止荷兰与它的敌国进行中立贸易。1756 年，荷兰进入第三次中立时期。法国利用贸易优惠条件诱使荷兰断绝与英国的各种联系。这一阶段荷兰在法律上是中立的，但在政治上是亲法的。这种亲法的中立导致 1810 年被法国吞并。第四次中立时期始于 1813 年从法国统治下获得解放。但威廉一世的外交政策具有一定的扩张性，所以这一时期的外交政策实际上并不是真正的中立和不介入主义政策。第五次中立时期从 1839 年的伦敦协议开始，一直延续到第二次世界大战被纳粹德国占领。这是荷兰历史上最长的中立时期。这一时期荷兰仍旧警惕着周边强国，在不同的时期采取具有一定倾向性的外交政策。第一次世界大战使荷兰的中立政策受到严峻的考验。荷兰没有被卷入第一次世界大战具有很大的偶然性。1919 年，荷兰加入国联后采取了绝对中立的政策。

荷兰之所以能够在多个时期维持中立地位，依靠的不是自己的力量，而是大国之间维持均势的需要。荷兰直接受到法国和德国的威胁，所以采取亲英的中立立场。英荷之间有一种默契，实际上是一种没有文字协议的同盟关系。英国非常了解荷兰的利益和弱点。由于荷兰到荷属东印度群岛的航路极容易被英国切断，因此荷兰选择英国而不是法国和德国作为保持自己中立地位的靠山。这种事实上的盟友关系对双方都很重要。荷兰不可能与英国缔结正式的联盟，因为法国以及后来崛起的德国强烈反对这种联盟，甚至可能公开进行干涉。第五次中立使荷兰获得一个世纪的和平。在第二次世界大战中，德国无视荷兰的中立地位，悍然出兵占领荷兰。这使荷兰在二战后彻底放弃中立政策，加入北约。

3. 国际理想主义

由于荷兰是一个小国，夹在欧洲强国之间，近代饱受强国的欺凌。这样的经历催生荷兰人的国际理想主义。荷兰人的国际理想主义是希望世界是一个不以强国意志为转移，以公理和国际法规范国与国关系的世界。

国际理想主义形成的原因大致有以下几个方面。其一，荷兰是一个小国，资源极其缺乏，难以与其他强国进行军事抗争。同时，荷兰以商业立国，国家从海上贸易中获得了巨大的财富。荷兰人渴望有一个和平的国际环境。一个多世纪来，荷兰一直以建立一种和平公正的国际秩序作为自己的理想和奋斗目标。因此，荷兰人热衷于国际法建设，热衷于以国际仲裁解决国家间纠纷。荷兰历史上出现过许多对国际法做出杰出贡献的法律工作者，国际法院也因此设在海牙。

其二，加尔文主义强调道德规范，强调人与人之间的平等关系，主张按规矩办事而不是恃强凌弱。引申到国际关系上，荷兰人主张以法律来规范国家与国家的关系。弱者的利益只有在法律的保护下才能不受侵犯，小国的利益也只能依靠某种国家普遍接受的规则才能得到保护。荷兰作为强烈依靠航运和贸易的小国，最需要的是国家间平等的道义原则、中立主义的法律规则、海洋法以及国际私法。

其三，作为一个小国，荷兰难以维持一支强大的军队。18 世纪后，荷兰很少扩充自己的军备。维也纳会议将驻守卢森堡要塞的任务交给了普鲁士而不是荷兰，就是因为荷兰军队过于薄弱。二战中荷兰的军备、装备都过于落后，军队缺乏训练，在德军的进攻面前不堪一击。这是因为荷兰从 18 世纪长期海战导致国力衰败、经济凋敝的历史中吸取了教训。因此，荷兰人有着和平主义和非军事化的理想，希望各国都能够减少军备，以免相互形成威胁，将有限的资源用于和平建设。

其四，荷兰民族具有日耳曼血统和日耳曼人的自我意识，再加上人口的国际流动性模糊了民族间的心理界限，民族意识较为薄弱。19 世纪末至 20 世纪上半叶，伦理普救主义（ethical universalism）在荷兰思想界非常流行。这种思潮直到两次世界大战后才开始在美国流行，也许是受加尔文主义的影响和海洋贸易形成的全球观，首先在荷兰受到欢迎。伦理普救主义是一个与民族主义相对立的观念，认为繁荣、平等、博爱应该是超越民族和国家的，而不只是一个国家和民族的事情。20 世纪 60 年代，荷兰思想界兴起了国际理想主义①，其强调人类的共同繁荣，强调国家不分大小必须服从公理，是伦理普救主义的进一步发展。它强调全人类的共同繁荣。由于这些原因，荷兰人很容易接受国际性的合作计划。第二次世界大战后西欧出现的超国家主义、废除国家主权，以及淡化民族特性、重组国家结构的世界主义思潮，在荷兰颇受欢迎。

二 影响外交风格的民族性格

民族性格是由哲学、文化、宗教、历史、地理甚至气候等诸多因素造成的。民族性格对国家的政治风格和政策倾向，特别是处理国际问题的思维方式有着重要的影响。一个历史上饱受屈辱的民族与一个有着强权历史的民族，或一个内陆民族和一个有着海洋商贸传统的民族，或一个有着基督教文化传统和一个强烈受儒教文化传统影响的民族，对同一个国际事件做出的反应很可能会不一样。荷兰作为一个受基督教文化影响，有着发达的海洋商业传统，历史上十分强盛而在近代以后逐渐被其他列强操纵或占领的国家，在现代又置身于科技发达的富裕国家之列的小国，其国民具有一些鲜明的性格特点。

第一，荷兰人处事不随大流，小心谨慎且多疑。他们很少参与政治阴谋或运动。处理问题讲究按部就班，强调合理性，不急于求成，办事俭朴务实，不追求排场和风头。荷兰人比较谦虚，平等待人，但也不盲从权威，蔑视强权，不屈从压力。荷兰人有很强的独立自主意识，不喜欢别人对他们发号施令，不服从强加给他们的政策。这一点充分表现在荷兰的欧洲政策、安全政策和一系列外交政策上。20世纪60年代荷兰强烈反对戴高乐垄断欧洲事务就是一例。荷兰人的这一特点在外交上又往往表现为僵化，缺乏灵活性。

第二，荷兰人强调平均主义，强调社会、经济和政治的公平性，不强调个人的能动性。这反映在议会制度、政府制度和各政治集团的权力分配上。荷兰政府没有一个绝对的权威，首相名义上是政府最高首脑，但实际上只是

---

① 荷兰人把自己的国际理想主义称为"mundialism"，强调人类的共同因素，强调国家不分大小必须服从公理。

内阁会议的召集人。各部门、各大臣都有独立的泾渭分明的权限。外交大臣决定国家外交政策方针，首相出席国际会议后必须向外交大臣进行工作汇报。

第三，荷兰人能够容纳各种不同的宗教、哲学、生活方式和种族，尊重个人自由，尊重个人独特的思想倾向和独特的生活方式，对个别不合群的现象表现出高度的宽容。但有些宽容往往受到来自外部的批评，如过分宽松的毒品政策和过度泛滥的色情行业等。

第四，荷兰人强调人道主义，重视帮助弱者、穷人、儿童、老人。这反映在荷兰十分完善的社会保障制度和立法，以及高额的对外发展援助计划上。种族歧视在荷兰遭到多数人的摈弃。荷兰可以说是西欧种族歧视最少的国家。

第五，荷兰人具有北欧人的新教精神意识。这种精神意识表现在宗教和政治意识上比较开放和自由，不强调组织内部的严密性、网络性和等级性，不强调整体精神意识的统一性，而强调集团内部的调和性和妥协性。这些特性维持了集团内部的团结、劳资关系的和谐和政治的稳定。荷兰政治的世俗化减少了宗教对政治的直接影响，但宗教在思想上的间接影响依然存在。加尔文主义的特征仍然表现在荷兰人处理国内外事务的过程中，分析任何问题都喜欢得出好或坏的结论，为自己的行动规定过高的目标，好为世人做出榜样，习惯将日常生活纳入渐进的、规范的道德轨道上来，而缺乏策略和外交技巧。

第六，海洋商业传统造就了荷兰人的全球性商业意识和外向意识。这使荷兰人很容易进入世界各大洲的商业领域，对国际贸易、金融和投资十分关注和重视。经商的传统使荷兰人有着十分缜密的商业思维，虽然荷兰人在人道主义援助上比较慷慨，但对商业谈判却一丝不苟，锱铢必较，因此与荷兰人进行经济谈判和政治谈判都比较费力。

三　外交决策机构

荷兰外交部在政府部门中并不重要。当时的外交部是一个相当贵族化的部门，很少受到公众的关注。外交大臣只要在国际上维护了国家的声誉，并且成功地避免使国家卷入任何纠纷，就算是尽了职。二战前夕，外交部总共只有 60 名工作人员和 80 多名驻外人员。战后情况大有变化，荷兰的外交政策从中立不介入主义转变为积极的结盟政策，工作量陡然增加。外交部逐渐变成一个庞大的职能机器，工作人员不断增加。

现代国家间的相互依存性使国内外政策交织在一起。政府中其他部门都不同程度地参与外交决策，在外交政策的形成中发挥了程度不同的作用，有各自的"部门外交政策"。在内阁其他各部中，经济部和财政部越来越多地参与外交政策的制定。国防部在对外关系政策中也发挥着重要作用。农业部、渔业部也与有关欧洲一体化的环境政策、对外贸易政策、农业发展援助政策密切相关。欧洲农业高度的一体化使农业部变成政府中最国际化的部门。农业部在国外派驻有自己的代表。国际组织要求国家政府中的对口部门参与其活动。荷兰的教育与科学部参与联合国教科文组织的活动，司法部参与国际法庭的活动，社会事务与就业部参与国际劳工组织的活动，公共卫生和环境部参与国际卫生组织的活动，世界贸易组织要求经济部参与其活动。

由于政府众多部门都涉足外交工作，因此必须有一个部门进行总的协调。外交部就担负着协调政府各部门外交活动的任务。外交部在政治和技术经济方面承担的外交工作大大增加，对其他部门外交活动的介入也越来越频繁，各部门之间外交政策的协调任务也越来越重。

外交大臣是内阁在外交领域的协调大臣。由于外交政策事关重大，涉及面广，因此在特别重大的外交政策的协调上还须由内阁集体负责。外交大臣的个人责任与内阁的集体责任此消彼长，其分野由内阁划定。譬如说，在欧洲一体化问题上，内阁在外交上的集体责任逐渐增加，外交大臣的个人责任逐渐减少。外交政策与其他政策的协调由内阁或"大臣理事会"负责。譬如说，签署国际条约、任命大使、指导对外谈判是内阁每周例会的日程内容。除大臣理事会外，还有一些工作由跨部门委员会协调，例如欧洲一体化及联系问题委员会就由负责欧洲事务的外交国务秘书主持。

荷兰政府中每个部除了主管的大臣外，还设 1～2 名国务秘书，是部门中仅次于大臣的官员。国务秘书也来自与大臣不同的政党。国务秘书参加有关的内阁会议，但在内阁没有表决权。外交国务秘书负责欧洲事务。

荷兰外交部还设有一名负责裁军和军备控制问题的外交国务秘书。外交国务秘书受外交大臣领导，但在自己负责的领域负完全责任。

荷兰的内阁实行集体负责制，首相在外交领域的作用十分有限。首相主要负责协调外交与其他方面政策的关系，解决个别部门单独解决不了的问题，如主持各种涉及外交政策的内阁委员会、欧洲事务委员会、国防委员会和经济事务委员会等。这些委员会负责协调不同部门政策之间的关系。此外，首相还以政府首脑的身份出席国际高层会议，如欧共体首脑会议和北约首脑会议。1974 年，欧共体 9 国首脑会议在巴黎采纳了法国的建议：各成员国首脑一年碰头三次，必要的话还可以增加碰头次数。这样一来，荷兰首相在外交领域的作用便大大增强。但是，首相在国际首脑会议上表达的立场须由内阁决定，而内阁决策中的关键立场是由外交大臣决定的。首相在首脑会议结束后应向外交大臣汇报会议内容。因此，在外交的集体决策制中外交大臣仍然发挥着最关键的作用。

目前，荷兰外交部与荷兰对外贸易与开发部合署办公，合署办公情况下两部的下属机构比较复杂。两位大臣共同管理着 4 个总司，每个总司又下辖不同的处和科室。这四个总司之下又设立了 5 个地区性处室，业务上由这四个总司共同指导。

外交部第一个总司是政治事务总司，下辖 2 个处，分别是政治安全处（DVB）和政治事务处（BPZ）。

第二个总司是国际合作总司。国际合作总司下辖 4 个处室，分别是国际合作办公室（BIS）、社会发展处（DSO）、可持续经济发展处（CBI）和促进从发展中国家进口中心（CBI）。另有两个跨司的处室由第一总司与第二总司共同管辖。这两个处室分别是多边组织与人权处（DMM）和稳定与人道主义援助处（DSH）。

第三个总司是欧洲合作总司，下辖 4 个处室，分别是欧洲一体化处（DIE）、国际文化政策科（ICE）、战略顾问科（ESA）和领事事务与移民政策处（DCM）。第二总司与第三总司也有一个共同管辖的处室，即环境、水、气候与能源处（DME）。

第四个总司是对外经济关系总司，下辖 3 个处室，分别是国际企业处

（DIO）、国际贸易政策与经济治理处（IMH）和经济外交与转轨科（EDT）。

合署办公的两位大臣之下设有秘书处和正副两位秘书长。秘书处下辖13个行政管理处，管理整个外交部和外经部的行政与后勤事务，如设施管理、内部安保、通信联系、文件起草、法律顾问、文字翻译、人力资源、财务、审计等。

合署办公的两部设立了5个地区处，分别是亚洲大洋洲处（DAO）、西半球处（DWH）、北非与中东处（DAM）、撒哈拉非洲处（DAF）和欧洲事务处（DEU）。这5个地区处处理荷兰在这五个地区的外交事务，业务上接受四总司的指导。

荷兰外交部在全世界设立了150多个使领馆和11个驻国际组织的永久代表团，如驻联合国代表团、驻欧盟代表团、驻北约代表团、驻经合组织代表团等，在巴勒斯坦也派驻了代表团。除了这些正式使团外，荷兰在国外还有362个名誉领事处。

外交部是荷兰外交政策形成的最重要的机构。根据荷兰王国宪法，外交政策主要由外交大臣负责。虽然首相和其他部门大臣对外交政策也有相当的发言权，但最后决定权在外交大臣手上。这一点与其他国家很不一样。国王在外交方面只发挥礼仪性作用。外交大臣权力的依托是他在议会和本政党中的影响。荷兰外交部有两位大臣，一位是有任所大臣，一位是无任所大臣。有任所大臣是外交部掌握实权的大臣；无任所大臣没有自己的工作班子。这两位外交大臣分别来自不同的政党，在内阁中都有表决权。两位外交大臣分管的领域不同，所以在工作中能够避免冲突。无任所大臣负责国际发展合作方面的事务。由于无任所大臣没有自己的工作班子，所以其工作由外交部的国际合作总司协助进行。

第二节　欧洲一体化政策

历史上，荷兰以贸易立国，早在争取摆脱西班牙统治的"八十年战争"期间就积极发展海外贸易，并因拥有庞大的贸易船队被称为"海上马车夫"，也因发达的海外贸易成为一个富裕强大的国家。近代以来，由于丧失了海外殖民地，荷兰成为二流国家，但由于历史经验，荷兰人深知发展贸易是国家致富之路，因此荷兰积极奉行自由贸易政策，探索与邻国建立关税同盟的道路，并且踊跃参与创建欧洲经济共同体，支持和参加单一货币区的建立。

一 早于欧共体的比荷卢关税同盟

1830 年比利时独立后，荷兰从一个经济和军事上的中等国家变成一个小国。19 世纪和 20 世纪，荷兰多次致力于修复与比利时的裂隙，但均未成功。1932 年，荷兰进行了二战前最后一次努力，与比利时和卢森堡签订了关税同盟。但这个关税同盟没有维持多久，便在当时的经济大萧条中瓦解。日趋紧张的欧洲局势、比荷之间的边界争端、外部大国的反对都是这个同盟瓦解的原因。

二战期间，流亡伦敦的荷比卢三国政府多次会晤，计划在打败德国后再次推进经济一体化。1943 年 10 月，三国政府在伦敦达成货币协议。协议内容包括在比利时法郎和荷兰盾之间建立固定汇率制。1944 年，三国流亡政府又签订一个建立关税同盟的新条约，为未来的经济联盟奠定了基础。

三国被战争破坏的程度不同，从纳粹德国占领下获得解放的时间也不一样。比利时和卢森堡在战争中没有受到太大的破坏，1944 年就被盟军解放。马斯河以北的荷兰领土一直到 1945 年才获得解放。5 年的军事占领使荷兰经济凋敝。战争摧毁了很大一部分工厂，荷兰的经济处于瘫痪状态。在此状况下，荷兰政府没有急于商谈比荷卢关税同盟一事，只实施了货币联盟计划。

当时，荷兰的经济实力远远弱于比利时，与比利时的贸易处于逆差状态。两国都有实施关税同盟计划的迫切愿望。比利时希望在荷兰找到新的市场，但又对荷兰未来的强劲复苏和工业化感到担忧，所以急于启动关税同盟。荷兰则担心计划中的关税同盟如果长期拖延下去会使比利时转向法国寻求经济合作。于是，荷兰政府于 1946 年邀请比利时政府派代表前来会谈。会谈取得积极的成果，达成了一项协议，由比利时向荷兰提供信贷，关税同盟条约立即生效。1947 年 3 月，三国又签订了补充协定，决定于 1948 年 1 月 1 日启动比荷卢关税同盟。从这一天起，比荷卢内部贸易完全取消了进出口税，而对区外的商品征收共同关税，但这一关税水平是欧洲最低的。

当时经济合作的国际形势对荷、比两国十分有利。在战后重建时期，国内外思想界都比较开放，容易接受新的观念。而且，共同的战争遭遇淡化了两国历史上的恩怨。两国人民也高度赞成一体化。当然，相比之下，荷兰民众对一体化的热情要比比利时民众高一些。英国和美国也支持比荷卢三国的合作。

比荷卢关税同盟的建立在欧洲掀起了一股联合思潮。在比荷卢关税同盟的启发下，法国建议与意大利建立法意关税同盟及两国与比荷卢建立名叫"法意卢关税同盟"（FRITALUX）的经济组织。比利时附和这个计划，但建议将名字改为"法意荷比卢关税同盟"（FINEBEL）。荷兰不赞成这个计划，担心这样的组织一旦成立就会落入法国的控制之下。另一个不成功的计划是让法国参加比荷卢关税同盟，然后将原来比荷卢关税同盟改名为"法比荷卢关税同盟"（GERBENELUX）。但这些计划在进入实质性讨论之前都被法国外长舒曼于 1950 年提出的建立欧洲煤钢共同体的计划取代。

比荷卢关税同盟成立后，各方都经历了一个磨合阶段，有过一些摩擦。开始荷兰认为比利时经济太强，从关税同盟中获得了太多的好处。后来比利时认为荷兰工资和物价太低，而且农产品竞争力太强。经过一系列协商，于 1953 年达成"海牙草案"，决定对处于困境中的部门给予过渡性的保护，并制定了一个在经济和社会政策方面进行协调的时间表。此后，整个 20 世纪 50 年代，比荷卢关税同盟运转得很顺利。1958 年，三国签订了建立比荷卢经济联盟的条约。1960 年条约生效，三国形式上统一了对外贸易政策，统一对第三国进行贸易谈判。这种状况一直延续到欧共体统一对外贸易政策开始实施。

比荷卢经济联盟并未真正统一三国的经济、财政和货币政策。但是，20 世纪六七十年代三国在这方面也取得了相当大的进展，除了人员、商品、服务和资本自由流通外，在协调经济、金融和社会政策方面也取得了一些成果。1971～1976 年，比利时法郎与荷兰盾联合波动，波动幅度没有超过中心汇率的上下 ±2.5%。比荷卢关税同盟与比荷卢经济联盟取得的成果是举世瞩目的。1974 年以前，比荷卢的对外贸易额仅次于美国和联邦德国，居世界第三位，之后退居日本之后位居第四。

比荷卢关税同盟与比荷卢经济联盟为后来出现的欧洲经济共同体提供了宝贵的经验和教训。

第一，它证明了在互补性并不很强的国家之间取消关税壁垒所产生的贸易增长效应是巨大的，甚至超出了原来的预想。在比荷卢关税同盟与比荷卢经济联盟建立以前，世界上还找不到一个真正的范例能够以鲜明的统计数字证明一体化的"贸易效应"。比荷卢三国的经验表明，无论是取消关税的"静态效应"还是建立一体化的"动态效应"，其收效都是巨大的，都大大推动了技术创新和专业化，并扩大了规模经济，提高了竞争力，促进了投资。

第二，比荷卢三国的经验表明，一体化的适应成本并不高。一体化促进经济增长的效应非常明显。经济增长产生的利益大大超过了一体化的适应成本。竞争激化对边际企业的打击也不像原来预想的那么大，而是促进了生产专业化。

第三，比荷卢三国的经验表明，贸易自由化可以大可不必太拘泥于各国经济政策的协调。在此之前，理论界在"贸易自由化应优先于经济政策协调还是经济政策协调应优先于贸易自由化"问题上的争论一直没有结论。

第四，比荷卢关税同盟与比荷卢经济联盟只是政府间组织，没有建立超国家的机构。它在国家关系间创造了一个新纽带，在一定程度上促进了外交政策的合作，但又不足以在政治上实现统一。

比荷卢关税同盟开创了欧洲一体化的先河，三国也是后来成立的欧共体的创始国和最坚定的成员国。三个小国在欧共体的四次重大危机中联合反对法国的不协调倾向。欧共体成立后，比荷卢经济联盟继续发展，不过它的发展呈现出与欧共体发展的反向关系。每当欧共体发展遇到挫折、出现停滞时，比荷卢经济联盟的发展就加快；每当欧共体的发展加快时，比荷卢的发展就放缓。这说明，这三个小国在经济一体化道路上始终是最积

极的因素。比荷卢伙伴关系一直很牢固的一个重要原因是大国对小国的
轻视。

比荷卢在经济上的一体化是区域经济一体化成功的典范，但三国始终
没有在政治领域进行过一体化的尝试。这里面有几个方面的原因。一是比
利时说法语的瓦隆区的居民与说荷兰语的弗兰德尔区的居民之间存在深层
的文化和政治上的芥蒂。瓦隆区的居民对荷兰的影响十分敏感，任何与荷
兰在政治上的合作都可能加强弗拉芒人的势力，从而打破比利时两大民族
间的政治平衡。二是比利时人与荷兰人的外交风格迥异。比利时人讲究实
际，办事灵活；而荷兰人太极端，太理想化，过于教条和呆板。三是比、
荷、卢三国太小，在安全上只能依靠外部力量，不可能有独立的军事防务
政策，因此这三国统一外交政策或建立政治联盟的动力不强。

二 积极支持欧洲一体化

1950 年，法国外长罗伯特·舒曼采纳了经济学家和外交家让·莫奈
的设想，在法国外交部提出建立欧洲煤钢共同体的计划。这个计划后来演
化成"舒曼计划"。这个计划建议法国、联邦德国和其他愿意加入的国家
把它们的煤炭和钢铁资源集中使用，率先在煤炭和钢铁的生产和流通上实
现一体化。这个计划后来变成现实。欧洲煤钢共同体于 1952 年 7 月 23 日
成立，成员国为法国、联邦德国、意大利、荷兰、比利时和卢森堡。

1952 年，贝延出任荷兰外交大臣。他于 1952 年 12 月 11 日提出一份备
忘录，建议在欧洲煤钢共同体内建立关税同盟。第二年 2 月和 5 月，他又提
出第二个和第三个备忘录。这三个文件也称"贝延计划"，其核心思想实际
上都被后来的《罗马条约》采纳。在此之前的斯蒂克计划①（The Stikker

---

① 斯蒂克计划是 1949 年荷兰外交大臣迪尔克·斯蒂克（Dirk U. Stikker）提出了一个关税
和共同补偿基金计划，目的是在欧洲经济合作组织成员国之间建立政府间合作，1950 年
被法国外长舒曼提出的欧洲煤钢共同体计划取代。舒曼主张在欧洲煤钢共同体内建立强
有力的超国家权力机构。荷兰外交大臣斯蒂克对舒曼建立超国家权力机构的计划表示怀
疑，因为难以对最高权力机构的责任进行认定。如果各国政府对这个超国家权力机构没
有控制能力的话，那么煤钢行业政策就会与总的经济政策脱节。为此，斯蒂克建议成立
一个部长理事会作为对最高权力机构的补充。

Plan）、舒曼计划和后来的曼斯霍尔特计划①（The Mansholt Plan）都是从部门的角度促进一体化的计划，而"贝延计划"是一个全面的关税同盟计划。贝延认为仅仅在某些部门实施经济一体化会使其他部门陷入困境。尤其是荷兰的工资和运输政策是受严格管制的，仅在煤炭和钢铁部门实行一体化的话，会使荷兰的工资和运输政策难以实施。因此，他认为经济一体化政策必须全面展开。"贝延计划"实际上是要实现全面的经济一体化，特别是在经济自由化领域采取一致政策。他表示，如果其他国家在经济自由化方面不采取措施的话，荷兰不会参加任何政治联盟。贝延建议的关税计划要求建立一个共同机构，并授予这一机构适当的权力。这一机构将接受欧洲议会的监督。

除了联邦德国总理阿登纳外，所有其他的欧洲国家首脑对"贝延计划"都反应冷淡。大家的注意力都集中在法国提出的"欧洲防务共同体"上。1954年，法国国民议会将"欧洲防务共同体"计划的审批永久地搁置起来，负责"欧洲防务共同体"事务的法国总理孟戴斯－弗朗斯（Pierre Mendès-France）离开了政坛后，荷兰才有机会再次推动"贝延计划"。贝延与比利时外交大臣斯帕克交换了意见，决定以比荷卢关税同盟的名义提出倡议，重申"贝延计划"中的主张。贝延的主张终于在1955年6月1~3日的墨西拿会议上取得突破，会议决定起草在运输、原子能和其他能源关税同盟领域的条约，并任命了由各国代表参加的由斯帕克领导的条约起草委员会。

就在条约起草工作开始前，英国退出斯帕克委员会。1956年，英国建议在欧洲经济合作组织的框架内成立自由贸易区。这个拟议中的自由贸易区包括欧洲经济合作组织所有的成员国，并在多边合作的基础上与欧洲经济共同体建立密切联系，自由贸易区将与《罗马条约》同时生效。最初荷兰支持这个动议，并在欧洲经济合作组织的敦促下在"建立欧洲自由贸易区"的决议上签了字。

法国、联邦德国、意大利和比、荷、卢三国就建立欧洲经济共同体和

---

① 曼斯霍尔特计划全称为《关于欧洲经济共同体农业改革的备忘录》，亦称1980年农业计划，是1968年欧洲经济共同体为改革农业结构而制定的10年规划，因由执委会副主席荷兰农业大臣曼斯霍尔特（Sicco L. Mansholt）起草，故名。该计划的目标是推动农业一体化。

欧洲原子能共同体达成协议。1957 年 3 月 25 日，6 国在罗马签署了建立这两个共同体的《罗马条约》。这两个条约在 1958 年 1 月 1 日同时生效。荷兰政府的政策既有着强烈的自由贸易倾向，又有着推动欧洲一体化的愿望，因此荷兰是唯一一个在"建立欧洲自由贸易区的决议"和《罗马条约》两个文件上均签字的国家。虽然荷兰最后选择了共同体，但仍然希望能够建立广泛的自由贸易区，因此对英国的主张表示支持。这种骑墙式的立场在欧共体内部是独一无二的。荷兰强烈反对欧共体内部的专制主义倾向，同时担心欧共体内部会产生保护主义。荷兰商界把共同体看作一个多边的联合组织，并随时准备与欧共体内部的保护主义做斗争。1959 年，荷兰的雇主协会和工会都宣称欧共体不是目标，而只是一个里程碑，目标应该是整个欧洲经济合作组织范围内的贸易自由化，并要求政府采取更大的外交努力拓宽荷兰的对外经济渠道。

当建立广泛的自由贸易区的谈判失败后，英国建立了一个"小"自由贸易区。这个小自由贸易区内除了英国外，还包括丹麦、挪威、瑞典、奥地利、瑞士和葡萄牙，以及一个联系国芬兰。这时荷兰外交大臣已由伦斯继任，他提出将欧共体与欧洲自由贸易区之间相互给予的关税减让待遇扩大到所有的关贸总协定签字国，同时欧共体 6 国的外部关税削减 20%。伦斯的建议没有得到其他 5 国的支持。它们认为这一建议会削弱欧共体的经济力量，只会对英国和区外国家有利。在法国、意大利和联邦德国 3 国的强烈反对下，伦斯的建议被否决。伦斯的建议反映了荷兰政府的担心，即欧洲组成两个贸易集团有可能会导致北约的分裂，并引起贸易战，从而在政治和经济上严重削弱西欧的实力。

荷兰的欧共体政策体现出以下特点。首先，荷兰主张将共同体建成一个开放性的贸易区，对世界其他地区开放。这与荷兰的自由贸易传统有关，荷兰主张在尽可能大的范围内实现自由贸易，反对过分封闭。其次，荷兰支持建立超国家权力机构，各成员国向这个机构转移必要的主权，由超国家权力机构管理共同体事务。最后，主张在共同体内部实行民主管理，国家不分大小应该拥有平等的权利。在《罗马条约》起草阶段，荷兰政府代表就提出这三个原则。荷兰的观点得到比利时、联邦德国的支持，但遭到法国的强烈反对。因此，荷兰的这三个原则最后只有部分被写进《罗马条约》。荷兰在主张以超国家机制和以多数表决制作为一般原则的同时，主张有关共同的运输政策的决策须经所有成员国全票通过，同时要求将海运和空运政策排除在欧共体的条约之外，其规则留待以后按全票通过的原则另行规定。位于荷兰的莱茵河河段和马斯河河段，是欧洲的航运要道，荷兰的运输业占欧洲的40%，全票通过的原则使它在运输政策决策中拥有否决权。

荷兰国会表决时以压倒多数批准了《欧洲经济共同体条约》和《欧洲原子能共同体条约》。投反对票的只有荷兰共产党和政治革新党，理由是反对转移主权和担心荷兰最后会落入罗马天主教的控制之下。最后的事实证明，荷兰国会对欧共体机构的弱点和民族国家的顽固性的估计大大不足。正是欧共体机构的这种弱点导致了1965年的机构危机，而一体化的经济成果又大大超出了政府原来的预期。关税同盟使荷兰国民收入大幅度提高，一体化明显地促进了专业化，特别是化工和冶金工业的专业化。消除内部贸易壁垒后，出口到其他成员国的工业产品在从1956～1959年增长了80%。

1991年12月9日，对欧洲一体化发挥了里程碑作用的首脑会议在荷兰南部城市马斯特里赫特召开，会上签署了建立欧洲联盟的《马斯特里赫特条约》。1997年，另一次欧洲首脑会议又在荷兰首都阿姆斯特丹召开，签署了《阿姆斯特丹条约》。作为欧洲理事会轮值主席国，荷兰对欧洲一体化进程发挥了积极的作用。

荷兰对欧盟的改革和扩大持积极支持的态度。2000年，荷兰与比利时和卢森堡统一了对欧盟政策的立场。原则上，三国主张支持欧盟进一步深化一体化，为即将进行的扩大创造条件；支持6月墨西拿首脑会议做出的在政府间会议议程上紧密合作的决定；支持加快谈判步伐；要求加快政府间会议的进程，争取在年底的尼斯首脑会议上拿出结果，以便尽早实现扩大；欧盟的改革应基于现有的体制和结构，扩大后应确保决策机制的效率、民主和透明；加强欧盟各机构间的协调，特别是对外政策上，加强执委会的决策功能；为突出执委会的民主性，考虑在某个时候使执委会主席由民主选举产生。

在欧盟体制改革的具体问题上，比、荷、卢三国持以下观点。

关于表决制，未来理事会在以下议题上应绝对采用有效多数票进行决策，如人员流动问题，包括避难及移民；环境政策；共同贸易政策和社会政策（以尊重各国不同的制度、特点为前提）。欧洲议会在立法性决策上，在理事会以有效多数票采纳的基础上，应有共同决策权。

关于理事会的构成和规模，三国认为，在扩大后的理事会中，每个成员都应该有一名代表。成员国必须继续参加任命委员的程序。对理事会委员之间的平等地位不应该有任何异议，但可以有主席和非主席委员的差异；主席的地位应该得到加强。

关于理事会中的加权票数，理事会中每个成员国的表决票数应该进行调整，以考虑到人口因素。扩大后大国与小国的决策力应保持平衡。新的加权票数可采取两种方式中的一种取得，要么重新调整各国票数，要么实行双重多数表决制。

关于放松进一步紧密合作的条件，三国赞成放松部分成员国实施更紧密合作的条件。某一个成员国不应该再否决其他成员国之间实施更紧密的合作。能够实施更紧密合作的成员国的最低数量应该是 8 个。这种更紧密的合作随时向当初没有条件参加或不愿意参加的成员国敞开大门。比荷卢愿意在欧盟第二根支柱即共同外交和安全计划中实行更紧密的合作。允许成员国之间建立更紧密的合作的必要性是：扩大后的欧盟国家更多，国家之间的差异更大，进一步深化一体化也将更困难，因此允许一部分成员国实施更紧密的合作可以保持欧盟深化一体化的进程，否则就会冒部分成员国在条约的框架之外进行与欧盟并行的更紧密合作的风险。

三 积极支持欧洲经济货币联盟

1969 年，欧共体 6 国首脑会议在海牙举行。会议采纳了在欧共体内建立经济货币联盟的计划。卢森堡首相威尔纳受托负责制定经货联盟计划的详细内容。计划最迫切的目标是在成员国的货币之间建立某种机制化的关系，包括在 1990 年建立短期的货币支持机制，降低成员国之间货币波动幅度；将货币政策的制定权从各成员国集中到某个超国家机构；成员国财政预算联合决策。威尔纳在他的计划中首次提出成员国使用单一货币的设想。根据计划，货币联盟将经历两个预备阶段，到 1980 年正式启动。荷兰政府支持这个计划。荷兰主张赋予货币联盟更大的超越成员国的权力。荷兰附议德国的主张，即在建立货币联盟前应协调彼此的经济政策。法国对威尔纳计划持反对态度，但这个计划最后还是于 1971 年 2 月获得通过。

这个计划生不逢时，刚刚推出不久世界货币体系就陷入大动荡之中。1971 年，德国马克和荷兰盾重新定值，1972 年美元与黄金脱钩，1973 年欧洲货币的蛇形浮动中断。这时，无论是单一货币制还是固定汇率制都不可能实行。各成员国之间的经济协调也无法进行。6 国和新加入的 3 国的经济发展的异质化加大了货币联盟计划实施的难度。9 国在一体化其他领域立场的分歧使货币联盟从第一阶段向第二阶段的过渡无法完成。

1973 年，欧共体执委会准备对挽救货币联盟的某些方面采取最后的措施时，荷兰坚决地表示反对，认为如果理事会和执委会之间的权力分配和欧洲议会对这些权力的控制问题得不到解决，成员国就不应该向共同体机构移交货币决策权。荷兰认为，在各国经济政策的协调还未取得重大进展时，在实施联合经济政策的工具——欧洲最高货币权力机构还未建立起来时，就不应该推进货币联盟计划。如果没有一个功能齐全的超国家货币的中央银行，那么所谓的权力移交只不过是由各国共同控制货币而已。荷兰政府的这种立场是有道理的，这其中包括荷兰中央银行的担心，不愿意将货币政策决策权交给欧洲货币基金这样一个功能十分有限的机构。

面对一体化进程的停滞不前，欧共体成员国为了鼓舞士气，于 1972 年 10 月提出一个新的目标，即在 1980 年建立欧洲联盟。至于这个联盟应该有什么实质内容，大家心中还没有数。荷兰政府任命了一个委员会专门研究拟议中的欧洲联盟的目标，并任命前大臣斯皮仑伯格任委员会主席。这个委员会于 1975 年向荷兰政府提交研究报告，建议荷兰政府不应该致力于将共同体建设成欧洲超级国家，而是应该在现有的几个共同体之间成立新的机构，以实现联邦化。这个目标应该包括以下几个方面。

（1）建立经济与货币联盟，其中包括建设共同市场，建立中央货币机构，实施一种货币，制定联合、互补的社会政策，共同发展援助政策。共同能源、环境、自然资源政策。

（2）建立共同外交政策，包括政府间政治合作、共同的欧洲对第三世界的发展援助政策。

（3）在防务上建立初步的合作，包括常规武器的研究、开发、生产、采购，人员培训，以及国防预算的协调。

斯皮仑伯格委员会在政治军事方面的建议是：西欧应该避免成为另一个超级大国，同时绝不能发展独立的核力量或者进行核武器方面的合作，以免给美国一个错误的印象，认为欧洲已经不需要美国的核保护。这个委员会在经济方面的设想是：货币联盟建立的时间应该推迟到 1990 年；实行单一货币欧元（EURO）后，成员国政府货币和预算政策的决策权将移交给设在布鲁塞尔的统一的货币机构；欧洲货币委员会由成员国中央银行行长组成，并由一名独立于各国政府的主席主持，职责是决定货币流通、利率政策、联合汇率，以及外汇政策。报告建议，经济货币联盟应该分阶段实施，确定各阶段起始的关键日期。

斯皮仑伯格委员会认为应该建立《罗马条约》主张的正式机构，以确保这些政策的实施。部长理事会的决策原则上应该实行多数表决制。由永久性代表组成的委员会应当由成员国的内阁成员组成，其权力应有所扩大。欧洲执委会的倡议权和其他权力应该加强。执委会委员应该在自身职权范围内对欧洲议会负责。欧洲议会投票通过对执委会主席的任命和对新执委会的信任案。欧洲议会将从各成员国直接选出，并在共同体重大政策上与部长理事会分享立法权。

1974 年 12 月，比利时首相廷德曼斯受欧共体 9 国政府首脑会议委托，起草了关于联盟的未来轮廓的报告。廷德曼斯报告的要点有：①加速建立共同外交政策；②推迟建设经济与货币联盟，但应加强蛇形浮动机制；③区分可以参加欧共体所有一体化计划的成员国和只参加部分一体化计划的成员国；④加强部长理事会的功能，将之建设成主要的决策实体。

荷兰政府接受廷德曼斯报告，将之作为讨论的基础，但对报告中关于推迟货币联盟的计划表示担忧。荷兰政府同意区分欧共体中的强国和弱国，同意如报告中建议的那样尽可能快地统一外交政策，同意给予联盟新的国防采购权和在安全问题上进行协商。但是，政府和国会中的多数人还是倾向于采纳斯皮仑伯格报告中的建议，认为它更能反映荷兰的利益。

斯皮仑伯格报告重新燃起了荷兰人对货币联盟的希望。1976年，荷兰政府决定再次尝试推动货币联盟建设。财政大臣杜伊森贝赫致函其他8国财政部部长，建议协调9国的经济政策和汇率政策。他的这封信后来被称为"杜伊森贝赫计划"，目标是降低蛇形浮动货币及未参加蛇形浮动的货币之间的汇率波动幅度，以及根据欧共体中期经济政策计划经常检查成员国的经济政策。但是，这个计划遭到英国的强烈反对。1978年，联邦德国和法国提出建立欧洲货币体系的计划，取代了"杜伊森贝赫计划"。

杜伊森贝赫计划虽然没有实现，但荷兰仍然最坚决地支持在货币领域的联合。20年后，杜伊森贝赫以欧盟杰出金融家的身份出任欧洲货币局局长，并于1999年欧元启动时出任欧洲中央银行第一任行长。

四 21世纪出现的疑欧主义波澜

荷兰是欧洲联盟的创始国之一。在欧洲共同体建立后的50年里，荷兰一直是欧洲一体化最坚定的拥护者，但是21世纪荷兰在一系列有关欧洲一体化的事务中出现了不同的声音，也产生了一定程度的动摇。

1. 欧债危机冲击催生荷兰疑欧主义

荷兰是欧盟第五大经济体和欧洲最繁荣和稳定的核心国家之一。但是在2008年的国际金融危机中，荷兰也出现了与爱尔兰、希腊、葡萄牙完全相同的问题，即廉价流动性充斥市场催生了房地产虚假繁荣，导致债务规模迅速膨胀。自欧元启用以来，荷兰房价上涨了一倍，但此刻房地产泡沫迅速破裂，房价较2008年最高峰时下跌16.6%，而且还在继续下跌。荷兰银行业房地产贷款余额为6500亿欧元，其价值迅速缩水，严重威胁金融系统稳定。荷兰经济已陷入严重衰退之中，国内消费持续下滑，失业率迅速上升。尽管吕特再次当选首相后采取了大规模的紧缩措施，但效果并不明显。作为欧元区和欧盟核心成员国的荷兰爆发危机，将直接关系到欧元的存亡。

在严重的经济危机面前，荷兰的政治生态在悄悄发生变化。荷兰政治生态调整的根源在于此次政治危机中的"欧债因素"。荷兰是欧盟创始成员国，而且长期以来是欧盟的"净出资国"。多年来，荷兰是欧洲一体化最坚强的拥护者。然而，随着欧盟的不断扩大，尤其在欧债危机爆发后，不少荷兰人开始对荷兰在欧盟中扮演的角色提出疑问。许多荷兰人认为，本国面临的经济危机是受了欧元区伙伴国的拖累。荷兰的困境是受欧元区债务危机所累。欧元区债务危机及经济断崖式下跌恶化了荷兰的出口环境，而大手笔援助陷入主权债务危机的欧洲伙伴国使荷兰金融捉襟见肘。欧债危机开始蔓延到像德国和荷兰这样的欧元区核心国。在这一情况下，荷兰政坛的欧洲观开始发生微妙的变化。"拥欧派"与"疑欧派"的矛盾引发内阁危机。

2012 年吕特首相领导的执政联盟为执行欧元区的财经纪律提出的降低预算赤字的紧缩措施遭到反对党的强烈反对，最后不得不提出辞职和解散政府。"赞成紧缩"与"反对紧缩"成为追随欧盟和疑欧派分野的标志。民调显示，接下来的大选中 12 个有可能回到议会中的党派中只有 3 个政党明确支持欧盟和欧元区。幸运的是，吕特在大选中再次当选首相，但面对的是一个疑欧派几乎占据半壁江山的国家。

2. 荷兰全民公投否决《欧盟宪法条约》

为了进一步深化欧盟政治一体化，2001 年 12 月 5 日，欧盟峰会通过《莱肯宣言》。制宪工作从 2002 年 2 月开始，宪法条约的起草工作于同年 6 月 13 日完成。25 个成员国的领导人于 10 月 29 日在罗马签署了《欧盟宪法条约》。条约最后必须由全部成员国根据本国法律通过全民公决或议会投票方式批准后方能生效。成员国中，奥地利、匈牙利、意大利、德国、希腊、立陶宛、斯洛文尼亚、斯洛伐克及西班牙 9 个国家分别通过议会表决或全民公决批准了《欧盟宪法条约》。截至 2007 年 6 月，欧盟 25 个成员国中只有 16 个完成了批准《欧盟宪法条约》的程序，法国和荷兰分别在 2005 年的 5 月和 6 月的全民公决中否决了该条约，另有 7 个成员国冻结或无限期地推迟批约程序。《欧盟宪法条约》就此夭折。

毋庸讳言，《欧盟宪法条约》的夭折与荷兰的公投否决有关。事实上，以巴尔克嫩德为首相的政府、执政联盟及国会最大的反对党都是支持《欧盟宪法条约》的。他们认为，《欧盟宪法条约》能有效地提高欧盟的决策效率，能够提高欧盟在国际社会的地位。但荷兰的大多数民众担心，《欧盟宪法条约》将使欧盟的领导机构变成一个"超国家机构"，这个"超国家机构"将进一步被德国、法国和英国这样的大国操控，而只有

1600万人的荷兰将被边缘化，荷兰一些特有的政策，如使用大麻、卖淫及安乐死合法化问题也会受到挑战。

2007年10月，欧盟首脑达成协议，决定用《里斯本条约》替代《欧盟宪法条约》。《里斯本条约》保留了宪法条约的核心内容，但删除了"宪法"的字眼。由于荷兰和英国的反对，新条约将不再规定欧盟盟旗、盟歌和盟言这些可能使欧盟看起来像"超国家机构"的内容。荷兰议会下院和上院分别于2008年6月5日和8日批准了《里斯本条约》，从而完成了荷兰批约的法律程序。

荷兰在《欧盟宪法条约》上的立场和作为，使其作为欧盟创始国和欧洲一体化坚定的支持者的形象受到削弱。

3. 欧盟与乌克兰联系国协定因荷兰反对被迫增加附加条款

2016年，荷兰又发起了一次全民公投。这次公投起因于欧盟与乌克兰签署的联系国协定。

欧盟与乌克兰于2014年3月21日签署了联系国协定政治部分。6月27日，双方又签署了联系国协定的经济部分，规定乌克兰将被吸纳进欧盟的自由贸易区。9月16日，欧洲议会表决批准了这个协议。欧盟与乌克兰签署联系国协定意味着欧盟向接纳乌克兰为成员国迈进了一步。这一举措遭到俄罗斯的强烈反对。俄罗斯的立场对这个协定的通过并无制约效力，但是这个协定若要全面正式执行，还需要欧盟28个成员国分别批准。到2016年初，27个成员国在这个协议上签字，荷兰政府也表示赞同这个协议，但荷兰民众中反对这个协议的呼声很高。2013年7月1日生效的荷兰《咨询性公投法案》规定，公民可对新批准的法律发起咨询性公投；发起者只需要获得30万人联署支持，即可要求举行公投；投票率只要高于30%，公投结果即被视为有效。咨询性公投结果不具有约束力，但会对政府决策产生影响。

一个名为"没有风格"（Geen Stijl）的疑欧派网站发起了反对这个协议的签名运动，并且征集到42万个签名，超过立项门槛。荷兰于2016年4月6日就这个协议举行咨询性公投。投票结果是61%的人否决批准欧盟与乌克兰的联系国协定。荷兰有32.28%的选民参加了投票，公投结果有效。首相吕特表示在此问题上将充分考虑选民的意见。政府没有食言，在向欧盟提交的赞同欧盟与乌克兰联系国协定的意见书上要求增加附加条款。

荷兰选民反对欧盟与乌克兰的联系国协定的直接原因是因为乌、俄两国一直处于战争边沿，荷兰民众担心联系国协定会将欧盟拖入与俄罗斯的战争泥潭。荷兰政府要求欧盟在欧乌联系国协定中增加附加条款，是预先避免协定可能带来的恶化欧俄关系和荷俄关系的风险。在 2016 年 12 月 15 日的欧盟峰会上，欧盟 28 国领导人考虑到荷兰政府的关切，决定接受荷兰的建议，加入欧乌联系国协定附加条款。附加条款内容包括：欧乌联系国协定致力于推动欧盟与乌克兰密切双边关系，但并未赋予乌克兰欧盟候选国地位，也不承诺未来给予乌克兰这一地位；在欧盟与乌克兰的安全合作方面，协定不承诺欧盟及其成员国将向乌克兰提供集体安全保障或其他军事援助。

这是欧盟在与第三国签署的联系国协定中第一次附加如此苛刻的条款。乌克兰与其他一些欧盟成员国虽然对这个附加条款非常不满意，但也无可奈何。荷兰因此被视为欧盟内部"别扭的"成员。

4. 政府收紧移民政策

荷兰选民在"咨询性公投"中反对欧乌联系国协定，除了有害怕欧盟被乌克兰拖入与俄罗斯对峙的担忧外，更深层的原因是借机表达对欧盟高度集权及过于宽松的移民政策的不满。因此，这场公投是荷兰民众疑欧情绪的一次宣泄。

除了民间疑欧主义色彩的增强，荷兰官方对外国移民和难民的态度也在发生变化。荷兰政府正在迅速收紧移民政策。早在 2004 年 2 月 17 日，荷兰议会不顾来自国内民众和人权组织的反对，通过了一项议案，决定驱逐生活在荷兰的 2.6 万外国避难者。这些人中许多已经在荷兰生活了多年。这项新的法案覆盖了所有在 2001 年 4 月 1 日以前来到荷兰的避难者，其中来自南斯拉夫、伊拉克和阿富汗的难民所占比例最高。鹿特丹市议会采纳了一个排外政党"可生活的鹿特丹"提出的动议，对外来移民设定了定居者的资格下限，即外来移民所挣工资必须高出荷兰基础工资的 20% 且很好地掌握荷兰语才能在鹿特丹定居。据称，鹿特丹的外来移民已经占当地 60 万人口的一半。这项法律的实施将为驱逐外来移民提供法律依据。也正因为此，鹿特丹市极右翼的富图恩名单党一度赢得了多数选民的支持。

自叙利亚内战爆发以来，欧洲面临自二战以来最大的难民危机。截至 2016 年 1 月，已有超过 100 万难民通过海路和陆路进入欧盟。荷兰接收的难民数目已创纪录。2016 年 1 月 7 日，刚刚担任欧盟理事会轮值主席国的荷兰首相吕特发表讲话，强调欧盟必须大幅度减少涌入欧洲的难民人数，否则欧洲将无法应对。此前一个月，吕特在另一次讲话中把目前的欧盟比作罗马帝国。他警告称，如果欧盟不重新对边界加以控制，并阻止中东及中亚难民大规模涌入，就会有重蹈罗马帝国覆辙的危险。

自 2015 年荷兰修改《外国人庇护法》以来，荷兰 5.4 万申请庇护者中至少有 2/3 的申请者遭到拒绝。荷兰新实施的外国人庇护法规定，庇护申请失败后，申请者必须在 28 天内离开荷兰，逾期不离开荷兰者可能将被取消食宿援助，并且面临被驱逐出境的命运。过去荷兰是欧洲对外国移民最宽厚的国家之一，新的庇护法生效后荷兰将成为欧洲对待难民最苛刻的欧盟国家。

5. 2017 年大选中疑欧势力的上升势头不容忽视

荷兰主张退欧的人群也很庞大。2016 年初，英国首相卡梅伦以脱欧为由，在与欧盟的谈判中为英国争取到更大的自主权，这对荷兰疑欧派也产生了相当大的影响。荷兰政治民调专家狄洪德（Maurice de Hond）主持的一项网络调查显示，53% 的荷兰居民也支持在荷兰举行退欧公投。民意调查表明，有 43% 被调查者赞成退出欧盟。荷兰退欧的最大推手是极右政党自由党的党首威尔德斯。他不仅有强烈的排外倾向，而且誓言当选后推动举行荷兰退出欧盟的全民公决。他的民粹主义立场获得相当一部分民众支持。民调显示，威尔德斯将是荷兰 2017 年大选中的黑马，他的政党有可能获得 32 个席位并将他推上首相宝座，荷兰的欧盟成员国身份岌岌可危。然而，在 3 月 15 日的投票中，自由党在国会下院获得 20 席，大大落后于现任首相吕特领导的自民党的 33 席。然而，他领导的自由党获得的席位比上届增加 8 席，而且自由党超过工党成为下院第二大党。其势头仍然不容忽视。

第三节　与美国、苏联/俄罗斯和东欧国家的关系

一　与美国和北约的关系

荷美关系历来密切。荷兰不仅维护美国在北约中的领导地位，反对西

欧某些国家的核独立政策，军事上依靠美国的核保护伞，而且对世界形势的分析和政策也与美国保持一致。荷兰强调美国在欧洲的存在是欧洲稳定的重要保证。经济上，美国是荷兰在欧盟以外最大的贸易伙伴，双方互为主要投资国。从战后初期到 20 世纪 60 年代前 5 年，荷兰表现出强烈的亲美倾向，被视为美国的"模范盟友"。

1. 荷兰在北约框架中曾是美国最顺从的西欧盟友

荷兰在防务政策战略上与美国保持一致，最突出的一点是在北约框架内保持了较高的国防支出。这一点在西欧的小国中是十分突出的。1945 ~ 1949 年，出于镇压印度尼西亚反殖民起义的需要，政府从饱受战争蹂躏的经济中调动了很大一部分资源重建军备，军费开支在 1948 年占到国民生产总值的 8%。1949 年，印度尼西亚获得独立，北约也宣告成立，荷兰进入和平时期，军费开支占国民生产总值的比重下降到 4.5%。20 世纪 60 年代初，当北约决定加强防务建设以对抗外来威胁时，荷兰的军费开支又增长了 6.7%。与其他几个北约小国相比，荷兰承受的北约摊款是很高的。无论从绝对值还是占国民生产总值的比重来看，都大大超过比利时、挪威和丹麦等其他小国。

这一时期荷兰毫无怨言地维持较高的军费开支，被认为是美国最顺从的西欧盟友。荷兰努力防止美国在西欧的利益受到损害。荷兰国防和外交大臣十分感激美国将西欧从纳粹的占领下解放出来，以及美国对西欧的经济建设和安全保障发挥的巨大作用。

2. 因国防开支矛盾由"超级忠诚者"变成一般盟国

1966 ~ 1968 年，荷兰国内对积极防务政策和北约政策的认同度开始下降。越南战争期间，荷兰的舆论认为美国涉入的战争不光彩，并进行尖锐的批评。这些批评主要来自荷兰的新闻媒体、知识分子、青年学生等。越战催生了新的舆论领袖。他们对荷兰现存社会的价值提出疑问，指出它的各种弊端以及西方社会、经济和政治结构的矛盾，嘲讽核威慑的合理性，否认冷战是苏联威胁的结果。这样一来，以前对巨额军费支出的支持和与美国结盟政策的热情遭到质疑。随着冷战气氛的淡化以及与某些东欧国家外交关系的正常化，公众对苏联和共产主义的恐惧也大大降低。荷兰作为美国最顺从盟友的角色也受到批评。

荷兰政府第一次感觉到公众对北约政策的抵触是在 1968 年。华约国家军队进入布拉格后，北约防务计划委员会决定加强自己的军事力量。荷兰政府建议国会增加 2.25 亿荷兰盾的军费开支，但受到公众、舆论以及部分议员的强烈反对。增加军费的提案虽然在 1970 年获得通过，但荷兰的军费最后还是不断减少。军费总开支占政府预算的比重从 1963 年的 19% 下降到 1977 年的 9.7%。[i] 特别是在 1973 年新政府上台后，国防大臣亨克·弗列德灵（Henk Vredeling）将 4 年的国防预算减少了 1.5 亿荷兰盾，合 5.3 亿美元。亨克·弗列德灵起草了 1974~1983 年国防建设白皮书，计划缩小现有军队规模，要求减少德国周围导弹摊款、改革服役期和加快军舰、飞机的更新速度等。北约迅速做出反应，拒绝了荷兰国防建设白皮书，美国、德国和北约秘书处也都对荷兰施加压力。

此后，荷兰与北约在军费问题上的摩擦一直持续了好几年。荷兰虽然依然支持北约存在，但已不再是美国和北约"超级的忠诚者"，而变成一个正常的盟国。

在 20 世纪 40 年代和 50 年代荷美"蜜月"期，荷兰也不唯美国马首是瞻。例如，荷兰不赞成美国对苏联的经济封锁政策，一直到 1947 年还在进口苏联的小麦和波兰的煤炭。冷战格局形成之后，荷兰对经互会也采取了比较宽松的政策。

冷战结束后，与其他西欧国家一样，荷兰对美国的关系政策也开始逐渐调整。虽然仍然属于最亲美的西欧国家，但也开始对美国的霸权表示不满。荷兰赞同欧盟建立自己的快速反应部队，也主张欧洲的安全事务更多地由欧洲人自己处理，不赞成美国抛开西欧发展国家导弹防御系统。

3. 支持美国的伊拉克战争政策

"9·11"事件后，荷兰领导人发表声明，谴责恐怖分子对美国的袭击，支持美国反对恐怖主义的行动。2003 年，荷兰支持美国对伊拉克的入侵，并在战后派出 1300 名士兵参与伊拉克维和行动。2005 年 3 月，荷兰撤回其延期已满的驻伊拉克维和部队，同时又派遣特种部队和多架战机参加美在阿富汗的反恐军事行动，并允诺向伊拉克和阿富汗重建提供援助和人员培训。同年 5 月，美国总统布什访问荷兰。2006 年，荷兰继续坚定地参与美欧武器研发，支持美国在阿富汗和黎巴嫩的维和重建行动。2007 年 4 月，荷兰外交大臣费尔哈根访美，表示"良好的跨大西洋关系是荷兰外交政策的基石"。

荷兰与美国关系中也有不协调的声音，如荷兰对美拒绝批准《京都议定书》及阻挠成立国际刑事法庭表示不满。

4. 对美国再次延长在阿富汗驻军的请求说"不"

荷兰应美国政府的要求，于 2006 年派出 1950 人的部队参加北约在阿富汗的军事行动。荷兰军队主要驻扎在阿富汗南部与塔利班武装交火比较激烈的乌鲁兹甘省。2008 年，荷兰政府再次应美国要求将派往阿富汗驻军的驻防期延长。荷兰军队这次驻防到 2010 年 8 月期满。2010 年 2 月，美国总统奥巴马再次要求荷兰军队延长在阿富汗的驻防期。

荷兰长期以来都是北约最忠实的成员之一，也一直是美国最坚定的盟国之一，但作为奥巴马挚友的巴尔克嫩德首相对美国的要求感到棘手。巴尔克嫩德一直在说服内阁同意继续把军队留在阿富汗战场，因为拒绝北约和美国延期驻军的请求将损害荷兰在北约的地位，甚至影响荷兰与美国的关系。但以副首相兼财政大臣博斯为首的工党坚决拒绝北约的请求，主张按计划在 2010 年底从阿富汗撤军。2 月 19 日下午，荷兰内阁经过 16 个小时的紧急讨论后无法取得一致。20 日凌晨，巴尔克嫩德向女王提交辞呈，联合政府宣布解散。

基民盟与工党的联合政府在驻军任期问题上不欢而散是有深刻原因的。首先，荷兰从 3 月 3 日起将举行地方选举，各党派都想利用驻军任期问题拉选票。由于荷兰公众反对荷兰参与阿富汗战争的呼声越来越高，工党一再声称要对选民有一个交代，因此坚持按时撤军势必能赢得更多的选票。其次，荷兰政府面临削减财政赤字的问题，按时从阿富汗撤军，肯定有利于削减财政赤字，有利于赢得选票。最后，荷兰政府当年因为支持美英发动伊拉克战争，在国内已招致舆论的抨击。为此，几天前政府刚刚勉强经受住一次议会的信任投票，但依然感到"四面楚歌"。荷兰参加北约阿富汗的军事行动达 4 年之久，已有 21 名士兵阵亡。国内要求撤军的呼声日益高涨，支持阿富汗战争的民众只占 33%。

在阿富汗驻防 4 年的荷兰军队于 8 月 1 日开始撤离，军人撤离将在 9 月前完成。军用装备包括 4 架 F－16 战斗机、3 架"奇努克"直升机和 5 架"阿帕奇"直升机将在年底前撤离。荷军撤离后，由美国领导的美国、澳大利亚、斯洛伐克和新加坡军队组成的盟军接管荷军防区。

5. 对美国新总统特朗普的北约和欧洲政策不满

荷兰对特朗普在大选前的"北约过时论"表示不满，对特朗普当选总统后立即退出"跨太平洋伙伴关系"（TPP）不满，对特朗普退出巴黎协定持强烈批评态度。

美国总统特朗普于 2017 年 5 月 25 日在布鲁塞尔北约总部时向欧洲盟国追讨北约会费。他认为，北约 28 个成员国中只有 5 个成员国交齐了会费，23 个成员国处于欠费状态。他还公开列出成员国欠费情况：德国欠 310 亿美元，意大利欠 200 亿美元，西班牙欠 150 亿美元，比利时欠 55 亿美元。荷兰也没有逃过美国的追讨。特朗普也点名追讨荷兰所欠的 75 亿美元会费。此举使荷兰政府感到十分不愉快。特朗普威胁将欧洲盟国所交的北约会费与美国承诺北约宪章第五款的责任挂钩，对欠费成员国美国将不提供保护。此举引发北约欧洲盟国包括荷兰改变了传统的安全观和对美国的依赖。

特朗普的安全战略观也与西欧盟国渐行渐远。西欧国家认为，北约的防御重点主要在欧洲东部，即俄罗斯。在乌克兰危机和克里米亚被俄罗斯强占后，俄罗斯对西欧的安全威胁尤其明显。而特朗普具有明显的亲俄倾向。特朗普认为，西方面临的主要威胁有两个，一个是伊朗，另一个是"伊斯兰国"。特朗普敦促北约成员国建立一个以"伊斯兰国"为目标的反恐联盟。西欧国家在战略资源上很难同时对付俄罗斯和"伊斯兰国"。荷兰对特朗普的建议持强烈保留态度。

荷兰和其他西欧国家还面临另外一个问题。美国奥巴马政府对俄罗斯的几轮制裁实际上是一把双刃剑，西欧自己也蒙受了经济损失。俄罗斯对西方进行报复，实施反制裁措施，减少从西欧国家的食品进口。这一措施直接影响了荷兰的出口。作为针对西方的反制裁措施，俄罗斯宣布禁止从荷兰进口农产品，使作为世界第二大农产品出口国的荷兰遭遇沉重打击，再加上2014年夏季产量偏高，西红柿、苹果、梨、胡椒等产品的价格一度暴跌50%，荷兰政府预计，2014年本国农业损失高达3亿欧元。美国前政府的对俄制裁政策与现政府追讨北约会费的政策使荷兰经济雪上加霜。

二 与苏联/俄罗斯及东欧国家的关系

1. 冷战时期荷兰与苏联和华约国家关系冷淡

二战前，荷兰一直不愿意承认苏联。1942年，出于对德战争的需要才承认了苏联。从本国贸易利益出发，荷兰于1948年与苏联签订了第一个贸易协定。二战后海牙频频传出与苏联外交官的纠纷。苏联支持印度尼西亚对西伊里安的主权要求，这加深了荷兰朝野对苏联的敌意。

1964年，荷兰外交大臣伦斯首次访问莫斯科，荷苏关系稍稍升温，但双边关系改善的幅度不大。苏联外长葛罗米柯对荷兰的回访一直到8年后才实现。葛罗米柯访问荷兰时与荷兰外交大臣进行了深入会谈。荷兰外交大臣斯赫梅尔泽是一位老练的政治家。他以他温和的中间派政治观点赢得了葛罗米柯的尊敬。斯赫梅尔泽的前任、保守党人伦斯对苏联的态度也比较务实，他虽然反共，但不喜欢对别国的内部事务如人权问题横加干预，因而也与苏联人谈得来。而1973年工党的麦克斯·范·德·斯托尔就任外交大臣后，情况发生变化。斯托尔虽然对苏联的态度比伦斯和斯赫梅尔泽要温和一些，但在意识形态上十分理想主义。他于1974年访问莫斯科时，在人权问题上与苏联外长发生激烈摩擦，导致对话陷入僵局。总的来看，荷兰与苏联的关系始终十分冷淡。

1969年，荷兰与许多华约国家改善了双边关系，特别是与罗马尼亚和波兰签订了一系列经济、技术和文化协定。荷兰利用双边（10国集团）会议的机会与东欧国家接触，探讨苏联1954年提出的召开欧洲安全会议的建议，并且就北约1968年提出的双边相互削减军事力量的建议试探华约国家的立场。

20 世纪 60 年代，国内的利益要求荷兰改变对民主德国的态度。一些左翼小党也不断地在国会提出无条件承认民主德国的动议。国会中支持这一动议的人不断增加。政府每次都表示反对这一动议，认为承认民主德国应该等到两德关系正常化后，担心单方面采取行动会削弱联邦德国的地位并遭到其他盟国的反对。当联邦德国外长勃兰特采取与民主德国关系正常化的措施后，荷兰才谨慎地迈出了第一步，于 1970 年与民主德国达成了一个贸易协定，1972 年两国签署了基本条约，1973 年两国建立了正式外交关系。

2. 后冷战时期改善与俄罗斯和东欧国家关系

20 世纪 90 年代以来，随着冷战结束，荷兰调整了对俄罗斯和东欧国家的政策，支持北约和西欧联盟与俄罗斯及东欧国家建立伙伴关系，并密切关注独联体地区和东欧地区的发展动向。荷兰对俄罗斯、东欧地区的民族主义和宗教势力重新抬头，流血冲突迭起表示极大关注，主张将东欧纳入西欧的安全体系，并主张加强发展与东欧各国的关系，支持东欧国家加入欧盟。与中东欧国家间的高层互访密切。荷兰女王贝娅特丽克丝与首相吕贝尔斯分别于 1994 年 3 月和 4 月访问了捷克和保加利亚。立陶宛总理和波兰总统也分别于同年 3 月和 10 月访问了荷兰。

20 世纪 90 年代，荷兰逐渐增加了对中东欧国家的投资。1990～1993 年，荷兰对中东欧国家的投资累计达 13 亿美元，与法国并列为东欧第五大投资国。荷兰对中东欧地区的进出口也在逐渐增加。

荷兰主张加强对俄罗斯的防范，积极支持北约东扩，并参加了 1999 年北约对南斯拉夫的空袭行动。

3. 21 世纪初与俄罗斯关系一度转暖

21 世纪伊始，荷兰与俄罗斯关系出现转暖的迹象。俄罗斯总统普京于 2005 年 11 月 4 日对荷兰进行了他上任以来的首次国事访问。由于荷兰是俄罗斯主要的贸易伙伴和外资来源地，普京表示他重视俄罗斯与荷兰的关系。作为这次访问的礼物，普京宣布俄罗斯将允许荷兰在乌拉尔地区的叶卡捷琳堡设立领事馆。普京希望两国能够进一步加强友好交往，推动经贸和文化等领域的合作，但普京也对荷兰等西欧国家长期以来在俄罗斯民主和人权等问题以及对车臣政策的指责给予态度鲜明的回击。

此外，荷兰与俄罗斯还签署了一系列双边协议，在海事合作互助、在税务情报及打击跨国洗钱活动方面进行了双边合作，以切断恐怖主义的资金来源。

2012年2月14日，俄罗斯航天部门在哈萨克斯坦境内的拜科努尔发射场用"质子－M"号运载火箭为荷兰发射了一颗SES－4通信卫星。这是两国在航天领域的商业合作。

4."北极曙光"号事件引起与俄外交摩擦

但是，荷兰与俄罗斯之间摩擦不断。

2013年9月18日，绿色和平组织的"北极曙光"号破冰船驶近俄罗斯国家石油天然气公司在巴伦支海的一个近海钻井平台，抗议俄罗斯在北冰洋开采石油破坏环境。次日，俄罗斯海岸警卫队扣押了这艘船及船上的人员，指控他们"从事海盗活动"。船上的30人来自荷兰、美国、英国、芬兰、法国、新西兰、瑞典等18个国家，其中还有一名俄罗斯人。因为这艘船悬挂的是荷兰国旗，荷兰外交部对俄提出交涉，要求俄罗斯放还被扣押船只。总部设在海牙的绿色和平组织称，"北极曙光"号是在国际水域被俄罗斯扣押的，但俄罗斯方面反驳说，事件发生的地点是在俄罗斯专属经济区水域。俄罗斯不接受绿色和平组织对俄罗斯破坏北极环境的指责。9月25日，普京在第三届北极国际论坛上承认，被扣押的船员不是"海盗"，但他们确实试图"攻占"钻井平台。他指责，那些人违反了国际法准则，他们让钻井平台陷入了危险状态。普京说，俄罗斯一直坚持与所有伙伴、所有国际生态保护组织开展合作，以文明的方式开发北极资源，避免北极生态环境遭到破坏。2013年，国际仲裁法庭判定俄罗斯扣押"北极曙光"号及其船员为非法行为，应给予赔偿，但没有确定赔偿数额。2017年7月18日，国际仲裁法院再次宣判，俄罗斯应赔偿"北极曙光"号破冰船及船员540万欧元。

5. 荷俄两国发生互殴外交官事件

2013年10月6日，一群身着迷彩服的暴徒闯入俄罗斯驻荷兰公使衔参赞鲍罗金在海牙的家中，以其虐待孩子为由，在其儿女面前殴打鲍罗金，随后又给鲍罗金戴上手铐将其送至荷兰警察局，鲍罗金被拘留至次日清晨才获释。事后，荷兰有关方面没有给出任何解释、做出任何道歉。这件事引发了在荷兰使馆外的抗议示威活动。7日，俄罗斯外交部向荷兰发出抗议外交照会，并于8日召见荷兰驻俄大使，要求荷方彻查此事。对于荷兰提到的虐待儿童一事，俄方也表示进行调查。俄罗斯部分媒体及专家认为，此事是荷兰对俄罗斯海岸警卫队扣押绿色和平组织"北极曙光"号的报复。

此事尚未解决之前，9天之后又发生了新的事件。2013年10月15日，两名身穿电工服的男子进入荷兰驻俄大使助理艾尔德伦波赫在莫斯科的公寓内，将其推到在地上捆绑后暴打了一顿。接着，这两人把他家翻得乱七八糟后逃走，只在玻璃上留下一个心形标记和"LGBT"的签名。荷兰外交部得知情况后，立即传召俄罗斯驻荷兰大使到荷兰外交部对事件做出解释。荷兰媒体认为，这一事件极有可能是俄罗斯人对荷兰外交官采取的"以牙还牙"式的报复。这一事件使两国关系蒙上阴影。俄罗斯一些政治家如俄罗斯自由民主党主席日里诺夫斯基要求政府中断与荷兰的外交关系。

6. 荷兰反对俄介入乌克兰内战和兼并克里米亚

2013年底，基辅发生反政府骚乱。2014年2月23日，乌克兰国会通过决议罢免亲俄罗斯的总统亚努科维奇，亲西方的前总理季莫申科获释，乌克兰倒向西方的趋势不可逆转。北约国家尤其是西欧的北约成员国积极支持以波罗申科为总统的乌克兰。北约此举是企图将北约边界推到乌克兰东部与俄罗斯接壤的地区，挤压俄罗斯的战略空间。

从自身的地缘战略利益出发，俄罗斯针对乌克兰的变化采取战略反击。首先，俄罗斯策动乌克兰南部的克里米亚自治共和国于3月16日通过公投脱离乌克兰加入俄罗斯。普京随即签署条约接纳克里米亚和塞瓦斯托波尔加入俄罗斯联邦，俄罗斯重新获得黑海舰队基地。随后，俄罗斯支持乌克兰东部的顿涅茨克州和卢甘斯克州与乌克兰政府军作战。俄罗斯的目标是使乌克兰东部两州脱离乌克兰或至少摆脱乌克兰的控制，在俄罗斯与北约之间建立一个缓冲区，缓解北约对俄罗斯的战略挤压。北约于12月2日宣布将成立一支"临时先头部队"驻扎在德国、荷兰和挪威，以便为成员国提供"快速反应"。北约的这一决定主要是对乌克兰内战不断扩大的反应，目的是威慑俄罗斯。

荷兰在乌克兰危机中是坚决站在北约立场上支持乌克兰政府的，荷兰谴责俄罗斯对克里米亚的吞并，谴责俄罗斯支持乌克兰东部民间武装对抗政府军的内战，荷兰甚至积极支持并参与组建北约"临时先头部队"。荷兰也深知乌克兰问题对俄罗斯的敏感性，考虑到俄罗斯是荷兰农产品重要出口国，担心两国关系恶化可能影响双边贸易，因此后来在乌克兰与欧盟签署联系国协定时持反对态度。

7. 荷俄在马航坠机事件后续调查中的摩擦

2014 年 7 月 17 日，马航 MH17 航班在乌克兰临近俄罗斯的地区上空被击落，机上 283 名乘客和 15 名机组人员全部遇难。由于这架飞机是从荷兰史基浦机场起飞的，机上大部分乘客为荷兰人，因此这架飞机的残骸被运往荷兰进行调查。调查工作由西方国家组织的调查组进行。2015 年 3 月 21 日，荷兰国家检察院透露，在调查的第一个阶段，国际联合调查组对超过一百万份文件、照片和视频的分析表明，马航 MH17 航班飞机是被一枚俄罗斯制造的"山毛榉"导弹击落的。根据北约搜集到的情报，该类型导弹从 1995 年开始装备俄罗斯军队。根据照片和视频证据以及目击者证实，俄罗斯一个导弹连在击落事件发生前不久通过边境进入乌克兰，因此调查组认为导弹很可能是这个部队发射的。调查组将继续调查是谁在操作导弹连，又是谁下达了击落客机的命令，并搜集更多事实为法庭指控提供证据。荷兰首相吕特敦促俄罗斯与荷兰领导的一个独立的国际刑事调查组进行充分的合作。对于荷兰公布的空难调查报告，俄罗斯各方面表示强烈反对。俄罗斯航空运输署反驳道，荷兰方面的报告"超出了逻辑范围"。

在此后的半年里，荷兰和俄罗斯双方都根据自己的调查结论反驳对方。荷兰安全委员会的报告认为，导弹在客机驾驶舱左侧附近爆炸，"距离机身不到一米"。"导弹发射地点在乌克兰东部 320 平方公里范围内"，暗示导弹是从乌克兰东部民间武器控制区发射的，乌克兰东部民间武装没有导弹部队，因而导弹只能是亲乌克兰东部民间武装的俄罗斯部队发射的。而俄罗斯方面的调查报告认为，导弹在飞机发动机左侧 20 米处爆炸，并根据飞机航线和导弹性能推测出导弹的来袭方向应该是乌克兰政府军控制地区内的扎罗先斯科耶村。荷兰方面的调查指出，飞机驾驶室和飞行员体内找到的导弹碎片呈"工"字形，应该是俄罗斯生产的 9M38M1 型"山毛榉"导弹。俄罗斯的调查报告指出，从飞机残骸上发现的正方形弹孔分析，击落马航 MH17 航班的导弹应该是 9M38 型"山毛榉"导弹。这种导弹早已退出俄罗斯现役。俄罗斯调查组认为操控导弹发射的不是俄罗斯导弹连，而应该是乌克兰军队。俄罗斯航空运输署副署长斯托尔切沃伊暗示，乌克兰与荷兰之间可能就马航 MH17 空难的调查达成某些秘密协议。

荷兰与俄罗斯在马航 MH17 航班被击落的问题上龃龉不断，表面看只是对马航 MH17 航班被击落的责任追究问题，本质上是近年来北约国家与俄罗斯在对乌克兰地区的战略争夺所派生出来的问题。

第四节　与中国的关系

一　最早承认中国并支持中国恢复在联合国合法席位

荷兰于 1950 年承认中华人民共和国政府，是少数几个最早承认中国的西方国家之一。当时承认中华人民共和国的西方国家除了荷兰外，还有英国、丹麦、芬兰、瑞典、瑞士等国家，但与中国建立正式外交关系的只有丹麦、芬兰、瑞典和瑞士。

除了最早承认中国外，荷兰还于 20 世纪 50 年代初支持中华人民共和国进入联合国。荷兰主张联合国会员国应有广泛的代表性，以保障联合国真正的国际性。1950 年荷兰承认中华人民共和国后，于同年投票赞成将中国在联合国的席位给予中华人民共和国，而不是台湾国民党政权。这个议案表决时，15 票赞成，33 票反对，因而没有得到通过。

1951 年以后，荷兰在这个问题上改变了态度，采取了弃权的立场。荷兰政府的政策考虑是，按照联合国的原则，应当接纳中华人民共和国，但鉴于东亚形势，接纳中国的行动应缓一缓。荷兰对华立场发生变化的原因有三：一是不愿意与美国的路线偏离太远；二是荷兰本身内外政策均受到意识形态的影响，这使它一直到 20 世纪 60 年代中期前都认为存在一个对西方极具危险的"中苏集团"；三是荷兰在 50 年代和 60 年代初一直陷于与印度尼西亚争夺西伊里安主权的旋涡中，极其需要美国在联合国给予支持。1965 年，荷兰外交部一份内部调研报告认为，无论从任何方面看，联合国安理会中的中国席位都应该属于中华人民共和国。但当时的荷兰外交大臣伦斯认为，为了荷兰的利益，在这个问题上最好还是与美国保持一致。

　　20 世纪 70 年代初，国际形势出现了有利于中国的变化。1970～1971 年，十几个国家与中国建立了外交关系。1971 年 7 月，美国总统国家安全事务顾问亨利·基辛格秘密访问了中国，与中国最高层领导人商讨印度支那战争问题和中美关系正常化问题。一向以反共著称的美国总统尼克松公开表示了访华意向。这对于当时一直孤立中国的西方阵营来说无异于晴天霹雳。美国当时并不想断绝与台湾当局的关系，因此采取了"两个中国"的政策：一方面，同意接纳中华人民共和国为联合国成员国和安理会常任理事国；另一方面，反对将台湾国民党政权的代表从联合国大会中驱逐出去。中国外交部表示，只要台湾方面的代表不走，中国就不接受联合国成员国席位。

　　这时，诺伯特·斯赫梅尔泽接任荷兰外交大臣。斯赫梅尔泽赞成接纳中华人民共和国，但他面临强大的阻力，即当时执政联盟中的自由党、七○民主社会党和反对革命党都反对驱逐台湾当局。这个难题最后由首相比舒维尔解决，他一锤定音：接纳中华人民共和国为联合国成员国比保留台湾当局代表对荷兰的利益更重要，指令荷兰驻联合国代表在表决中反对"两个中国"的立场。美国代表团全部出动劝说荷兰及其他传统盟国支持美国的议案。当时美国提出一项程序性动议，将驱逐台湾当局代表列为一个需要 2/3 多数票才能通过的重大议题。对于这个动议，荷兰没有支持，投了弃权票。这个动议最后没有得到通过，为中国进入联合国扫清了道路。随后，在表决阿尔巴尼亚等国提出的要求中华人民共和国进入联合国并驱逐台湾当局代表的提案时，荷兰投了赞成票。作为一向为美国在国际舞台上最忠实盟友的荷兰，在联合国采取这样的举动是十分不寻常的。荷兰与中国建交 20 年来，两国关系一直比较冷淡。荷兰政府在联合国的这一举动大大改善了中荷关系。次年 5 月，中荷双方发表联合公报，将双方关系升格为大使级外交关系。

二 两国关系中的挫折与修复

中荷两国因为荷兰对台军售和在联合国人权大会上支持美国提案而遭受挫折，两国关系一度陷入低谷。

1. 不顾中国政府抗议坚持对台出售潜艇

1981 年，荷兰政府批准向台湾当局出售两艘"海龙"级潜艇。事前中国政府多次抗议，但荷兰政府仍然坚持批准向台湾当局出口两艘旗鱼级潜艇"海龙"号和"海虎"号。

事发后，中国政府宣布将中国驻荷兰大使馆降格为代办处，中荷关系一度降低到最低点。1984 年，中荷两国代表经过协商决定恢复大使级外交关系。作为对荷兰首相范阿赫特 1980 年访华的回访，中国国务院总理于 1985 年访问了荷兰，两国关系遂逐渐修复。

2. 坚持推动人权提案使两国关系再度降温

1997 年，由于荷兰在联合国人权委员会第 53 届人权大会上推动针对中国的人权提案，中荷关系再度降温。从 1990 年起，西方国家 6 次在联合国人权大会上提出谴责中国人权状况的提案，在表决中均遭到失败。西方国家在人权问题上对别国的干预遭到越来越多的发展中国家的反对。有鉴于此，1997 年初，欧盟决定不再在人权大会上提出针对中国的人权提案。1997 年正值荷兰担任欧盟理事会轮值主席国。在这一年 4 月召开的第 53 届世界人权大会上，荷兰以欧盟轮值主席国的身份积极地推动欧盟与美国发起谴责中国人权政策的提案。最后由于法国、德国、意大利、西班牙放弃提案，欧盟无法以整体的身份提出提案。但美国、丹麦、英国依然发起提案，荷兰也是 15 个附和此提案的国家之一。最后，中国代表根据议事规则第 65 条第 2 款提议对该议案"不采取行动"的动议。会议最终对中国的动议进行了表决，结果 27 票赞成，17 票反对，9 票弃权。

中国代表在会上会下一再对荷兰、丹麦发出警告，但荷兰和丹麦没有充分认识到这一问题对中国的敏感性。这次大会后中国无限期地推迟了与荷兰、丹麦的高级互访计划。荷兰政府在国内受到强烈的压力。中国取消的第一个访问是原定由荷兰经济大臣率领的大型商业代表团对中国的访问。荷兰的华人商会批评荷兰政府不了解中国的国情，给荷兰商业带来重大损失。荷兰雇主联合会主席也强烈批评荷兰政府在人权大会上的举动导致荷兰损失了价值数十亿荷兰盾的合同订货。

荷兰首相科克和外交大臣范·米罗坚持所谓"原则不能出卖"的观点，但在商界的压力下，也努力寻求重新开通与中国对话的渠道。香港回归交接仪式是荷兰外相利用的第一个机会。中英在香港问题上的一个未决问题是临时立法会的地位问题。英国原保守党政府拒绝承认临时立法会的合法地位。英国首相布莱尔上台后在临时立法会地位问题上采取回避态度。布莱尔计划在7月1日凌晨交接仪式结束后马上离开会场，为的是不参加预定于2时举行的临时立法会就职仪式。他的理由是政权交接仪式结束后，一切活动均与英国政府无关。西方国家中，澳大利亚和新西兰首先表示要参加临时立法会就职仪式，日本后来也响应。荷兰政府抓住这个机会，不但决定参加这个仪式，并表示要以欧盟主席国的身份动员其他欧盟成员国代表参加这个仪式。荷兰的倡议得到了许多欧盟国家的响应。在这一压力下，最后英国和美国也采取折中的方法，派其驻港总领事参加了这一仪式。这一行动表明，布莱尔政府最后还是默认了临时立法会的法律地位。荷兰做出的这一积极外交姿态得到中国认可。

荷兰政府所做出的姿态还是有限的。中国政府的立场是要求荷兰政府能够比照法国政府在台湾军售问题及德国政府在西藏问题上的处理模式，做出一定的改变姿态，并承诺以后不再发生类似事件。但荷兰政府没有做出反应。大概是对荷兰在香港临时立法会态度的回应，中国也放开了一个口子，邀请荷兰教育大臣访问中国社会科学院。但荷兰教育大臣访华期间仍然拒绝谈论人权大会的问题。

经过外交渠道磋商，中荷都希望两国关系正常化。1998 年 2 月 14～17 日，中国国务院总理李鹏结束对卢森堡的访问后访问了荷兰。中国国务院总理对荷兰王国进行高层访问，标志着两国关系在经历了 10 个月的低谷后恢复正常。在此之前不久，欧盟部长理事会就对中国人权问题的策略进行过一次讨论，多数成员国赞成以对话代替对抗。科克首相在与李鹏总理的会谈中表示要在相互尊重的基础上进行建设性对话，不要搞对抗。在此前李鹏总理对卢森堡的访问中，容克首相也接受了在人权问题上以对话代替对抗的主张。这是继 1997 年德国与法国后又两个欧盟国家表态。这对后来西方国家做出将不再在世界人权大会上提出谴责中国人权状况的决定有着重要的影响。

三 21 世纪两国友好关系迅速发展

从世纪之交开始，两国关系得到恢复，并且迅速发展。

1. 高层互访频繁

在中国总理结束对荷访问的一周后，延迟了一年的荷兰经济大臣对华访问终于得以实现。2 月 22 日，荷兰经济大臣汉斯·韦尔斯率领 61 家荷兰公司的代表飞抵北京，与中国对外经济贸易部部长、中国人民银行和中国民用航空局官员进行了会谈，签订了 16 项合同，其中包括一项价值 3500 万美元的扩建成都机场的合同。中国将允许更多的荷兰公司进入中国的金融市场。

中荷政治关系发展也呈现良好趋势，双边高层互访频繁。继 1998 年中国总理访问荷兰后，1999 年 4 月荷兰女王也实现了对中国的正式访问。

进入 21 世纪后，中荷关系一直处于良性互动状态。

2000 年 4 月，中国国务院副总理李岚清对荷兰进行了正式访问；同年 6 月 8 日，荷兰农业、自然和渔业大臣访问了中国。

2000 年 7 月 4 日，中国国务院总理朱镕基对荷兰进行了正式访问。朱总理在荷兰访问期间会见了荷兰女王，并与荷兰首相维姆·科克进行了会谈。科克表示，荷兰政府将继续奉行一个中国政策，不与台湾当局发生任何官方关系。

2004 年 4 月，荷兰首相巴尔克嫩德对中国进行工作访问。2004 年 12 月，温家宝总理对荷兰进行正式访问。2008 年 10 月 23 ~ 29 日，巴尔克嫩德首相对中国进行正式访问，出席第七届亚欧首脑会议并与中国领导人举行会谈。2012 年 5 月，吴邦国委员长对荷兰进行正式友好访问。

2013 年 11 月，吕特首相对中国进行正式访问，并与中国国家主席习近平会晤。

2014 年 3 月 22 ~ 25 日，中国国家主席习近平对荷兰进行国事访问，并出席在荷兰海牙举行的第三届核安全峰会。荷兰政府给予习近平主席最高规格的接待。习近平主席的专机抵达荷兰领空时，荷兰皇家空军为习近平主席的专机护航，国王与王后举行盛大晚宴以最高礼遇接待习近平主席。23 日上午，吕特首相与习近平主席举行会谈，之后习近平主席与威廉 - 亚历山大国王共同出席中荷经贸合作论坛开幕式并致辞。

习近平主席这次访问是中荷两国建交以来中国国家元首首次访问荷兰。习近平主席高度评价荷兰对中国的重要性。他指出，荷兰是欧洲的门户，希望荷兰为促进中欧关系发展做出新的更大贡献。习近平主席在有 53 个国家的领导人以及联合国、欧盟、国际原子能机构等组织的代表出席的核安全峰会上发表演讲，首次全面阐述中国的核安全观，介绍中国在加强核安全方面采取的措施和取得的成就，积极推动国际合作。

2. 荷兰加强对中国的核心利益的关注和合作

2009 年 6 月 3 ~ 5 日，达赖喇嘛在荷兰进行了三天的活动。中国驻荷兰大使张军在接受荷兰广播公司采访时向荷兰公众全面阐述了中方在达赖问题上的立场，表示中方坚决反对达赖访荷，反对任何荷兰政治领导人会见达赖。荷兰广播公司所属电视台和电台当晚播放了张军大使的讲话。达赖在荷兰的三天，不仅首相和王室拒绝接见他，而且民间和社会对达赖也是批评声音居多，嘘声不断。

同年 7 月 6 日，即中国新疆乌鲁木齐发生大规模暴恐事件的第二天，150 多名"东突"分子在中国驻荷兰大使馆门前举行示威游行，向大使馆馆舍扔砸事先准备的石块、鸡蛋，焚烧中国国旗，试图攀越使馆围栏但未果，部分示威者还随身携带刀具。暴力事件致使中国大使馆馆舍临街一面的玻璃几乎全部破碎，屋顶、墙体、馆牌等遭到不同程度的破坏，使馆人员和财产安全遭到严重威胁，正常工作秩序遭到破坏。中国驻荷兰大使馆临时代办紧急约见荷兰外交大臣，就中国使馆遭到"东突"分子暴力袭击事件向荷方提出严重交涉，要求荷方严肃处理这一事件。荷兰警方拘押了参与袭击中国大使馆的数十名不法分子，并对其中 17 人提起诉讼。荷兰外交大臣就中国使馆遭袭向中国政府道歉，并对中国大使馆建筑物受到的损害进行赔偿。

3. 两国文化交流日益频繁

2005 年 10 月，历时 17 天的"中国文化节"在荷兰阿姆斯特丹举行。本次"中国节"是由荷兰民间机构发起主办的中国文化交流活动。活动获得了荷兰政府、中国文化部和中国驻荷兰大使馆的积极支持，并得到几家荷兰跨国公司的赞助。活动期间，阿姆斯特丹、海牙和鹿特丹等地举办了数百场有关中国音乐、舞蹈、建筑、视觉艺术、诗歌、雕塑的演出、展览和研讨会，全方位展示了中国的文化艺术。中国国家交响乐团应文化节邀请，在阿姆斯特丹音乐厅演出《红色娘子军》组曲和小提琴协奏曲《梁祝》等中国传统音乐曲目，受到荷兰听众的热烈欢迎。"中国节"在荷兰全国上下掀起一轮"中国文化热"。这是继 1997 年和 2000 年之后荷兰举办的第三届"中国文化节"。前两届"中国文化节"都在荷兰的海港城市鹿特丹举行。

2008 年 6 月 23 日，荷兰鹿特丹爱乐乐团访问中国，并在中国国家大剧院进行演出，演绎了拉威尔及贝多芬的两部重量级作品，并与中国年轻钢琴家李云迪合作，共同演绎俄罗斯音乐作品。鹿特丹爱乐乐团的演出受到了中国同行和北京听众的欢迎。

4. 两国互为对方重要经贸伙伴

从 2003 年起，中国与荷兰的双边贸易额超过中国与英国的双边贸易额，荷兰成为中国第二大欧洲贸易伙伴。这一地位一直保持到 2014 年才被英国超过（见表 8 - 1）。中国对荷兰的出口额占荷兰进口额的 14.5%，仅次于德国的 14.7%，中国成为荷兰第二大进口来源地。

表 8 – 1　2011～2015 年中国与欧盟主要成员国双边贸易额

单位：亿美元

国家＼年份	2011	2012	2013	2014	2015
德 国	1691.44	1611.31	1614.98	1777.16	1567.78
荷 兰	681.59	675.99	701.39	742.68	682.31
英 国	586.78	631.02	700.21	808.68	785.01
法 国	520.62	510.17	498.23	557.64	513.70
意大利	512.69	417.21	433.26	480.38	446.54
西班牙	272.72	245.71	249.00	277.00	274.39
波 兰	129.87	143.83	148.07	171.92	170.87
匈牙利	92.58	80.61	84.07	90.24	80.73
奥地利	69.88	67.64	70.67	82.47	74.65

资料来源：中国国家统计局网站，http：//data. stats. gov. cn/easyquery. htm？cn = C01&zb = A0I0208&sj = 2014。

2012 年和 2013 年，荷兰对华直接投资分别高达 11.44 亿美元和 12.75 亿美元（见 8 – 2），成为仅次于德国的欧洲第二大对华直接投资国，2014 年后被法国赶超。与此同时，中国自荷兰引进技术价值累计 70 多亿美元。

表 8 – 2　2011～2015 年中国实际利用外资金额

单位：亿美元

外资来源地＼年份	2011	2012	2013	2014	2015
德 国	11.29	14.51	20.78	20.71	15.56
法 国	7.69	6.52	7.52	7.12	12.24
荷 兰	7.61	11.44	12.75	6.39	7.52
卢森堡	5.15	2.27	4.33	1.28	6.30
英 国	5.82	4.10	3.92	7.35	4.96
爱尔兰	1.31	1.12	0.43	4.04	4.52
意大利	3.88	2.46	3.17	3.72	2.45

资料来源：中国国家统计局网站，http：//data. stats. gov. cn/easyquery. htm？cn = C01&zb = A0I0208&sj = 2014。

为了促进中国民间资本对荷兰投资，荷兰外商投资局已经分别在中国上海、广州、北京和重庆开设办公室。这些办公室为具有投资意向的中国企业提供免费、独立、客观的建议和信息，其中包括帮助中国公司了解荷兰的劳动法律法规、税收结构或工作许可程序等。截至2016年底，荷兰外商投资局已协助400多家中国企业在荷兰设立中资运营机构，平均每年有40家中国企业落户荷兰。

截至2014年，共有424家中国企业在荷兰设立了482家中资运营机构，其中包括华为、中国工商银行、柳工、澳优和伊利等。中国每年对荷兰的投资额（仅绿地投资，不包含并购项目）平均为7200万欧元，共创造约8000个就业岗位。

大事纪年

1568 年	荷兰人民反抗西班牙殖民统治的"八十年战争"爆发
1573 年	威廉·奥兰治率兵解救被围困 130 天的莱顿城
1579 年 1 月 6 日	西班牙总督法尔内塞策动分裂荷兰起义阵营的天主教地区的"阿拉斯同盟"成立
1579 年 1 月 23 日	反对西班牙统治维护新教地位的"乌得勒支同盟"成立
1585 年	西班牙殖民军统帅法恩斯攻克起义军占据的布鲁日、根特和安特卫普，这些地区的几十万新教徒为躲避迫害逃亡北方
1588 年	由荷兰省、泽兰省、乌得勒支省、海尔德兰省、上艾瑟尔省、格罗宁根省和弗里斯兰省组成的尼德兰七省联合共和国宣告成立，推动荷兰共和国成立的是反西班牙起义军领袖奥尔登巴内费尔特和莫里斯·奥兰治
1596 年	荷英海军联合袭击西班牙的加的斯港口
1597 年	英荷联合舰队再次袭击西班牙海岸和西属亚速尔群岛 荷兰共和国建立统一的海军司令部
1599 年	一支荷兰舰队出征西非，再次攻击亚速尔群岛，并占领葡属圣多美

1603 年	荷兰海军第一次远征巴西，并在那里建立要塞
1624 年	荷兰人在北美从印第安人手上买下曼哈顿岛作为荷兰移民的定居点，并建立新阿姆斯特丹堡。
1648 年 10 月 24 日	西班牙与荷兰签署《西荷和约》，西班牙承认荷兰独立，"八十年战争"正式结束
1652 年	第一次荷英战争爆发
1653 年	德·威特就任荷兰海军统帅，开启荷兰"新海军"时代
1660 年	英国人占领荷兰移民在北美的垦殖地新尼德兰，把新阿姆斯特丹改名为纽约
1665 年 3 月	英国向荷兰宣战，第二次荷英战争爆发
1666 年 6 月 11～14 日	荷英海军在道恩斯和敦刻尔克之间爆发"四日战争"
1666 年 8 月 4～5 日	荷英海军爆发"两日战争"
1667 年	荷兰海军夺取英国在南美的领土苏里南。
1667 年 7 月 31 日	荷英签署《布雷达和约》，英国将苏里南正式割让给荷兰，荷兰承认英国对纽约的占领
1667 年 7 月	荷兰海军统帅德·威特在英国海岸的梅德韦再次大败英国海军，俘获蒙克公爵旗舰"皇家查理"号
1671 年	英王查理二世与法王路易十四结成反法联盟，德·威特争取和解的努力失败。
1672 年	战争爆发，荷兰遭受到来自英国、法国及科隆公国、萨克森公国的三面进攻，南部和东部部分领土被占领
1672 年 6 月 6 日	荷兰海军对英法联合舰队组织了一次偷袭，迫使英国放弃了突破荷兰海岸防线的计划。
1673 年	荷海军统帅德·威特重创英国海军，迫使英国海军退回英国海岸。

荷兰海军重新夺回北美的纽芬兰和纽约，并横
扫西印度洋上的英法军舰。

1674 年 2 月	荷兰与英国签署第二个《威斯敏斯特和约》，荷兰将纽约和纽芬兰归还英国，英国放弃与法国的联盟，荷兰与英国的敌对状态宣告结束。
1676 年	一支由雅各布·宾克将军率领的小型荷兰舰队攻打法属瓜德罗普，并一度占领多巴哥
1676 年 4 月 29 日	德·威特在与法国海军的海战中于埃特纳火山附近海面阵亡，荷西联合舰队转为防守
1675 年	荷兰与哈布斯堡、勃兰登堡和丹麦结成了反法联盟
1677 年 11 月	荷兰执政官威廉三世与英王查理二世的侄女玛丽公主结婚，荷英王室通过联姻结成盟友
1678 年	荷兰与法国签署和约，两国战争暂告结束。
1688 年	英国爆发"光荣革命"，荷兰执政官威廉三世与玛丽公主登上英国王位
1689 年	英、荷再次建立联合舰队与法国争夺海上霸权
1690 年	英荷联合舰队在与法国海军的交战中惨败
1692 年 5 月 29 日	英荷联合舰队与法国舰队在巴夫勒尔附近交战，法军战舰损失过半
1693 年	荷兰船队 92 艘商船遭伏击，被法国海军俘获。
1697 年 9 月	荷兰与法国在荷兰的赖斯韦克签署《荷兰条约》
1702 年 10 月 23 日	在西班牙王位继承战争中，英荷联合舰队在维哥湾全歼运送珍宝的法国分遣舰队
1713 年	西班牙王位继承战争结束，负债累累的荷兰失去海上帝国的地位
1795 年	流亡法国的荷兰改革派协同法国军队打回荷兰，以"巴达维亚共和国"取代荷兰共和国，荷兰共和国执政官威廉五世逃亡英国

1806 年	拿破仑废黜了荷兰民选的执政官，改巴达维亚共和国为荷兰王国，并派任命其弟弟路易·波拿巴为荷兰王国国王
1810 年	拿破仑废黜荷兰王国国王路易·波拿巴，把荷兰并入法国
1813 年	拿破仑的军队在莱比锡遭到惨败，荷兰人民发动起义，宣布尼德兰独立并成立临时政府
1814 年 3 月 31 日	反法联军进入巴黎，拿破仑在《枫丹白露和约》上签字，承认荷兰独立
1814 年 9 月 18 日	维也纳会议召开并签署《维也纳和约》，确认荷兰为王国，前荷兰七省联合共和国执政官威廉五世的儿子威廉·弗雷德里克·奥兰治被立为国王，史称威廉一世
1830 年 8 月 25 日	布鲁塞尔爆发起义，要求摆脱荷兰人统治，5 天后起义军被镇压
1839 年	荷兰在《伦敦条约》上签字，承认比利时独立，卢森堡也借此机会脱离荷兰王国获得独立
1840 年	威廉一世的儿子威廉二世继承王位。
1848 年	威廉二世国王放弃君主专制，实行君主立宪制
1849 年	威廉二世去世，其子威廉·弗雷德里克·路易登基继承王位，史称威廉三世
1890 年	威廉三世去世，威廉敏娜公主继承王位
1901 年	荷兰出台第一部劳工保护法《工业事故保险法》，开启荷兰社会保障制度之先河
1914 年 8 月	德军入侵比利时，荷兰收容上百万比利时难民
1930 年	须德海拦海大坝工程完工，须德海变成艾瑟尔湖
1940 年 5 月 10 日	德国对荷兰不宣而战
1940 年 5 月 14 日	荷军向德军投降，荷兰王室与政府被迫流亡海外
1941 年 12 月 8 日	荷兰流亡政府向日本宣战

1942 年	日本军队在爪哇岛登陆
1943 年 3 月	驻守爪哇的荷兰陆军向日军投降
1944 年 6～9 月	盟军在诺曼底登陆后迅速向荷兰边界推进，通过"市场花园行动"解放荷兰南部大部分地区
1944 年 9 月	荷兰、比利时和卢森堡三国流亡政府签订建立关税同盟的新条约
1944 年 11 月	盟军炸毁莱茵河下游数段大堤，洪水淹没德军阵地
1945 年	荷兰加入联合国
1945 年 8 月 17 日	印度尼西亚脱离荷兰殖民统治宣布独立
1947 年 3 月	荷兰、比利时和卢森堡三国签订补充协定
1948 年	威廉敏娜女王将王位传给女儿朱丽安娜
1948 年 1 月 1 日	荷兰与比利时和卢森堡三国启动比荷卢关税同盟
1948 年 3 月 15 日	英国、法国、荷兰、比利时、卢森堡 5 国在布鲁塞尔签署《经济、社会、文化合作和集体自卫条约》
1949 年 4 月 4 日	美国、加拿大与《布鲁塞尔条约》三个签字国谈判后签署了《北大西洋公约》
1953 年 1 月 31 日	莱茵河及马斯河发生重大水灾，1835 人丧命，7.2 万人无家可归
1957 年	须德海拦海大坝后续工程及排水工程完成，荷兰陆地面积增长 7%
1957 年 3 月 25 日	荷兰与法国、意大利、联邦德国、比利时和卢森堡在罗马签署了建立欧洲经济共同体和欧洲原子能共同体的《罗马条约》
1958 年	莱茵河 – 马斯河三角洲防洪系统工程启动
1958 年 2 月 3 日	荷兰、比利时、卢森堡签署建立比荷卢经济联盟的条约，1960 年条约生效
1963 年	西伊里安脱离荷兰并入印度尼西亚共和国。

1976 年	荷兰财政大臣杜伊森贝赫提出协调 9 国的经济政策和汇率政策的建议（又称"杜伊森贝赫计划"）
1980 年 4 月 30 日	朱丽安娜女王退位，王储贝娅特丽克丝公主继位成为荷兰女王
1991 年 12 月 9 日	荷兰签署建立欧洲联盟的《马斯特里赫特条约》
1997 年	莱茵河－马斯河三角洲防洪系统工程完工
1997 年 10 月 2 日	荷兰签署《阿姆斯特丹条约》
1998 年 2 月 14～17 日	中国国务院总理李鹏访问荷兰，两国关系重新恢复正常
1998 年 2 月 22 日	荷兰经济大臣汉斯·韦尔斯率领 61 家荷兰公司代表访问中国
1999 年 4 月	荷兰女王贝娅特丽克丝访问中国
2000 年 7 月 4 日	中国国务院总理朱镕基对荷兰进行了正式访问
2005 年 6 月 1 日	荷兰就《欧洲宪法条约》举行第一次全民公投，否决了这个条约。
2013 年 4 月 30 日	女王将王位传给了威廉－亚历山大，荷兰迎来 120 年来第一位男性君主
2015 年 10 月	荷兰国王威廉－亚历山大首次对中国进行国事访问
2016 年 4 月 6 日	荷兰就欧盟与乌克兰签署联系国协议问题举行咨询性公投，批准了这个协议
2017 年 3 月 21 日	荷兰大选结果揭晓，主张退欧的自由党未能获得胜利
2017 年 10 月 26 日	荷兰新一届政府宣誓就职，马克·吕特担任首相
2018 年 2 月	荷兰国王威廉－亚历山大访问中国

参考文献

一 中文文献

邓淑莲：《荷兰解决失业问题的做法及对我国的启示》，《世界经济文汇》2000 年第 6 期。

龚抒编《欧洲国家概况 1995—1996》，世界知识出版社，1996。

〔荷兰〕戴瑞克·布莱斯等：《荷兰》，朱孟勋译，台北：台湾英文杂志社，1995。

胡金星、陈杰：《公共租赁住房公平分配：荷兰模式及启示》，《华东师范大学学报》2013 年第 3 期。

胡毅等：《荷兰住房协会——社会住房建设和管理的非政府模式》，《国际城市规划》2013 年第 3 期。

景云、钱云：《荷兰住房保障体系的发展及对中国的启示》，《现代城市研究》2010 年第 10 期。

李罡：《荷兰的社会住房政策》，《城市问题》2013 年第 7 期。

〔美〕爱德华·麦克诺尔·伯恩斯、菲利普·李·拉尔夫：《世界文明史》（二、三卷），商务印书馆，1990。

〔美〕卡尔顿·J·海斯、帕克·T·蒙、约翰·W·魏兰：《世界史》（上、中、下册），中央民族学院研究室译，三联书店，1975。

杨冬：《人才市场：荷兰经济的助推器》，《人力资源》2004 年第 4 期。

张东升：《荷兰》，兰州大学出版社，1998。

二 外文文献

Alice Pittini, Elsa Laino, *Housing Europe Review 2012*: *The Nuts And Bolts of European Social Housing Systems*, CECODHAS Housing Europe's Observatory, 2012.

Audrey M. Lambert, *The Making of the Dutch Landscape*: *An Historical Geography of the Netherlands*, Academic Press, 1985.

Bart van Ark, Jakob De Haan and Herman J. de Jong, "Characteristics of Economic Growth in the Netherlands During the Post-war Period," in Nicholas Crafts, Gianni Toniolo, eds. , *Economic Growth in Europe since 1945*, Cambridge University Press , 1996.

"Basic Statistics of the Netherlands," OECD Economic Surveys: Netherlands, July 2014.

Christopher Bagley, The Dutch Plural Society: A Comparative Study in Race Relations, Oxford University Press, 1973.

Country Report Netherlands 2015, EU Commission Staff Working Document.

C. FV, "Sectorbeeld (2013) ," *March* 20, 2014, http: //www. cfv. nl/.

C. P. Middendorp, *Ideology in Dutch Politics*: *The Democratic System Reconsidered 1970 – 1985*, Assen, The Netherlands: van Gorcum & B. V. , 1991.

David A. Dyder, The National Economies of Europe, Longman Group UK Ltd. , 1992.

Deutsche Bank, *SMEs in the Netherlands*, 2014.

Dutch Foreign Affairs Ministry, ed. , *Holland Compared*, 2nd edition, 2017.

Dutch Ministry of Foreign Affairs, ed. , *The Netherlands in Brief*, The Hague , 1997.

Eurostat, ed. , *The Netherlands in the EU*, January 2016.

Frank E. Huggett, *The Dutch Connection*, The Ministry of Foreign Affairs, The Hague, 1982.

Frank E. Huggett, *The Dutch Today*, The Ministry of Foreign Affairs, The Hague, 1978.

"Figures on Housing and Building 2013," Ministry of the Interior and Kingdom Relations, http: //www. government. nl/ministries/bzk.

G. Offringa, *The Storm Surge Barrier in the Eastern Scheldt-For Safety and Environment*, Dosbouw v. o. f. , 1987.

Henri Grimal, *Decolonization: The British, French, Dutch and Belgian Empires 1919 – 1963*, Routledge & Kegan Paul, 1970.

https: //en. wikipedia. org/wiki/Historic_ composition_ of_ the_ House_ of_ Representatives_ of_ the_ Netherlands.

https: //en. wikipedia. org/wiki/List_ of_ political_ parties_ in_ the_ Netherlands.

https: //en. wikipedia. org/wiki/List_ of_ political_ parties_ in_ the_ Netherlands.

https: //www. government. nl/government/contents/members – of – cabinet.

"Housing Statistics in the European Union 2010," December 7, 2013, Ministry of the Interior and Kingdom Relations, http: //www. government. nl/ministries/bzk.

Jaap R. Bruijn, *The Dutch Navy of the Seventeenth and Eighteenth Centuries*, University of South Carolina Press, 1993.

Jan L. van Zanden, *The Economic Historyof the Netherlands 1914 – 1995: A Small Open Economy in the 'Long' Twentieth Century*, Routledge, 1998.

J. J. C. Voorhoeve, *Peace, Profits and Principles: A Study of Dutch Foreign Policy*, Martinus Nijhoff, 1979.

Ministry of Agriculture and Fisheries, *Dutch Agriculture*, The Hague, 1959.

M. P. J. Bruins, *Health Care in The Netherlands*, The National Hospital Association of the Netherlands, 1989.

Netherlands Foreign Trade Agency EVD , International Publicity Unit, "Holland 1997/98: Review of the Dutch Economy," The Hague, 1997.

Paul Lucardie and Gerrit Voerman: *Election Report and Analysis of the Upper House*, European Journal of Political Research, 2000.

Piet K. Keizer, *Church History*, Groningen, 1975.

P. W. Heringa, *The Economic Impact of Multifunctional Agriculture in the Netherlands: A Regional Input-out Model*, Rathenau Institute, 2012.

Rudy B. Andeweg and Galen A. Irwin, *Dutch Government and Politics*, The Macmillan Press Ltd. , 1993.

Statistics Netherlands (CBS), ed. , *Statistical Yearbook of the Netherlands 2013*, 2013.

Statistics Netherlands (CBS), ed. , *Statistical Yearbook of the Netherlands 2014*, 2014.

Statistics Netherlands (CBS), ed. , *Statistical Yearbook of the Netherlands 2016*, 2016.

Statistics Netherlands (CBS), ed. , *Trends in the Netherlands 2016*, 2016.

The Dutch Revolt, edited and translated by Martin van Gelderen, Cambridge University Press, 1993.

The Ministry of Agriculture, Nature Management and Fisheries of the Netherlands, "*The* Structure Plan for the Rural Areas in the Netherlands-Key Planning Decision Summary," 1997.

The Netherlands Defence Policy and Posture, Monch Publishing Group, 2010.

三 主要网站

https: //en. wikipedia. org/wiki/Economy_ of_ the_ Netherlands.

http：//www. oecd. org/termsandconditions/.

http：//www. nationsencyclopedia. com/economies/Europe/Netherlands － ECONOMIC － SECTORS. html#ixzz4gku2Ptjd.

http：//www. fortunechina. com/fortune500/c/2017 － 07/20/content ＿ 286785. htm.

https：//en. wikipedia. org/wiki/Media＿ of＿ the＿ Netherlands.

http：//data. stats. gov. cn/easyquery. htm? cn ＝ C01&zb ＝ A0I0208&sj ＝ 2014.

索 引

新版《列国志》总书目

非洲

阿尔及利亚

埃及

埃塞俄比亚

安哥拉

贝宁

博茨瓦纳

布基纳法索

布隆迪

赤道几内亚

多哥

厄立特里亚

佛得角

冈比亚

刚果共和国

刚果民主共和国

吉布提

几内亚

几内亚比绍

加纳

加蓬

津巴布韦

喀麦隆

科摩罗

科特迪瓦

肯尼亚

莱索托

利比里亚

利比亚

卢旺达

马达加斯加

马拉维

马里

毛里求斯

毛里塔尼亚

摩洛哥

莫桑比克

纳米比亚

南非

南苏丹

尼日尔

尼日利亚

塞拉利昂

塞内加尔

塞舌尔

圣多美和普林西比

斯威士兰

苏丹

索马里

坦桑尼亚

突尼斯

乌干达

赞比亚

乍得

中非

欧洲

阿尔巴尼亚

爱尔兰

爱沙尼亚

安道尔

奥地利

白俄罗斯

保加利亚

北马其顿

比利时

冰岛

波兰

波斯尼亚和黑塞哥维那

丹麦

德国

俄罗斯

法国

梵蒂冈

芬兰

荷兰

黑山

捷克

克罗地亚

拉脱维亚

立陶宛

列支敦士登

卢森堡

罗马尼亚

马耳他

摩尔多瓦

摩纳哥

挪威

葡萄牙

瑞典

瑞士

塞尔维亚

塞浦路斯

圣马力诺

斯洛伐克

斯洛文尼亚

乌克兰

西班牙

希腊

匈牙利

意大利

英国

美洲

阿根廷

安提瓜和巴布达

巴巴多斯

巴哈马

巴拉圭

巴拿马

巴西

秘鲁

玻利维亚

伯利兹

多米尼加

多米尼克

厄瓜多尔

哥伦比亚

哥斯达黎加

格林纳达

古巴

圭亚那

海地

洪都拉斯

加拿大

美国

墨西哥

尼加拉瓜

萨尔瓦多

圣基茨和尼维斯

圣卢西亚

圣文森特和格林纳丁斯

苏里南

特立尼达和多巴哥

危地马拉

委内瑞拉

乌拉圭

牙买加

智利

大洋洲

澳大利亚

巴布亚新几内亚

斐济

基里巴斯

库克群岛

马绍尔群岛

密克罗尼西亚

瑙鲁

纽埃

帕劳

萨摩亚

所罗门群岛

汤加

图瓦卢

瓦努阿图

新西兰

国别区域与全球治理数据平台

www.crggcn.com

"国别区域与全球治理数据平台"（Countries，Regions and Global Governance，CRGG）是社会科学文献出版社重点打造的学术型数字产品，对接国别区域这一重点新兴学科，围绕国别研究、区域研究、国际组织、全球智库等领域，全方位整合基础信息、一手资料、科研成果，文献量达30余万篇。该产品已建设成为国别区域与全球治理数据资源与研究成果整合发布平台，可提供包括资源获取、科研技术服务、成果发布与传播等在内的多层次、全方位的学术服务。

从国别区域和全球治理研究角度出发，"国别区域与全球治理数据平台"下设国别研究数据库、区域研究数据库、国际组织数据库、全球智库数据库、学术专题数据库和学术资讯数据库6大数据库。在资源类型方面，除专题图书、智库报告和学术论文外，平台还包括数据图表、档案文件和学术资讯。在文献检索方面，平台支持全文检索、高级检索，并可按照相关度和出版时间进行排序。

"国别区域与全球治理数据平台"应用广泛。针对高校及国别区域科研机构，平台可提供专业的知识服务，通过丰富的研究参考资料和学术服务推动国别区域研究的学科建设与发展，提升智库学术科研及政策建言能力；针对政府及外事机构，平台可提供资政参考，为相关国际事务决策提供理论依据与资讯支持，切实服务国家对外战略。

数据库体验卡服务指南

※100元数据库体验卡，可在"国别区域与全球治理数据平台"充值和使用

充值卡使用说明：
第1步 刮开附赠充值卡的涂层；
第2步 登录国别区域与全球治理数据平台（www.crggcn.com），注册账号；
第3步 登录并进入"会员中心"→"在线充值"→"充值卡充值"，充值成功后即可使用。

声明

最终解释权归社会科学文献出版社所有

客服QQ：671079496
客服邮箱：crgg@ssap.cn

欢迎登录社会科学文献出版社官网（www.ssap.com.cn）和国别区域与全球治理数据平台（www.crggcn.com）了解更多信息

图书在版编目（CIP）数据

荷兰／张健雄编著 . ——2 版 . ——北京：社会科学
文献出版社，2018.6（2020.6 重印）
（列国志：新版）
ISBN 978 - 7 - 5201 - 2337 - 2

Ⅰ.①荷…　Ⅱ.①张…　Ⅲ.①荷兰 - 概况　Ⅳ.
①K956.3

中国版本图书馆 CIP 数据核字（2018）第 037910 号

·列国志（新版）·

荷兰（The Netherlands）

编　　著／张健雄

出 版 人／谢寿光
项目统筹／张晓莉
责任编辑／叶　娟　肖世伟

出　　版／社会科学文献出版社·国别区域分社（010）59367078
　　　　　地址：北京市北三环中路甲29号院华龙大厦　邮编：100029
　　　　　网址：www. ssap. com. cn
发　　行／市场营销中心（010）59367081　59367083
印　　装／北京盛通印刷股份有限公司

规　　格／开　本：787mm×1092mm　1/16
　　　　　印　张：25　插　页：1　字　数：373 千字
版　　次／2018 年 6 月第 2 版　2020 年 6 月第 2 次印刷
书　　号／ISBN 978 - 7 - 5201 - 2337 - 2
定　　价／89.00 元

本书如有印装质量问题，请与读者服务中心（010 - 59367028）联系